Diskussionsforum Deutsch
Hrsg. von Günter Lange und Werner Ziesenis

Band 25

Neue Wege zu und mit literarischen Texten

Herausgegeben

von

Christiane Fäcke und Wolfgang Wangerin

Schneider Verlag Hohengehren GmbH

Diskussionsforum Deutsch
Herausgegeben von Günter Lange und Werner Ziesenis

Umschlagfoto: privat

Gedruckt auf umweltfreundlichem Papier (chlor- und säurefrei hergestellt).

Bibliografische Information der Deutschen Nationalbibliothek

Die Deutsche Nationalbibliothek verzeichnet diese Publikation in der Deutschen Nationalbibliografie; detaillierte bibliografische Daten sind im Internet über ›http://dnb.d-nb.de‹ abrufbar.

ISBN: 978-3-8340-0322-5

Schneider Verlag Hohengehren, Wilhelmstr. 13, D-73666 Baltmannsweiler

Printed in Germany – Druck: Hofmann, Schorndorf

Inhaltsverzeichnis

Einleitung

1. Begründungen

2. Beispiele

Einleitung

CHRISTIANE FÄCKE / WOLFGANG WANGERIN

Literarische Texte im Deutsch- und im Fremdsprachenunterricht

1. **Interdisziplinäre Perspektiven und fächerübergreifendes Lernen** werden in wissenschaftlichen Diskursen wie in schul- oder bildungspolitischen Forderungen immer wieder formuliert und angestrebt. Diese Bestrebungen machen indirekt deutlich, dass die Überschreitung von Fächergrenzen in Schule wie Hochschule keine Selbstverständlichkeit darstellt. Der Deutschunterricht und der Fremdsprachenunterricht bilden in der schulischen Praxis in der Regel jeweils eine Einheit für sich. Fachliche Überschneidungen, explizite Kooperation oder die Anvisierung gemeinsamer Ziele werden eher selten als integraler Bestandteil eines gemeinsamen Unterrichtskonzepts betrachtet. Gleiches gilt für die Hochschulen. Die Fachdidaktiken und die Fachwissenschaften der genannten Fächer nehmen Diskurse der benachbarten Disziplinen wohl wahr, jedoch nicht unbedingt an zentraler Stelle.

Diesem Desiderat lässt sich mit der Fokussierung auf literaturdidaktische Fragestellungen sinnvoll begegnen. Literarische Texte, in welcher Sprache sie auch verfasst sind, bilden einen wesentlichen Gegenstandsbereich der Deutschdidaktik wie der Fremdsprachendidaktiken. Gemeinsame Perspektiven liegen in Fragen des Umgangs mit literarischen wie mit nichtliterarischen Texten, in Möglichkeiten des verstehenden oder auch nicht-verstehenden Zugangs (Hunfeld 1990, Bredella 2002) und in methodisch-didaktischen Umsetzungen und Bearbeitungen für den Unterricht (Fäcke 2004). Grundlegende Unterschiede bestehen zunächst durch sprachliche bzw. fremdsprachliche Differenzen – die Lektüre eines fremdsprachlichen Textes weist für die Rezipienten andere Charakteristika auf als die Lektüre eines Textes in der Muttersprache (vgl. Lutjeharms 1988), was sich u. a. auf Lesegeschwindigkeit (Karcher 1988), Leselust und Lesetechniken auswirkt (Ehlers 2003).

Ohne diese Unterschiede einebnen zu wollen, rückt dieser Band über die Fächergrenzen hinweg den Umgang mit literarischen Texten in den Mittelpunkt. Schülerinnen und Schüler lernen heute auf dem Gymnasium in aller Regel zwei neuere Fremdsprachen; Literaturunterricht begegnet ihnen daher in drei verschiedenen Fächern. Gerade die Überschreitung disziplinärer Grenzen wird daher als fruchtbares Moment betrachtet. Literaturdidaktische Diskurse der Deutschdidaktik und der Fremdsprachendidaktiken beinhalten zwar jeweils eigene Charakteristika, könnten sich aber dennoch stärker aufeinander beziehen und sich dabei durchaus wechselseitig erhellen.

2. Die **Deutschdidaktik** und die **fremdsprachliche Literaturdidaktik** widmen sich gegenwärtig vor allem Fragen des Verhältnisses zwischen Text und Leser, genauer gesagt: zwischen dem Text und den kindlichen bzw. jugendlichen Leserinnen und Lesern. Sie sind stark lesedidaktisch ausgerichtet. Die diskutierten Zugangsweisen zu literarischen Texten orientieren sich an den Verstehensvoraussetzungen, zielen auf identitätsbedeutsame Leseprozesse und den Aufbau einer stabilen Lesemotivation und nehmen grundlegende Lesefähigkeiten in den Blick, die Schülerinnen und Schüler erwerben müssen, um fiktionale Texte für sich mit Gewinn lesen zu können. Lesen in der Schule wird verstanden als gemeinsamer Prozess, der individuellen Verstehensprozessen, kreativen wie reflektierenden Zugangsweisen und dem offenen Gespräch Raum lässt. Solche Vorstellungen haben die traditionelle Gegenstandsorientierung mit ihrem substantialistischen Literaturverständnis abgelöst, auch wenn sie in die Praxis des täglichen Unterrichts bislang nur teilweise Eingang gefunden haben. Ein Literaturunterricht, der allein auf lineare Lektüre mit zumeist intensivem bzw. nur-analytischem Lesen und Verstehen setzt, rückt in den Hintergrund zugunsten eher offener Verfahren, die auf individuelle Lese- und Verstehensprozesse zielen und häufig rezeptionsorientierte mit produktionsorientierten Zugängen verknüpfen. Dies impliziert auch die Abkehr von einem vermeintlich gegebenen eindeutigen Textsinn, der die Interpretation im Literaturunterricht steuert und vorgibt. Gerade die individuelle Auseinandersetzung mit literarischen Texten ermöglicht ein breites Spektrum an mentalen Prozessen der jugendlichen Rezipienten, deren Zugänge nicht vorschnell durch Kriterien wie „richtig" oder „falsch" kategorisiert werden können.

Die schulische Praxis des Literaturunterrichts profitiert dabei von vielfältigen Bezügen zwischen Literaturtheorie und Literaturdidaktik. So sind gerade in der jüngeren Geschichte der Literaturwissenschaft etliche Richtungen für den Literaturunterricht bedeutsam gewesen. Sichtweisen des *New Critizism* (vgl. Wimsatt/Beardsley 1954), die den Text in den Mittelpunkt stellen und Überlegungen zu möglichen Intentionen des Autors oder zu Reaktionen der Rezipienten ablehnen, haben in Gestalt der textimmanenten Interpretation Eingang in den Literaturunterricht gefunden. Positionen der ideologiekritischen Literaturwissenschaft finden sich z. B. in der Einbettung des Textes in seinen historischen, politischen und gesellschaftlichen Kontext in der schulischen Praxis des Literaturunterrichts wieder. Den größten Einfluss auf die Literaturdidaktik hat wohl die Rezeptionsästhetik ausgeübt. Dabei geht es insbesondere um die Interaktion zwischen Text und Rezipienten als Bedeutung konstituierendes Moment (vgl. Iser 1970, 1976, Bredella 2002). Die Relevanz neuerer Diskurse z. B. in der Folge von Konstruktivismus (Schmidt 1992, Wendt 1996) oder postmoderner Dekonstruktion (Derrida 1992) für die Literaturdidaktik muss sich noch erweisen.

Subjektorientierte Positionen (Bleich 1981, Fish 1975, 1995) stellen die Leser und ihre individuellen Zugänge zum Text in den Mittelpunkt, textorientierte Positionen (Werlich 1986) sehen Bedeutung ausschließlich im Text selbst. Im Fremdsprachenunterricht haben in der Praxis eher textorientierte Umgangsweisen eine lange Tradition, u.a. weil sie einen festen und determinierten Sinn postulieren und damit in der schulischen Praxis gerade im Blick auf Vergleichbarkeit von Leistungen leichter handhabbar scheinen. Seit den 1970/80er Jahren haben sich jedoch vor allem rezeptionsorientierte Ansätze sowohl in der literaturdidaktischen Theoriebildung als auch in der schulischen Praxis durchgesetzt; das gilt für die Deutschdidaktik ebenso wie für die Fremdsprachendidaktik. Darüber hinaus steht in den letzten Jahren besonders in der Fremdsprachendidaktik Intertextualität mehr und mehr im Mittelpunkt (Hallet 2002); der Blick auf den Einzeltext und dessen intensive Lektüre wird abgelöst durch den Blick auf intertextuelle Bezüge zwischen zahlreichen Texten und die Vernetzungen zu einem komplexen Textgewebe.

Die fremdsprachliche Literaturdidaktik steht im Blick auf Zugangsweisen zu literarischen Texten vor einem Problem, das die Deutschdidaktik nicht kennt: nämlich vor der Schwierigkeit, Leseprozesse in der fremden Sprache so zu organisieren, dass die Lesemotivation nicht leidet und zugleich Lesestrategien und Lesetechniken gelernt und literarische Erfahrungen möglich werden können.

Literaturunterricht wird zuletzt verstärkt unter Aspekten ästhetischer Bildung gesehen (Spinner 1998) und öffnet sich fächerübergreifenden Ansätzen sowohl im Hinblick auf Medien (Wermke 1997) als auch im Hinblick auf die Geschwisterkünste (Wangerin 2006, Kirchner/Schiefer/Spinner 2006). Ob die Einführung des Zentralabiturs in zahlreichen Bundesländern erfahrungsorientierte Ansätze ästhetischer Bildung zugunsten leichter abfragbaren Wissens zurückdrängen wird, muss sich erweisen. Die Gefahr zumindest scheint gegeben.

3. Moderner Literaturunterricht muss sich auf didaktisch begründete **Zu- und Umgangsweisen** gründen. Wie lässt sich mit literarischen Texten sinnvoll umgehen? Welche Kompetenzen sollen bei jugendlichen Lesern und Leserinnen anvisiert werden? Mit welchen Intentionen sollten literarische Texte rezipiert werden? Wie lassen sich nachhaltige Bezüge zur Literatur bei Schülerinnen und Schülern fördern?

Text- und textanalytisch orientierte Ansätze, die auf ein eng lehrergelenktes, fragendes (im günstigen Fall fragend-entwickelndes) Unterrichtsgespräch und auf den traditionellen Interpretationsaufsatz setzen, bestimmen zwar weitgehend die Praxis, sind in der deutschdidaktischen Diskussion aber aus vielerlei Gründen in die Defensive geraten. Die Rezeptionsorientierung der Literaturdidaktik hat zu der Erkenntnis geführt, dass nicht *der Text* im Mittelpunkt des Unterrichts steht, sondern Kinder und junge Menschen, die einen literarischen Text *lesen*. In der Folge rezeptionsästhetischer, konstruktivistischer und kognitionspsychologischer Überlegungen hat sich ein dynamisches Literaturverständnis herausgebildet. Wenn literarische Texte nur als gelesene Texte existieren und ihre Realität in der „Einbildungskraft“ ihrer Leser gewinnen (Iser 1970, S. 34), müssen individuelle Leseprozesse ernst genommen werden.

Für die Literaturdidaktik stellt sich die Frage, welche didaktischen Möglichkeiten sich dadurch eröffnen, dass literarischen Texten von den Schülerinnen und Schülern unterschiedliche Bedeutungen zugeschrieben werden. Die verschiedenen Ansätze produktiven Literaturunterrichts stellen methodische Konzepte bereit, die es Schülern ermöglichen, durch ihre gestaltende Tätigkeit die eigenen Leseweisen zu symbolisieren, wodurch der Unterricht erst ein Interpretieren als gemeinsames Aushandeln von Bedeutungen und als Reflexion der individuellen Verstehensweisen erreicht. Zugleich wird produktiven Ansätzen eine Förderung der Vorstellungsbildung zugeschrieben, die geschult werden muss (Spinner 2001, Abraham 1999). Der Wandel von einem literaturwissenschaftlichen zu einem erfahrungsorientierten Literaturunterricht ruft auch die Bedeutung des „Leseerlebnisses“ (für Stanley Fish ein „Schlüsselwort“, 1975, S. 215) wieder in Erinnerung. Literatur im Unterricht soll auch der Ich-Entwicklung dienen; sie dabei als *Kunst* zu verstehen, kollidiert in der Praxis oft mit traditionellen Verfahrensweisen, die Zugänge zur Literatur analytisch verengen. Dass Rezeptionsorientierung und genaues Lesen keine Widersprüche sein müssen und sich lese- und textorientierte Ansätze angemessen integrieren lassen, ist in der literaturdidaktischen Diskussion vielfach deutlich geworden. So zeigt etwa Elisabeth Paefgen, an Roland Barthes orientiert, wie durch kommentierendes Schreiben die subjektiven Leserinteressen mit erkenntnisorientiertem, textnahem Lesen verbunden werden können (vgl. Paefgen 2003). Verfahren kreativer Rezeption fragen sinnvoller Weise danach, wie unterschiedliche bzw. vergleichbare Wirkungen eines Textes zustande kommen, was den genauen Blick auf den Text zur Folge hat (und besondere Gesprächsführungskompetenzen verlangt) (Mann/Schröter/Wangerin 1995, Scheller 2004). In den letzten Jahren war auch die fremdsprachliche Literaturdidaktik vor allem geprägt von methodischen Zugängen wie kreativen Verfahren (Caspari 1994) und Perspektiven der Intertextualität (Hallet 2002).

4. In der Deutschdidaktik wie in den Fremdsprachendidaktiken geht es immer auch um die **Auswahl literarischer Texte** für die Lektüre im Unterricht. Es haben sich schulische Traditionen herausgebildet, nicht zuletzt im Zusammenhang mit den Lesebüchern und unter den Bedingungen des zumeist im 45-Minuten-Takt ablaufenden Unterrichts, die erstaunlich stabil sind. So ist der Deutschunterricht vor allem von kurzen literarischen, überwiegend erzählenden Texten geprägt. Lyrik führt oft eher ein Dasein am Rande, trotz praxisorientierter Publikationen (Spinner 2000). Einige Bundesländer sind im Zusammenhang mit der Einführung des Zentralabiturs zu einem verbindlichen Kanon zurückgekehrt, wobei die Auswahl der zu lesenden Werke vielfach als zufällig kritisiert wird. Prinzipiell

können alle Gattungen und Epochen berücksichtigt werden. Der Romanlektüre wird eine besondere Bedeutung u. a. für die Herausbildung einer literarischen Lesekompetenz beigemessen, dennoch steht Romanlektüre häufig eher am Rande. In der Sekundarstufe I hat auch im gymnasialen Deutschunterricht die für Kinder und Jugendliche geschriebene Literatur einen zentralen Stellenwert inne (Dahrendorf 1996), wird von ihrer Thematik her allerdings oft eher den Leseinteressen von Mädchen als den von Jungen gerecht. In der Praxis des Unterrichts stellt sich bei der Lektüre älterer Texte die Frage nach Verstehensvoraussetzungen und notwendigen Kontextualisierungen.

Im Fremdsprachenunterricht ist die Auswahl literarischer Texte vordergründig zunächst vom sprachlichen Schwierigkeitsgrad bestimmt. Darüber hinaus kommen weitere, zum Teil auch implizite Kriterien zum Tragen, die auf die Dominanz gesellschaftlicher Diskurse, auf Ausbildungstraditionen der derzeitigen Lehrergeneration oder auch auf Einflüsse seitens der Kultusministerien schließen lassen (vgl. Fäcke 2005).

Franz Rudolf Weller berichtet über Untersuchungen zum Einsatz französischer Autoren und Werke im Oberstufenunterricht von den 1970er bis zu den 90er Jahren (Weller 2000, S. 142 f.) und stellt fest, dass bestimmte Autoren in allen Untersuchungen immer wieder genannt werden, sich die Reihenfolge der Favoriten allerdings manchmal leicht unterscheidet. Dazu gehören Camus, Molière, Sartre, Saint-Éxupéry, Maupassant, Voltaire, Anouilh und Ionesco. Die häufigsten genannten literarischen Texte sind: *Le Petit Prince*, *L'Étranger*, *Rhinocéros*, *Antigone*, *Huis clos*, *La Peste*, *Le Cid* und *Candide*. Abgesehen von Corneille und Racine, die noch in den 70er Jahren dominieren und in den 90er Jahren eher hintere Ränge einnehmen, stehen mit Camus, Sartre, Molière und Saint-Exupéry konstant die Gleichen an der Spitze. Vergleichbare Normierungen kommen wohl auch im Englisch- oder Spanischunterricht zum Tragen.

Fremdsprachlicher Anfangsunterricht zeichnet sich in der Regel durch den sporadischen Einsatz kurzer literarischer Formen wie Gedichte, Songs, Chansons oder Kurzgeschichten aus. Darüber hinaus kommen adaptierte oder auch didaktisch aufbereitete Texte vor, gestaffelt nach dem fremdsprachlichen Niveau der Schülerinnen und Schüler. Diese *Easy Readers* beinhalten vereinfachte literarische Texte, Texte der Kinder- und Jugendliteratur (Bartels 1999) oder auch didaktisierte Texte, die explizit für den Fremdsprachenunterricht verfasst sind.

Im fortgeschrittenen Fremdsprachenunterricht besteht zunehmend die Tendenz zur Lektüre immer längerer literarischer Ganzschriften, vor allem im Bereich der Sekundarstufe II und im Leistungskurs. Hierzu zählen Klassiker wie Shakespeare, Molière oder Cervantes oder auch moderne Klassiker wie Federico García Lorca, Jean-Paul Sartre oder Ernest Hemingway. Daneben finden sich aktuelle literarische Texte zeitgenössischer Autoren, Kinder- und Jugendliteratur sowie Literaturen aus frankophonen oder anglophonen Räumen (Fäcke/Raddatz 1999).

orientiert. Für Spinner handelt es sich hier nicht um zwei unvereinbare Haltungen; er plädiert vielmehr dafür, den Schülerinnen und Schülern das Spannungsverhältnis bewusst zu machen und ihnen zu ermöglichen, eine Balance zwischen Offenheit und Zielorientierung zu finden. „Das Ziel eines kompetenz-orientierten Literaturunterrichts ist nicht dann erreicht, wenn eine richtige Interpretation herausgekommen ist, sondern wenn sich die Schülerinnen und Schüler eine Vorgehensweise angeeignet haben." Praxisbeispiele runden den Beitrag ab.

Lothar Bredella fragt nach *bildungstheoretischen Begründungen* des Literaturunterrichts. Warum sollen Schülerinnen und Schüler literarische Texte lesen? Was bedeuten sie für ihr Selbst- und Weltverständnis? Er wendet sich gegen die Auffassung eines rezeptionsästhetischen Mentalismus, für den der Text nur im Bewusstsein des Lesers vorhanden sei. In seiner Analyse verschiedener literaturdidaktischer Ansätze grenzt er sich ebenso deutlich vom Dekonstruktivismus ab wie von subjektivistischen Ansätzen (z. B. David Bleich, Stanley Fish). Die Kritik am Dekonstruktivismus bezieht sich auf dessen Verständnis eines naiven Lesers und auf die Sprache, die keinen Bezug auf die Welt habe. In Abgrenzungen zu Bleich und Fish will Bredella dem Text seine Bedeutung belassen. Literaturunterricht hebt sich auf, wenn es keinen Text mehr gibt, der uns etwas sagt. Sein eigener Ansatz zielt vor allem auf die Interaktion zwischen Text und Leser, die Erfahrung fremder Welten durch Literatur. Dabei geht es auch um den Zusammenhang zwischen Ethik und Ästhetik und zwischen literarischem und interkulturellem Verstehen.

In ihrem Beitrag setzt **Heidi Rösch** sich mit verschiedenen *Formen interkulturellen Lernens* auseinander und grenzt fremdkulturell oder kulturübergreifend orientierte sowie bi-/multi-/transkulturelle und interkulturelle Ansätze voneinander ab. Ihr Votum für Interkulturalität umfasst mehrfache Perspektivenwechsel, Empathie als kulturelle Fremd- und Selbstreflexion sowie das Aufbrechen und Dekonstruieren kultureller Interdependenzen. Eine interkulturell orientierte Literaturdidaktik zielt u. a. auf eine Repolitisierung literarischer Bildung, auf Erweiterung der Weltsichten, auf die Einbeziehung von Migrationsliteratur und Literatur von Minoritäten sowie auf multiple Identitätsbildung. Mit ihrer Forderung, interkulturelle Literatur zu lesen, schließt sie an Bredella an; der zweite Teil ihres Beitrags verweist mit seinen konstruktivistischen Aspekten des Umgangs mit Literatur zugleich auf den folgenden Artikel. Der Beitrag entfaltet Qualitätskriterien für Literatur (Polyvalenz, stilistische Qualität, Exemplarität) und analysiert Merkmale von Kinderliteratur vor dem Hintergrund ihres interkulturellen Potenzials.

Wolfgang Wangerin fragt nach der *konstruktivistischen Begründung* produktiven Literaturunterrichts und danach, was die Literaturdidaktik aus konstruktivistischen Ansätzen lernen kann. Nach Überlegungen zu produktivem Literaturunterricht folgt ein Unterkapitel zur Bedeutung der Gestaltpsycholgie für den

Literaturunterricht. Der Blick richtet sich dabei auch auf Übereinstimmungen zwischen konstruktivistischen, rezeptionsästhetischen, gestaltpsychologischen und kognitionspsychologischen Überlegungen. Sie alle legitimieren die verschiedenen produktiven Konzepte darin, nicht *den* Text, sondern den von den Schülerinnen und Schülern *gelesenen* Text in den Blick zu nehmen und sich über ihre konstruktiven Leseprozesse zu verständigen. Die wesentlichen Aspekte konstruktivistischer Ansätze werden auch in ihren für die Literaturdidaktik bedeutsamen Auswirkungen auf die Pädagogik und die Literaturwissenschaft in den Blick genommen. Im traditionellen Literaturunterricht bleiben die persönlichen Anteile am Leseprozess häufig incognito und damit nicht kommunizierbar. Die produktive Tätigkeit der jugendlichen Rezipienten erlaubt es dagegen, die individuellen Bedeutungszuschreibungen dingfest zu machen. So lernen sie auch, die eigenen Verstehensweisen zu reflektieren.

Wolfgang Hallet konzentriert sich mit seinem *texttheoretischen Ansatz* auf die Zusammenhänge zwischen Hypertext und Literatur und analysiert didaktische Implikationen der Literatur- und Texttheorie. Dabei geht er von der gängigen Praxis im Literaturunterricht aus, d. h. von einer „Annotations-Kultur", die er in Lesebüchern für den Deutschunterricht ebenso ausmacht wie in Lehrwerken für den Fremdsprachenunterricht. Er kritisiert die vorherrschende analytische Interpretationspraxis, die sich auf den isolierten Text bezieht, Kontexte weitgehend ausklammert und dadurch die kulturelle Dimension literarischer Texte vernachlässigt. Jeder Text aber ist ein kulturelles Phänomen; daraus ergibt sich die prinzipielle Forderung kulturellen, intertextuellen Lesens („Kultur als Text"). Jeder Text ist verbunden mit einer großen Menge anderer Texte; Hypertext ist Modell und Metapher für den Umgang mit literarischen Texten. Die Überlegungen werden am Beispiel eines Ausschnitts aus Toni Morrisons *Jazz* verdeutlicht, indem ein hypertextuelles Netzwerk für den Unterricht entfaltet wird. Insgesamt votiert Hallet für die Verbindung von *close reading* und *wide reading* für den Literaturunterricht.

Die Überlegungen von **Christiane Fäcke** zu *(fremd-)sprachübergreifendem Lesen* gehen von aktuellen in der Literaturdidaktik diskutierten Ansätzen aus. Diskussionen zu hybriden Literaturen in der Postmoderne, zu Intertextualität und zu Mehrsprachigkeit werden miteinander verknüpft und als Ausgangspunkt für einen fächerübergreifenden Bezug zu Literatur genutzt. Am Beispiel zeitgeschichtlicher Kinder- und Jugendliteratur erweisen sich die genannten literaturdidaktischen Überlegungen als sinnvoll. Die Kombination verschiedener Texte zur Shoah von Autoren mit jeweils verschiedenem sprachlichem und kulturellem Hintergrund mündet in spezifische Begründungen und Zielsetzungen für den Literaturunterricht. Ihr Ansatz bezieht sich primär auf inhaltliche und sprachliche Fragestellungen. Die Verfasserin fordert eine Kooperation zwischen dem Deutschunterricht und dem fremdsprachlichen Unterricht.

In ihrem *fächerübergreifenden Zugriff* widmet sich **Ruth Florack** zwei deutschen und zwei französischen Romanen (Sebald, Aaron, Perec) und verweist auf die Schwierigkeit, Leiden zu bezeugen und die Shoah kommunizierbar zu machen. Die Romane werden vor dem Hintergrund dieser und weiterer Aspekte (Amnesie, Traumatisierung) analysiert, auch im Blick auf die jeweiligen Besonderheiten des Erzählens (wie montierte Fotos, Grenzvermischungen zwischen Autobiographie, Dokumentation und Fiktion). Das Verbindende der Romane, deren jüngster erst 2002 erschienen ist, liegt darin, dass es nicht um Opfer der Gewalt, sondern um Opfer der Erinnerung geht. Insofern wird hier ein neues Kapitel aufgeschlagen. Den Schwierigkeiten, die Shoah kommunizierbar zu machen, entsprechen die labyrinthische Struktur der Texte, ihre Verschleierungen, ihr fragmentarischer Charakter und die kompliziert verschachtelte Erzählweise. Um diese Struktur zu verstehen, ist zumal bei Sebald die „aktive Konstruktionsleistung des Rezipienten" gefordert, „der, um Zusammenhänge erkennen zu können, Bruchstücke zusammenfügen muss."

Lutz Küster diskutiert *Lektürekanons* für den Französisch- und Spanischunterricht im Spannungsfeld zwischen Gegenstandsorientierung und Lernerorientierung. Er wendet sich zunächst den Einzelaspekten zu: der Literatur, dem Kanon und dem Leser. Literatur ist ein Begriff mit unscharfen Rändern, geprägt durch Vielfalt und Heterogenität. Geschichtliche Bedingtheit und Inkompatibilität sind die zentralen Kennzeichen der Kanonbildung. Für das Prinzip der Lernerorientierung sieht er zwei Hauptstränge: die Entwicklung von Verfahren kreativer Textarbeit und den Einfluss der Kognitionsforschung auf die Lesedidaktik. Vor diesem Hintergrund können sinnvolle Kriterien der Textauswahl gewonnen werden. Dabei beruft sich Küster zum einen auf Bredella und postuliert seinerseits, Literaturdidaktik bildungstheoretisch zu profilieren. Zum anderen nimmt er Bezug auf Michail Bachtins Konzept der Vielstimmigkeit und verweist auf Intertextualität und Interkulturalität (Finden des anderen, sich finden im anderen) als fruchtbaren Zugang für den fremdsprachlichen Literaturunterricht. Prozesse der Individualisierung und der Bewusstmachung des Lesens, beispielsweise durch Lesetagebuch und Schülerleseessays, werden an Beispielen aufgezeigt.

Auf der Basis eines kulturwissenschaftlichen Ansatzes setzt sich **Adelheid Schumann** mit *interkulturellen Verstehensprozessen* im Fremdsprachenunterricht auseinander und verweist auf die Neubewertung der Rolle von Literatur im schulischen Fremdsprachenunterricht. Anstelle der Klassiker wird im Französischunterricht zunehmend postkoloniale Literatur gelesen. In diesem Zusammenhang spielt die *littérature beur* eine besondere Rolle, da Minderheitenangehörige, d.h. Araber der zweiten Generation, ihre Perspektiven auf Frankreich vor dem Hintergrund von Authentizität und Betroffenheit schildern. Dieser Zugang erweist sich für Schülerinnen und Schüler als fruchtbar, da interkulturelles Lernen durch die Auseinandersetzung mit den *beurs* ungewohnte Perspektiven eröffnet.

Liesel Hermes geht aus von einer Analyse einflussreicher literaturdidaktischer Zugänge zu Texten (werkimmanent, biographisch, rezeptionsorientiert, genderorientiert). Die Rezeptionsästhetik legt eine individuelle Textauswahl im schulischen Unterricht nahe und lässt die Orientierung an den Bedürfnissen und Interessen der jugendlichen Rezipienten zentral erscheinen. *Jigsaw-reading* bietet einen Weg zur *Lernerautonomie*: Verschiedene Gruppen lesen unterschiedliche Texte, die sich durch Austausch, Ergänzung und Diskurs zu einem Ganzen fügen. Einem solchen Zugang trägt der Jugendroman „In Between" der australischen Autorin Maureen McCarthy besonders Rechnung, insofern als er durch seine Strukturierung in vier Teilromane mit vier jugendlichen Protagonisten eine binnendifferenzierende Erschließung durch Gruppenarbeit nahe legt. Die methodische Umsetzung dieser Überlegungen wird nicht nur theoretisch reflektiert, sondern mit einer 12. Klasse erprobt.

Ina Karg gibt in ihrem Beitrag zunächst einen Überblick über das Themenfeld der faszinierenden *Fantasy-Literatur* und richtet ihr Augenmerk dabei besonders auf den vielfältigen Mittelalterbezug. Neben Hinweisen u. a. auf *Harry Potter* und *Die unendliche Geschichte* untersucht sie Jugendbücher unterschiedlicher literarischer Qualität von Freund (*Laura und das Geheimnis von Aventerra*), Andreas Hesse (*Schatten über Fratena*) und Schwindt, der mit *Gwydion* vor dem Hintergrund langer literarischer Tradition ein Buch für junge Leser schreibt, das auf Elementen des Artusstoffes basiert. Die Verfasserin sieht in dieser Literatur eine Affinität zwischen dem Mittelalter und der Lebenswelt der Schülerinnen und Schüler.

Das in der Überschrift ihres Beitrags genannte Zitat Hartmut von Hentigs markiert die Grundposition der beiden Autoren **Renate Beyer-Lange** und **Günther Lange**. Sie verstehen ihre Ausführungen in Anlehnung an Rudolf Messner als einen *Beitrag aus der Praxistheorie* und meinen damit den Primat der Praxis als Ort der Verwirklichung von Unterricht, dem die Theorie dient. Das heißt auch: Praxistheorie versteht sich als Teil einer Theoriebildung vor Ort. Unterricht als verantwortliches Handeln ist durch Theorie nicht einholbar, bedarf ihrer jedoch, um das eigene Tun verantwortlich zu reflektieren. Es geht um das Bildungspotenzial von Literatur (um einen Zugang zur ästhetischen Dimension unserer Kultur, um ein schöpferisches Weltverständnis, um eine Schärfung des Möglichkeitssinns), um *Bildung als Prozess kulturellen Lernens*. Wie das in der Praxis aussieht, wird an den Beispielen aus dem täglichen Unterricht anschaulich deutlich. Literarisches Lehren und Lernen braucht gemeinsame offene Suchbewegungen. Die Beispiele aus der Praxis eines lebendigen Unterrichts zeigen, wie Schülerinnen und Schüler ihre eigenen Zugänge zu den Gegenständen finden können und dass trotz aller strukturellen Barrieren ein Literaturunterricht realisierbar ist, dem es um ästhetische Bildung und literarische Erfahrung geht. Die Aneignung von Literatur über Eigentätigkeit und Inszenierung verbindet sich mit der

Reflexion über das eigene kulturelle Tun; die Autoren fragen nach der Anschlusskommunikation und blicken auch auf Beurteilungen als Selbstvergewisserung und Reflexion des eigenen Lernfortschritts. Hier wird deutlich, wie sich bildungstheoretische, konstruktivistische und interkulturelle Ansätze in der Praxis in reflektierter Weise miteinander verbinden.

Literatur

Abraham, Ulf: Übergänge. Literatur, Sozialisation und Literarisches Lernen. Opladen: Westdt. Verlag 1998.

Abraham, Ulf: Vorstellungsbildung im Deutschunterricht. In: Praxis Deutsch Nr. 154, 1999, S. 14–22.

Abraham, Ulf/Kepser, Mathis: Literaturdidaktik Deutsch. Eine Einführung. Berlin: Erich Schmidt 2005, [2]2006.

Bark, Joachim/Förster, Jürgen (Hg.): Schlüsseltexte zur neuen Lesepraxis. Poststrukturalistische Literaturtheorie und -didaktik. Stuttgart u. a.: Klett 2000.

Bartels, Hildegard: Grundsätzliches zur Behandlung von Kinder- und Jugendliteratur im Französischunterricht. In: französisch heute 4, 1999, S. 388–395.

Baumert, Jürgen, (Hg.): Deutsches PISA-Konsortium: PISA 2000. Basiskompetenzen von Schülerinnen und Schülern im internationalen Vergleich. Opladen: Leske und Budrich 2001.

Beisbart, Ortwin u. a. (Hg.): Leseförderung und Leseerziehung. Theorie und Praxis des Umgangs mit Büchern für junge Leser. Donauwörth: Auer 1993.

Bleich, David: Subjective Criticism. Baltimore: John Hopkins University Press 1981.

Bogdal, Klaus-Michael/Korte, Hermann (Hg.): Grundzüge der Literaturdidaktik. München: Dt. Taschenbuch Verlag 2002.

Bredella, Lothar: Literaturwissenschaft. In: Bausch, Karl-Richard/Christ, Herbert/ Krumm, Hans-Jürgen (Hg.): Handbuch Fremdsprachenunterricht. 3. Auflage. Tübingen, Basel: Francke 1995, S. 58–66.

Bredella, Lothar/Christ, Herbert (Hg.): Begegnungen mit dem Fremden. Gießen: Ferbersche Verlagsbuchhandlung 1996.

Bredella, Lothar: Literarisches und interkulturelles Verstehen. Tübingen: Narr 2002.

Caspari, Daniela: Kreativität im Umgang mit literarischen Texten im Fremdsprachenunterricht. Theoretische Studien und unterrichtspraktische Erfahrungen. Frankfurt am Main u. a.: Lang 1994.

Dahrendorf, Malte: Vom Umgang mit Kinder- und Jugendliteratur. Plädoyer für einen leseorientierten und leserorientierten Literaturunterricht. Berlin: Volk und Wissen 1996.

Derrida, Jacques: Acts of Literature. New York u. a.: Routledge 1992.

Ehlers, Swantje: Übungen zum Leseverstehen. In: Bausch, Karl-Richard/Christ, Herbert/ Krumm, Hans-Jürgen (Hg.): Handbuch Fremdsprachenunterricht. 4. Auflage. Tübingen: Francke 2003, S. 287–292.

Fäcke, Christiane/Raddatz, Volker: Ausgewählte Literatur zum Thema. In: Fremdsprachenunterricht 4, 1999, S. 281–289

Fäcke, Christiane: Lust an selbstständigem Lesen im fremdsprachlichen Literaturunterricht? Chancen und Grenzen von Freiarbeit am Beispiel des Jugendromans *Regardez-moi*. In: französisch heute 3, 2004, S. 254–265.

Fäcke, Christiane: Kulturelle Konstruktionen Frankreichs im Literaturkanon des Französischunterrichts der gymnasialen Oberstufe. In: Schumann, Adelheid (Hg.): Kulturwissenschaften und Fremdsprachendidaktik im Dialog. Perspektiven eines interkulturellen Französischunterrichts. Kolloquium Fremdsprachenunterricht, Bd. 19. Frankfurt: Lang 2005, S. 179–196.

Fish, Stanley: Literatur im Leser: Affektive Stilistik. In: Warning 1975, S. 196–227 (zuerst engl. 1970).

Fish, Stanley Eugene: Is There a Text in This Class? The Authority of Interpretive Communities. 9. Auflage, Cambridge, Mass. u. a.: Harvard University Press 1995.

Groeben, Norbert/Hurrelmann, Bettina (Hg.): Lesekompetenz. Bedingungen, Dimensionen, Funktionen. Weinheim, München: Juventa 2002.

Haas, Gerhard: Handlungs- und produktionsorientierter Literaturunterricht. Seelze: Kallmeyer 1997.

Hallet, Wolfgang: Fremdsprachenunterricht als Spiel der Texte und Kulturen. Intertextualität als Paradigma einer kulturwissenschaftlichen Didaktik. Trier: WVT Wissenschaftlicher Verlag Trier 2002.

Hunfeld, Hans: Literatur als Sprachlehre, Ansätze eines hermeneutisch orientierten Fremdsprachenunterrichts. Berlin, München: Langenscheidt 1990.

Iser, Wolfgang: Der Akt des Lesens. Theorie ästhetischer Wirkung. München: Fink 1976.

Iser, Wolfgang: Die Appellstruktur der Texte. Konstanz: Univ.-Verlag 1970.

Karcher, Günther: Das Lesen in der Erst- und Fremdsprache: Dimensionen und Aspekte einer Fremdsprachenlegetik. Heidelberg: Julius Groos 1988.

Kirchner, Constanze/Schiefer Ferrari, Markus/Spinner, Kaspar H. (Hg.): Ästhetische Bildung und Identität. Fächerverbindende Vorschläge für die Sekundarstufe I und II. München: kopaed 2006.

Lange, Günther: Lust am Projekt. Chancen kulturellen Lernens im Deutschunterricht. Baltmannsweiler: Schneider 1999.

Lange, Günter/Neumann, Karl/Ziesenis, Werner (Hg.): Taschenbuch des Deutschunterrichts. 2. Bde. Baltmannsweiler: Schneider [7]2001.

Lutjeharms, Madeline: Lesen in der Fremdsprache. Bochum: AKS 1988.

Mann, Christine/Schröter, Erhart/Wangerin, Wolfgang: Selbsterfahrung durch Kunst. Methodik für die kreative Gruppenarbeit mit Literatur, Malerei und Musik. Weinheim: Beltz 1995.

Paefgen, Elisabeth K.: Einführung in die Literaturdidaktik. Stuttgart, Weimar: Metzler 1999.

Paefgen, Elisabeth K.: Textnahes Lesen und Rezeptionsdidaktik. In: Michael Kämper-van den Boogaart (Hg.): Deutschdidaktik. Leitfaden für die Sekundarstufe I und II. Berlin: Cornelsen Scriptor 2003, S. 191–209

Pennac, Daniel: Comme un roman. Paris: Gallimard 1992.

Pennac, Daniel: Wie ein Roman. Köln: Kiepenheuer & Witsch 2004.

Scheller, Ingo: Szenische Interpretation. Theorie und Praxis eines handlungs- und erfahrungsbezogenen Literaturunterrichts in Sekundarstufe I und II. Seelze-Velber: Kallmeyer 2004.

Schmidt, Siegfried J.: Der Kopf, die Welt, die Kunst. Konstruktivismus als Theorie und Praxis. Wien u. a.: Böhlau 1992.

Spinner, Kaspar H.: Thesen zur Ästhetischen Bildung im Literaturunterricht heute. In: Der Deutschunterricht 50, 1998, H. 6, S. 46–54.

Spinner, Kaspar H. (Hg.): Neue Wege im Literaturunterricht. Informationen, Hintergründe, Arbeitsanregungen. Hannover: Schroedel 1999.

Spinner, Kaspar H.: Umgang mit Lyrik in der Sekundarstufe I. Baltmannsweiler: Schneider Verlag Hohengehren 4. Aufl. 2000.

Spinner, Kaspar H.: Kreativer Deutschunterricht. Identität – Imagination – Kognition. Seelze: Kallmeyer 2001.

Waldmann, Günter: Produktiver Umgang mit Literatur im Unterricht. Baltmannsweiler: Schneider 1998.

Wangerin, Wolfgang: Sich in den Künsten selbst erfahren. Kreative Rezeption als Gruppenprozess. Weinheim: Dt. Studien-Verlag 1997.

Wangerin, Wolfgang (Hg.): Musik und Bildende Kunst im Deutschunterricht. Baltmannsweiler: Schneider 2006.

Warning, Rainer (Hg.): Rezeptionsästhetik. München: Fink 1975.

Weller, Franz Rudolf: Literatur im Französischunterricht heute. Bericht über eine größere Erhebung zum Lektüre-„Kanon“. In: französisch heute 31, 2000, H. 2, S. 138–159.

Wendt, Michael: Konstruktivistische Fremdsprachendidaktik. Lerner- und handlungsorientierter Fremdsprachenunterricht aus neuer Sicht. Tübingen: Narr 1996.

Werlich, Egon: Praktische Methodik des Fremdsprachenunterrichts mit authentischen Texten. Berlin: Cornelsen-Velhagen & Klasing 1986.

Wermke, Jutta: Integrierte Medienerziehung im Fachunterricht. Schwerpunkt: Deutsch. München: KoPäd-Verlag 1997.

Willenberg, Heiner: Lesen und Lernen: Eine Einführung in die Neuropsychologie des Textverstehens. Heidelberg, Berlin: Spektrum Akad.-Verlag 2001.

Wimsatt, William K./Beardsley, Monroe C.: The verbal icon. Studies in the meaning of poetry. Lexington, Ky: University of Kentucky press 1954.

Internet

Hessisches Kultusministerium: Lehrplan (Gym) Englisch – Jahrgangsstufe 12.1, 2005. http://lernarchiv.bildung.hessen.de/archiv/lehrplaene/gymnasium/englisch/LPGymEnglisch_12_1.pdf

1. Begründungen

KASPAR H. SPINNER

Lesestrategien oder literarisches Gespräch?

Die beiden Begriffe, die der Titel dieses Beitrags nennt, sind in der Deutschdidaktik der letzten Jahre wichtig geworden und sie stehen in einem Spannungsverhältnis zueinander, das für die gegenwärtige Bildungsdiskussion kennzeichnend ist. Wenn, wie das in diesem Buch geschieht, neue Wege zu und mit literarischen Texten vorgestellt werden, dann muss auch nach dem Stellenwert, dem Sinn und der unterrichtsmethodischen Umsetzung von Lesestrategien und literarischem Gespräch gefragt werden. Dies soll in den folgenden Ausführungen geschehen.

1 Lesestrategien

Von Lesestrategien wird vor allem seit der ersten PISA-Studie 2000 gesprochen; die Erkenntnis, dass viele Schülerinnen und Schüler Schwierigkeiten im elementaren Verstehen von Texten haben, hat den Ruf nach gezielter Vermittlung von Lesestrategien aufkommen lassen. Schon im ersten zusammenfassenden Bericht zu PISA wird die „Vermittlung von Textverarbeitungsstrategien" (Baumert u. a. 2001, S. 134) als notwendige Maßnahme zur Förderung der Lesekompetenz genannt. Seither sind viele fachdidaktische Beiträge zum Problem der Lesestrategien und entsprechende Unterrichtsmaterialien erschienen. In den neuen Lese- und Sprachbüchern findet man einschlägige Übungen.

Die begriffliche Füllung des Begriffs der Lesestrategien geht auf zwei Traditionen zurück. Pate steht zum einen der Begriff der Lernstrategien, weshalb man die Lesestrategien auch schon als „Sonderfall von Lernstrategien" bezeichnet hat (Willenberg 2004, S. 6); das ist in der PISA-Studie sehr deutlich erkennbar, bei der auch erhoben worden ist, in welchem Maße die Schülerinnen und Schüler über Lernstrategien verfügen. In der Psychologie gibt es eine langjährige Tradition der Erforschung von Lernstrategien.

Die zweite Tradition ist fachspezifisch, es handelt sich um die Arbeitstechniken zum Erschließen von Texten, die schon lange im Deutschunterricht angewendet werden, die aber in der fachdidaktischen Diskussion bis zur PISA-Studie nur wenig thematisiert worden sind.

Mit den Lesestrategien ist also nicht etwas Neues aufgekommen; es geht um Bekanntes, das in einen neuen Begriff zusammengeführt worden ist. Wenn man den mittlerweile fast inflationären Gebrauch dieses Begriffs beobachtet, könnte man glauben, es sei ein Wundermittel gegen das PISA-Versagen gefunden worden. Dabei wird der Begriff der Lesestrategien keineswegs einheitlich gebraucht – eine genauere Klärung wäre noch zu leisten (vgl. dazu Köster 2006).

Lesestrategien werden vor allem für das Verstehen von Sachtexten ver… stellen aber auch eine Grundlage für den Umgang mit literarischen Tex… Mit ihnen soll Defiziten des bisherigen Lese- und Literaturunterrichts beg… werden, die in drei Problemfeldern zusammengefasst werden können:

1. Allzu unbedacht geht man im Unterricht oft davon aus, dass die Schülerinnen und Schüler die wörtliche Bedeutung beim Durchlesen erfasst haben und man sich im Unterricht gleich auf die Interpretation und Diskussion inhaltlicher und formaler Fragen konzentrieren könne. Dabei fehlt nicht selten die elementare Lesekompetenz, so dass manche Schülerinnen und Schüler gar nicht wissen, worüber im Unterricht geredet wird. Mit der Vermittlung von Lesestrategien will man eine Grundlage für elementares Leseverstehen schaffen.
2. Im Literaturunterricht bleibt oft unklar, welche Kompetenzen erworben werden. Man gestaltet den Unterricht so, dass eine angemessene Interpretation des besprochenen Textes herauskommt und sieht darin das Ziel des Unterrichts. Welche Fähigkeiten, die sie dann auch in anderen Situationen anwenden können, sich die Schülerinnen und Schüler aneignen sollen, darüber wird wenig reflektiert. Dabei ist diese Frage wichtig für einen kompetenzorientierten Unterricht, wie er heute gefordert wird. Es geht um klare Zielorientierung, die auch den Schülerinnen und Schülern bewusst sein soll; es geht um kumulatives Lernen, bei dem Kompetenzen schrittweise erweitert werden. Damit wird auch Nachhaltigkeit erreicht. Schließlich muss das Vermittelte auch überprüfbar sein. Der Erwerb von Lesestrategien soll solchen Ansprüchen gerecht werden.
3. Immer noch werden Schülerinnen und Schüler im Literaturunterricht allzu sehr am Gängelband eines Frageunterrichts geführt, der auf ein vorgedachtes Interpretationsziel hinsteuert und die Selbstständigkeit im Problemlösen wenig fördert. In der gegenwärtigen Didaktik wird dagegen das Lernen des Lernens, das Monitoring (die laufende eigene Überprüfung des Lernprozesses) und die Metakognition (als kontrollierende und steuernde Reflexion über das, was man tut) betont. Lesestrategien sind in diesem Sinne Verfahren, die bewusst und bezogen auf die jeweiligen situativen Anforderungen eingesetzt werden können.

Die folgende Zusammenstellung enthält die wichtigsten Lesestrategien, um die es geht. Sie sind in zwei Gruppen aufgeteilt: Die Arbeitstechniken beim Lesen benennen Verfahren, die in der Regel mit einem Stift auszuführen sind oder anderer Hilfsmittel bedürfen; die Grundstrategien beziehen sich auf mentale Prozesse (dazu ausführlicher Spinner 2004).

Arbeitstechniken beim Lesen

1. Wichtiges unterstreichen.
2. Textexterne Information beschaffen, wenn eine Textstelle nicht verstanden wird, z. B. Nachschlagen im Wörterbuch, Suche im Internet, jemanden fragen.
3. Text gliedern mit Randnotizen, sich den Aufbau vergegenwärtigen.
4. Exzerpieren.
5. Exzerpiertes oder Unterstrichenes strukturieren, z. B. in einer Grafik oder tabellarisch.
6. Schriftlich Fragen notieren, auf die der Text Antworten gibt.
7. Wichtiges mündlich oder schriftlich zusammenfassen, z. B. nach jedem Absatz die wichtigste Information in einem Satz formulieren.
8. Unterstrichene Begriffe herausschreiben, zu jedem Begriff überlegen, was der Text dazu sagt.
9. Problemfragen beantworten:
   - Argumentative Texte: Worin besteht das Problem? Wie ist es zum Problem gekommen? Welche Lösung bietet der Text an?
   - Informierende Texte: Was ist das Thema? Von welchem Erkenntnisstand geht der Text aus? Welche neue(en) Erkenntnis(se) bietet der Text?
   - Literarische Texte: Um welche menschliche Erfahrung geht es im Text? Welchen besonderen Blick auf das Thema vermittelt der Text? Wie wirkt die Ausdrucksweise, der Stil auf den Leser?

Grundstrategien

1. Textsorte einschätzen (z. B.: Was ist es für ein Text?).
2. Vorwissen aktivieren und Bezüge dazu herstellen (z. B.: Was weiß ich über das Thema schon, was ist neu für mich?).
3. Intentionengeleitet lesen (z. B.: Was erwarte ich vom Text?).
4. Sätze mitdenkend lesen und ggf. einen Satz oder Abschnitt wiederholt lesen (z. B.: Verstehe ich, was ich lese?).
5. Bedeutungshypothesen bilden und im Hinblick auf den Textzusammenhang überprüfen (bezogen auf einzelne Begriffe, einzelne Aussagen oder größere Argumentationszusammenhänge, z. B.: Was könnte das bedeuten? Passt meine Deutung zum übrigen Text?).
6. In Begriffsfeldern verstehen (z. B.: Mit welchen Gegensatzpaaren arbeitet der Text? Welche Isotopien, d. h. zusammenhängende Begriffsketten durchziehen den Text?).
7. Vorstellungen bilden (z. B.: Kann ich mir ein Beispiel dazu ausdenken?).

Diese Grundstrategien und Arbeitstechniken gelten für literarische und nichtliterarische Texte. Für die Arbeit mit Literatur müssen Analyse- und Interpretationsmethoden ergänzt werden. Für sie gibt es eine lange Tradition im Deutschunterricht, wobei allerdings wenig Klarheit darüber besteht, wie den Schülerinnen und Schülern systematisch eine Methodenkompetenz vermittelt werden kann. Die Lernaufgaben im Literaturunterricht werden in der Schulpraxis vor allem im Hinblick darauf formuliert, dass das erwünschte Analyse- und Interpretationsergebnis zum gegebenen Text herauskommt. Das lässt sich an den Fragetechniken im fragend-entwickelnden Unterrichtsgespräch ebenso beobachten wie an den Leitfragen in den Lesebüchern. Ein Unterricht, der literarische Lesestrategien vermitteln will, müsste sich stärker an übertragbaren Kompetenzen ausrichten, also an der Frage, welche Interpretations- und Analyseverfahren vermittelt werden, die auch bei der Beschäftigung mit anderen Texten zum Tragen kommen.

An einem konkreten Beispiel zeige ich drei Interpretationsstrategien; sie sind für den verstehenden Umgang mit literarischen Texten besonders fruchtbar, weil sie sowohl auf Mikro- als auch auf Makrostrukturen im Text gerichtet sind (im Gegensatz zum verbreiteten Analysieren von rhetorischen Figuren, das meist in der Anhäufung von Beobachtungen auf der Mikroebene verbleibt). Grundlage sind zwei Texte, die zwar zwei unterschiedlichen Gattungen angehören, die aber doch deutliche Parallelen aufweisen. So spielt in beiden Texten das Fenstermotiv eine zentrale Rolle und als wichtigste Oppositionsstruktur findet sich der Gegensatz zwischen abweisender gebauter Umgebung und belebter Natur. Für die Besprechung sind (neben anderen) die folgenden drei Interpretationsstrategien hier ertragreich:

- Herausarbeiten der Oppositionen im Text,
- Untersuchung der Raumstruktur,
- Beobachtungen zu Verfremdungen.

Diese drei Interpretationsstrategien können vergleichend auf beide Texte bezogen werden; man kann sie aber auch an einem Text üben und dann im Sinne eines Transfers in einer Schulaufgabe (Klausur) am anderen Text die Aneignung überprüfen.

Franz Hohler: *Die Wand*

Wenn ich vom Pult des Zimmers 580 der University of Tasmania aufblicke und aus dem Fenster schaue, sehe ich fast nichts anderes als die Wand des gegenüberliegenden Gebäudes, oder des gegenüberstehenden, denn das Gebäude liegt ja nicht, und die Wand schon gar nicht, im Gegenteil, sie steht da, als gäbe es außer ihr nichts anderes auf der Welt.

Sie zeigt nur ihre Verkleidung, nämlich ein senkrecht gestreiftes plattes Unding, das unten links abgeschrägt ist und dort noch ein Stück einer Glasfront und der Mauer sehen lässt, welche aus grauen Backsteinen besteht.

Es gibt aber noch etwas anderes auf der Welt, denn in meiner rechten Fensterecke bewegen sich die Blätter einer Pappel, die vom Wind hin- und hergewiegt werden, der Wand zum Trotz; und der Wind, dieser große Spieler, tändelt auch mit dem Vorhang hinter dem offenen Spalt meines Schiebefensters, dem Vorhang, der sich leise bewegt wie jemand, der von ferne eine Musik hört, und ich höre sie, der Vorhang hört sie, die Pappel hört sie, nur die Wand steht dumpf und klotzig da - aber wenn ich sehe, dass sich die tanzenden Blätter im kleinen Stück ihrer Glasfront spiegeln, denke ich plötzlich, vielleicht träume auch sie vom Wind, und ihre Sehnsucht, von ihm bewegt zu werden, sei nahezu unstillbar. (Hohler 1995, S. 36ff.)

Jürgen Becker: *Das Fenster am Ende des Korridors*

Der Himmel, die Landschaft, der Fluss.

das Bild am Ende des Korridors.

Links und rechts die Appartements;

die Feuerlösch-Anlage. Das Summen des Aufzugs.

Die Zeit nach Büroschluss. Abweisende Gesichter,

kein Wort und keine Zärtlichkeit.

Jemand wird den Anfang machen

und an seiner Tür vorbeigehen

und weitergehen durch das Bild

hinaus in den Raum zum Fliegen. (Becker 1977, S. 21)

Bei der Untersuchung der Oppositionen im Hohler-Text wird man auf den Gegensatz zwischen Wand und Wind eingehen und diesen beiden Leitbegriffen weitere Wörter zuordnen („steht", „Mauer", „grauen", „Unding", „dumpf", „klotzig" u. a. bzw. „hin- und hergewiegt", „Spieler", „offenen", „leise bewegt", „Musik" „tanzenden" u. a.). Die entsprechenden Wörter kann man in einer zweispaltigen Tabelle eintragen oder die zusammenzuordnenden Wörter im Text einkreisen und mit Linien verbinden. Die beiden Isotopien oder Begriffsfelder können abstrahierend auf ihr je Gemeinsames befragt werden. Wichtig ist auch die Überlegung, wie sich das Verhältnis der beiden Isotopien im Verlauf des Textes gestaltet; dies führt zur Beobachtung, dass am Schluss die Wand vom Wind und seiner Bewegung affiziert wird, was sich auch in der Personifikation ausdrückt („träume", „Sehnsucht" bezogen auf die Wand). Ergänzend können auch sprachliche Beobachtungen angefügt werden, z. B. der Gegensatz zwischen dem lebendigen Rhythmus in „bewegen sich die Blätter einer Pappel" gegenüber dem alternierenden Metrum und den einsilbigen Wörtern in „der Wand zum Trotz". Auch der Übergang zum Konjunktiv am Schluss, wo Wand und Wind zusammengeführt werden, fügt sich in die Beobachtungen zur Oppositionsstruktur und ihrer tendenziellen Überwindung ein.

Im Gedicht von Becker findet man einen ähnlichen Gegensatz, nämlich zwischen der Natur auf der einen und dem zivilisatorischen, künstlichen Innenraum auf der anderen Seite; formal unterscheiden sich die ersten sechs Zeilen von den anschließenden vier, die vom Ausbruch aus der Bürowelt handeln: Den Sätzen ohne Prädikat und dem abgehackten Rhythmus folgt in den letzten Versen ein vollständiger Satz, der sich in fließendem Rhythmus über vier Verse hinzieht.

Die zweite Interpretationsstrategie, die Untersuchung der Raumstruktur, führt bei beiden Texten zu einem ähnlichen Ergebnis wie die Arbeit mit den Oppositionen, weil diese auch die Raumgestaltung prägen. Beim Hohlertext kann zusätzlich darauf hingewiesen werden, dass die Gegenwelt der Natur zunächst nur in einer „Fensterecke", also am unscheinbaren Rand, sichtbar wird und der Übergang nur in einem „Spalt des Schiebefensters" besteht. Das Lebendige, Offene ist zunächst nur das Marginale und wird zusehends wichtiger.

Beim Gedicht von Becker sind in räumlicher Hinsicht vor allem Enge und Weite einander gegenübergestellt. In der Schwebe bleibt, ob der Raum der Natur nur imaginär ist (Fenster oder Bild?). Das Überschreiten der Grenze zwischen den beiden Räumen wird jedenfalls nur als zukünftige Möglichkeit genannt (Formulierung im Futur).

Solche Beobachtungen zu Räumen sind in vielen Texten ergiebig; für das Märchen und die Abenteuerliteratur gilt es gerade als ein Kennzeichen, dass der Held derjenige ist, der Raumgrenzen überschreitet. Insofern findet man in den beiden kleinen Texten eine Grundkonstellation literarischer Imagination wieder.

Beobachtungen zu Verfremdungen, die hier als dritte Strategie vorgeschlagen werden, sind etwas anspruchsvoller als die beiden anderen Strategien. Der Hohlertext arbeitet mit zunehmender Verfremdung einer Alltagssituation; das lässt sich auf sprachlicher wie auf inhaltlicher Ebene beobachten. Das erste deutliche Verfremdungssignal ist die Korrektur von „gegenüberliegenden" durch „gegenüberstehenden": Hier wird eine alltägliche Redeweise in Frage gestellt, der Sprachfluss wird unterbrochen und die Wahrnehmung wird geschärft. In der zweiten Hälfte des Textes verstärkt sich die Verfremdung durch die zunehmende Personifikation (z. B. der Wind als „Spieler") und die Irrealisierung (so wird die Musik, die zunächst nur in einem Vergleich genannt wird, tatsächlich gehört).

Bei Becker stellt die prädikatlose Ausdrucksweise ein erstes Element der Verfremdung dar. Das wird besonders auffällig, wenn man die beiden ersten Zeilen in Normalsprache umformuliert, z. B. zu „Ein Bild hängt am Ende des Korridors/Mit Fluss, Landschaft und Himmel." Für die Wahrnehmung von Verfremdungen ist die Operation des Umformulierens in Normalsprache eine Arbeitstechnik, die die Schülerinnen und Schüler sich aneignen sollten. Denn auch das an sich Ungewohnte wird von ihnen oft wie selbstverständlich hingenommen und damit nicht erkannt. Auf inhaltlicher Ebene kann man bei Becker von der Verfremdung der Bürowelt durch das nicht dazu passende Landschaftsbild und durch die daraus folgende imaginäre Vorstellung des Fliegens sprechen.

Strategien sollen definitionsgemäß nicht mechanisch angewendet werden; der Begriff der Strategie schließt ein, dass die Schülerinnen und Schüler sich ihrer bewusst und gezielt bedienen und dass sie beurteilen können, wann ihr Einsatz sinnvoll und lohnend ist. Nicht jede Interpretationsstrategie ist bei jedem Text ergiebig. Die Schülerinnen und Schüler müssen die Fähigkeit erwerben, selbst beurteilen zu können, ob bei einem bestimmten Text z. B. die Untersuchung der Raumstruktur angebracht ist. In vielen Fällen werden sie probeweise eine Strategie einsetzen und schauen, ob sie ergiebig ist. Eine schematische, metakognitiv nicht kontrollierte Anwendung führt zu nichtssagenden und nicht selten abstrusen Interpretationsergebnissen, von denen korrigierende Lehrerinnen und Lehrer ein Lied zu singen wissen.

2 Literarisches Gespräch

– Offene Sinnbildung

Man kann das literarische Gespräch als Gegenposition zu einem strategieorientierten Lese- und Literaturunterricht bezeichnen. Es wird u. a. damit begründet, dass es, anders als die Lesestrategien, die am Wesen des Literarischen vorbeizielten, auch der subjektiv-emotionalen Involviertheit des Lesers in den Lektüreprozess und der Unabschließbarkeit des literarischen Sinnbildungsprozesses gerecht werde.

Größere Untersuchungen zum literarischen Gespräch sind in den neunziger Jahren des 20. Jahrhunderts von der Frankfurter Gruppe um Valentin Merkelbach (Christ u. a. 1995) und seit 2000 vom Heidelberger Projekt um Gerhard Härle (z. B. Härle/Steinbrenner 2004) durchgeführt worden. Der Titel der Publikation von Härle/Steinbrenner, „Kein endgültiges Wort", nennt programmatisch ein Hauptkennzeichen des literarischen Gesprächs: Es geht um offene Sinnbildung, die im Sinne einer unendlichen Semiose nicht auf ein endgültiges Resultat zielt. Damit grenzt sich das literarische Gespräch vom fragend-entwickelnden Unterrichtsgespräch ab, bei dem durch gezielt gestellte Fragen die Schülerinnen und Schüler zu einem vorgefassten Interpretationsergebnis gelangen sollen. Das literarische Gespräch steht in der hermeneutischen und rezeptionsästhetischen Tradition und kann auch mit dekonstruktivistischen Theorieansätzen in Verbindung gebracht werden. Gesprächspsychologische Theorien (beim Heidelberger Projekt zum Beispiel die themenzentrierte Interaktion, vgl. Härle/Steinbrenner 2004, S. 114 ff.) dienen zusätzlich zur Begründung. Ausgehend von der Lesesozialisationsforschung wird ferner darauf hingewiesen, dass der mündliche Austausch sowohl phylogenetisch (orale Kultur) als auch ontogenetisch (Vorlesegespräche in der frühen Kindheit) als Ursprung von Literatur und literarischer Erfahrung bezeichnet werden kann (vgl. Härle 2004). Die Kennzeichen eines literarischen Gesprächs können mit den folgenden Punkten zusammengefasst werden:

- Die Teilnehmer benennen ihre eigenen Lektüreeindrücke.
- Die Eindrücke der anderen Teilnehmer werden als subjektive Äußerungen akzeptiert.
- Verschiedene Sichtweisen werden zueinander in Beziehung gesetzt – das kann zu Korrekturen und Ergänzungen bereits geäußerter Sinndeutungen führen; es kann aber auch sein, dass verschiedene Auffassungen nebeneinander stehen bleiben – ein Zwang zur Einigung besteht nicht.
- Beim Austausch im Gespräch soll immer wieder ein Textbezug hergestellt werden, wobei das nicht ein argumentatives Belegen mit Textstellen sein muss, sondern auch eine eher kreisende, sich annähernde Suchbewegung sein kann.
- Die Prozesshaftigkeit des literarischen Verstehens, das nicht in einem endgültigen Interpretationsergebnis enden kann, ist zu akzeptieren. Nicht-Verstehen ist Teil des literarischen Verstehens.

Diese Charakteristika bezeichnen zugleich die Kompetenzen, die die Schülerinnen und Schüler erwerben sollen. Denn Bereitschaft und Fähigkeit zu einem solchen Gesprächsverhalten sind keineswegs von vornherein gegeben. Insbesondere die Balance zwischen dem Einbringen der eigenen Subjektivität, dem Geltenlassen anderer Perspektiven und dem prüfenden Bezug auf den Text fällt Schülerinnen und Schülern keineswegs leicht. Aber der Literarizität von Texten, so die Überzeugung der Vertreter des literarischen Gesprächs, kann man nur mit einem solchen Umgang gerecht werden.

Es versteht sich, dass sich das literarische Gespräch wesentlich weniger gut in die Institution Schule einpasst als das strategieorientierte Lernen. Die große Schülerzahl in den Klassen macht es kaum möglich, dass sich alle an einem solchen Gespräch intensiv beteiligen. Dass kein eindeutiges Ergebnis anvisiert wird, kollidiert mit der Leistungsorientierung und -feststellung in der Schule. Aber dieses Spannungsverhältnis betrifft grundsätzlich die Literatur und die damit verbundene ästhetische Erfahrung, die ja einen Gegenpol zur Zweckrationalität darstellt. Durch das literarische Gespräch kann Schülerinnen und Schülern bewusst werden, dass zur Bildung nicht nur Wissenserwerb und Aneignung von Fähigkeiten zur Problemlösung gehören, sondern auch die Entfaltung einer Bereitschaft, sich der Welt des Imaginären, dem intuitiven Angesprochensein und der Irritation zu öffnen und sich darüber ohne bestimmte Zweckorientierung auszutauschen. Das ist keine alltagsferne Utopie, sondern greift auf, wie in der Lebenswelt mit ästhetischen Erfahrungen umgegangen wird. Ein Gespräch in der Kneipe über einen gemeinsam gesehenen Film dürfte z.B. eher einem literarischen Gespräch als der Anwendung von Interpretationsstrategien ähneln. Insofern dient das literarische Gespräch der Unterstützung einer kulturell-geselligen Praxis im Alltag.

3 Zwei unvereinbare Haltungen zur Literatur?

Lesestrategien und literarisches Gespräch sind hier einander gegenübergestellt worden, weil sie die zwei extremen Pole der gegenwärtigen literaturdidaktischen Diskussion kennzeichnen. Man kann sie mit zwei Traditionen der europäischen Geistesgeschichte in Verbindung bringen. Das strategieorientierte Lernen steht in der Tradition der Aufklärung, das literarische Gespräch in derjenigen der Romantik.

Aufklärerisch ist an den Lesestrategien die kognitiv-rationale Ausrichtung mit metakognitiver Kontrolle des eigenen Tuns. Dies erlaubt selbstständiges Vorgehen im Sinne einer Erziehung zur Mündigkeit. Den Gegenstand, die Literatur, bekommt man methodisch durch die Strategien in den Griff. Dabei ergibt sich auch, was man als die Dialektik der Aufklärung bezeichnet hat: Über den Erkenntnisgegenstand wird Macht ausgeübt, er wird zugerichtet auf die Interessen des deutenden Subjekts. Wer die Methode beherrscht, beherrscht auch den Gegenstand, und seine militaristische Herkunft hat das Wort *Strategie* keineswegs ganz abgelegt. Wenn man vom Einsatz von Strategien und ihrer Wirksamkeit zur Erreichung anvisierter Ziele spricht, bewegt man sich erst recht in einer militärischen Denkfigur.

Das literarische Gespräch wird in der didaktischen Diskussion explizit mit der literarischen Geselligkeit der Romantik in Verbindung gebracht (vgl. z. B. Härle/Steinbrenner 2004, S. 5). Die damaligen literarischen Salons als Ort des freien Austauschs in kultivierter Runde dienen als Modell. Die Romantiker und Romantikerinnen (die in diesem Zusammenhang besonders zu nennen sind) wussten um die Unendlichkeit des Sinnprozesses im Gespräch und um die Offenheit des Kunstwerkes, das kein „endgültiges Wort" erlaubt.

Welches Modell soll nun für den Unterricht leitend sein – Erwerb von Lesestrategien oder literarisches Gespräch? Man ist versucht zu sagen, das erstere sei den Sachtexten angemessen, das letztere der Literatur. Das hieße, dass die literarischen Texte von der Vermittlung von Lesestrategien ausgenommen werden müssten, was zu einer Reduktion des Anteils an literarischen Texten im Unterricht führen würde. Zudem würde für die Schüler nicht deutlich, dass auch für das literarische Lesen elementare Lesetechniken notwendig sind. Es wird deshalb vielmehr darauf ankommen müssen, den Schülerinnen und Schülern das Spannungsverhältnis bewusst zu machen und ihnen zu zeigen, wie man damit fruchtbar umgehen kann. Eine Balance zwischen emotional geprägter Subjektivität, Offenheit und Freiheit auf der einen und Ziel- und Ergebnisorientierung auf der anderen Seite muss ja auch in vielen anderen Lebenszusammenhängen geleistet werden.

Zur Konkretisierung dieses Anspruchs seien hier einige Anregungen für den Unterricht skizziert. Dabei geht es nicht einfach um das seit dem Anfang des 20.

Jahrhunderts tradierte Modell von Literaturstunden, bei denen auf eine Phase des subjektiven Austauschs (in einer Art literarischem Gespräch, wie wir heute sagen würden) eine strukturierte Erarbeitung folgt. Bei diesem Modell wird im Bewusstsein der Schülerinnen und Schüler der freie Austausch abgewertet als etwas Vorläufiges, das es zu überwinden gilt. Die folgenden Beispiele geben deshalb eine etwas andere Abfolge vor.

1. Beispiel: Die Schüler(innen) erhalten fünf Gedichte (zum gleichen Thema oder Motiv), sie überlegen sich, welches ihnen am besten gefällt, und tauschen sich darüber in der Kleingruppe aus (im Sinne eines literarischen Gesprächs). Anschließend wird eines der Gedichte gemeinsam einer exemplarischen Interpretation unterzogen, und zwar entweder das Gedicht, das den größten Anklang gefunden hat, oder das Gedicht, das die kontroversesten Reaktionen ausgelöst hat. Anschließend schreiben die Schülerinnen und Schüler zu einem der Gedichte (nach freier Wahl) eine literarische Kritik (Rezension). Literarische Kritiken enthalten in der Regel einerseits subjektive Äußerungen des Rezipienten und unterstehen andererseits dem Anspruch einer relativen Objektivität, da sie ja auch die Funktion einer begründeten Empfehlung (oder einer Nicht-Empfehlung) für Adressaten haben. Insofern verbinden Sie die beiden gegensätzlichen Zugangsweisen zu literarischen Texten.

Variante zu Beispiel 1 ohne Verfassen einer Rezension: Die Schülerinnen und Schüler vergleichen zunächst überblicksmäßig in den Gruppen die fünf Gedichte, wählen dann eines aus, das sie genauer untersuchen mit Hilfe von Interpretationsstrategien. Dabei dürfen sie sich auf interessante Aspekte konzentrieren, die ihnen auffallen (es wird also keine vollständige Interpretation erwartet – dafür eignet sich Gruppenarbeit nicht besonders). Anschließend berichten die Gruppen knapp im Plenum über ihre Beobachtungen an einem der Gedichte. Daran schließt sich nun ein literarisches Gespräch, ausgehend von einer Erhebung, welches Gedicht den meisten Schülerinnen und Schülern am besten gefallen hat (das muss ja nicht das in der Gruppe besprochene sein). Leitfrage des Gesprächs soll sein, was den Schülerinnen und Schülern an dem Gedicht gefällt bzw. nicht gefällt. Es geht in dieser Phase also nicht um die Erarbeitung einer Interpretation, sondern um einen freien Austausch. Es kann aber sein (und ist zu hoffen), dass sich die analysierende Vorarbeit anregend auf den freien Austausch auswirkt. Dieses Vorgehen mit der Umkehrung der traditionellen Abfolge von subjektiver Rezeption zu objektivierender Analyse soll deutlich machen, dass der persönliche Bezug zu einem Text (als Ablehnung oder Wertschätzung) nicht nur als etwas Vorläufiges, zu Überwindendes sein Recht hat.

2. Beispiel: Neuerdings werden im Lese- und Literaturunterricht immer häufiger Lesetagebücher geschrieben. Es geht darum, dass die Schülerinnen und Schüler ihre Eindrücke während der Lektüre notieren, dass sie Stellen, die ihnen wichtig sind, herausschreiben, weiterführende Gedanken festhalten, produktiv-kreative

Texte (innere Monologe von Figuren, mögliche Fortführungen...) verfassen usw. Das Lesetagebuch stellt so eine stark individualisierende Beschäftigung mit Texten dar und hat weder mit Interpretationsstrategien noch mit literarischem Gespräch viel zu tun. Aber es kann dafür Anlässe bieten. So können die Schülerinnen und Schüler gebeten werden, ausgehend von ihrem Lesetagebuch einen Vorschlag für ein Unterrichtsgespräch zu formulieren, indem sie ein Problem (schwer verständliche Textstelle, merkwürdiges Verhalten einer Figur ...) nennen, das sie gerne im Unterricht genauer erörtern würden. Dies ginge dann in Richtung einer interpretierend-analysierenden Erschließung. Ein literarisches Gespräch kann angeregt werden, wenn vier bis fünf Schüler(innen) eine Stelle aus ihrem Lesetagebuch vorlesen, an der sie ihre subjektiven Eindrücke vom Text thematisieren. Einschätzungen von anderen zu dieser und ähnlichen Stellen können dann ausgetauscht werden.

Schluss

Lesestrategien oder literarisches Gespräch – die Alternative im Titel dieses Beitrags ist rhetorisch. Beide Tendenzen in der gegenwärtigen lese- und literaturdidaktischen Diskussion haben ihre Berechtigung und ihre Grenzen. Ein Alleinvertretungsanspruch wird auch weder von der einen noch von der anderen Seite erhoben. Wichtig ist allerdings, dass beides nicht einfach als Unterrichtsmethode verstanden wird, die eingesetzt wird, um ein Interpretationsergebnis zu erhalten. Es geht um Kompetenzen der Schülerinnen und Schüler, nämlich darum, dass sie sich die Strategien so aneignen, dass sie sie selbstständig bei verschiedenen Texten anwenden können, und dass sie sich das literarische Gespräch als eine spezifische Form des Umgangs mit Literatur (und anderen ästhetischen Werken, z.B. Filmen) aneignen. Das Ziel eines kompetenz-orientierten Literaturunterrichts ist nicht dann erreicht, wenn eine richtige Interpretation herausgekommen ist, sondern wenn sich die Schülerinnen und Schüler eine Vorgehensweise angeeignet haben.

Literatur

Baumert, Jürgen u.a. (Hg.): PISA 2000. Basiskompetenzen von Schülerinnen und Schülern im internationalen Vergleich. Opladen: Leske + Budrich 2001.

Becker, Jürgen: Erzähl mir nichts vom Krieg. Frankfurt am Main: Suhrkamp 1977.

Christ, Hannelore/Fischer, Eva/Fuchs, Claudia/Merkelbach, Valentin/Reuschling, Gisela: „Ja aber es kann doch sein ...“ In der Schule literarische Gespräche führen. Frankfurt a.M.: Lang 1995.

Härle, Gerhard: Literarische Gespräche im Unterricht: Versuch einer Positionsbestimmung. In: Härle, Gerhard/Rank, Bernhard (Hg.): Wege zum Lesen und zur Literatur. Baltmannsweiler: Schneider 2004, S. 137–168.

Härle, Gerhard/Steinbrenner, Marcus (Hg.): Kein endgültiges Wort. Die Wiederentdeckung des Gesprächs im Literaturunterricht. Baltmannsweiler: Schneider 2004.

Hohler, Franz: Die blaue Amsel. München: Luchterhand 1995.

Köster, Juliane: Bildungsstandards und Lesekompetenz. In: Gaiser, Gottlieb/ Münchenbach, Siegfried (Hg.): Leselust dank Lesekompetenz. Donauwörth: Auer 2006, S. 219–231.

Spinner, Kaspar H.: Eine Konsequenz aus PISA: Vermittlung von Lesekompetenz als Aufgabe aller Fächer. In: Bayrhuber, Horst u. a. (Hg.): Konsequenzen aus PISA. Perspektiven der Fachdidaktiken. Innsbruck: StudienVerlag 2004, S. 39–50.

Willenberg, Heiner: Lesestrategien. Vermittlung zwischen Eigenständigkeit und Wissen. In: Praxis Deutsch 2004, H. 187, S. 6–15.

LOTHAR BREDELLA

Fremde Welten entwerfen

Der Bildungssinn literarischer Texte

Der PISA-Schock hat das Lesen in den Mittelpunkt des allgemeinen Interesses gerückt, aber es geht dabei nicht um das Lesen literarischer Texte, sondern um das Lesen von Sachtexten, von denen man annimmt, dass sie in der späteren Berufspraxis der Lernenden eine wichtige Rolle spielen werden. Literarische Texte, die für das Selbst- und Weltverständnis der Schülerinnen und Schüler im Hier und Jetzt eine Rolle spielen könnten, werden kaum berücksichtigt. Man vernachlässigt sie zwar nicht gänzlich. Aber literarische Texte werden allein über die in ihnen verwendete Sprache wie Verfremdung von Alltagsprache, Mehrdeutigkeit und Konnotationen definiert (vgl. Artelt & Schlagmüller 2004). Damit aber wird verhindert, dass die Frage nach dem Bildungssinn literarischer Texte erörtert wird. Sie kann wohl auch gar nicht in dem funktionalistischen Ansatz der PISA-Studie gestellt werden, da man sich in erster Linie an den Erwartungen, die im späteren Berufsleben der Lernenden erfüllt werden sollen, orientiert. Umso wichtiger ist es, dass Literaturdidaktiker die Frage stellen, warum Schüler überhaupt literarische Texte lesen sollen und was sie für ihr Selbst- und Weltverständnis bedeuten können.

Ich werde hier versuchen, die Frage nach dem Bildungssinn literarischer Texte dadurch zu beantworten, dass ich aufzeige, wie sie ihre Leser anregen, fremde Welten zu entwerfen und dabei ihren Erfahrungshorizont erweitern und ihre Urteilsfähigkeit schärfen. Eine solche Begründung für die Lektüre literarischer Texte beruht auf einer Reihe von Annahmen, die ich zu klären versuche, und dabei werde ich mich auch mit einer Reihe von Einwänden gegen die hier gegebene Begründung auseinander setzen.

1 Der literarische Text als Partitur

Wenn wir den literarischen Text als Partitur begreifen, bedeutet dies, dass wir bei seiner Lektüre nicht nur auf seine formalen und inhaltlichen Elemente achten, sondern dass wir zur Aufführung bringen, was in ihm angelegt ist. Insofern geht die Lektüre über den Text hinaus. Wir lesen nicht nur ab, was der Text sagt, sondern entwerfen bei seiner Lektüre eine Welt, in der Charaktere handeln und leiden, und beurteilen deren Handeln und Leiden. Wir entwerfen aber nicht nur eine Welt, sondern diese Welt spricht uns auch an. Seit Aristoteles sind Furcht und Mitleid zentrale Emotionen, die bei der Rezeption literarischer Texte eine zentrale Rolle spielen. Das zeigt, dass wir uns in die Charaktere versetzen und erfahren, dass das, was ihnen zustößt, auch uns zustoßen könnte. Doch zunächst zu dem Aufbau der Welt des literarischen Textes. Nach Jean Paul Sartre muss der Leser dem literarischen Text, um ihn entstehen zu lassen, sein Wissen und seine Gedanken und Gefühle zur Verfügung stellen. Deshalb spricht er vom Lesen als „gelenktem Schaffen" (*creation dirigée*) (vgl. Sartre 1964, S. 29). Damit tritt der Prozesscharakter des Lesens in den Vordergrund. Es geht darum, was der Leser während der Lektüre erlebt. Nach Derek Attridge besitzt die Lektüre literarischer Texte den Charakter eines Ereignisses: „we experience literary works less as an object than as events" (Attridge 2004, S. 2). Attridge gebraucht ferner den Begriff *performance*, um die Lektüre literarischer Texte zu kennzeichnen (vgl. ebd., S. [illegible]). Diesen Aspekt der Lektüre betont auch Gerhard Kaiser in seinem Buch *Wozu noch Literatur?* Er schreibt: „Die lustvolle Arbeit am Text – das ist die Aktivierung unseres Denk-, Phantasie- und Erlebnispotentials und sein Hinüberfließen in den Text, den es verlebendigt und aus dem es am Ende wieder zu uns zurückfließt" (Kaiser 2005, S. 112). Bevor ich jedoch den Rezeptionsprozess literarischer Texte detaillierter zu erfassen suche, will ich mich mit Einwänden gegen die hier angedeutete Begründung literarischer Texte auseinandersetzen. Formalistische Richtungen der Literaturwissenschaft vom *New Criticism* bis zum Dekonstruktivismus betonen, dass nur ein naiver Leser sich in Charaktere versetzt. Der literaturwissenschaftlich aufgeklärte Leser weiß, dass Figuren in literarischen Texten keine Gedanken und Gefühle besitzen, sondern nur aus Buchstaben, Wörtern und Sätzen bestehen, so dass er nicht fragt, wie ihn das Dargestellte betrifft, sondern auf die Stil- und Strukturmerkmale des Textes achtet. Literarische Texte stellen nach dieser Auffassung nicht existenziell bedeutsame Erfahrungen dar, die den Leser ansprechen und herausfordern, sondern wollen ihn gerade von dieser Welt befreien, indem sie seine Aufmerksamkeit auf Formen richten. Es geht somit beim Formalismus um die entscheidende Frage, ob literarische Texte auf unsere Sichtweisen eine Wirkung ausüben oder ob sie uns gerade von diesen Sichtweisen erlösen sollen. Eine Auseinandersetzung mit diesem und weiteren Einwänden ist notwendig, um das Bewusstsein für die Antworten auf die literaturdidaktische Frage nach dem Bildungssinn literarischer Texte zu schärfen.

2 Kritik an der formalistischen Literaturauffassung

Wenn ich mich hier gegen formalistische Richtungen der Literaturwissenschaft wende, bedeutet das jedoch nicht, dass ich mich gegen die Betrachtung der Form literarischer Texte wende. Problematisch ist Formalismus, weil die Form den Inhalt zum Verschwinden bringen soll. Damit wird die ästhetische Erfahrung auf einen Hedonismus, Gefallen an formalen Elementen, reduziert, und es ist nicht mehr möglich, Gefühle wie Furcht und Mitleid als Teil der ästhetischen Erfahrung zu erfassen.

Man kann nicht die Form an sich ohne Bezug auf den Inhalt bestimmen. Greiner macht dies an einer einfachen Überlegung deutlich. Wenn wir sagen, dass ein literarischer Text „gut geschrieben“ sein muss, stellt sich die Frage, was „gut geschrieben“ bedeutet. Soll die Sprache schön, elegant, subtil sein? Darauf antwortet Greiner: „Es gibt nicht wenige Romane, deren Sprache auf das Hässliche, Eckige, Grobe zielt. Thomas Bernhards Sprache wird man nicht direkt elegant nennen wollen“ (Greiner 2005, S. 179). Die Sprache literarischer Texte geht oft an die Grenze der üblichen Kommunikation, so dass sie befremdlich, wenn nicht gar unverständlich erscheint. Deshalb kann man nur erfahren, was die Sprache leistet, wenn man sie an ihrem eigenen Anspruch und der Funktion, die sie zu erfüllen sucht, misst.

Die Auffassung, dass literarische Texte nur von ihrer Form her zu beurteilen sind und dass sie deshalb den Inhalt zum Verschwinden bringen sollen, verkennt, dass literarische Texte eine ganze Reihe lebensweltlicher Funktionen erfüllen. Diese Funktionen lassen sich zwar nur erfüllen, wenn die entsprechende Form gefunden wird, aber die jeweilige Form gewinnt nur ihre Bedeutung durch die Funktionen, die sie erfüllt. In einem Aufsatz „Elitismus und Betroffenheitskult: Zur ethischen Valenz der Kunst“ nennt Bernd Kleimann ein weites Spektrum von Funktionen: „Es reicht von der Bewusstmachung menschlicher Bedürfnislagen bis zur politischen Aufklärung, von der kulturellen Verständigung bis zur moralischen Sensibilisierung, von der Irritation des Gewohnten bis zur Affirmation des Bestehenden“ (Kleimann 2003, S. 122). Erst wenn wir diese Funktionen erfassen, können wir, wie auch Reinold Schmücker ausführt, verstehen, was formale Mittel leisten: „[...] wir bewerten sie, wie gut sie Gefühle und Erlebnisse zum Ausdruck bringen oder ihrerseits beim Rezipienten ein bestimmtes Gefühl oder eine bestimmte Stimmung hervorrufen. Wir messen sie daran, wie gut sie ihre Rezipienten zu einem bestimmten Verhalten motivieren oder ihnen eine reflexive Distanz zu ihrem alltagsweltlichen Lebenskontext ermöglichen“ (Schmücker 2003, S. 109f.).

Oft betont die formalistische Auffassung, dass literarische Texte eine erfundene Scheinwelt darstellen, die zu der realen Welt in einem Gegensatz steht. Es stellt sich hier die Frage, woher man weiß, dass die fiktive Welt im Gegensatz zur realen steht? Oft erfahren wir gerade, dass die fiktive Welt nicht zur Ablenkung, sondern zur Erhellung der realen dient. Sie will unsere Aufmerksamkeit auf das lenken, was wir in der realen übersehen. Greiner betont diese Intention literarischer Texte zu Recht, wenn er sagt: „Es kann Geschichten geben, die nicht wirklich so passiert sind, aber gleichwohl wahr sind, weil sie nämlich eine Erkenntnis erhalten, die Geltung hat und uns überzeugt“ (Greiner 2005, S. 34f.).

Wenn wir die Bedeutung literarischer Texte für den Bildungsprozess bestimmen wollen, können wir uns nicht mit dem formalen Literaturbegriff begnügen, sondern müssen ins Blickfeld rücken, wie sich literarische Texte auf die Welt des

Lesers beziehen und wie sie ihn ansprechen und herausfordern. Kleimann macht auf einen solchen Bezug aufmerksam, wenn er sagt: „Wer beispielsweise Tragödien konsumiert, ohne auf die tragischen Züge des eigenen Lebens aufmerksam zu werden, läßt die Potentiale der Kunst ebenso ungenutzt wie eine Kultur, die die in ihren artikulierten Zeichen gespiegelten sozialen Erosionsprozesse ignoriert“ (Kleimann 2003, S. 122). Diesen Bezug auf die Lebenswelt will jedoch der Formalismus mit allen Mitteln vermeiden. Kunst soll uns nicht die Lebenswelt erhellen, sondern uns von ihr erlösen. Das ist letztlich auch das Ziel des Dekonstruktivismus.

3 Kritik am dekonstruktivistischen Literaturbegriff

Der Dekonstruktivist geht noch einen Schritt weiter als der Formalismus. Für ihn ist nicht nur die literarische Sprache selbstreferenziell, sondern Sprache generell. Daher ist für ihn die referenzielle Sprachfunktion eine Illusion. Deshalb bekommt der literarische Text eine herausragende Bedeutung, weil er uns, so Paul de Man, die Einsicht in das wahre Wesen der Sprache als ein selbstreferenzielles System vor Augen führt (vgl. de Man 1986, S. 10). Nach Hillis Miller, der in vielen Punkten de Man folgt, verspricht sich die Sprache, die verspricht, sich auf die Welt zu beziehen (vgl. Miller 1987, S. 35). Deshalb müssen wir unser Leben in den Dienst der Unmöglichkeit des Lesens stellen:

> To live is to read, or rather to commit again and again the failure to read which is the human lot. We are hard at work trying to fulfill the impossible task of reading from the moment [...] we wake in the morning until the moment we fall asleep at night, [...] what are our dreams but more lessons in the pain of the impossibility of reading [...] (ebd., S. 49).

Lesen bzw. die Unmöglichkeit des Lesens ist hier nicht mehr eine Tätigkeit unter anderem, sondern bestimmt das Leben, wobei der Sinn dieser Tätigkeit darin besteht, Weltbezüge von Texten zu dekonstruieren. Das setzt jedoch voraus, dass zunächst Weltbezüge vorausgesetzt werden müssen. Somit besteht das Ziel schriftstellerischer Tätigkeit darin, „die Illusion eines sicheren Weltbezuges – innerhalb und außerhalb der Literatur – zu zerstören“ (Seel 1996, 185). Stimmen jedoch die dekonstruktivistische Sprachauffassung und die daraus abgeleitete Literaturauffassung?

Es ist zwar richtig, dass Sprache, wie der Dekonstruktivismus behauptet, ein in sich geschlossenes System in dem Sinne ist, dass man Worte mit Hilfe anderer Worte erklären kann, ohne auf die Welt Bezug zu nehmen, aber Sprache ist auch ein offenes System, das gerade dadurch Bedeutung gewinnt, dass es nicht nur auf sich selbst, sondern auf die Welt verweist. Wie Martin Seel ausführt, könnte es keine verständliche Rede geben, wenn sich Sprache nicht auf die Dinge, die unabhängig von unserer Rede bestehen, beziehen könnte (vgl. Seel 2002, S. 157, vgl. zur Kritik am dekonstruktivistischen Sprachbegriff Bredella 2002, S. 178ff.; 188ff.).

Eine beliebte Strategie des Dekonstruktivismus ist es Begriffe so eng zu definieren, dass man sie leicht dekonstruieren kann. Für Miller bedeutet Mimesis Verdoppelung der Welt, so dass er mit Recht daraus den Schluss ziehen kann, dass der Begriff der Mimesis dazu führt, dass literarische Texte überflüssig sind, weil sie nur wiederholen, was wir sowieso schon wissen. Damit hat er jedoch nicht den Begriff der Mimesis widerlegt, denn sie ist nicht Verdoppelung der Realität, sondern ermöglicht durch Auswahl und Anordnung der ausgewählten Momente Erkenntnis (vgl. Bredella 2002, S. 76). Seel zeigt auf, wie de Man die Worte „ästhetisch“ und „rhetorisch“ auslegt, um sie zu dekonstruieren und um zu demonstrieren, dass sich literarische Texte nicht auf die Welt beziehen können: „De Mans Angewohnheit, das Wort ‘ästhetisch’ in Opposition zu ‘rhetorisch’ zu gebrauchen, reduziert das ‘ästhetische’ Lesen auf eine blinde Identifikation mit dem Text und reduziert das ‘rhetorische’ auf eine taube Klügelei über ihn, kombiniert also die beiden stumpfesten Arten, einem literarischen Text zu begegnen, um dann zu folgern, hier sei der Konflikt unausweichlich“ (Seel 1996, S. 187).

Literarische Sprache will uns nicht von der Welt befreien, sondern vielmehr neue Perspektiven für die Wahrnehmung der Welt eröffnen. Ohne Bezug auf sie, so Kaiser, kommt auch die literarische Sprache gar nicht aus: „letztendlich haben alle Wörter und Sätze mit ihren optischen und akustischen Substraten ihren Sitz im Leben und weisen darauf zurück. Selbst die Dada-Bewegung infolge des ersten Weltkrieges und die sogenannte Konkrete Poesie unserer Zeit mit ihren graphischen Wort- und Buchstabenspielen leben von der Sensation, daß sie den Bezug von Sprache auf Sachverhalte unserer Lebenspraxis voraussetzen, indem sie ihn zur Diskussion stellen“ (Kaiser 2005, S. 10). Aber selbst, wenn wir einmal annähmen, dass Sprache sich nicht auf die Welt beziehen kann, hätte das nach Kaiser zur Folge, dass wir uns mit der Frage beschäftigen, was dies für unser Leben bedeutet: „Und damit wäre dann doch wieder nach dem Menschen in seinem Weltbezug gefragt“ (ebd., S. 74). Der Dekonstruktivismus will dem literarischen Text eine herausragende Bedeutung zuschreiben, aber wenn wir ihm folgen, verlören literarische Texte weitgehend ihre Bedeutung: „Literatur hätte ihren Sinn lediglich in der Feier oder Beweinung der Trivialität, dass alles Sprechen Menschenwerk und als solches fragil und fallibel, provisorisch und historisch, arbiträr und selten eindeutig ist“ (Seel 1996, S. 186f.).

Wie Greiner aufzeigt, gibt es literarische Texte, die sich nicht auf die Welt, sondern nur auf sich selbst beziehen wollen. Aber auch darin zeigt sich eine bestimmte Einstellung zur Welt. So sagt er über den Roman *Das Leben. Eine Gebrauchsanweisung* von Georges Perec: „Und dieser Roman als artistische Ordnungsleistung ist eine kleine Insel des Widerstandes gegen das Chaos“ (Greiner 2005, S. 157). Der selbstreferenzielle Text soll uns damit von der chaotischen

Welt erlösen, indem er „den Ballast des Wirklichen" (ebd., S. 33) abwirft. Damit aber enthält auch der selbstreferenzielle Text eine Weltsicht, und wie sich zeigt, eine sehr problematische. Auf alle Fälle ist er nicht jeglicher Diskussion entrückt. In dem Roman *Die Falschmünzer* von André Gide will einer der Charaktere mit dem Namen Edouard einen Roman schreiben, der sich nicht an der Wirklichkeit orientiert und kein Thema besitzt. In dem Roman wird diese Theorie selbst kritisch gesehen. Sie ist Teil der allgemeinen Falschmünzerei. Darüber hinaus führt Greiner zwei Gründe an, warum das Projekt von Edouard scheitert: „Er muss sich der Sprache bedienen, und die ist ein von allen benutztes und im Benutzen immerzu verändertes Verständigungsmittel. Der Autor kann es bestenfalls erneuern, also nicht von neuem erfinden, sonst versteht ihn kein Leser" (ebd., S. 137f.). Wer sich seine eigene Sprache schafft, gibt somit auch die Möglichkeit des Verstehens auf. Der zweite Grund, den Greiner anführt, besagt, dass ein Roman gar nicht anders kann, als eine Geschichte zu erzählen. Der Roman kann zwar das Erzählen einer Geschichte verweigern. Aber damit erzählt er die Geschichte dieser Verweigerung (ebd., S. 158).

Es ist für die Literaturdidaktik wichtig, sich mit dem Dekonstruktivismus auseinanderzusetzen, weil er besonders für die Literaturdidaktiker attraktiv ist, die die jeweils vorherrschende Richtung in der Literaturwissenschaft im Unterricht zur Geltung bringen wollen. Eine Rechtfertigung der Beschäftigung mit literarischen Texten aus der Sicht des Dekonstruktivismus fällt jedoch schwer. Es ist wohl kaum möglich, die Lektüre literarischer Texte im Unterricht damit zu begründen, dass sie uns das Wesen der Sprache vor Augen führt, das darin bestehen soll, dass Sprache, die etwas verspricht, sich verspricht. Aber selbst wenn diese Sprachauffassung richtig wäre, könnte sie nach Kaiser nicht erklären, warum sich Menschen jahrtausendelang mit Dichtung beschäftigt haben. Literarische Texte haben mit unseren Erfahrungen und Sichtweisen zu tun und nicht „mit dem Funktionieren von Sprache, also einem Spezialproblem der Zunft der Sprachtheoretiker" (Kaiser 2005, S. 73). Aber letztlich geht es dem Dekonstruktivismus nicht nur um die Bestätigung seiner Sprachauffassung, sondern auch darum, uns von der Verantwortung für das, was wir schreiben und sagen, zu befreien; denn, wenn wir von der Sprache gesprochen werden, können wir für das, was wir sagen, nicht verantwortlich sein. Nach Richard Rorty ist für Dekonstruktivisten Sprache etwas; „that could [...] act on its own, go out of control, stab itself in the back, tear its head off, and so on" (Rorty 1998, S. 314). Der dekonstruktivistische Leser ist jedoch nicht nur Opfer der Sprache, sondern er ist auch ein privilegierter Leser, weil er im Gegensatz zu denen, die dem naiven Glauben an die Referenzialität der Sprache erliegen, um das Wesen der Sprache weiß, die jegliches Verstehen verhindert.

Wie auch der formalistische Leser ordnet sich der dekonstruktivistische Leser dem Text unter. Er ist ein Diener des Textes. Er stellt sein Leben, wie wir bei

Miller gesehen haben, in den Dienst der Unmöglichkeit des Lesens. Diese Auffassung des Lesens wird jedoch aus einer Reihe von Gründen heftig kritisiert. Es wird darauf hingewiesen, dass aus politischen und pädagogischen Gründen der Leser nicht Diener, sondern Herr des Textes sein soll. Für andere ist es aus erkenntnistheoretischen Gründen gar nicht möglich, einen Text zu verstehen, weil wir in ihn projizieren, was wir in ihm sehen wollen. Und andere betonen, dass wir literarische Texte nicht verstehen, sondern als Material zur Selbstverwirklichung und Selbsterschaffung benutzen sollen. Es kommt nicht auf das Verstehen, sondern auf die Kreativität an. Es liegt auf der Hand, dass es sich hier um wichtige Fragen für die Literaturdidaktik handelt, bei der sie aber auch aufpassen muss, dass sie sich nicht unhaltbaren Positionen verschreibt.

4 Die Entwertung des literarischen Textes und die Überhöhung des Lesers

Eine Reihe von Autoren betonen, dass der literarische Text nur in der Lektüre existiert. Bei Stanley Fish gibt es, wie der Titel eines einflussreichen Buches *Is there a text in this class* schon zum Ausdruck bringt, gar keinen Text, den wir gemeinsam lesen, sondern jeder Leser schreibt seinen eigenen Text, während er einen Text zu lesen glaubt. Fish bejaht diese Entwertung des Textes aus pädagogischen und politischen Gründen, weil damit der Leser nicht mehr Diener, sondern Herr des Textes ist. Der Leser soll damit sich vom Text emanzipieren und seinem Willen zur Macht Ausdruck verleihen (vgl. Fish 1980, S. 368). Aber kann man noch von Lesen sprechen, wenn der Leser entscheidet, was der Text bedeutet? In einem Aufsatz „Who is afraid of Wolfgang Iser?“ stellt Fish die These auf, dass in einem Text entweder alles oder nichts gegeben ist, und zieht die Schlussfolgerung, dass für ihn bei der Lektüre eines Textes nur schwarze Punkte auf weißem Papier gegeben sind, so dass der Leser den Text erst bei der Lektüre erzeugt (vgl. Fish 1989, S. 77f.). Damit wird auch der Begriff der Interpretation hinfällig, denn Interpretieren setzt voraus, dass etwas gegeben ist, das man interpretieren kann. Für Fish macht es daher auch keinen Sinn zu sagen, dass man seine Interpretation am Text belegen soll. Diese Aufforderung ist für ihn nur ein Trick, um andere Interpreten einzuschüchtern und die eigene Lesart durchzusetzen. Es gibt nichts im Text, mit dem man beweisen könnte, dass eine Interpretation angemessener sei als eine andere (vgl. Fish 1995, S. 264).

Ähnlich wie Fish argumentiert David Bleich. Nach seiner Auffassung schreiben wir ebenfalls den Text während der Lektüre. Wenn wir die Frage beantworten, welches das wichtigste Wort in einem literarischen Text sei, unterliegen wir nach seiner Auffassung einem Trugschluss, weil es das wichtigste Wort in einem Text gar nicht gibt. Es gibt nur das wichtigste Wort im Zusammenhang unserer Interessen und Bedürfnisse. Wir drücken uns daher nach Bleich um unsere Verantwortung, wenn wir glauben, dass der Text die Wahl des wichtigsten Wortes bestimmt (vgl. Bleich 1975, S. 53f.). Wenn wir nach Fish und Bleich die Texte schreiben, die wir zu lesen glauben, dann bedeutet dies, dass wir die Auffassungen eines anderen nicht mehr erfahren können. Wir enden in einer solipsistischen Welt, in der wir alles selbst produziert haben.

Rorty führt den Begriff des starken Lesers ein, um zu zeigen, dass wir literarische Texte für unsere Selbsterschaffung benutzen sollen. Der Drang nach Selbsterschaffung ergibt sich aus unserer täglich erfahrenen Kontingenz. Wir müssen erleben, dass wir zu einer Zeit und an einem Ort geboren wurden, den wir nicht bestimmt haben, eine Sprache erlernen, die wir nicht geschaffen haben, und dass unser Selbstwertgefühl von den Urteilen anderer abhängt. Diese Erfahrung der Kontingenz können wir überwinden, wenn wir bei der Lektüre literarischer Texte uns weder um die Intention des Autors, noch um die des Textes kümmern, sondern dem Text die Bedeutung aufzwingen, die wir in ihm nach unseren Interessen und Bedürfnissen sehen wollen. Wir können uns dann als autonom erleben und uns selbst erschaffen (vgl. Rorty 1989, S. 151). Insofern verrät der schwache Leser, der auf den Sinn des Textes achtet, den Traum von einem vollkommenen Leben. Aber der starke Leser, der sich über den Sinn des Textes hinwegsetzt, ist gar kein Leser. Aber nicht nur die Idee des starken Lesers ist problematisch, sondern auch die Idee der Autonomie und Selbsterschaffung, die der Konzeption des starken Lesers zugrunde liegt. Für Kant gibt es Autonomie nur dadurch, dass man sich selbst ein Gesetz gibt und sich an ihm orientiert. Sonst wäre Autonomie bloße Willkür. Martin Well zeigt bei seiner Analyse des Begriffs der Selbstbestimmung, dass dieser Begriff nur Sinn macht, wenn man sich auch bestimmen lässt: „alles Bestimmendsein [enthält] zugleich ein Bestimmtsein" (Seel 2002, S. 288). Man braucht die vielfältigen biologischen, kulturellen und sozialen Faktoren, von denen wir bestimmt werden, um uns in der Auseinandersetzung mit ihnen zu bestimmen: „Wer nicht in vieler Hinsicht bestimmt wäre, könnte selbst nichts bestimmen: es wäre nichts da, dem gegenüber eine eigene Bestimmung Gewicht haben könnte" (ebd., S. 288). Insofern erscheint die Vorstellung von Selbsterschaffung, die verdrängen muss, wie wir als endliche Wesen bestimmt werden, als illusorisch, was auch Rorty selbst nicht verborgen bleibt. Wenn Rorty das vollkommene Leben am starken Dichter und starken Leser ausrichtet, spielt dabei die Vorstellung mit, dass wir unser Leben wie ein in sich ruhendes autonomes Kunstwerk konzipieren sollen. Unser Leben soll zum in sich ruhenden autonomen Kunstwerk werden. Dieser Gedanke ist nicht nur von Rorty, sondern vor allem auch von Foucault in seiner „Ästhetik der Existenz" entwickelt worden. Aber diese Analogie ist problematisch, weil, wie Seel aufzeigt, man das menschliche Leben verkennt, wenn man es wie ein Kunstwerk behandelt. Das menschliche Leben ist nicht wie ein Kunstwerk in sich abgeschlossen. Es geht in keiner Einheitsvorstellung auf. Selbst wenn wir die Einheit unseres Lebens als ein narratives Ganzes verstehen, zeigt sich schnell, „daß diese Einheit nicht in Form einer großen Erzählung besteht, sondern in einer prinzipiell offenen Reihe koordinierter Geschichten entworfen und vergegenwärtigt wird“ (Seel 1996, S. 19). Der Mensch hat die Fähigkeit, sich zu sich selbst zu verhalten, wie es das Kunstwerk nicht kann: „Überspitzt gesagt: Das Subjekt verhält sich zu einer Einheit, die es niemals wirklich hat. Das Kunstwerk dagegen hat eine Einheit, zu der es sich nicht wirklich verhält“ (ebd., S. 21). Besonders problematisch ist, dass Kunstwerke ihre Bedeutung für uns verlieren, wenn wir uns selbst zu Kunstwerken machen. Sie können uns nicht mehr anregen, unter ihrer Leitung eine fremde Welt zu entwerfen und unseren Erfahrungshorizont zu erweitern. Wir sehen hier, wie wichtig es ist, die Rezeption literarischer Texte als Interaktion zwischen Text und Leser zu verteidigen. Wie aber kommt es dazu, dass viele bereit sind, diese Interaktion aufzugeben?

In *Wahrheit und Methode* setzt sich Hans-Georg Gadamer mit der Frage auseinander, worin der Zweck eines Kunstwerks besteht und wann es vollendet ist, und weist auf die Schwierigkeiten hin, die sich bei der Beantwortung dieser Frage ergeben. Für Paul Valery, wie Gadamer aufzeigt, ist ein Kunstwerk nicht vollendbar und deshalb gibt es auch kein Kriterium für die Frage, wie man es angemessen versteht. Es bleibt somit dem Rezipienten überlassen, was er aus ihm macht. Jede Begegnung mit ihm hat den Rang einer neuen Produktion. Daran ist sicherlich etwas Richtiges, aber daraus den Schluss zu ziehen, dass wir den Text schreiben, indem wir ihn lesen, ist für Gadamer „ein unhaltbarer hermeneutischer Nihilismus“ (Gadamer 1960, S. 90).

In seinem Buch *Was ist Kunst? Eine Grundlegung* setzt sich Schmücker mit Autoren auseinander, für die ein literarischer Text nur im Bewusstsein des Lesers existiert. Er selbst spricht von einem „rezeptionsästhetischen Mentalismus“. Nach seiner Auffassung wird man zu dem rezeptionsästhetischen Mentalismus ermutigt, wenn man dem Dekonstruktivismus folgt, der den Unterschied zwischen Lesen und Schreiben zugunsten eines „entgrenzten Textes“ (Schmücker 1998, S. 280) einebnet. Wie bereits oben ausgeführt, spricht nach dekonstruktivistischer Sicht nicht der Sprecher die Sprache, sondern wird von ihr gesprochen. Insofern kann ein Autor auch keinen Text schreiben. Der scheinbar individuelle Text ist in Wirklichkeit nichts anderes als das Konglomerat von bereits bestehenden Texten. Daher kann auch der Dekonstruktivismus den Tod des Autors verkünden. Wenn die Texte sich selbst schreiben, wird aber nicht nur der Autor, sondern auch der Leser entwertet, ganz abgesehen von der Auffassung, dass der Leser nur die Unmöglichkeit des Lesens erfahren kann. Es gibt nur einen „Dialog der Texte“, der sich über den Köpfen der Autoren und Leser vollzieht. Angesichts der dekonstruktivistischen Einebnung der Differenz von Lesen und Schreiben betont Schmücker die unterschiedlichen Einstellungen, die dem Schreiben und Lesen zugrunde liegen: Der Autor folgt einer teleologischen und nicht einer ästhetischen Einstellung. Er richtet seine Aufmerksamkeit nicht auf das Gegebene, um dessen Eigenschaften und Eigenheiten wahrzunehmen, sondern setzt es als ein Mittel ein, um eine bestimmte Wirkung zu erreichen. Dem Leser dagegen geht es um das Wahrnehmen und Deuten, wobei jede Deutung wieder in Frage gestellt werden kann: „Sie lädt diejenigen, denen das Werk zum Gegenstand einer ästhetischen Erfahrung wird, stets von neuem zu Deutungsversuchen ein. Die *transsubjektive Existenz* des Werkes aber stellt sie dadurch nicht in Frage“ (ebd., S. 238f.).

Wie Schmücker weist auch Kaiser darauf hin, dass gegenwärtig in der Literaturwissenschaft die Auffassung an Boden gewinnt, nach der das Werk nicht außerhalb seiner Lektüre existiert. Wenn wir jedoch dieser Auffassung folgen, so Kaiser, heben wir den Begriff der Lektüre auf, „denn von Lektüre kann man sinnvoll nur in Abhebung von einem ihr gegebenen Text sprechen“ (Kaiser 2005, S. 106). Insofern hebt sich auch der Literaturunterricht auf, wenn es keinen Text gibt, der uns etwas sagt und über dessen Deutung wir uns verständigen können. Es gibt aber noch eine weitere Position, nach der wir Kunstwerke unbestimmt lassen sollen und auf die ich kurz eingehen will.

5 Entzugsästhetische Theorien

In seinem Buch *Kunst der Entzweiung. Zum Begriff der ästhetischen Rationalität* unterscheidet Seel zwischen „überbietungsästhetischen“ und „entzugsästhetischen Theorien“. Die erste Form von Theorien geht davon aus, dass wir bei der Rezeption von Kunstwerken eine höhere Wahrheit erkennen, die uns zwar nur durch die Kunst zugänglich ist, aber die Kunst nicht als einen von der Erkenntnis abgehobenen Bereich ausweist. Demgegenüber betont die zweite Form, dass die ästhetische Erfahrung gar keinen Anspruch auf Erkenntnis und Wahrheit erheben kann. Kunstwerke dienen gerade dazu, dass sie „aus den Bedeutungen und Begriffen eines kognitiven Weltverständnisses [freispielen]“ (Seel 1985, S. 46). Beide Formen von Theorien überlagern sich oft, wie Seel ausführt, aber dennoch ermöglicht diese Unterscheidung ein besseres Verständnis dessen, um was es bei der Rezeption literarischer Texte geht. Während für die überbietungstheoretischen Theorien Kunstwerke eine vertiefte Erkenntnis der Welt ermöglichen, betonen die entzugstheoretischen Positionen, dass Kunstwerke gar keine Erkenntnis anstreben, so dass Kunst sich als eine Welt des Scheins im Gegensatz zu dem Bereich der Erkenntnis und dem der Ethik definiert. Wir gewinnen von hier aus auch ein vertieftes Verständnis des Formalismus. Die Hinwendung zur Form erfolgt nicht nur um der Form willen, sondern hat die Funktion zu erfüllen, von der Welt mit ihren existenziell bedeutsamen Erfahrungen zu befreien. Der entzugsästhetische Ansatz kann daher auch als ein radikalisierter Formalismus betrachtet werden. Man kann nichts über Kunstwerke aussagen, weil man mit Aussagen über sie bereits den Bereich der Erkenntnis betritt, von dem sie uns befreien will. Über Kunstwerke lässt sich nichts Bestimmtes aussagen, weil sie gerade durch Unbestimmtheit gekennzeichnet sind. Für Seel kommt die Zielsetzung der entzugsästhetischen Position in den folgenden Worten von Rüdiger Bubner zum Ausdruck: „In keinem Bild ist das schlicht zu sehen, was der Betrachter darin sieht, in keinem Gedicht definitiv zu lesen, was man darin liest, und bei keinem Musikstück genügt genaues Zuhören, um das zu hören, was in der ästhetischen Erfahrung sich gibt. Die paradoxe Formulierung soll die Unbestimmbarkeit des ästhetischen Gegenstandes hervorheben“ (Bubner in ebd., S. 52). Sicherlich hat Bubner Recht, wenn er betont, dass die ästhetische Erfahrung nicht darin aufgeht, dass wir registrieren, was in den Kunstwerken gegeben ist. Deshalb habe ich in Teil 1 darauf hingewiesen, dass wir den Text als eine Partitur verstehen und das Lesen im Sinne Sartres als „gelenktes Schaffen“ begreifen, aber der Leser kann nur kreativ werden, wenn nicht alles unbestimmt ist, sondern wenn er von dem Text gelenkt wird. Die bloße Freisetzung von Weltbezügen kann, wie Seel zu Recht betont, weder das Schockierende noch das Versöhnende in der ästhetischen Erfahrung erklären: „Das Berückende der ästhetischen Erfahrung kann in einem Vorgang der Entrückung allein nicht liegen“ (ebd., S. 54).

Es ist wichtig, dass wir den Spielraum für die Interpretation nicht einengen. Aber das darf nicht dazu führen, dass wir den rätselhaften Charakter literarischer Texte verabsolutieren. Deshalb ist es auch problematisch, wenn man sich gegen das Verstehen literarischer Texte wendet, um ihre Unbestimmtheit und Rätselhaftigkeit nicht zu zerstören. Kaiser betont zur Recht: „Man kann Dichtung gar nicht lesen, ohne sie zu deuten. Der Leseakt ist schon an sich ein Deutungsakt. Auch die Behauptung, Werke seien rätselhaft oder versprächen Sinn, den sie jedoch tatsächlich nicht geben, ist eine Deutung der Texte“ (Kaiser 2005, S. 108).

Während die entzugsästhetische Position sich gegen eine kognitivistische Ästhetik wendet, betont Oliver Scholz in einem Aufsatz „Kunst, Erkenntnis und Verstehen. Eine Verteidigung einer kognitivistischen Ästhetik“, dass Kunstwerke nicht im Gegensatz zu dem Bereich der Erkenntnis und der Ethik definiert, sondern in ihrer Bedeutung für diese Bereiche gesehen werden sollen: „Ein Drama, Roman oder Film mag uns in unseren moralischen Urteilen und Einstellungen bewegen. Kunst, die das vermag, ist von unschätzbarem Wert für das moralisch-praktische Räsonieren, für die Verfeinerung der moralischen Phantasie und die Differenzierung des moralischen Urteils“ (Scholz 2001, S. 45).

Die Auseinandersetzung mit den Literaturbegriffen in den Teilen 2–5 sollte deutlich machen, dass Formalismus und Dekonstruktivismus die Bedeutung literarischer Texte verkennen, wenn sie erwarten, dass sie uns von der Welt befreien. Richtig ist, dass sie uns aus unserer Welt heraustreten lassen, aber nicht, um uns von der Welt überhaupt zu befreien, sondern um uns fremde Welten, die auch für uns Bedeutung besitzen, zu erschließen. Die subjektivistischen Positionen bei

Fish und Bleich und der starke Leser rücken zwar die Welt des Lesers und seine Interessen und Bedürfnisse in den Mittelpunkt, aber sie verabsolutieren sie, indem sie den Text entwerten, so dass es nichts mehr gibt, was den Leser ansprechen und herausfordern kann. Es entsteht eine solipsistische Welt, in der der Leser sich selbst erschaffen soll. Wie für den Formalismus und Dekonstruktivismus sollen auch die entzugsästhetischen Positionen den Leser von der Welt und dem Bereich der Erkenntnis und der Ethik befreien, so dass das Kunstwerk völlig unbestimmt bleiben soll, weil jede Bestimmung bereits in die Welt der Erkenntnis führt, aus der es uns ja gerade befreien soll. Eine solche eskapistische Auffassung wird jedoch der Bedeutung literarischer Texte nicht gerecht. Sie wollen uns nicht von der Welt befreien, sondern sie uns aus einer neuen Perspektive zeigen und dabei auf unsere Wertvorstellungen und Sichtweisen einwirken. Wir lassen somit in der Rezeption eine fremde Welt entstehen, die uns bestimmt.

6 Die anthropologische Bedeutung des Entwerfens von Welten

Warum wünschen sich Kinder, dass wir ihnen Geschichten vorlesen, selbst wenn sie sie bereits kennen? Es kann somit nicht die Spannung auf das Ende der Geschichte sein. Es sind wohl die Gefühle, die die Kinder während der Lektüre durchleben, die sie dazu bewegen, sich die Geschichte immer wieder anzuhören. Greiner weist darauf hin, wie wichtig die Gefühle sind, die wir bei der Lektüre literarischer Texte erleben: „Wir fürchten uns mit Rotkäppchen vor dem bösen Wolf und freuen uns, wenn es Hänsel und Gretel gelingt, die Hexe zu verbrennen. Wir lauschen mit Heidi dem Glockenklang des Frankfurter Doms und bestehen mit Old Shatterhand die gefährlichsten Zweikämpfe [...]“ (Greiner 2005, S. 16). In seinem Buch *Mimesis as Make-Believe* berichtet Kendall L. Walton von einem Mädchen, das die Geschichte „Jack and the Beanstalk“, die es auswendig hersagen kann, immer wieder hören will, weil sie wohl den Schrecken, den sie erlebt, wenn der Riese Jack entdeckt, und die Befriedigung und Genugtuung fühlen will, als die Mutter begreifen muss, dass sie das Glück ihrem Sohn verdankt (vgl. Walton 1993, S. 260).

Nach Walton verbringen Kinder viel Zeit damit, in unterschiedliche Rollen zu schlüpfen, sei es die des Cowboys, des Sheriffs, des Vaters, der Mutter, des Kindes usw. Dabei benutzen sie auch Requisiten, die ihnen das Spielen erleichtern. So hilft ihnen die Puppe, sich vorzustellen, wie sie in der Rolle der Mutter das Kind füttern. In diesem Sinne versteht Walton auch literarische Texte als Requisiten, die es uns erlauben, sich intelligenter und kreativer in andere zu versetzen, als dies ohne Hilfen möglich wäre: „By constructing artificial prompters, we share our imaginative thoughts with others; and all of us can profit from those who are unusually imaginative, creative, perceptive, those who possess special talents for thinking up provocative or illuminating or comforting lines of imagination“

(ebd., S. 22). Künstler sind nach dieser Sicht Menschen, die besonders befähigt sind, Situationen zu schaffen, in denen wir uns in andere versetzen und in denen unsere kognitiven, affektiven, imaginativen und evaluativen Fähigkeiten angesprochen werden. Während der formalistische Literaturbegriff Literatur und Lebenswelt als getrennte Bereiche begreift, wie wir gesehen haben, betont Walton, dass die Rezeption des literarischen Textes wie das Rollenspiel der Kinder und die Tagträume der Erwachsenen etwas mit der eigenen Person zu tun haben. Wir treten zwar auch aus unserer Lebenswelt heraus und betreten fremde Welten, aber in diesen Welten wird verhandelt, was auch für unser Selbst- und Weltverständnis relevant ist, während der Formalismus uns generell von der Welt befreien will.

In seinem Buch *Language Play, Language Learning* beginnt Guy Cook das zweite Kapitel mit den Worten: „Adults and children alike devote a large amount of time and thought to imaginary characters, situations, and events. We do this in a multitude of forms. There is children's play and adult fantasy. There are fictional narratives, created entirely through language, such as novels, and short stories; there are fictional narratives which mix language with images, sounds, and music, such as film, opera, theater, and television drama [...]" (Cook 2000, S. 35). Wie Walton sieht Cook einen Zusammenhang zwischen Rollenspielen der Kinder und den Tagträumen der Erwachsenen und den literarischen Texten. Diese unterscheiden sich jedoch von jenen dadurch, dass der Leser nicht in das Geschehen verstrickt ist, sondern es als interessierter Zuschauer beobachtet und damit auch eine innere Distanz zu ihm gewinnen kann, die auch befreiend wirkt: „allowing the benefits of greater detachment, objectivity, and reflection, free from the pressure of having to take the local moment-by-moment decisions – hence the great popularity of both spectator sports and fiction" (ebd., S. 40).

Kaiser stellt sich die Frage, warum sich Menschen nicht mit der Welt, in der sie leben, zufrieden geben, und warum sie ständig neue Welten entwerfen. Er sieht den Grund darin, dass sie an der Unvollkommenheit der Welt leiden und diesen Mangel durch Denken und Dichten zu kompensieren suchen: „Die Entwurfsenergie, die Phantasie für die Möglichkeiten des Realen ist Folge und zugleich Kern seines Sprachvermögens, damit seines Vermögens zur Dichtung" (Kaiser 2005, S. 134). An einer anderen Stelle sagt er über den Menschen, „daß seine Fähigkeit zu denken, zu sprechen, zu projektieren, zu dichten die Antwort auf die menschliche Grunderfahrung ist, nicht und nie am Ziel zu sein" (ebd., S. 72). Das Bedürfnis über die Welt, in der wir leben, hinauszugehen, zeigt sich besonders an literarischen Texten: „Sie [die Weltliteratur] ermöglicht uns, aus unserem gelebten Leben in tausendfältige Lebenserfahrungen überzusteigen, die verschiedenen Standpunkte einzunehmen, die Innensicht mannigfacher Charaktere und Situationen zu gewinnen. Wir können durch Dichtung an fast allem teilnehmen, was von Menschen je gedacht, gefühlt, imaginiert, geredet und getan worden ist" (ebd., S. 95).

7 Das Entwerfen *fremder* Welten

Ich habe bis jetzt nicht erklärt, warum ich im Titel meines Vortrages vom Entwerfen *fremder* Welten spreche. Der Begriff „fremd" hat im Zusammenhang mit literarischen Texten mehrere Bedeutungen. Er kann einmal bedeuten, dass literarische Texte, die wir im Fremdsprachenunterricht lesen, auf eine fremde Kultur verweisen. Das wirft die grundsätzliche Frage auf, ob wir sie überhaupt verstehen können und was wir gegebenenfalls über die fremde Kultur wissen müssen, um sie zu verstehen. Aber auch literarische Texte aus der Vergangenheit der eigenen Kultur können fremd erscheinen. Kaiser bemerkt in diesem Zusammenhang: „Historisch und individuell haben wir eine andere Erfahrung von Liebe, Tod, Natur, Kindheit, Gesellschaft, ja Welt überhaupt, als sie das damalige Publikum mitbrachte" (Kaiser 2005, S. 89). Wir als gegenwärtige Leser sind immer von dem zeitgenössischen Leser verschieden, allein schon aus dem Grund, dass wir literarische Texte nicht „in literarhistorischer Abfolge, sondern fast immer anachronistisch lesen: etwa die *Perser* von Aischylos nach Frischs *Homo Faber, Werther* nach Brechts *Galileo Galilei* usw." (ebd.). Insofern müssen wir die Vorstellung aufgeben, als könnten wir mit dem zeitgenössischen Leser identisch werden.

Für Attridge sind uns jedoch nicht nur die literarischen Texte der fremden und der vergangenen Kultur fremd, sondern auch die zeitgenössischen: „The artwork to which I respond *always* speaks to me of a foreign country and a distant past (or future). Even a just-published novel which deals with the city in which I live and the class of which I am a member reaches me through a web of linguistic, generic, ethical, social, political, and other assumptions and codes that are not entirely my own. In reading such a book, I am traversing cultural distance, I am opening my own idioculture to possible alterations by an artifact that may share many of my assumptions, but never all of them" (Attridge 2004, S. 52).

Unter dem Begriff „idioculture" versteht Attridge die Kultur eines Individuums, wie sie aus den Überschneidungen und Überlappungen der in einer Kultur existierenden Wertvorstellungen, Gewohnheiten, Vorurteilen, Erwartungen und Vorlieben entsteht (vgl. ebd., S. 21). Auch wenn wir viele Aspekte unserer Kultur teilen, sind wir als Individuen verschieden, besitzen also eine eigene „idioculture". Das kann auch erklären, warum jeder von uns literarische Texte bis zu einem gewissen Grade unterschiedlich interpretiert und wir ein und denselben Text bei einer zweiten und dritten Lektüre jeweils anders verstehen.

Die fremde Welt kann jedoch auch zum Ausdruck der eigenen werden. In dem von Uwe Naumann herausgegebenen Band *Verführungen zum Lesen. Zweiundfünfzig Prominente über Bücher, die ihr Leben prägten* wird mehrmals darauf hingewiesen, dass die literarischen Texte deshalb bedeutsam wurden, weil sie artikulierten, was die Leser als ihr tiefstes Eigenes erkennen. Hermann Schreiber sagt über die Wirkung der Lektüre der Romane und Kurzgeschichten von Ernest Hemingway:

„Es war ein ungeheueres Aha-Erlebnis, als Fiesta über mich kam, vor fünfzig Jahren: Da artikulierte ein fremder Autor, der ungefähr so alt war wie mein Vater, mein eigenes Lebensgefühl – ein Lebensgefühl, das zu formulieren ich selber noch gar nicht im Stande war, das ich ausdrücken konnte allenfalls in Gesten und Verweigerungen. Da wusste einer Antwort auf die Kernfrage meiner, aber nicht nur meiner Existenz: Wie man bestehen kann mit leeren Händen. Nach dem Sinn wird nicht gefragt. Transzendenz steht nicht zur Debatte. Die Bemühung allein hat Wert und Würde" (Schreiber in Naumann 2003, S. 196). Schreiber sagt am Ende seines Beitrags: „Ich bin ihm [Hemingway] dankbar geblieben, weil er mir zu einer Zeit, da sonst keiner half, geholfen hat, so etwas wie Haltung zu bewahren. Er hat mir beigebracht, dass ein Mensch auch dann noch Selbstachtung und Würde besitzen kann, wenn die großen Worte sich als Lügen erweisen und wenn der alte Glaube stirbt" (ebd., S. 204). Wie ich im nächsten Teil noch aufzeigen werde, handelt es sich bei den Begriffen Fremdes und Eigenes um relationale Begriffe, so dass sich ihr Verhältnis ständig verändern kann. Fremde Welten können zu Eigenen werden, und eigene Welten können zu fremden werden.

Die Welt literarischer Texte ist fremd, weil wir eine Welt entwerfen, die nicht unsere eigene ist und in die wir nicht handelnd eingreifen können. Wir lassen sie zwar entstehen, aber wir können sie nur von außen beobachten. Deshalb fördern literarische Texte, wie Martha Nussbaum aufzeigt, unsere Urteilskraft: „Since the story is not ours we do not find ourselves caught up in the 'vulgar heat' of our personal jealousies or our angers or in the sometimes blinding violences of our loves" (Nussbaum 1990, S. 48). Auf die besondere Bedeutung des Zuschauens weist auch Angela Keppler beim Anschauen eines Films hin: „Wer ins Kino geht, begibt sich in ein Geschehen, aus dem er insofern herausgehalten bleibt, als die Bewegungen, an denen er sehend teilhat, ihn nicht physisch treffen können, wie umgekehrt seine Bewegungen keinen Einfluß auf den Fluß der Bilder und Töne haben" (Keppler 2003, S. 291). Es ist für eine Literatur- und Filmdidaktik wichtig, dass wir Vor- und Nachteile des Zuschauens richtig erfassen und beurteilen. Kaiser vergleicht Handeln und Zuschauen und kommt zu dem Ergebnis: „Der sich literarisch Einfühlende erlebt weniger als der unmittelbar Fühlende und Erlebende, aber er erfährt vielleicht mehr. Es bleiben ihm Folgen erspart, aber er kann Konsequenzen ziehen" (Kaiser 2005, S. 96). Auch Greiner wägt die Vor- und Nachteile des Lesens ab: „Du liebst, wenn du die Liebe deines Helden erlebst, nicht selber, dir winken weder Glück noch Glanz, und das ist schade. Andererseits erleidest du die Schmerzen deines Helden, sein Scheitern und seinen Untergang ebenfalls nur in Gedanken, und das ist schön" (Greiner 2005, S. 21f.). Die Fähigkeit des Menschen, aus seiner Situation herauszutreten und an der Welt anderer teilzunehmen, kommt bei der Rezeption literarischer Texte zu ihrer vollen Entfaltung (vgl. Kaiser 2005, S. 96).

Die Begriffe des Fremden und Eigenen sind relationale Begriffe. Diese Einsicht wird öfters schnell vergessen, was zu der Behauptung führt, dass wir Fremdes gar nicht verstehen können bzw. dass das Verstehen ein Akt der Gewalt sei, mit dem wir das Fremde auf das Eigene zurückführen. Gibt man jedoch die Einsicht nicht auf, dass es sich um relationale Begriffe handelt, kann es das absolute Fremde gar nicht geben. Den relationalen Charakter des Fremden bringt Attridge gut zum Ausdruck, wenn er sagt: „Only in relating to me is the other other, and its otherness is registered in the adjustments I have to make in order to acknowledge it – adjustments that never become wholly second nature“ (Attrige 2004, S. 30). Ich verstehe daher Fremdes nicht dadurch, dass ich es meinen Begriffen unterwerfe, sondern dass ich mich auf einen anderen Sinnhorizont einlasse, und dabei helfen mir literarische Texte. Diese Auffassung des Verstehens bekräftigt auch Attridge, wenn er sagt: „To respond fully to the singular otherness of the other (and thus render that other apprehensible) is creatively to refashion the existing norms“ (ebd., S. 33). Hier wird auch der enge Zusammenhang zwischen literarischem und interkulturellem Verstehen deutlich, vor allem aber auch wie problematisch es sowohl in ästhetischer und ethischer Hinsicht ist, wenn wir nicht auf das achten, was die literarischen Texte sagen, sondern ihnen aufzwingen, was wir in ihnen sehen wollen. Diese Lektüre literarischer Texte führt nicht zu einer Erweiterung unseres Erfahrungshorizonts, sondern zu einer egozentrischen und ethnozentrischen Einstellung. Ich habe oben kritisch auf den starken Leser bei Rorty hingewiesen. Es sei hier jedoch erwähnt, dass er neben der Ästhetik der Selbsterschaffung eine ganz andere Ästhetik entwickelt, in der die Hinwendung zum Fremden im Mittelpunkt steht und in der er betont, dass literarische Texte uns aus unserer Ichverfangenheit und Selbstbezogenheit befreien. In einem Aufsatz „Der Roman als Mittel der Erlösung aus der Selbstbezogenheit“ hebt er hervor, dass die Lektüre der von ihm erwähnten Romane den Lesern ermöglichen, „ihre Vorstellungskraft von den Scheuklappen zu befreien, die ihnen Eltern, Lehrer, Sitten, Gebräuche und Institutionen angelegt haben, und auf diese Weise ein höheres Maß an Individualität und Eigenständigkeit zu erlangen“ (Rorty 2003, S. 50). Ich sehe die Bedeutung literarischer Texte darin, dass sie uns erfahren lassen, was andere denken und fühlen. Damit leisten sie etwas für das interkulturelle Verstehen. In diesem Sinn kann man auch die Worte von Kaiser deuten: „Wir öffnen uns für Veränderungen, wenn wir merken, daß hinterm Berg unserer Ichbefangenheit auch Menschen wohnen, die man verstehen kann“ (Kaiser 2005, S. 99).

8 Nützliche und schädliche Wirkungen literarischer Texte

Wenn ich bis in den vorangegangenen Teil die Bedeutung des Lesens für die kognitive, affektive und evaluative Entwicklung des Lesers hervorgehoben habe, darf jedoch das Lesen nicht verabsolutiert werden. Dort, wo es verabsolutiert wird und gegen das Handeln ausgespielt wird, entsteht der Ästhetizismus. Der Mensch nimmt auch dann im täglichen Leben die Haltung des Zuschauers ein, wenn beispielsweise von ihm erwartet wird, dass er anderen zu Hilfe kommt. Deshalb betont Seel zu Recht, dass es bei dem Konflikt zwischen moralischen und ästhetischen Einstellungen um die Frage geht, in welchem Zeitpunkt wir sie jeweils einnehmen: „Der kritische Punkt ist hier weniger, was ästhetisch oder moralisch akzeptabel ist, sondern vielmehr, *wann* es moralisch erlaubt oder nicht erlaubt ist, sich nach ästhetischen Gesichtspunkten zu verhalten oder ästhetischen Wertungen den Ausschlag zu geben" (Seel 1999, S. 344).

Ästhetizismus kann aber auch innerhalb der Rezeption literarischer Texte auftreten, wenn beispielsweise der Rezipient, wie es nach Kaiser in Wagners *Tristan und Isolde* schon angelegt ist, sich nur an der schönen Darstellung des Leidens erfreut: „Dergestalt ist der schmerzlichste und langsamste Tod der ästhetisch wirkungsvollste, bis hin zu dem Extrem, daß schließlich eine ganze Oper zum Lustgesang vom Tod werden kann – so Richard Wagners *Tristan und* Isolde" (Kaiser 2005, S. 81). Kaiser spricht hier von „literarischem Nihilismus".

In literarischen Texten selbst kommen negative Wirkungen der Lektüre literarischer Texte zur Darstellung. Madame Bovary in dem gleichnamigen Roman von Gustave Flaubert stürzt sich ins Unglück, weil „sie pausenlos romantische Schmachtfetzen liest und so ernst nimmt, dass sie sich in zwei ziemlich beliebige Männer verliebt" (Greiner 2005, S. 25). Auch der Protagonist in *Don Quijote* von Miguel Cervantes „liest pausenlos Ritterromane und nimmt sie so ernst, dass er in einer Zeit, da das Ritterwesen nur noch ferne Legende ist, eine Rüstung anlegt und gegen eingebildete Feinde kämpft, darunter gegen die Flügel von Windmühlen" (ebd., S. 26). In diesen Fällen wird in den literarischen Texten dargestellt, wie schädlich ihre Lektüre sein kann. Ein anderer Fall liegt jedoch vor, wenn einige Leser nach der Lektüre von Goethes *Werther* Selbstmord begehen. Goethe selbst hat bei der zweiten Auflage des Romans ein Gedicht dem Roman vorangestellt, das mit den Worten endet: „Sei ein Mann, und folge mir nicht nach" (zitiert in Kaiser 2005, S. 89). Nach Kaiser war dies jedoch überflüssig, weil der Roman so geschrieben ist, dass er gar nicht zum Selbstmord aufruft: „Die lapidare Nüchternheit des Herausgeberberichts von Werthers Tod und Bestattung tut jedenfalls alles um den Leser draußen, jenseits der Textgrenze, aus dem Strudel der Identifikation herauszureißen" (ebd.). Greiner bemerkt in diesem Zusammenhang, dass der Herausgeber nicht den Leser auffordert, Werther nachzufolgen, sondern ihn vielmehr bittet, Verständnis für ihn aufzubringen: „Ihr könnt seinem Geist und seinem Charakter eure Bewunderung und Liebe, seinem Schicksal eure Tränen nicht versagen" (zitiert in Greiner 2005, S. 65). Die meisten Leser, so Greiner, sind dieser Anweisung gefolgt, so dass eine Spannung entsteht zwischen Distanzierung und Identifikation.

Was jedoch jeweils nützliche oder schädliche Wirkung literarischer Texte sind, lässt sich nicht ohne Erörterung von Vorentscheidungen bestimmen. Das wird an der ersten literaturdidaktischen Diskussion über den Sinn literarischer Texte zwischen Aristoteles und Platon deutlich. Für Platon sind literarische Texte insofern schädlich, weil sie die Gefühle der Leser und Theaterzuschauer aufwühlen können und dadurch das rationale Urteil trüben. Der gute Mensch ruht nach Platon in sich selbst und lässt sich nicht von vergänglichen Dingen, deren Verlust uns Schmerz bereiten kann, beeinflussen. Mitleid ist für ihn kein positives Gefühl, weil es uns an die vergängliche Welt ausliefert. Für Aristoteles jedoch hat die Tragödie, die Furcht und Mitleid auslöst, eine positive Wirkung, weil diese Gefühle nach der Deutung von Nussbaum im Leser die Einsicht auslösen, dass der Mensch ein verletzliches Wesen ist und dass ihm als Zuschauer das zustoßen kann, was dem Helden zustößt (vgl. Nussbaum 1990, S. 43 und 1998, S. 91). Kleimann betont wie Nussbaum, dass Platons Ablehnung literarischer Texte auf einem bestimmten Menschenbild beruht: „Auch die Werke Homers und der Tragödiendichter finden keine Gnade, sind sie doch einer mannhaften Erziehung abträglich, da ihre zum Mitempfinden aufreizenden Darbietungen sich an den unvernünftigen Seelenteil richten und so die Tapferkeit ihrer Adressaten beeinträchtigen. Wer fremdem Unheil Mitleid entgegenbringt, gibt sich einer gefährlichen Lust hin, da im Mitleiden die Dämme der Trauer über eigenes Ungemach zu brechen drohen" (Kleimann 2001, S. 77). Wenn wir jedoch Empathie und Mitleid nicht mehr als Beeinträchtigung ethischen Handelns, sondern als Voraussetzung des ethischen Handelns ansehen, bekommt die Lektüre literarischer Texte einen anderen Sinn.

Der Formalist wird bei der Diskussion um nützliche und schädliche Wirkungen literarischer Texte darauf hinweisen, dass diese ganzen Überlegungen nur zeigen, in welche Schwierigkeiten man kommt, wenn man sich bei der Lektüre literarischer Texte nicht auf die Form beschränkt und nicht den Bereich der Ästhetik von dem der Erkenntnis und Ethik getrennt hält. Eine solche Auffassung übersieht jedoch, dass man ohne Bezug auf Fragen der Ethik die Bedeutung literarischer Texte gar nicht erfassen kann.

Wie Seel ausführt, muss die Ethik selbst für die Freiheit der Kunst eintreten, weil die Erfahrung der Kunst zu einem guten Leben gehört und weil sie eine Form der Weltwahrnehmung darstellt, „ohne die gerade das moralische Gegenwartsbewusstsein, wenn nicht blind, so doch viel blinder als nötig wäre" (Seel 1999, S. 342). Die ästhetische Erfahrung ist somit aus der Sicht der Ethik nicht neutral, sondern wünschenswert. Ästhetische Praxis fördert das Gelingen individueller Existenz, weil sie dazu beiträgt, „den Spielraum eines ungehinderten Lebens offen zu halten" (Seel 1996, S. 23). Insofern ist die Ästhetik „Teil einer evaluativen Ethik, ob ihre Vertreter das nun wollen oder nicht" (ebd., S. 16). Aber Ästhetik ist nicht nur für die evaluative, sondern auch für die normative Ethik von Bedeutung. Wenn wir uns bei der Lektüre literarischer Texte in andere versetzen und erfahren, wie sie denken und fühlen, geht es auch um die Anerkennung des anderen. Insofern ist die Ästhetik auch auf die normative Ethik bezogen: „Ästhetische Erfahrung und ästhetische Theorie vermögen Moral und Moralphilosophie über genuine Möglichkeiten selbstzweckhaften Lebens zu informieren, eine 'Information,' die oft untrennbar mit einer neuen Wahrnehmung menschlicher Verhältnisse verknüpft ist" (ebd., S. 26). Es ist demnach im Ansatz verfehlt, Ästhetik und Ethik als sich ausschließende Gegensätze zu begreifen: „Eine unverblendete moralische Wahrnehmung ist so sehr auf ästhetische Imagination angewiesen, daß ein Schutz der Kunstfreiheit, weit entfernt, einer starken Moral zu widersprechen, direkt aus einem unbedingten Moralverständnis folgt" (Seel 1999, S. 341 f.). Seel zeigt auf, wie die ästhetische Erfahrung Abstand zur eigenen Lebensweise ermöglicht und dass diese Fähigkeit auch für das moralische Bewusstsein wichtig ist, fügt jedoch auch hinzu, dass die Fähigkeit des ästhetischen Bewusstseins zur Distanzierung dazu führen kann, dass man sich von moralischen Verpflichtungen für andere distanziert. Ästhetik kann sich somit auch gegen die Moral wenden. Wie ist in einem solchem Fall zu entscheiden? Wie wir gesehen haben, wird eine starke Moral nicht einfach gegen die Kunst entscheiden, sondern sich fragen, ob sie nicht solche Herausforderungen „zum Schutz eines selbstbestimmten Lebens" (ebd., S. 342) braucht. Sie wird die Gefahr erkennen, die darin liegt, die Ästhetik unzulässig einzuschränken: „Denn so sehr das ästhetische Handeln die Grundsätze der Moral verletzen kann, so kann die Moral ihrerseits ästhetische Lebens- und Erkenntnisformen unterdrücken. Deshalb darf in der *Konstatierung* eines Konflikts zwischen ästhetischem und moralischem Verhalten nicht schon die *Entscheidung* darüber liegen, welches von beiden revisionsbedürftig ist" (Seel 1996, S. 33). Die Beziehung zwischen Ästhetik und Ethik führt daher nicht dazu, wie der Formalismus befürchtet, die Bedeutung literarischer Texte zu verkennen, sondern lässt im Gegenteil ihre Bedeutung hervortreten, weil wir dadurch erkennen, dass es bei dem Entwerfen fremder Welten auch um unser Selbst- und Weltverständnis geht.

Literatur

Artelt, Cordula / Schlagmüller, Matthias: Der Umgang mit literarischen Texten als Teilkompetenz im Lesen? Dimensionsanalysen und Ländervergleiche. In: Schiefele, Ulrich. et al. (Hg.): Struktur, Entwicklung und Förderung von Lesekompetenz. Vertiefende Analysen im Rahmen von PISA 2000. Wiesbaden: Verlag für Sozialwissenschaften 2004, S. 169–196.

Attridge, Derek: The Singularity of Literature. London & New York: Routledge 2004.

Bleich, David: Readings and Feelings: An Introduction to Subjective Criticism. Urbana, Ill.: National Council of Teachers of English 1975.

Bredella, Lothar: Literarisches und interkulturelles Verstehen. Tübingen: Narr 2002.

Bredella, Lothar / Burwitz-Melzer, Eva: Rezeptionsästhetische Literaturdidaktik mit Beispielen aus dem Fremdsprachenunterricht Englisch. Tübingen: Narr 2004.

Cook, Guy: Language Play, Language Learning. Oxford: Oxford UP 2000.

De Man, Paul: The Resistance to Theory. Manchester: Manchester UP 1986.

Fish, Stanley: Is There a Text in This Class? The Authority of Interpretive Communities. Cambridge, Mass.: Cambridge UP 1980.

Fish, Stanley: Doing What Comes Naturally. Oxford: Clarendon 1989.

Fish, Stanley: What Makes an Interpretation Acceptable. In: Goodman, Russel B. (Hg.). Pragmatism: A Contemporary Reader. London: Routledge 1995, S. 253–265.

Gadamer, Hans Georg: Wahrheit und Methode. Grundzüge einer philosophischen Hermeneutik. Tübingen: Mohrm 1960.

Greiner, Ulrich: Ulrich Greiners Leseverführer. Eine Gebrauchsanweisung zum Lesen schöner Literatur. München: Beck 2005.

Kaiser, Gerhard: Wozu noch Literatur? Über Dichtung und Leben. Würzburg: Königshausen & Neumann 2005.

Keppler, Angela: Für eine Ästhetik des Fernsehens. Zeitschrift für Ästhetik und Allgemeine Kunstwissenschaft, H. 48/1, 2003, S. 285–296.

Kleimann, Bernd / Schmücker, Reinold (Hg.): Wozu Kunst? Die Frage nach ihrer Funktion. Darmstadt: Wissenschaftliche Buchgesellschaft 2001.

Kleimann, Bernd: Erfülltes Interesse. Worin der Reiz der Kunst besteht. In: Kleimann / Schmücker 2001, S. 68–87.

Kleimann, Bernd: Elitismus und Betroffenheitskult. Zur ethischen Valenz der Kunst. Zeitschrift für Ästhetik und Allgemeine Kunstwissenschaft 2003, H. 48/1, S. 115–126.

Miller, Joseph Hillis: The Ethics of Reading. New York: Columbia UP 1987.

Naumann, Uwe: Verführung zum Lesen. Zweiundfünfzig Prominente über Bücher, die ihr Leben prägten. Hamburg: Rowohlt 2003.

Nussbaum, Martha: Love's Knowledge: Essays on Philosophy and Literature. New York/ Oxford: Oxford UP 1990.

Nussbaum, Martha: Poetic Justice. Boston: Beacon Press 1995.

Nussbaum, Martha: Cultivating Humanity: A Classical Defense of Reform in Liberal Education. Cambridge, Mass.: Harvard UP 1998.

Rorty, Richard: Contingency, Irony and Solidarity. Cambridge: Cambridge UP 1989.

Rorty, Richard: Truth and Progress. Cambridge: Cambridge UP 1998.

Rorty, Richard: Der Roman als Mittel zur Erlösung aus der Selbstbezogenheit. In: Küpper, Joachim Menke, Christoph (Hg.). Dimensionen ästhetischer Erfahrung. Frankfurt/ Main: Suhrkamp 2003, S. 49–68.

Sartre, Jean-Paul: Was ist Literatur? Reinbek: Rowohlt 1964.

Scholz, Oliver R.: Kunst, Erkenntnis und Verstehen. Eine Verteidigung kognitivistischer Ästhetik. In: Kleimann / Schmücker 2001, S. 34–48.

Schmücker, Reinold: Was ist Kunst? Eine Grundlegung. München: Fink 1998.

Schmücker, Reinold: Kunstkritik als demokratischer Prozess. In: Zeitschrift für Ästhetik und Allgemeine Kunstwissenschaft, 2003, H. 48/1, S. 99–113.

Seel, Martin: Die Kunst der Entzweiung. Zum Begriff der ästhetischen Rationalität. Frankfurt/Main: Suhrkamp 1985.

Seel, Martin: Ethisch-ästhetische Studien. Frankfurt/Main: Suhrkamp 1996.

Seel, Martin: Versuch über die Form des Glücks. Frankfurt/Main: Suhrkamp 1999.

Seel, Martin: Sich bestimmen lassen. Studien zur theoretischen und praktischen Philosophie. Frankfurt/Main: Suhrkamp 2002.

Walton, Kendall L.: Mimesis as Make-Believe. Cambridge: Harvard UP 1993.

HEIDI RÖSCH

Interkulturelle Literatur lesen
Literatur interkulturell lesen

Die meisten Bundesländer haben in Folge des PISA-Schocks und in Anlehnung an die Bildungsstandards der KMK von 2003 neue Rahmenlehrpläne auch für den Deutschunterricht herausgebracht. Auffällig ist dabei, dass auf das zentrale PISA-Ergebnis – dass SchülerInnen mit Migrationshintergrund zu den Bildungsverlierern in diesem Land gehören – praktisch nicht reagiert worden ist. Zwar haben einige Bundesländer (wie Bayern, Berlin[1] und Sachsen) neue Deutsch als Zweitsprache-Rahmen-/Lehrpläne erarbeitet. Hamburg ist dabei einen großen Schritt weiter gegangen, indem im Rahmenplan Deutsch für die Grundschule eine – wenn auch nur additive – Verbindung zu Deutsch als Zweitsprache (DaZ) hergestellt wurde. Dies ebnet den Weg für die Integration von DaZ in den Fachunterricht. In den anderen Fachrahmenplänen wird auf die spezifische Sprachlernsituation der betroffenen SchülerInnen als DaZ-Lernende und zweisprachig aufwachsende SchülerInnen nicht eingegangen.

Ähnliches gilt für Migrations- und Globalisierungsprozesse und damit verbundene Herausforderungen für die Bildung und Erziehung in einer Einwanderungsgesellschaft wie der Deutschlands. Ich vermisse eine Zielsetzung wie interkulturelle Kompetenz – um an die KMK-Empfehlungen von 1996 anzuknüpfen, die sich anders als der genannte Sprachaspekt an alle SchülerInnen richtet und die einzelnen Fächer in die Pflicht nimmt, der veränderten gesellschaftlichen Realität und den Anforderungen an eine globale Zukunft auf der Ebene des Fachunterrichts Rechnung trägt. Eine Ausnahme bildet der gemeinsame Rahmenlehrplan Deutsch für Berlin, Mecklenburg-Vorpommern und Brandenburg für die Sekundarstufe II, der unter dem Stichwort „Kompetenzen und Inhalte" Literatur und Sprache einerseits „in historischen und gesellschaftlichen Zusammenhängen", andererseits „im Kontext anderer Kulturen, Künste und Medien" betrachtet. Literatur und Sprache im Kontext anderer Kulturen ist fokussiert auf die „Entwicklung der deutschen Literatur im Kontext europäischer Literaturentwicklung, die Rezeption der Literatur anderer Kontinente, Varianten und Entwicklung der Migrationsliteratur sowie mündliche und schriftliche Darbietungs- und Überlieferungsformen, orale Erzähltraditionen" (Berliner RLP Deutsch 2006, S. 19). In der Anhörungsfassung von 2005 hieß dieser Bereich noch „Literatur und Sprache im interkulturellen Kontext" und enthielt neben

[1] Berlin und Niedersachsen haben den Bayerischen DaZ-Lehrplan übernommen. Berlin hat 2001 außerdem eine DaZ-Handreichung herausgegeben und in den Rahmenplan eingearbeitet.

den genannten Aspekten auch „Autoren im Exil“. Sowohl die interkulturelle als auch die intermediale Perspektive auf Literatur und Sprache verlieren in der schließlich verabschiedeten Fassung ihr Alleinstellungsmerkmal und werden zu einem Punkt zusammengefasst. Da Exilliteratur nicht mehr explizit erwähnt wird, besteht die Gefahr, dass diese Literatur mit Migrationsliteratur gleichgesetzt wird oder innerhalb dieses Genres die Literatur von in den deutschen Sprachraum eingewanderten Autoren verdrängt. Dieser Entwicklung könnte durch entsprechende Maßnahmen in der Aus- und Fortbildung von Deutschlehrkräften, Aktivitäten in der Lehrwerkentwicklung und über eine gut geführte Lektüreliste entgegengewirkt werden. Einen – wenn auch erst ersten – Schritt in diese Richtung liefert das Baden-Württembergische „Lektüreverzeichnis Deutsch für das Gymnasium“, das auch eine Reihe von Werken der Migrationsliteratur wie die von Galsan Tschinag enthält.

Interkulturell oder transkulturell?

Begeben wir uns zur Annäherung in den Bereich der Sexualität, so stoßen wir auf Begriffe wie hetero-, homo-, bi-, trans- und intersexuell: Die ersten drei Vorsilben benennen die sexuelle Ausrichtung einer Person, konkret ihre bevorzugte Partnerwahl und weisen somit auf etwas nach außen Gerichtetes. Die letzten beiden beziehen sich dagegen auf die eigene Person: Transsexuell meint, dass eine Person ihr biologisches Geschlecht verändert – ein für die Betroffenen in aller Regel lebensnotwendiger, unumkehrbarer Schritt. Intersexuell ersetzt den diskriminierenden Begriff des ‘Zwitters’ und meint, dass eine Person mit den Merkmalen beider Geschlechter geboren wird. Intersexuelle Personen kämpfen dafür, nicht länger zwangsoperiert zu werden oder sich zu einem Geschlecht bekennen zu müssen, sondern ihre angeborene Intersexualität zu leben. Bezeichnungen wie ‘drittes Geschlecht’ signalisieren, dass Intersexualität nicht pathologisch ist, sondern Chancen eröffnet.

Ähnliches will der Begriff interkulturell zum Ausdruck bringen. Er grenzt sich ab von mono-, fremd-, bi- bzw. multi- und punktuell auch von transkulturell. Im Unterschied zur sexuellen Orientierung gilt bezogen auf Kultur eine monokulturelle Orientierung und damit ein Festhalten am Eigenen immer noch als ‘Normalfall’, die Hinwendung zu einer anderen Kultur bleibt oft fremdkulturell, d. h. auf das Fremde fixiert (xenologisch), manchmal trägt es exotische oder kulturalistische Züge bezogen auf die fremde Kultur.

Bi- bzw. multikulturell meint eine Addition von Kulturen und wird deshalb für Paare oder auch Gesellschaften verwendet, in denen unterschiedliche Kulturen zusammenleben. Der aktuell viel und meist im Singular verwendete Begriff Parallelgesellschaft richtet dagegen den Blick einseitig auf die Minderheiten und verschweigt im Unterschied zum Begriff bi- oder multikulturelle Gesellschaft, dass Parallelgesellschaften aus mindestens zwei Gruppen gebildet werden. Eine bi- bzw. multikulturelle Perspektive nimmt alle beteiligten Kulturen gleichermaßen und möglichst gleichberechtigt in den Blick. Auf der Ebene von Personen spricht man von multiplen Identitäten, um deutlich zu machen, dass sie in unterschiedlichen kulturellen Kontexten kompetent handeln können.

Transkulturell meint den Transfer von (Elementen einer) Kultur in eine andere – etwa bei Übersetzungen, die den Verstehens- und Kommunikationsprozess in der Sprache, in die übersetzt wird, mit reflektieren und bewusst gestalten. Gleiches gilt für kulturvermittelnde Texte, die einem anderskulturellen Lesepublikum eine ihnen fremde Kultur nahe zu bringen versuchen. Im transkulturellen Fremdsprachenunterricht werden mit der Sprache auch kulturelle Werte und Normen des fremdsprachlichen Kulturraumes transportiert. Eng gefasst zielt der transkulturelle Ansatz darauf, die Zielsprache und -kultur bei den Lernenden erfolgreich zu implementieren, d. h. eine Assimilation an die vormals fremde Kultur anzustreben. Anders als im Falle der Transsexualität bedingt Transkulturalität nicht zwangsläufig den Verlust der 'alten' und die Übernahme der 'neuen' Kultur, sondern kann auch in eine bikulturelle Doppelexistenz münden (und damit zu einer multiplen Identität führen) oder die Ausbildung einer hybriden Identität befördern, die Elemente verschiedener Kulturen in sich vereint, vermischt oder daraus etwas Neues gestaltet. Dieses Neue kann man in Abgrenzung zu einer bikulturellen Doppelexistenz auf der einen und einer transkulturellen Assimilation an eine vormals fremde Kultur auf der anderen Seite als Interkultur bezeichnen. Entsprechend bezeichne ich den Prozess dorthin als interkulturell und meine damit in Abgrenzung zu transkulturell nicht Richtung und Ziel, sondern die Art des Weges, dessen Ende weitgehend offen ist.

Bikulturell betont die Addition von Kulturen, transkulturell die Transmission von der einen in die andere Kultur und interkulturell die Interaktion zwischen Kulturen. Das alles kann auf der Ebene von Personen, gesellschaftlichen Gruppen, Nationen, Religionen oder Geschlechtern stattfinden. Interkulturelle Ansätze betonen den Unterschied zu bi- und transkulturellen Interdependenzen zwischen Kulturen und berühren deshalb Fragen der Kulturenhierarchie (des Rassismus, Kulturalismus, Sexismus, Ethnozentrismus usw.). Die Gefahr dieses sehr viel politischeren Ansatzes besteht einerseits in einer Reduktion des interkulturellen Diskurses auf eine ideologisch begründete Antihaltung gegenüber den genannten Ismen. Andererseits findet eine Zuspitzung auf einen interkulturellen Konflikt statt, der oft als Kampf zwischen Kulturen bezeichnet wird und von Fundamentalisten beider dieser am Kampf beteiligten Kulturen transkulturell gelöst werden will, indem die eine die andere Kultur besiegt (um im Bild zu bleiben). Kulturelle Interdependenzen in den Blick zu nehmen bedeutet dagegen:

- Kulturen durch einen Perspektivenwechsel zwischen kultureller Selbst- und Fremdreflexion in Beziehung zueinander zu setzen (statt nur zu vergleichen),
- alle Kulturen multiperspektivisch zu betrachten (statt nur Gemeinsamkeiten und Unterschiede aufzuzeigen) und trotz der Gefahr der Kulturalismusfalle Unvereinbares herauszuarbeiten,
- Ort, Zeit und Umstände des interkulturellen Dialogs zu reflektieren und von allen Beteiligten einen konstruktiven Umgang mit dem Konfliktpotential einzufordern.

Merkmale von (interkultureller) Literatur

Folgende formal-ästhetische Kriterien lassen sich für (Gegenwarts-)Literatur formulieren (vgl. Burtscher 2003, S. 5 ff.): Polyvalenz verweist darauf, dass LeserInnen bei der Lektüre eines literarischen Textes nicht nur die eingeschriebene Leserolle besetzen, sondern auch Leerstellen im Text oder auch den gesamten Text deuten. Impliziert ein Text mehrere Deutungen, so ist er polyvalent. Stilistische Qualität zeigt sich als verdichtete, ästhetisch gestaltete Sprache, im Umgang mit gattungs- und epochenspezifischen Merkmalen oder auf der Ebene der Metaphorik, Motivgestaltung etc. Im Blick auf LeserInnen soll die Lektüre eine Überschreitung des ästhetischen Erfahrungsbezugs ermöglichen, was bedingt, dass der Text ästhetisch gestaltet ist und zum Beispiel von Lehrkräften fordert, die bisherigen ästhetischen Erfahrungen ihrer SchülerInnen zu kennen. Das vierte Kriterium ist das der Exemplarität, d. h. dass der Text inhaltlich, historisch-politisch, gattungsgeschichtlich und/oder ästhetisch beispielhaft sein soll.

Hans-Heino Ewers (vgl. 1990, 2000) und andere Kinderliteraturforscher nennen folgende Merkmale von Kinderliteratur: Kinderliteratur pflegt traditionelle Formen wie Märchen oder Fabeln und entwickelt neue Formen wie die Jugendliteratur, die filmische Erzählmuster aufgreift. Vor allem die intentionale Kinder- und Jugendliteratur ermöglicht ästhetische Grunderfahrungen und hat somit eine Einführungsfunktion. Kinder- und Jugendliteratur lässt sich längst nicht mehr auf bestimmte Themenbereiche festlegen, sondern ermöglicht eine Weltbetrachtung aus der Perspektive von Kindern und Jugendlichen und bricht dabei Generationsrollen auf, reflektiert Kindheitsbilder etc. Die wichtigste Erkenntnis der jüngeren Kinderliteraturforschung scheint mir zu sein, dass Erwachsene als Mitleser im Text verankert sind, das heißt, dass Kinderliteratur als mehrfach adressiert gilt.

Für interkulturelle Literatur gelten die gleichen Qualitätsprinzipien wie für Literatur ohne diesen Zusatz. Auch interkulturelle Literatur ist polyvalent und offenbart zum Beispiel eine doppelte Optik (Arends 2000, Blioumi 2001), indem der Text gängigen Stereotypen gegenüber Minderheiten ein Selbstbild gegenüberstellt oder Fremd- und Selbstbild mit einem Universalbild konfrontiert.

Viele der Texte gestalten ethnische Gruppen oder Themen wie Rafik Schami in seinem Jugendroman „Eine Hand voller Sterne“ zwischenmenschliche Beziehungen oder den Umgang mit Widerstand in einer Diktatur multiperspektivisch. In vielen seiner Texte bleibt es den Lesenden überlassen, ob sie ihn fremdkulturell, universell oder interkulturell rezipieren.

Darin zeigt sich auch bereits die stilistische Qualität interkultureller Literatur. Ein weiteres Merkmal sind empathische Erzählformen (Rösch 1992, S. 87ff.), die sich sehr deutlich an Aras Örens Kriminalerzählung „Bitte nix Polizei“ nachvollziehen lassen: Dort werden um zwei Figurenkonstellationen (eine türkische und eine deutsche) herum parallele Handlungsstränge gestaltet, die am selben Ort nebeneinander existieren und sich nur drei Mal – dann jedoch sehr konfliktreich – treffen. Rezipierende entschlüsseln durch empathisches Lesen diese Nichtkommunikation sowie Ursachen und Folgen der Konflikte und entwickeln gegebenenfalls auch Konfliktlösungsstrategien. Diese und andere stilistische Merkmale zeigen den exemplarischen Charakter zum Beispiel von Migrationsliteratur und ermöglichen Rezipierenden so ästhetische Erfahrungen.

Wendet man die Kriterien, die der Beschreibung von Kinder- und Jugendliteratur zugrunde liegen, auf interkulturelle Literatur an, so ergeben sich Ergänzungen (vgl. Rösch 2000b), die nicht nur auf interkulturelle Kinder- und Jugendliteratur, sondern auf interkulturelle Literatur generell anwendbar sind: Interkulturelle Literatur pflegt traditionelle Formen aus unterschiedlichen Literaturtraditionen und entwickelt neue Formen: So greift Aras Ören in dem Poem „Was will Niyazi in der Naunynstraße“ auf die Form der orientalischen Divandichtung zurück, um über das Leben von Arbeitsmigranten zu schreiben. Rafik Schami und andere Migrationsautoren haben eine Vielzahl von (modernen) Märchen und Fabeln mit interkulturellem Gehalt verfasst. Neu sind bilinguale Texte wie die Gedichte von José Oliver, die nur zu verstehen sind, wenn der Rezipierende Deutsch und Spanisch versteht, oder interlinguale Texte wie das Gedicht „Allianz“ von Zehra Çirak, das folgendermaßen beginnt: Auf Deutsch heißt die Hand Hand/auf türkisch heißt sie el/so ein Handel.

Hieran zeigt sich auch schon das zweite Kriterium, d. h. die Überschreitung des nationalen, monokulturellen Charakters von Literatur, indem unterschiedliche kulturelle Einflüsse ästhetisch gestaltet werden wie in den Gedichten Zafer Senocaks. Einen anderen Weg wählen Autoren wie Gino Chiellino oder Franco Biondi, die in ihren Texten die Dominanzkultur der Mehrheitsgesellschaft entschlüsseln und gleichzeitig den Weg in eine „Literatur der Fremde“ (vgl. Biondi 1991) jenseits nationaler oder ethnischer Zugehörigkeit im Spannungsfeld von Dominanz- und Minderheitenkultur ebnen.

Die Weltbetrachtung findet aus interkultureller, globaler Perspektive statt (vgl. Wintersteiner 2006, S. 239ff.), d. h. dass Welthaltiges wie Migration und Integration, Multikulturalität und Hybridität, Globalisierung und Ethnizität thematisiert wird. So lässt Mira Nair in dem Spielfilm „Monsun Wedding" die indischen Protagonisten den Ost-West-Diskurs mit sich und unter sich austragen. Florian Gallenbergs Kurzfilm „Quiero Ser – gestohlene Träume" spielt in Mexiko City und bleibt unsynchronisiert in Spanisch. Er inszeniert den Nord-Süd-Diskurs als Dialog zwischen zwei Brüdern, von denen der jüngere westlich geprägte und der ältere südlich geprägte Einstellungen zum Leben und zur Zukunft verkörpert. Der erfolgreiche, westlich orientierte Bruder steht seinem armen, dem südlichen Lebensstil zugewandten Bruder am Ende unversöhnlich gegenüber – wie global gesehen der Norden dem Süden.

Auch interkulturelle Literatur legt besondere Akzente auf die Adressiertheit der Texte. Sie ist ethnisch adressiert und richtet sich – anders als kulturübergreifend konzipierte Texte – durchaus an ein bestimmtes Lesepublikum, zum Beispiel an die Leser in einer multiethnischen Gesellschaft wie die oben genannte Kriminalerzählung von Aras Ören. Oft ist interkulturelle Literatur sogar ethnisch mehrfach adressiert. So schreibt Meja Mwangi seinem Kinderbuch „Kariuki und sein weißer Freund" zwei Leserrollen ein: eine für Schwarze (rund um den Protagonisten Kariuki) und eine für Weiße (rund um Nigel, seinen weißen Freund). Beide entwickeln sich in diesem historischen Roman vor dem Hintergrund der kenianischen Befreiungsbewegung von naiven Kindern (nicht-rassistisch der Weiße, von den Folgen des Rassismus geprägt der Schwarze) zu einem bewussten Schwarzen bzw. Weißen. Sie bleiben befreundet, obwohl sie erkennen, dass sie in völlig verschiedenen Welten leben und die rassistischen Brüche nicht auf individueller Ebene zu überwinden sind.

Phasenmodelle der Literaturdidaktik

Betrachtet man die gängigen Phasenmodelle der Literaturdidaktik (vgl. Abraham u. a. 1998, S. 265f.), so zeigt sich eine Abkehr vom deduktiven zum induktiven Literaturunterricht, der viel Wert auf die unmittelbare Textbegegnung legt und den Weg über die Analyse und Deutung einzelner Werke zu einem Transfer vom konkreten Text zu einer textüberschreitenden Bearbeitung vorsieht.

Jürgen Kreft (vgl. 1977, S. 379) spricht von „bornierter Subjektivität" in der Einstiegsphase und meint damit eine vom Experten unbeeinflusste Textwahrnehmung, die im weiteren Verlauf des Unterrichts durch die intensive Beschäftigung mit den Sichtweisen anderer und der Analyse und Deutung des Texts objektiviert wird. Über den Prozess der Objektivierung findet eine – ich möchte ergänzen – literarisch motivierte Aneignung des Textes statt, die schließlich in eine Applikation führt, bei der SchülerInnen ihre in der Arbeit am konkreten Text erworbenen Kompetenzen anwenden, indem sie ihr Textverständnis oder auch ihre Kompetenz im Umgang mit dem Text dokumentieren und auf andere Texte bzw. den Umgang mit anderen Texten transferieren.

Günter Waldmann (vgl. 1998, S. 30ff.) gliedert den komplexen Vorgang des Verstehens in ein vierstufiges Modell und ergänzt eine „Vorphase", die spielhafte Einstimmung, mit der Möglichkeit zu kreativem Tun. In der ersten Phase des Lesens und Aufnehmens aktualisieren SchülerInnen „ihr eigenes Sinnsystem", entfalten soziale Fantasie und nehmen damit den Text auf (vgl. ebd., S. 30). In der zweiten Phase, der konkretisierenden subjektiven Aneignung, werden literarische Texte mit der eigenen Vorstellungskraft und Fantasie erfasst und imaginativ für sich selbst konkretisiert, wobei der Text „natürlich das Bezugssystem" bleibt (ebd., S. 33). Die dritte Phase, die textuelle Erarbeitung, thematisiert die Merkmale der literarischen Gestalt (Inhalt, Form, Handlungen, Konflikte, Figuren, Orte, Zeiten usw.), ihre Funktion, wie sie wirken und was sie leisten (vgl. ebd., S. 34). Erst in der vierten Phase, der textüberschreitenden Auseinandersetzung, werden Zusammenhänge zu geschichtlichen, gesellschaftlichen, politischen, ökonomischen Bedingungen und Hintergründen des Textes hergestellt; seine kulturellen und literaturgeschichtlichen Bedingungen sowie intertextuellen Beziehungen beleuchtet; Person und Biografie des Autors wird herangeholt, Entstehungsbedingungen und Wirkung des Textes werden reflektiert. Diese letzte Phase sollte ein Gesamtverständnis des Textes formulieren helfen (vgl. ebd., S. 36).

Beide Literaturdidaktiker sehen eine subjektive Aneignung vor, setzen auf die kleinschrittige Analyse und Deutung des Textes, die schließlich in eine literarisch komplexe Auseinandersetzung mit dem Text und darüber hinaus führt.

Von der bornierten Subjektivität zur bornierten Ethnizität

Der Kreft'sche Begriff der bornierten Subjektivität ist durchaus umstritten, meines Erachtens spricht er eine unbedarfte, oft aber auch naiv und gleichzeitig überheblich scheinende Rezeption von LeserInnen an, die (noch) nicht in der Lage oder bereit sind, die Vorläufigkeit ihrer Textwahrnehmung zu reflektieren. Doch immerhin lässt er sie zu und es ist innerhalb des Modells durchaus möglich, dass sich die bornierte Subjektivität in der Objektivierungsphase zumindest teilweise bestätigt. Hinzu kommt – so meine These –, dass sich Borniertheit auch bei Experten finden kann, wenn diese zum Beispiel Texte nur im Kontext etablierter Lesarten zu interpretieren bereit und für neue Lesarten unempfänglich sind oder wenn sie sich fremden Texten mit einer an der eigenen Nationalliteratur geschulten, aber dennoch ethnozentrischen – und deshalb bornierten Haltung – nähern. Eine solche Borniertheit findet sich im Umgang mit migrationsliterarischen Texten häufig und führt dazu, dass vor allem Texte von osteuropäischen Migranten wie Libuše Monikova, die nicht nur Kafka-Expertin war, sondern deren Literatur auch kafkaeske Züge trägt, von der deutschen Literaturwissenschaft wahrgenommen werden, während Texte von außereuropäischen Migranten leicht ins Abseits geraten.

Auch Unterrichtsmodelle zur Migrationsliteratur tragen Züge von Borniertheit, wenn – wie sich am Umgang mit Märchen oder Texten aus und über Afrika gut nachweisen lässt (vgl. Rösch 2003) – literarische Texte auf ihre Funktion als Kulturdokument, das lediglich die Befindlichkeit von Menschen zum Ausdruck bringt, reduziert werden oder eine landeskundliche Lesart gegenüber einer literarischen dominiert. Diese Art von Borniertheit kann man bedauern und kritisieren, man kann sie aber auch konstruktiv nutzen und als bornierte Ethnizität als Einstieg in die Beschäftigung mit interkultureller Literatur zulassen, vielleicht sogar einfordern, auf jeden Fall aber in den weiteren Schritten entfalten, indem zum Beispiel ein kulturalistischer, universalistischer oder dominanzkultureller Blick in der Kreft'schen Phase der Objektivierung relativiert wird.

Ähnlich argumentiert Hans Hartmut Krag bereits 1989 in seinem Konzept einer „mentalitätsnahen Interpretation“ (1989, S. 190f.) im Umgang mit aus deutscher Perspektive fremden literarischen Texten, die sich an die inhaltliche Erschließung der Texte anschließt und in vier Schritten erfolgt: Zunächst wird das 'typisch Fremde', im zweiten Schritt die *„mentale Differenz“* zum Eigenen, im dritten werden durch die Einbeziehung von thematisch und stilistisch vergleichbaren Texten der deutschen Literatur Gemeinsamkeiten herausgearbeitet und schließlich in einem vierten Schritt nach Krag zu kulturübergreifenden ethischen Werten in Beziehung gesetzt[2]. Um die universalistische Intention des letzten Schritts zu verwerfen, wäre es sinnvoller, kulturelle Interdependenzen in den Blick zu nehmen und kulturelle Vielfalt statt 'kulturübergreifende Einfalt' anzuvisieren.

Spätestens in der Kreft'schen Aneignungsphase sollte das Spannungsfeld von Universalismus und Kulturalismus in und im Umgang mit literarischen Texten bearbeitet und der Leseprozess von der Differenz- zur Diversitätshypothese geleitet werden. Die so erworbenen Erkenntnisse und Kompetenzen können dann auf andere Texte und/oder außertextuelle Zusammenhänge angewendet werden.

Produktive Verfahren im interkulturellen Literaturunterricht

Günter Waldmann setzt auf produktive Verfahren und zeigt auf, welche wann zum Einsatz kommen können. Mehrfach verweist er darauf, dass sich ihre Anwendung immer auf den Text beziehen muss, dieser also auch im produktiven Literaturunterricht im Zentrum steht. Für ihn ist ein produktiver Literaturunterricht kein Gegenkonzept zu einem analytischen Literaturunterricht, vielmehr stellen produktive Verfahren schülerorientierte Mittel nicht nur zur subjektiven Textaneignung, sondern auch zur textuellen Erarbeitung und damit zur Text-

[2] Eine kritische Auseinandersetzung mit diesem Ansatz findet sich in Rösch 2000b, S. 113ff.

analyse und Deutung dar, wenn zum Beispiel Inhalte und Formmittel in ihrer literarischen Bedeutung dadurch verstanden werden, dass SchülerInnen sie verändern (vgl. Waldmann 1998, S. 34). In diesem Sinne sind sie auch im interkulturellen Literaturunterricht umsetzbar, sollten aber in jeder Phase eine interkulturelle Komponente erhalten.

Sigrid Klettenhammer (vgl. 1994) unterscheidet für den Umgang mit Migrationsliteratur zwischen der inhaltlichen, thematischen, ästhetischen und außertextuellen Ebene, wobei die Aufzählung eine Abfolge intendiert und außertextuelle Bezüge am Ende stehen, was ich als Indiz dafür deute, der oben skizzierten Gefahr der Dominanz einer landeskundlichen Lesart entgegenzutreten. Gleichzeitig sehe ich hier eine Parallelität zu Waldmanns vierter Phase. Auch wenn Sigrid Kettenhammer viel weniger als Günter Waldmann den Moment der Textrezeption in den Blick nimmt und Vorschläge für die Textanalyse und Deutung unterbreitet, zeigen sich Parallelen auch zu den anderen Phasen: Die Inhaltsebene spielt in Waldmanns Phase des Lesens und Aufnehmens sicher eine zentrale Rolle, die thematische Ebene kann in Waldmanns Phase der subjektiven Aneignung vorkommen oder auch erst in Waldmanns Phase der textuellen Erarbeitung, die auf jeden Fall auf die Ästhetikebene zielt und sich genau wie die vierte Phase eng miteinander verbinden lässt. Auch auf all diesen Ebenen ist ein produktives Vorgehen sinnvoll und möglich:

- Inhaltsebene: Nachvollzug des Handlungsgerüsts und der Figurenkonstellation vor dem Hintergrund gesellschaftlicher Multiethnizität z. B. durch verzögertes Lesen, Nachvollzug der Erzählperspektive z. B. durch Perspektivwechsel zwischen Mehrheit und Minderheit/en, Herausarbeiten der Konflikte fokussiert auf interkulturelle Konfliktlagen oder Sichtweisen z. B. durch Aufgaben zum Füllen von Leerstellen, Beschäftigung mit Schlüsselszenen z. B. durch szenisches Interpretieren mit empathischer Zielrichtung (= Anregung zur kulturellen Fremd- und Selbstreflexion).
- Themenebene: Herausarbeiten der Themen unter besonderer Berücksichtigung der Interkulturalität, Multiethnizität, Migration, Globalisierung etc., Verfolgen eines thematischen Handlungsstranges und Reflexion der immanenten (kulturspezifischen oder interkulturellen?) Logik z. B. durch Transfer in andere kulturelle Kontexte, Analyse der stilistischen Mittel und ihrer Wirkung auf sich selbst als Rezipienten und Angehöriger einer bestimmten ethnischen Gruppe, ggf. Textvergleiche: Wie bearbeiten Nicht-Literaten dasselbe Thema, wie in- oder ausländische Schriftsteller, wie Migrantenautoren etc.?
- Ästhetikebene: Bestimmen der literarischen Gattung, der stilistischen Mittel sowie Form und Inhaltsbezüge aus allgemeiner und interkultureller Perspektive unter besonderer Berücksichtung der Sprach/en/wahl durch Aufgaben wie: Schreibe einen ähnlichen Text in deiner anderen Sprache, Beschäftigung mit dem Werk des Autors, mit Werken des gleichen Genres oder mit Werken zum

gleichen Thema aus unterschiedlichen Kulturen, komparatistischer Vergleich von Gattungen durch Aufgaben, die eine Veränderung der Textsorte bedingen.

- Außertextuelle Ebene: Weiterführende oder erklärende Informationen über Ort und Zeit der Handlung, Vergleiche zwischen verschiedenen Ländern, Gesellschaftssystemen, Sprachen, historischen Entwicklungen etc. unter besonderer Berücksichtigung der Erfahrungswelt oder der Mehrsprachigkeit der SchülerInnen und Herstellen von Bezügen zu unserer eigenen kulturellen Eingebundenheit und den Anforderungen des interkulturellen Lernens z.B. durch das Verfassen von Paralleltexten.

Interkulturelle Literaturdidaktik

Ähnlich wie in den allgemeinen literaturdidaktischen Modellen wird auch in den interkulturellen Modellen für ein textnahes Vorgehen plädiert. Die produktiven Verfahren sind die gleichen, werden aber interkulturell akzentuiert. Doch der Akzent liegt nicht nur auf methodischen Entscheidungen, sondern berührt die Frage nach der kulturellen bzw. interkulturellen Bedeutung von Literatur und Literaturunterricht. Werner Wintersteiner (vgl. 2006, S. 276) spricht in diesem Zusammenhang von der „Aufwertung und Repolitisierung literarischer Bildung“ im Sinne globaler, friedenspädagogischer Bildung. Diese zielt auf die Ausbildung interkultureller Kompetenz (vgl. Rösch 2005), die sich konkretisieren lässt als Fähigkeit zur wechselseitigen Empathie und zum ggf. mehrfachen Perspektivenwechsel, als Beitrag zur multiplen Identitätsbildung, ggf. auch zum Nach- oder Mitvollzug von Hybridisierungsprozessen und auf die Erweiterung der (interkulturellen) Weltsichten durch den Umgang mit Literatur.

Deshalb ist die Literaturauswahl von entscheidender Bedeutung. Werner Wintersteiner fordert die Einbeziehung der Literaturen von Minoritäten, postkolonialer Literatur, ‘neuer’ Weltliteratur und – so würde ich ergänzen – Migrationsliteratur, die in Teilbereichen sicher bereits in den genannten Genres integriert, auf jeden Fall aber eng damit verbunden ist. Diese Literatur liefert auf thematischer, sprachlicher und ästhetischer Ebene einen spezifischen Beitrag zur Auseinandersetzung mit dem Phänomen der Migration. Ein Grund für diese Akzentuierung ist auch die Zusammensetzung von Lerngruppen in deutschsprachigen Schulen, konkret die Anwesenheit von SchülerInnen mit Migrationshintergrund, und dass Migration als Begleiterscheinung der Globalisierung auch für diejenigen ohne Migrationshintergrund relevant werden kann. Die Erweiterung des Literaturkanons auf Welt-(statt nur europäischer) Literatur sollte unter besonderer Berücksichtigung von Literaturen aus den Herkunftsländern der Familien von SchülerInnen mit Migrationshintergrund erfolgen. Dabei geht es darum, allen SchülerInnen durch die Beschäftigung mit Literatur die Weltsicht in diese Kulturen zu öffnen, aber ohne zu erwarten, die SchülerInnen mit Migrationshintergrund seien Experten 'ihrer Nationalliteratur', und ohne den Eindruck zu erwecken, dieser Unterricht sei einer für die so betroffenen SchülerInnen.

Neben der Literaturauswahl gilt es im interkulturellen Literaturunterricht die Sicht auf und den Umgang mit Literatur zu 'interkulturalisieren'. Werner Wintersteiner plädiert für eine Beschäftigung mit der „neuen Weltliteratur als einer Literatur des Dazwischen“ (ebd., S. 277) sowie die Wahrnehmung der „latenten Interkulturalität von Literatur“ und ihrer Funktion „als Medium der Verbindung von Universalem und Partikularem“ (ebd., S. 278). Für den Umgang mit interkulturell produzierter Literatur wurden die entsprechenden Verfahren genannt, die Empathie und Perspektivenwechsel sowie Multiperspektivität und Dominanzkritik unterstützen. Diese mit und für interkulturell produzierte Literatur entwickelten Verfahren lassen sich auf jede und damit auch die traditionellen Schullektüren deutscher Literatur anwenden.

Literatur

Abraham, Ulf/Beisbart, Ortwin/Koß, Gerhard/Marenbach, Dieter: Praxis des Deutschunterrichts. Arbeitsfelder – Tätigkeiten – Methoden. Donauwörth: Auer 1998.

Arens, Hiltrud: Kulturelle Hybridität in der deutschen Minoritätenliteratur der achtziger Jahre. Tübingen: Stauffenberg 2000.

Biondi, Franco: Arbeitsthesen zur Literatur der Fremde. In: Die Brücke 1991, H. 62, S. 14.

Blioumi, Aglaia: Interkulturalität als Dynamik: ein Beitrag zur deutsch-griechischen Migrationsliteratur seit den 70er Jahren. Tübingen: Stauffenberg 2001.

Burtscher, Sabine: Auswahlkriterien für Gegenwartsliteratur im Deutschunterricht. Ein Beitrag zur Revision der Kanondiskussion. In: Literatur im Unterricht 2003, (3), S. 3–20.

Ewers, Hans-Heino: Das doppelsinnige Kinderbuch. Erwachsene als Mitleser und Leser von Kinderliteratur. In: Grenz, Dagmar (Hg.): Kinderliteratur – Literatur für Erwachsene. München: Fink 1990, S. 15–24.

Ewers, Hans-Heino: Literatur für Kinder und Jugendliche. Eine Einführung. München: Fink 2000.

Klettenhammer, Sieglinde: Brücke zwischen den Kulturen. Migrantenliteratur als Beitrag zur Friedenserziehung. In: Informationen zur Deutschdidaktik 1994 (ide), 18 (1), S. 64–77.

Krag, Hans Hartmut: Die Geschichte vom kleinen Kadi. Literaturunterricht auf mentalitätspädagogischer Basis. In: Tumat, Alfred (Hg.): Deutsch als Fremdsprache. Baltmannsweiler: Schneider 1989, S. 176–191.

Kreft, Jürgen: Literaturdidaktik. Heidelberg: Quelle und Meyer 1977.

Kultusministerium des Landes Baden-Württemberg (Hg.) Lektüreverzeichnis Deutsch für das Gymnasium 2005. (http://www.bildungsstandards-bw.de/_ 1.7.2006)

Kultusministerkonferenz: Interkulturelle Bildung und Erziehung 1996.

Kultusministerkonferenz: Bildungsstandards im Fach Deutsch für den Mittleren Bildungsabschluss 2003.

Rösch, Heidi: Migrationsliteratur im interkulturellen Kontext – eine didaktische Studie zur Literatur von Aras Ören, Aysel Özakin, Franco Biondi und Rafik Schami. Frankfurt/Main: Verlag für Interkulturelle Kommunikation 1992.

Rösch, Heidi: Entschlüsselungsversuche. Kinder- und Jugendliteratur und ihre Didaktik im globalen Diskurs. Baltmannsweiler: Schneider 2000.

Rösch, Heidi: Jim Knopf ist nicht schwarz. Anti-/Rassismus in der Kinder- und Jugendliteratur und ihrer Didaktik. Baltmannsweiler: Schneider 2000a.

Rösch, Heidi: Es war einmal und es wird immer wieder sein – Interkulturelle Literaturdidaktik am Beispiel von Märchen. In: Kloeters, U./Lüddecke, J./Quehl, T. (Hg.): Schulwege in die Vielfalt. Handreichung zur Interkulturellen und Antirassistischen Pädagogik in der Schule. Frankfurt/Main, London: Verlag für interkulturelle Kommunikation 2003, S. 195–220.

Rösch, Heidi: Interkulturelle Kompetenz im Deutschunterricht. In: Rösch, Heidi (Hg.): Kompetenzen im Deutschunterricht. Frankfurt a. M. u. a.: Peter Lang 2005, S. 91–110.

Senatsverwaltung für Bildung, Jugend und Sport Berlin/Ministerium für Bildung, Jugend und Sport des Landes Brandenburg/Ministerium für Bildung, Wissenschaft und Kultur Mecklenburg-Vorpommern (Hg.): Rahmenplan für die gymnasiale Oberstufe Deutsch. (2006).
(http://www.senbjs.berlin.de/schule/rahmenplaene/thema_rahmenplaene.asp, 1.7.2006)

Waldmann, Günter: Produktiver Umgang mit Literatur im Unterricht. Grundriss einer produktiven Hermeneutik. Theorie – Didaktik – Verfahren – Modell. Baltmannsweiler: Schneider 1998.

Wintersteiner, Werner: Poetik der Verschiedenheit. Literatur, Bildung, Globalisierung. Klagenfurt: Drava 2006.

Primärliteratur

Çirak, Zehra: Allianz. In: Dies.: Vogel auf dem Rücken eines Elefanten. Köln: Kiepenheuer & Witsch 1991, S. 16–17.

Gallenberg, Florian: Quiero Ser – gestohlene Träume. Kurzfilm. Filmhochschule München 1999.

Mwangi, Meja: Kariuki und sein weißer Freund. Eine Erzählung aus Kenia (Aus dem Englischen von Jürgen Martini und Helmi Martini-Honus). Göttingen: Lamuv 1991.

Nair, Mira: Monsoon Wedding. Eine indische Hochzeit (Spielfilm). Universal 2003.

Ören, Aras: Bitte nix Polizei. Kriminalerzählung. Aus dem Türkischen von Cornelius Bischoff. Düsseldorf: Claassen 1981, auch als Fischer Taschenbuch 1983.

Ören, Aras: Was will Niyazi in der Naunynstraße. Ein Poem. Ins Deutsche übersetzt von H.A. Schmiede und Johannes Schenk. Berlin: Rotbuch 1973.

Schami, Rafik: Der fliegende Baum. Die schönsten Märchen, Fabeln und phantastischen Geschichten. München: Hanser 1997.

Senocak, Zafer: Übergang. Ausgewählte Gedichte 1980–2005. München: Babel 2005.

WOLFGANG WANGERIN

Der Leser „macht eigentlich aus einem Buche, was er will" (Novalis)

Konstruktivistische Begründungen produktiven Literaturunterrichts

In der Deutschdidaktik wird häufiger auf konstruktivistische Zusammenhänge verwiesen, wobei es mitunter Überschneidungen mit der Kognitionspsychologie gibt. Beiden gemeinsam ist das Interesse an Prozessen und Produkten der *Kognition*, also an dem, was sich „im Kopf" abspielt. Das schließt Wahrnehmung, Vorstellungsbildung und Erkenntnis ein und grenzt Emotion nicht aus, Faktoren, die für den Leseprozess und damit für den Literaturunterricht zentral sind. Ich will versuchen zu erklären und zu begründen, was an den produktiven Konzepten von Literaturunterricht (ich denke hierbei an den Literaturunterricht des Gymnasiums) konstruktivistisch genannt werden könnte.

Ich möchte mich dieser Frage schrittweise nähern. Die konstruktivistischen Begründungen werden dadurch leichter verständlich, und es zeigt sich, dass nicht alles neu ist, was als konstruktivistisch bezeichnet wird. Ich gehe daher zunächst etwas ausführlicher auf die Rezeptionsästhetik und vor allem auf die Gestaltpsychologie ein.

Ich habe meinem Thema ein Zitat vorangestellt. Der Satz lautet vollständig: „Der Leser setzt den *Accent* willkührlich – er macht eigentlich aus einem Buche, was er will." Es stammt von Novalis[1]; bei vielen anderen Schriftstellern finden sich vergleichbare Äußerungen. Was sich während des Lesens im Leser oder in der Leserin ereignet, entzieht sich jeder äußeren Kontrolle. Wenn wir in unserer Freizeit einen Roman lesen, dann dürfen wir fühlen und denken, verstehen und interpretieren, was und wie wir wollen, und wir tun es auch. Und selbst ein Textverständnis, bei dem sich jeder Literaturwissenschaftler die Haare raufen müsste, bleibt gottlob ungestraft. „Es giebt kein *allgemeingeltendes Lesen*", sagt Novalis. „Lesen ist eine freye Operation. Wie und was ich lesen soll, kann mir keiner vorschreiben."[2] Nur in der Schule, ausgerechnet bei den jüngsten

[1] Novalis, Teplitzer Fragmente. Nr. 79 (Juli 1798). Novalis 1981, S. 609

[2] ebd. Das Fragment Nr. 79 lautet: „Die meisten Schriftsteller sind zugleich ihre *Leser* – indem sie schreiben – und daher entstehn in den Werken so viele Spuren des Lesers – so viele kritische Rücksichten – so manches, was dem Leser zukömmt und nicht dem Schriftsteller. Gedankenstriche – großgedruckte Worte – herausgehobene Stellen – alles dies gehört in das Gebiet des Lesers. Der Leser setzt den *Accent* willkührlich – er macht eigentlich aus einem Buche, was er will(...) Es giebt kein *allgemeingeltendes Lesen*, im gewöhnlichen Sinn. Lesen ist eine freye Operation. Wie und was ich lesen soll, kann mir keiner vorschreiben(...)"

Leserinnen und Lesern, ist das anders. Ungeachtet der Kritik an der schulischen Enteignung des Lesens aus der Selbstverfügbarkeit der Heranwachsenden (Baacke 1983) gilt weitgehend noch immer das mittlerweile 40 Jahre alte Diktum von Hermann Helmers: Allein der Lehrer sei im Besitz der vollen poetischen Wahrheit (Helmers 1966, S. 267), und er bestimmt, was die jungen Leserinnen und Leser aus einem Buch zu machen haben. Wir werden sehen, dass die Konstruktivisten solche Auffassungen aus gutem Grund nicht akzeptieren, und wir werden die Frage beantworten müssen, wie Literaturunterricht mit dem Faktum, dass es kein allgemeingeltendes Lesen gibt, *sinnvoll* umgehen kann, wie sich arbeiten lässt mit den freien Operationen der kindlichen und jugendlichen Leserinnen und Leser. Der produktive Literaturunterricht gibt uns hier praktikable Möglichkeiten.

1 Ein kurzer Blick auf Konzepte produktiven Literaturunterrichts

Es geht mir nicht um produktiven Literaturunterricht an sich, sondern um theoretische *Begründungen*. Ich will daher nur kurz erläutern, was unter produktivem Literaturunterricht zu verstehen ist.

> Auf die Frage, warum Mona Lisa wohl lächelt, erklärte ein Achtjähriger: „Eines Abends kam Herr Lisa von der Arbeit nach Haus und fragte sie: 'Nun, was hast du heute getan?' Und Mona Lisa lächelte und sagte: 'Stell dir vor, Leonardo ist gekommen und hat mich gemalt.'" (Watzlawick 1999. S. 26)

Dieses Beispiel stammt von Watzlawick, einem der bekannten Konstruktivisten. Es hat bei ihm nichts mit Schule zu tun, aber es zeigt doch, wie produktiver Literaturunterricht aussehen könnte. Stellen wir uns vor, eine Lehrerin hätte ihren Schüler/innen Leonardos Bild gezeigt und ihnen die Frage gestellt, *warum Mona Lisa wohl lächelt.* Alle Schüler/innen hätten daraufhin das Bild in aller Ruhe (und jeder für sich) betrachtet und ihre Vermutungen, ihre Konstruktionen, ihre Interpretationen dann in einem kreativen, produktiven Akt zu Papier gebracht. Sie hätten sich sodann ihre kleinen, selbst geschriebenen Texte wechselseitig vorgelesen, und jeder hätte dabei die Sichtweisen der anderen erfahren. Schließlich wären sie über ihre unterschiedlichen Sichtweisen des Leonardo-Bildes ins Gespräch gekommen. Sie hätten sich ausgetauscht, hätten gegenseitig nachgefragt, hätten sich das Bild mehrfach wieder genau angesehen und dabei über ihre Sichtweisen nachgedacht. Sie hätten dabei auch Anregungen durch die Lehrerin bekommen, die aber am Ende der Stunde nicht entschieden hätte, wessen Interpretation des Lächelns denn nun richtig, wessen falsch sei. Vielleicht aber hätte die Lehrerin zum Schluss etwas über Leonardo und seine Zeit erzählt, über die Entstehung dieses Bildes, und sie hätte möglicherweise weitere Bilder gezeigt.

Mein Beispiel ist sehr einfach, aber es zeigt, worauf es produktivem Literaturunterricht im Prinzip ankommt: Die Schüler/innen kommen aus ihrer nur passiv-rezipierenden Rolle heraus und werden selbst tätig. Eine eng an den jeweils zu lesenden literarischen Text (oder das zu betrachtende Bild) angebundene produktiv-gestaltende Tätigkeit der Schüler/innen dient einem intensiveren Verstehensprozess und aktiviert die Vorstellungen der Schüler/innen. Das dabei entstehende ästhetische Produkt ist zugleich eine persönliche Äußerung, eine Symbolisierungshandlung der Schüler/innen, das ihr eigenes Verständnis artikuliert; es wird zur Grundlage des gemeinsamen Nachdenkens. Genauso gut könnten, um ein geläufiges Beispiel zu nennen, Schüler/innen an bestimmten Stellen eines Romans innere Monologe einer Romanfigur verfassen, etwa dort, wo die Innenperspektive dieser Figur ausgespart bleibt. Die Innenperspektive wird dadurch übernommen und zugleich ausgefüllt. Die Vorgaben des Textes und die persönliche Verstehensweise werden in einer solchen kreativen Tätigkeit zusammengeführt. Auch ein Gedicht per Video in Bilder umzusetzen, ist ein produktives Verfahren. Meist wird ein solcher Unterricht „handlungs- und produktionsorientiert" genannt. In dem entsprechenden Themenheft von Praxis Deutsch charakterisieren Spinner, Haas und Menzel schon 1994 solchen Unterricht folgendermaßen:

> Die traditionelle Textanalyse und -interpretation im Unterrichtsgespräch wird durch Formen des Umgestaltens, des Ergänzens, des Umsetzens in andere Medien ergänzt: Schülerinnen und Schüler füllen Lücken in Texten aus, schreiben Geschichten aus veränderter Sicht um, verfassen eigene Texte nach vorgegebenen Mustern, spielen, malen zu Texten. (Haas/Menzel/Spinner 1994, S. 17)

Dies ist eine erste Erläuterung, die freilich noch zu eng ist, aber sie verdeutlicht das methodische Grundprinzip. Die Autoren erklären Selbsttätigkeit zum Bildungsziel. Es sind ganze Kataloge methodischer Verfahren zusammengestellt worden, die in der Praxis sehr hilfreich sind, allerdings auch als konzeptionslose Rezepte missverstanden werden können. Manches von dem, was unter „Produktionsorientierung" firmiert, ist eine Art beliebiger „Irgendwie-Kreativität", die weder die Vorstellungen der Schüler/innen aktiviert noch dem Verständnis und der Erkenntnis dient und häufig auch die Symbolisierungshandlungen der Schüler/innen nicht als persönliche Äußerungen ernst nimmt. Aber solche Missverständnisse sprechen nicht prinzipiell gegen die Produktionsorientierung, die für sich genommen noch gar kein didaktisches Konzept ist. Es gibt jedoch eine Reihe von Ansätzen, die literaturtheoretisch, didaktisch und methodisch gleichermaßen durchdacht sind, sich z. T. aber erheblich voneinander unterscheiden.

- So setzt *Waldmann* produktive Verfahren ein, damit Schülerinnen und Schüler ästhetische Strukturen, also die 'Machart' der Texte, kennen und durchschauen lernen – rezeptiv wie produktiv (Waldmann 1998).

- *Spinner* geht es stärker um Identitätsbildung, zudem fördert die kreative Tätigkeit Wahrnehmungs- und Imaginationsprozesse (Spinner 1995, 1999, 2001). Auch *Abraham* zielt besonders auf Vorstellungsbildung (Abraham 1998, S. 205ff., Abraham 1999. Siehe u. a. auch Fauser/Madelung 1996).
- *Haas* dagegen hat Leseförderung im Sinn, zumal auf der Hauptschule, wo der Literaturunterricht nicht nur Rede-Unterricht sein kann (Haas 1997).
- *Scheller* geht es mit seinem detailliert ausgeführten Konzept der Szenischen Interpretation darum, dass mit Mitteln des Szenischen Spiels nicht nur Ereignisse und die Haltungen, Handlungen und Beziehungen der Figuren dargestellt und gedeutet werden, sondern auch die inneren und äußeren Haltungen, die die Interpretierenden bei der Darstellung zeigen (Scheller 1998, 2004).
- Das Konzept der *kreativen Rezeption* interessiert sich für Literatur (und für Kunst und Musik) in der Wahrnehmung ihrer Rezipienten und zielt damit auf einen lebensgeschichtlichen Bezug der Rezeption, auf ästhetische Erfahrung und auf präsentative Symbolisierung (Mann/Schröter/Wangerin 1995, Wangerin 1997). Es versucht dabei, mit den produktiven Verfahren möglichst präzise an den Unbestimmtheiten eines Textes und den möglichen Wahrnehmungsprozessen der Rezipienten anzusetzen. Besonderes Augenmerk liegt dabei auf der Symbolisierung der *inneren Bilder*, wie sie im Wahrnehmungsprozess wachgerufen werden (Wangerin 1997, 2004).

Wenn ich von produktivem Literaturunterricht rede, dann verbergen sich dahinter trotz der Gemeinsamkeiten durchaus unterschiedliche Vorstellungen und Intentionen. Eines aber gilt für alle: Sie verlangen den Lehrenden erhebliche Kompetenzen ab, sind aber auch, wie die Praxis zeigt, ein Gewinn an Lebendigkeit und Erkenntnis – auch für die Lehrenden.

2 Wie ist produktiver Literaturunterricht üblicherweise begründet?

1. Ich will die *pädagogischen Begründungen* hier nur andeuten. Sie zielen auf aktives Lernen, Selbsttätigkeit, learning by doing. Schon seit den 80er Jahren ist die Rede von der Wiederentdeckung der Sinnlichkeit, von ganzheitlichem Lernen („mit Kopf, Herz und Hand"),[3] von einer neuen Lernkultur. Die berechtigte Kritik am fragend-entwickelnden Unterrichtsgespräch, das ja Frontalunterricht ist, und an der ebenfalls oft kritisierten Verkürzung des Literaturunterrichts auf distanzierte Analyse und Interpretation traf zusammen mit den pädagogischen Forderungen nach Handlungs- und Erfahrungsorientierung.[4]

[3] Rumpf 1981, Fauser/Fintelmann/Flitner 1983, Gidion/Rumpf/Schweitzer 1987 u. a.
[4] Scheller 1987 u. a. Siehe auch John Dewey 1988

2. *Literaturtheoretische Begründungen* sind vor allem rezeptionsästhetischer Art. An sie will ich etwas ausführlicher erinnern aus zwei Gründen. Einmal hat die Rezeptionsästhetik – zuerst in den frühen 70er Jahren – die traditionelle Literaturdidaktik aus den Angeln gehoben, und die gegenwärtige Diskussion ist weit überwiegend rezeptionsbezogen (sozusagen eher lesedidaktisch als literaturdidaktisch orientiert), auch wenn sich das von der unterrichtlichen Praxis, vor allem des Gymnasiums, noch längst nicht allgemein sagen lässt. Und zweitens werden wir sehen, dass schon die Rezeptionsästhetik zentrale Punkte dessen formuliert hat, was einer konstruktivistisch orientierten Literaturdidaktik wichtig ist Man hat Jauß und Iser sogar als Semi-Konstruktivisten bezeichnet (Müller 1996, S. 72). Eine solche Einschätzung hat etwas für sich, übersieht allerdings, dass es trotz offenkundiger Überschneidungen eine deutliche Trennungslinie gibt zwischen (hermeneutischer) Rezeptionsästhetik und (nichthermeneutischem) Konstruktivismus.

Zunächst zum traditionellen Textverständnis, damit wir wissen, wogegen sich die Rezeptionsästhetik abgrenzt. In den 70er Jahren galt im Deutschunterricht noch ungebrochen: Ein literarischer Text hat eine *Bedeutung*, die ihm eingeschrieben, vom Autor mitgegeben ist; sie ist im 'Gegenstand Text' selbst objektiv vorhanden. Wir müssen nur kompetent genug analysieren und richtig interpretieren, dann ist die richtige Bedeutung dem Text korrekt zu entnehmen. Dabei wird die richtige Interpretation oft gleichgesetzt mit der (vermeintlichen) Autorintention. In einem solchen Theoriegebäude sind reale Leserinnen und Leser, die ja in aller Regel Laien sind, im Grunde Störfaktoren. Sie fragen nicht nach der Autorintention, nicht nach der „richtigen" Bedeutung. Ihre Lesebedürfnisse resultieren vielmehr aus Lebensbedürfnissen: Sie machen wie Novalis aus einem Text, was sie wollen. Das gilt erst Recht für Schülerinnen und Schüler, die ja Kinder bzw. Jugendliche sind. Wenn in der Schule gefragt wird: Was will uns der Dichter damit sagen? – diese Frage kennt jeder –, dann ist kaum mehr Platz für die Frage: Was bedeutet der Text für mich? Die Reduzierung literarischer Texte auf die eine, vermeintlich allein richtige Bedeutung prägte lange das Unterrichtsgespräch und die Bewertung (und prägt sie im Gymnasium vielfach noch immer) und ebenso die Unterrichtsmaterialien und Lehrerhandbücher – die zu untersuchen, wäre ein Kapitel für sich. Etwas vereinfacht kann man sagen: der traditionelle Literaturbegriff geht aus von der absoluten Existenz eines Kunstwerks, das unabhängig von aller Wahrnehmung als sozusagen autonomes Objekt vorhanden sei. Literatur ist ein 'Gegenstand' und wird ganz substantialistisch verstanden.

Genau hiergegen wenden sich die rezeptionsästhetischen Ansätze. „Das literarische Werk ist kein für sich bestehendes Objekt", nicht zu allen Zeiten gleich, vielmehr, so sagt Jauß, „wie eine Partitur", angelegt auf Lektüre und auf die Resonanz im Leser (Jauß 1967, S. 29f.), und bei Stanley Fish lesen wir: „Die Objektivität des Textes ist eine Illusion"; so wenig wir den Tanz vom Tänzer unterscheiden können, so wenig gibt es einen Text ohne Leser. „Niemand würde behaupten, dass der Leseakt in der Abwesenheit desjenigen stattfinden könne, der liest". *Bedeutung* sei das „Endprodukt des Lesens". Warum, so fragt Fish weiter, haben wir nur den Ausschluss des Lesers quasi zum Gesetz erhoben? (Fish 1975, S. 210, 196).

Solche Ansätze haben Wirkung gehabt. Für die Literaturdidaktik sind vor allem die folgenden Annahmen der Rezeptionsästhetik bedeutsam geworden.

1. Literarische Texte existieren nur als gelesene Texte. Sie gewinnen ihre Wirklichkeit erst in der „Einbildungskraft" ihrer Leser (Iser 1970, S. 34).
2. „Bedeutungen literarischer Texte", so sagt Iser, „werden überhaupt erst im Lesevorgang generiert". Sie sind also nicht objektiv vorhanden. Sie sind vielmehr das „Produkt einer Interaktion von Text und Leser", und zwar selbstverständlich in einer je „individuellen Gestalt" (Iser 1970, S. 7). Dabei werden die Operationen des Lesers vom Text ausgelöst, sind aber zugleich abhängig von der Phantasie und der Imaginationsfähigkeit des Lesers, von seiner Erfahrungsgeschichte und seinen Kenntnissen und Fähigkeiten.
3. In Anlehnung an Ingardens phänomenologische Literaturtheorie hält Iser „Unbestimmtheit" für ein wesentliches Element literarischer Texte. D. h.: Texte sind vieldeutig, nicht eindeutig. Sie sind nicht nur unbestimmt, sie teilen den Lesern auch nicht mit, wie sie verstanden werden wollen. Zudem hängt das Verstehen nicht nur davon ab, was ein Text *sagt*, sondern auch davon, was er *verschweigt*. Das Gesagte, sagt Eco (Eco 1990, S. 62), ist immer in das Nicht-Gesagte eingebunden, und umgekehrt. Wie gehen wir als Leserinnen und Leser mit dem Nicht-Gesagten um? Wenn wir einen literarischen Text nehmen und ihn darauf hin betrachten, wie viele wichtige Informationen er uns Lesern vorenthält, werden wir überrascht sein, wie hoch die Unbestimmtheit eines jeden Textes ist.[5] Wir haben nicht gelernt, den Blick auf das zu richten, was ein Text uns verschweigt, weshalb wir dieses Textelement leicht übersehen. Es liegt auf der Hand, dass literarische Texte legitimerweise ein ganzes *Spektrum* möglicher Konkretisationen zulassen. Interpretationen, die Texte auf eine Bedeutung festlegen wollen, sind daher für Iser immer Verarmungen des Textes.
4. Die Möglichkeiten des Lesers, einen Text im Akt des Lesens zu konkretisieren, orientieren sich an den „Leerstellen", wenn auch keineswegs ausschließlich. Ich will diesen vielzitierten und in der Literaturdidaktik oft ungenau verwendeten Begriff der Rezeptionsästhetik nicht weiter erklären, nur so viel: er meint Stellen semantischer Unbestimmtheit, die zu-

[5] Das wird an einem Beispiel von Kafka detailliert aufgezeigt bei Mann/Schröter/Wangerin 1995, S. 16ff., 42ff.

gleich strukturell bedeutsam sind, wie z. B. Aussparungen wichtiger Informationen, Abbruch an exponierter Stelle. Leerstellen sind „Beteiligungsangebote“ (Iser 1970, S. 16), die der Text für seine Leserinnen und Leser bereithält: Sie ergänzen, was der Text verschweigt.

Es liegt auf der Hand, dass sich die Literaturdidaktik, soweit sie sich auch an den Schüler/innen und nicht nur an den Unterrichtsgegenständen orientierte, diesen literaturtheoretischen Ansatz nicht hat entgehen lassen. Das Didaktische wurde quasi in der Struktur des Gegenstandes selbst entdeckt. Beteiligungsangebote eröffneten der Literaturdidaktik neue, zuvor nicht gesehene Bildungsmöglichkeiten. Der produktive Literaturunterricht nimmt diese Beteiligungsangebote ernst – aber nicht nur im Sinne einer inneren Beteiligung, in der Vorstellung, sondern als produktive, gestaltende Beteiligung, deren Ergebnis, das Produkt, sichtbar und damit auch kommunizierbar wird – sozusagen als Grundlage der gemeinsamen weiteren Auseinandersetzung im Unterricht. Diese Zusammenhänge werden in der fachdidaktischen Diskussion nicht immer deutlich.

Ich muss einen 5. Punkt wenigsten andeutend hinzufügen. Jauß, der Romanist, hat den Blick auf die ästhetische Erfahrung gelenkt und damit einen für die Literaturdidaktik zentralen Aspekt angesprochen (Jauß 1982), den ich gleichwohl beiseite lasse, ebenso alle symboltheoretischen Überlegungen, die man hier anschließen müsste, wenn über produktiven Literaturunterricht geredet wird.[6]

Insgesamt gesehen ist es sicher unmittelbar einleuchtend, dass produktiver Literaturunterricht sich literaturtheoretisch durch die Rezeptionsästhetik legitimiert. Mit ihrem dynamischen Literaturbegriff hat die Rezeptionsästhetik dem produktiven Literaturunterricht überhaupt erst den Weg geebnet.

3 Gestaltpsychologie. Wahrnehmung. Lesen

Wer sich mit Rezeptionsästhetik oder mit Konstruktivismus beschäftigt, findet viele Grundansichten seit Jahrzehnten formuliert in der Gestaltpsychologie. Ich will deshalb an diese Verwandtschaft erinnern, dabei aber nur einige wenige Aspekte herausgreifen.

Die Gestaltpsychologie hat vor allem in den 20er und 30er Jahren in Berlin ihren ersten Höhepunkt gehabt. Die meisten Gestalttheoretiker sind 1933 in die USA emigriert, wo sie in einer behavioristisch ausgerichteten Forschungslandschaft keinen leichten Stand hatten, aber doch nachhaltig wirken konnten, mit erneuter Renaissance seit den 70er Jahren, gerade auch außerhalb der Psychologie. Die Gestaltpsychologie beschäftigt sich mit dem Verhältnis eines Ganzen zu seinen Teilen im Prozess der Wahrnehmung, was für unseren Zusammenhang von be-

[6] Langer 1984, Lorenzer 1991. Siehe hierzu Wangerin 2004

sonderer Bedeutung ist. Sie ist phänomenologisch (wie die Rezeptionsästhetik), ganzheitlich und experimentell ausgerichtet und wendet sich strikt gegen ein elementaristisch-atomistisches Wissenschafts- und Kunstverständnis. Eine Ganzheit ist immer mehr (bzw. anders) als die Summe ihrer Teile. Die Gestaltpsychologie hat sich immer besonders auf die Künste berufen, in ihnen sah man stets „die überzeugendsten Beispiele für feinfühlig organisierte Ganzheiten" (Arnheim 1982, S. 134). Von Ehrenfels nennt schon 1890 die Melodie als Beispiel. Sie ist mehr als die Summe ihrer Töne („Übersummativität"), und selbst wenn die Klangfarbe oder die Tonart der Melodie sich verändern, bleiben die Gestaltqualitäten erhalten. Der Gestaltbegriff bezieht sich auf die Wahrnehmung der *Ganzheit* (Melodie), nicht auf isolierte Teile (Töne).

Ich finde dies auch deshalb bedeutsam, weil wir im Literatur-, im Kunst- oder im Musikunterricht des Gymnasiums im allgemeinen eher den analytisch-atomisierenden Blick auf die Teile pflegen als ein Erfassen der Ganzheit im Sinne des gestalt-psychologischen Wahrnehmungsbegriffs, den ich gleich erläutern werde. Wenn man sich Aufgabenstellungen in der Schule ansieht, dann entsprechen sie oft dem folgenden Schema: „Untersuchen Sie das Verhältnis von Licht und Schatten in Hoppers Gemälde x…", oder „Beschreiben und analysieren Sie den Gebrauch der Metaphern in dem Gedicht …" oder: „Analysieren Sie anhand des Notentextes Tonartenwechsel und Modulationen in Schuberts Lied 'Der Tod und das Mädchen'". Diese atomisierende Vorgehensweise ist uns geläufig. Sie ist typisch für Leistungskurse und immer dann problematisch, wenn Unterricht sich auf analytische Aufgabenstellungen dieser Art reduziert und nicht auch die Ganzheit eines Kunstwerks in den Blick nimmt. Die Gestaltpsychologie richtet sich vehement gegen die subjektlosen Buchhalter und Silbenzähler und lehrt uns etwas ganz anderes, nämlich *„dass die Kunst nur als psychologische Erfahrung existiert"*, so sagt es Arnheim. Das Kunstwerk ist ein *„Sinneserlebnis"* (Arnheim 1982, S. 133), d. h.: die Wahrnehmung rückt hier, wie auch sonst in der Gestaltpsychologie, ins Zentrum des Interesses. Ich möchte mich mit einigen Wahrnehmungsfragen beschäftigen.

Dazu zunächst ein paar Beispiele. Sie zeigen, wie sehr unsere Wahrnehmungen mit Ergänzungen arbeiten, ohne dass wir uns dessen bewusst werden.

Figur 1

Figur 2

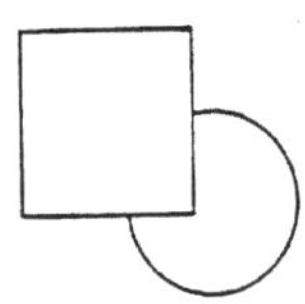
Figur 3

In der ersten Figur nehmen wir Kreis und Kreuz wahr, tatsächlich aber haben wir vier voneinander unabhängige Teile. Was fehlt, ergänzen wir stillschweigend. Die zweite Figur hat eine komplexe Gestalt. In der Wahrnehmung gliedern wir sie auf in Dreieck und Quadrat, wobei die fehlenden Seiten des Dreiecks wiederum ergänzt werden.

Das Gleiche gilt für die dritte Figur.[7] Jeder wird ein Quadrat und einen Kreis sehen, möglicherweise einen Kreis, der teilweise von einem Quadrat verdeckt wird. Tatsächlich aber haben wir nur eine zweidimensionale Strichzeichnung. Nichts wird verdeckt. „Kreis" oder „Verdeckung" zu sehen, sind bereits Interpretationen, sind kognitive Schlussfolgerungen, die ein Teil der Wahrnehmung sind, sozusagen untrennbar mit dem Sehen verbunden. Solche Interpretationen geschehen unbewusst, unreflektiert und werden vom Beobachter „objektiv" für den Gegenstand selbst gehalten – ein Phänomen, das auch Iser in bezug auf literarische Texte beschreibt. Wir sind eben immer überzeugt davon, dass unsere Wahrnehmung keineswegs subjektiv, sondern selbstverständlich mit der ontischen Wirklichkeit identisch ist. Aber das ist ein Irrtum.

Ich will das an zwei Bildern verdeutlichen, von denen zumindest das erste allgemein bekannt ist. Wenn man die beiden folgenden Bilder in Ruhe betrachtet,

Bild 1

Bild 2

sieht man in Bild 1 entweder eine alte oder eine junge Frau und in Bild 2 entweder ein Profil oder eine Ratte. Niemand wird jeweils beides wahrnehmen, es sei denn, man kennt diese Vexierbilder und ihr Prinzip. Vexierbilder haben den Vorteil, dass sie die z. T. gravierenden Wahrnehmungsunterschiede auf verblüffende Weise verdeutlichen. Interessant ist nun, dass diese doch sehr deutlichen Wahr-

[7] Figur 1 und 2 finden sich bei Arnheim 1982, S. 139, Figur 3 bei Wilkening 1988, S. 205

nehmungsunterschiede uns gar nicht bewusst werden, solange wir die Bilder allein betrachten und uns nicht mit anderen austauschen. Wir glauben vielmehr: was wir sehen, ist vollkommen eindeutig. *Tatsächlich aber ist unsere Wahrnehmung unzuverlässig, selektiv, höchst unvollständig, determiniert, und sie arbeitet, wie wir gesehen haben, mit Ergänzungen.* Das Beispiel zeigt, wie wenig unser Wahrnehmungseindruck den 'objektiven' Daten gerecht wird, wie sehr er vielmehr abhängt von der individuellen Verarbeitung und Organisation dieser Daten, die ihrerseits abhängen von Erfahrungen, Kenntnissen, lebensgeschichtlichem Hintergrund.

Stellen wir uns nun ein Interpretationsgespräch vor. Wir wissen, dass auch ein rein verbaler Austausch die Wahrnehmungsunterschiede oftmals nicht entlarvt, sondern verdeckt mitschleppt. So reden wir dann auch in einem solchen Gespräch gar nicht über „das" Bild, auch wenn das jeder behauptet, sondern unausgesprochen immer nur über das, was wir selektiv wahrgenommen haben – die einen über eine junge, die anderen über eine alte Frau, ohne diesen Sachverhalt zu durchschauen. Wir alle kennen solche wenig produktiven Gespräche über Literatur – nicht nur in der Schule.

Eine produktive Aufgabenstellung dagegen könnte die Wahrnehmungsunterschiede aufdecken, z. B.: „Malen Sie das Bild an." Man sieht an diesem sehr einfachen Bespiel, sozusagen im Vorgriff, dass produktive Tätigkeit im Literaturunterricht die Möglichkeit eröffnet, Wahrnehmungsunterschiede nicht länger zu vertuschen, sondern dingfest zu machen und durch produktive Gestaltungsprozesse für die weitere Arbeit in der Klasse zu nutzen. Solche Möglichkeiten hat der produktive Literaturunterricht überhaupt erst geschaffen. Hier wird auch deutlich, dass produktive Rezeptionsprozesse nicht nur die Subjektivität der Rezipienten ins Spiel bringen, was oft abschätzig unterstellt wird, sondern auch der Erkenntnis dienen – dieser Aspekt wird oft vernachlässigt und ist doch zentral für die Begründung.

Blicken wir noch einmal auf die fünf Beispiele. Sie können die Komplexität der Wahrnehmung nur andeuten, dennoch machen sie folgendes deutlich:

1. Wahrnehmung (auch Lesen) arbeitet stillschweigend mit Ergänzungen. Durch Ergänzungen wird eine prägnante, geschlossene Ordnung geschaffen, die gar nicht vorhanden, dem Wahrnehmenden aber geläufig ist (die Nähe zu Isers Leerstellen- bzw. Unbestimmtheitstheorie liegt auf der Hand).[8]

[8] Dabei spielen solche Wahrnehmungsprozesse eine Rolle, die in der kognitiven Psychologie als Top-down-Prozesse („von oben nach unten") bezeichnet werden. Im Gegensatz zu Bottom-up-Prozessen, die nicht von Vorwissen ausgehen, basieren Top-down-Prozesse auf vorhandenen Kategorien und Schemata, die auf das Wahrzunehmende übertragen werden. Gedächtnis/Vorwissen und unmittelbare Sinneswahrnehmung fallen zusammen, ohne dass die Wahrnehmung i.e. detailliert sein muss (vgl. u. a. auch Wilkening 1988).

Austausch mit andere

2. Was kompliziert ist, wird in der Wahrnehmung vereinfacht, wobei die Wahrnehmung von solchen Mustern abhängt, die dem Wahrnehmenden zur Verfügung stehen. Wir kennen eben Kreise und Dreiecke, deshalb erkennen wir sie auch.

   Es gibt dafür ein schönes Bespiel bei Lichtenberg, zu finden im zweiten Band seiner Sudelbücher: „Er las immer Agamemnon statt „angenommen", so sehr hatte er den Homer gelesen."[9]

   Schon vor mehr als zwanzig Jahren gab es ein Buch unter dem Titel „Angenommen: Agamemnon", das Lichtenbergs Text aufgreift und der Frage nachgeht, „wie Lehrer mit Texten umgehen" (Nundel/Schlotthaus 1978). Nehmen wir dies als Hinweis darauf, dass die Muster der Wahrnehmung, die uns zur Verfügung stehen, auch zu tun haben mit der Berufsrolle, die wir ausfüllen.

3. Aus den beiden ersten Punkten ergibt sich, was für die Gestaltpsychologie grundlegend ist: Wahrnehmung ist keine „mechanische Aufzeichnung von Sinnesdaten" (Arnheim 1965, S. XVI), das Auge registriert nicht mechanisch oder neutral wie ein Fotoapparat, und das Ohr nicht wie ein Mikrophon. Vielmehr: „Alles Wahrnehmen ist Denken", und zwar ein „Denken mit den Sinnen" (ebd.). Man könnte auch sagen: jede Wahrnehmung ist immer schon Interpretation und hängt ab von den (subjektiven) Dispositionen des Wahrnehmenden.

   Gleichwohl ist dieser Prozess *nicht beliebig oder willkürlich*, sondern ebenso abhängig von der Struktur der Figur: Dass wir alle einen Kreis wahrnehmen, hängt eben von den strukturellen Vorgaben ab. Es gibt bestimmte Wahrnehmungsgesetze (wie die Prägnanztendenz). Sie sorgen dafür, dass Wahrnehmung so erfolgt, dass eine *Ordnung* entsteht, die einfach, regelmäßig, prägnant, geschlossen ist. Wahrnehmung läßt sich allerdings durchaus schulen, und das gilt auch in der Übertragung auf Leseprozesse.

4. Ein vierter, für unseren Zusammenhang wichtiger Punkt ist der erkenntnistheoretische Ansatz der Gestaltpsychologie. Wenn Wahrnehmung immer ein kreativ-gestaltender Akt ist, gibt es keine objektive Wahrnehmung der Welt, auch nicht eines Kunstwerks. *Gegenstand der Erfahrung ist nicht das 'Objekt', sondern das Wahrgenommene*. Arnheim überträgt diesen erkenntnistheoretischen Ansatz ausdrücklich auf die Kunst und den Umgang mit ihr, und das ist eine direkte Attacke auf jedes substantialistische Kunstverständnis und – ebenso – auf jeden rein gegenstandsorientiert-objektivistischen Literatur- oder Kunst- oder Musikunterricht. Produktiver Literaturunterricht trägt dem Rechnung: er zielt auf die Sym-

[9] Sudelbücher Heft G, Nr. 187. Lichtenberg 1971, S. 166

> bolisierungen der je unterschiedlichen Wahrnehmungen der Schülerinnen und Schüler – und *diese Wahrnehmungen* sind Gegenstand des Unterrichts, sofern man das Konzept ernst nimmt und es methodisch beherrscht.[10]

Auch Lesen ist Gestaltbildung. Die genannten Wahrnehmungsgesetze gelten auch für den Leseprozess, allerdings mit einem weit höheren Anspruch an die Vorstellungsbildung des Lesers, als das bei meinen kleinen geometrischen Beispielen der Fall war. Ich gehe auf Einzelheiten hier nicht weiter ein,[11] gleichwohl: der Leser/die Leserin muss ständig imaginieren, transformieren, das Gelesene sozusagen im Kopf inszenieren, Sinnzusammenhänge herstellen, ergänzen. Neue Textelemente tauchen auf, andere verschwinden; ständig muss der Leser oder die Leserin eine große Anzahl von Vorstellungssegmenten miteinander verknüpfen. Die „Unbestimmtheit" des Textes fordert eine aktive Konstruktionsleistung. Die Übereinstimmung zwischen Iser und der Gestaltpsychologie ist auffallend – ich konnte das hier nur andeuten, will es aber mit einem kleinen Arnheim-Beispiel noch einmal belegen. Arnheim erzählt:

> Ein Ehemann betritt nachts das Schlafzimmer und sieht einen dunklen Fleck auf dem weißen Kopfkissen und 'erkennt' seine Frau an dem gewohnten Platz. Bei hellerer Beleuchtung sähe er mehr. (Arnheim 1965, S. 29).

Meine Zuhörer entwickeln, wenn ich diesen kleinen Text vorlese, sogleich eine einigermaßen konkrete Vorstellung der Situation und der Räumlichkeit, obwohl dieser Text raffiniert unpräzise ist. Wir stellen sofort Zusammenhänge her, aber die liegen nicht im Text, sondern in unserem Kopf. Wir denken etwa: der dunkle Fleck ist ein Teil ihrer dunklen Haare – aber gesagt ist davon nichts. Und dann: „Bei hellerer Beleuchtung sähe er mehr". Was soll das heißen? Vielleicht, dass er sich in seiner Wahrnehmung täuscht? Der Ehemann selbst ist sich sicher. Was er wahrnimmt, reicht ihm für die Orientierung aus. Was er nicht sieht bei der schlechten Beleuchtung, glaubt er ohnehin zu wissen und ergänzt es wie selbstverständlich von seinen alltäglichen Erfahrungen her; seine Ehefrau liegt schließlich jede Nacht dort. Diese Ergänzung wird Teil seiner Wahrnehmung –

---

[10] Gestaltpsychologische (und konstruktivistische) Ansätze sind in vielfältiger Weise eng mit der kognitiven Psychologie verwandt. Ich möchte darauf hinweisen, ohne dies weiter zu entfalten. Spinner hat diesen Zusammenhang herausgearbeitet und von einer kognitiven Wende gesprochen (Spinner 2001, S. 131 ff., Anderson 2001, S. 11 ff.), die das Lernen in Abkehr von behavioristischen Lerntheorien als selbstgesteuerte und konstruktive innere Tätigkeit begreift. Kognitive Strukturen werden durch Erfahrungen erworben; jeder besitzt deshalb eine individuelle, einmalige kognitive Struktur, die auch dafür sorgt, dass Leseprozesse in einer Schulklasse individuell unterschiedlich ablaufen – immer aber in einer Einheit von Kognition und Emotion. Auch wenn alle Schüler/innen den gleichen literarischen Text lesen, treten doch ganz unterschiedliche Bilder vor das innere Auge; die Vorstellungsbildung ist ein individueller und subjektiver Prozess (Spinner 2001, Abraham 1999. Siehe auch Gage/Berliner 1996, Anderson 2001, Falschlehner 1997).

[11] Genaueres zu Leseprozessen u. a. bei Christmann/Groeben 1999

ohne dass er sich dessen bewusst wird. Ob er sich irrt? Der Text verschweigt es uns.

Weil der Text die Situation nicht preisgibt, macht es der Leser wie der Ehemann: auch er schlussfolgert und ergänzt die Teile zu einer plausiblen Ganzheit. Die Möglichkeit, der Wahrnehmung des Ehemannes nicht zu trauen, realisiert sich für den Leser allenfalls in einem Kriminalroman, dort sind wir auf misstrauisches Lesen programmiert. Weil im Allgemeinen sehr sinnvoll und keineswegs chaotisch ergänzt wird (was auch erlaubt wäre), ist das alles in Ordnung, ebenso, wenn ein Leser, rezeptionsästhetisch, gestaltpsychologisch und konstruktivistisch nicht geschult, seine Wahrnehmung für „den Text selbst hält. Lehramtsstudenten hätten in einem literaturdidaktischen Seminar damit allerdings schlechte Karten. Vielleicht ließen sie sich von Kleist überzeugen. Kleist schreibt 1801 an Wilhelmine von Zenge:

> Wenn alle Menschen statt der Augen grüne Gläser hätten, so würden sie urteilen müssen, die Gegenstände, welche sie dadurch erblickten, *sind* grün – und nie würden sie entscheiden können, ob ihr Auge ihnen die Dinge zeigt, wie sie sind, oder ob es nicht etwas hinzutut, was nicht ihnen, sondern den Augen gehört. So ist es mit dem Verstande.
>
> Wir können nicht entscheiden, ob das, was wir Wahrheit nennen, wahrhaft Wahrheit sei, oder ob es uns nur so scheint.[12]

4 Was ist Konstruktivismus?

Wir sind bereits mittendrin im konstruktivistischen Gedankengut. Konstruktivistische Theoriebildung versteht sich nicht als etwas völlig Neues. Sie hat viele Wurzeln – eine davon ist die Gestaltpsychologie.

Konstruktivismus ist kein einheitliches Theoriegebäude. Die Spanne reicht von Piaget bis zu von Glasersfeld (von den philosophischen Ahnen ganz zu schweigen); und sie vereint erkenntnistheoretische Modelle von der Neurobiologie über die Kognitionspsychologie, Linguistik, Literatur- und Medienwissenschaft bis zur Pädagogik. Das heißt, dass es eine knappe Definition nicht geben kann. Zunächst nur soviel: alle Ansätze basieren auf der Erkenntnis, dass die Wirklichkeit niemals an sich, sondern stets nur als *konstruierte* wahrgenommen werden kann. Zunächst noch einmal einige Beispiele.

---

[12] Heinrich von Kleist in einem Brief an Wilhelmine von Zenge, 22. März 1801

1. Betrachten wir René Magrittes Bild.[13] Alle Betrachter sind sich vermutlich einig, ein Pferd mit einer Reiterin zu sehen. Doch hier wird offenkundig, was wir sonst meistens gar nicht durchschauen: dass Wahrnehmung eine Konstruktion ist. Das Bild ist eine raffinierte Täuschung, die Einzelteile fügt erst der Betrachter in der Wahrnehmung zu einem realistischen Ganzen zusammen, das auf dem Bild so gar nicht zu sehen ist.
2. Gemälde sind allgemein sehr plausible Beispiele für unsere konstruktive Tätigkeit. Wieso sehen wir – seit der Erfindung der Zentralperspektive in der Renaissance – das Dargestellte räumlich, mit Tiefe? Tatsächlich sind Gemälde zweidimensional, vollkommen flach. Das räumliche Sehen ist eine Konstruktionsleistung, die, genau genommen, auf einer Sinnestäuschung beruht, die freilich durch die perspektivische Struktur eines Bildes ausgelöst wird.
3. Ein weiteres Beispiel findet sich bei von Glasersfeld (von Glasersfeld 1999, S. 8, Jäker 2000, S. 25):

Wenn ich frage, was hier zu sehen ist, werden die einen sagen: eine gestrichelte Wellenlinie. Andere werden sagen: zwei Hügel, drei Täler, eine Reihe schwarzer kurzer Striche, eine Schlange. Das sensorische Ausgangsmaterial lässt sich sicher auch noch anders interpretieren, je nachdem, wie wir seine Einzelteile als Ganzes sehen, oder anders gesagt: wie wir es konstruieren.
4. Und noch ein letztes Beispiel. In der Paartherapie weiß man, dass die Partner das, was sie miteinander erlebt haben, oft vollkommen unterschiedlich darstellen. Jeder kennt das aus seiner alltäglichen Erfahrung. Watzlawick, Beavin, Jackson (1969, S. 58f.) haben dieses Phänomen vor über 35 Jahren auf den Punkt gebracht. Es geht ihnen mit ihrem Beispiel, das vielen bekannt ist, um die Interpunktion von Ereignisfolgen:

   Ein Ehepaar hat ein häufig zu beobachtendes Eheproblem. Er zieht sich immer zurück, sie nörgelt immer. Das scheint eindeutig. Er allerdings sagt: Ich ziehe mich zurück, weil sie nörgelt. Sie sagt: Ich nörgele, weil er sich zurückzieht. Was wir hier sehen: *Jeder konstruiert seine Wirklichkeit.* An die Möglichkeit einer 'objektiven' Wahrnehmung ist gar nicht zu

[13] René Magritte: Le blanc-seing (Die Blankovollmacht). 1965. Öl auf Leinwand 81 × 46 cm. National Gallery of Art, Washington

> denken, auch nicht für den Paartherapeuten. Die Folge ist häufig: Ein monotones Hin und Her der Streitereien, eine symmetrische Eskalation, weil jeder glaubt, seine Sicht sei die objektiv richtige – was einher geht mit der Unmöglichkeit, hierüber zu meta-kommunizieren.

Was lässt sich aus den genannten Beispielen ablesen? Konstruktivistische Modelle gehen davon aus,

- dass sich die Welt in unserer Wahrnehmung nicht gespiegelt *abbildet* („so wie sie ist"), sondern *konstruiert* wird,
- dass jede Erkenntnis subjektabhängig ist

Die Umwelt, so heißt es schon bei Piaget, veranlasst „den Organismus nicht zu bloßem Registrieren von Eindrücken oder zur Anfertigung von Kopien", sondern *„zur aktiven Umformung"*.[14] Dabei spielen u. a. Erinnerungen und bereits existierende Strukturen des Organismus eine wichtige Rolle.

Der *radikale Konstruktivismus* (von Glasersfeld) ist insofern radikal, als für ihn ohne Ausnahme jegliches Denken und Erkennen Konstruktion ist. Es gibt keine objektive Erkenntnis der Wirklichkeit. Auch 'Wahrheit' ist eine Konstruktion. *Kognition ist ein prinzipiell subjektabhängiges Phänomen* (Maturana 1982, S. 303). Solche Vorstellungen richten sich gegen jeden objektivistischen Absolutismus und verabschieden alle *absoluten* Wirklichkeitsbegriffe, lassen sie aber *als soziale, kommunikativ vereinbarte Konstrukte* gelten, als relative Wirklichkeit, wie Watzlawick sagt (Watzlawick 1999, S. 142). Auch die Wissenschaft konstruiert Weltbilder, so auch der Konstruktivismus selbst. Der Streit, ob es überhaupt eine objektive ontische Realität gibt oder nicht, ist vielen Konstruktivisten unerheblich. Es mag sie geben – aber wir kommen an sie nicht heran. Unser einfaches Ehepaar-Beispiel hat dies gezeigt. Dabei würden wir alle die Welt gern durchschauen, wie sie „in Wirklichkeit" ist; diesem Wunsch entspricht unser vorherrschendes Wissenschaftsverständnis – und unser Alltagsverständnis. Aber die „menschliche Vernunft" wird „von der wahren Beschaffenheit der ontischen Welt" *nichts* erfassen, sagt von Glasersfeld (2000, S. 14).

Wichtig erscheint mir der Hinweis, dass der radikale Konstruktivismus keine spekulative Theorie ist, sondern auf empirischen naturwissenschaftlichen Daten basiert, nämlich auf Daten der Neurobiologie. Ich lasse das hier notgedrungen beiseite. Aber wer das Modell verstehen will, muss sich mit Maturana beschäftigen (Maturana 1982, Roth 1999). Ein schlichtes Beispiel: Unsere Ohren hören keine Musik, sie nehmen nur die Schallwellen wahr. Die werden in elektrische Impulse umgewandelt und in das Gehirn, also in das Nervensystem, weiterge-

[14] Piaget 1974, S. 9. Das vielzitierte Begriffspaar Assimilation und Akkomodation (Piaget) bezeichnet Wahrnehmungsprozesse, die auch für das Lesen literarischer Texte von Bedeutung sind. Assimilation meint die Einpassung des Wahrgenommenen in vorhandene kognitive Schemata, Akkomodation meint die Veränderung dieser Schemata aufgrund des Wahrgenommenen (u. a. Piaget 1974, von Glasersfeld 1998).

leitet. Zu „Musik“ werden die Impulse erst im Gehirn. Musik ‘an sich’ gibt es nicht. Musik und Hörer sind ununterscheidbar eins, hat Hegel schon vor 180 Jahren gesagt (Hegel 1970, III, S. 136ff.).

Konstruktivismus steht in einer höchst achtbaren, jahrtausendelangen Tradition, und respektable Ahnen sind ja nicht zu verachten. Sie geben dem Konstruktivismus eine gewisse Dignität und bewahren ihn davor, als modische Strömung abqualifiziert zu werden. Er kommt sozusagen aus guter Familie, zwar immer ein bisschen dissident oder wenigstens provokant, aber kein illegitimer Spross, kein Balg, über den man die Nase rümpfen könnte. Mit dem Clan Descartes haben sich seine Vertreter nie angefreundet. Die Welt ist eben nicht ontologisch wahr, denn das Wahre ist immer das Gemachte. Verum ipsum factum.[15] Schon für David Hume war Wissen „bloß subjektiv und interpretativ“, und George Berkeley ist 1710 noch viel deutlicher: Es gibt keine Materie, die unabhängig von ihrer Wahrnehmung besteht. „Esse est percipi, to be is to be perceived.“ (Müller 1996, S. 29ff.)

5 Konsequenzen für die Pädagogik und für die Literaturwissenschaft

Ich will einige Konsequenzen knapp andeuten.

1. Die einschlägige Pädagogik ist besonders durch Piaget und später durch von Glasersfeld beeinflusst, der sich ausdrücklich auf Piaget beruft. Erkennen, verstehen – das ist für Piaget ein Akt des Konstruierens, d.h. des *aktiven* Erarbeitens. „Wissen ist kein übertragbares Gut und Kommunikation kein Beförderungsmittel“ (von Glasersfeld 1987, S. 291). Wissen kann nur *selbst* aufgebaut werden (ebd.). Die kognitive *Eigentätigkeit* ist entscheidend. „You can lead a horse to water, but you can’t make him drink“, sagt ein texanisches Sprichwort. Das ist eine Abkehr von allen behavioristischen und informationstheoretischen Konzepten. Bis zu 80% des Unterrichts ist noch immer Frontalunterricht. Der Irrtum ist zu glauben, Lehren sei Lernen. Die Hälfte des Frontalunterrichts, im Literaturunterricht eher noch mehr, ist lehrergelenktes Gespräch, d.h.: es soll *durch Worte gelehrt*, nicht *durch Tätigkeit gelernt* werden. Kinder werden wie „Behälter“ angesehen („Container“, sagt Freire), die „vom Lehrer ‘gefüllt’ werden müssen“ (Freire 1973, S. 57). Das Bild vom Nürnberger Trichter meint dasselbe. Aber was im Kopf des Zugeschütteten daraus wird, resultiert allein aus dessen Struktur. (Im Übrigen: wir behalten allenfalls 20% von dem, was wir hören, aber bis zu 90% von dem, was wir selber tun. – Das gilt auch für diesen Vortrag.)

[15] Giambattista Vico 1710. Müller 1996, S. 29f.

Die Konsequenzen daraus, die keine Erfindung der Konstruktivisten sind, lassen sich stichwortartig benennen:

a. Lernen wird pragmatisiert und erfolgt durch eigene Tätigkeit, d.h. situativ. 'Handlungsorientierung' („learning by doing") ist zu einer allgemein gängigen Bezeichnung geworden. Aktives, experimentelles, entdeckendes Lernen einerseits, Lernwerkstätten, Projekte usw. andererseits sind zu nennen. Das ist Ihnen bekannt, ich brauche dies daher nur anzudeuten.

b. Lernen wird auf Erfahrung und Erkenntnis ausgerichtet.

c. Lernen erfolgt kommunikativ: *miteinander* entdecken, erkennen, handeln, aushandeln. Es geht um Teilnahme an Gruppenprozessen, communities of practice (Lave/Wanger 1991).

d. Diese Punkte zielen methodisch auf das Arrangement von Lern- und Erfahrungssituationen. Wenn jeder Lern- und Erkenntnisprozess auf einer „aktiven Organisationsleistung" (Müller 1996, S. 71) des Lernenden beruht, dann können wir nur konstatieren: der traditionelle Literaturunterricht hat solche Organisationsleistungen zu wenig im Blick gehabt. Die verschiedenen Konzepte produktiven Literaturunterrichts dagegen tragen dem Rechnung. Was im traditionellen, gegenstandsorientierten Literaturunterricht systematisch gelernt wurde, hätte Whitehead weitgehend als „inert knowlegde", als träges Wissen bezeichnet.[16] Solches Wissen wird nicht aktiviert, wenn die kognitive Flexibilität, die zur Anwendung notwendig wäre, nicht mitgelernt wird. Diese Flexibilität aber gehört in den Lernprozess selbst mit hinein. Solche Überlegungen sprechen deutlich für einen produktionsorientierten Literaturunterricht.

2. Die pädagogischen Konsequenzen erscheinen recht plausibel und sind wahrscheinlich weit weniger strittig (wenn auch in der unterrichtlichen Praxis des Gymnasiums keineswegs selbstverständlich) als die Konsequenzen des Konstruktivismus für die Literaturwissenschaft, die auch für die Literaturdidaktik bedeutsam sind.

Die konstruktivistische Literaturwissenschaft[17] betont vor allem die strikte Subjektdependenz von Bedeutungen literarischer Texte. „Was Texte 'für sich' oder 'an sich' sind, ist eine sinnlose Frage"[18], weil wir das nicht zu erkennen vermögen. „Aufgrund der Eigenschaften seines Wahrnehmungssystems versteht jeder Mensch 'einen Text' notwendigerweise anders". „Verstehen" ist in konstruktivistischer Perspektive keine Annäherung mehr an einen vorgegebenen Textsinn, ist keine „wie auch immer geartete Bedeutungs-'Entnahme', sondern von Anfang an Bedeutungszuschreibung". (Scheffer 1992, S. 8, S. 234). Anders formu-

[16] A.N. Whitehead: The Aims of Education. New York 1929. Müller 1996, S. 77

[17] S.J. Schmidt 1980, 1984, Scheffer 1992, Flacke 1994, Rusch 2000

[18] S.J. Schmidt 1984, S. 312, ähnlich äußert sich von Glasersfeld.

liert: 'Bedeutung' ist keine Eigenschaft des Textes, sondern das Resultat kognitiver Operationen (S. J. Schmidt 1984, S. 297), eine kontextuelle Relation. Für die Konstruktivisten ist jeder Rezipie eines literarischen Textes in seiner Kommunikat-Konstruktion "vollständig autonom" (Rusch 2000, S. 393). *Novalis sagt es einfacher: ein Leser „macht eigentlich aus einem Buche, was er will."* Das bedeutet, dass in der Beschäftigung mit Literatur die Wirklichkeitskonstruktionen der Beobachter zum Vorschein kommen, nicht die Eigenschaften der Literatur. So sieht es unter den Konstruktivisten nicht nur Scheffer. Dennoch: hinter diesem Ansatz steht in der Literaturwissenschaft keineswegs die Mehrheit. Aus meiner Erfahrung im Umgang mit Literatur in der kulturellen Erwachsenenbildung und aus dem Deutschunterricht allerdings weiß ich, dass ein solcher Verstehensbegriff durchaus realistisch ist – nicht nur in der Laienrezeption. Für die Laienrezeption lässt sich Scheffers Position weitgehend bestätigen: Wer liest, liest sich selber (ich sage das mit Marcel Proust ein wenig vereinfacht)[19], und wer über einen literarischen Text redet, redet immer auch über sich selbst. Für Scheffer ist es ein ausreichendes Textverständnis, wenn der Text im Leser „eine kognitive und emotionale Eigendynamik in Gang" bringt (Scheffer 1992, S. 28). Der Text ist nurmehr Impuls, Orientierungsanlass (wobei allerdings die strukturelle bzw. ästhetische Gestalt des Textes, die ja für die Impulsfunktion bedeutsam ist, bei Scheffer nicht diskutiert wird, Wangerin 1997, S. 63).

Von diesem Punkt abgesehen, lässt sich produktiver Literaturunterricht nun in der Tat konstruktivistisch begründen: Über die produktive Tätigkeit der Schülerinnen und Schüler rückt er *deren Kommunikatkonstruktionen in den Mittelpunkt des Unterrichts.* In diesem Zusammenhang ist noch ein weiterer Aspekt von eminenter Bedeutung: Die traditionelle Vorstellung nämlich, dass die Werkinterpretation, eines der Zentralthemen nicht nur des Literaturunterrichts, die „richtige" Bedeutung eines Textes ermitteln könne – die halten Schmidt und von Glasersfeld und alle anderen Konstruktivisten schlichtweg für „unsinnig" (Schmidt 2000, S. 68). Für sie ist die Literaturwissenschaft kein Anwalt der 'richtigen' Textbedeutung mehr. Die Folgen für den Literaturunterricht sind gravierend: An die Stelle einer vom Lehrer verordneten Verstehensweise tritt das *kommunikative Entdecken und Aushandeln* von Bedeutungen.

---

[19] Schriftsteller haben sich oft in diese Richtung geäußert. Neben Proust (in: Die wiedergefundene Zeit. Auf der Suche nach der verlorenen Zeit. Siebter Teil. Frankfurt a.M. 1967, S. 4006) zitiere ich Erich Fried als Beispiel:
„In vielen Büchern
habe ich
mich gelesen
und nichts als mich."

6 Lässt sich produktiver Literaturunterricht auch darüber hinaus konstruktivistisch begründen?

Ich möchte einige Aspekte noch einmal ins Licht rücken. Konstruktivistische Literaturtheorie legitimiert den dynamischen, nicht-substantialistischen Textbegriff des produktiven Literaturunterrichts. Der produktive Literaturunterricht blickt auf die Texte, *wie sie von den Rezipienten wahrgenommen werden*, und das heißt in der Schule: *wie sie von den Kindern und Jugendlichen wahrgenommen werden.* Dahinter steht ein in der Tat paradigmatischer Blickwechsel: von 'der' Literatur auf die Schülerinnen und Schüler, die Literatur lesen.

Konstruktivismus nimmt konsequent die Perspektive des Beobachters ein, nicht die des Objektes. In bezug auf die Leserperspektive ist der Konstruktivismus radikaler als beispielsweise die Rezeptionsästhetik, manch einer mag daher die Auflösung der Texte in Beliebigkeit befürchten. Diese Gefahr besteht in der Praxis des Unterrichts durchaus, aber nicht zwangsläufig. Wenn konstruktivistische Literaturtheorien Texten eine objektive Bedeutung absprechen, heißt dies nicht, wie oft unterstellt wird, dass im Unterricht über Bedeutungen nicht mehr zu reden wäre. Es ist vielmehr besonders gut über Bedeutungen zu reden. Nur sind es eben nicht dem Text eingeschriebene, sondern ihm in den verschiedenen Leseprozessen zugeschriebene Bedeutungen, die der Auseinandersetzung zugrunde liegen. Eine solche Auseinandersetzung ist freilich viel offener als das traditionell lehrergelenkte, ergebnisorientierte Unterrichtsgespräch (auch methodisch weit anspruchsvoller). Lämmert, der Germanist, sprach schon vor 25 Jahren von „Auslegungsspielen" im Unterricht (Lämmert 1978). Das setzt stillschweigend voraus, dass Unterricht nicht länger ausgeht „von einer vorher bekannten, im Unterricht gleichsam einzuholenden Text-Bedeutung" (Abraham 1998, S. 263).

Im traditionellen Literaturunterricht verständigt man sich üblicherweise allerdings gerade nicht über die eigenen Wahrnehmungen und Imaginationen. Alle persönlichen Anteile, und das sind im Leseprozess, im Konstruktionsprozess die wichtigsten, bleiben im Allgemeinen incognito und damit incommunicando (um eine Formulierung Susanne Langers aufzugreifen, Langer 1984, S. 92). Damit aber wird genau das verschenkt, was Literatur ausmacht und was sie für ihre Leserinnen und Leser spannend macht – und ebenso das, was den Literaturunterricht ausmachen kann: „Lesen, Sprechen, Schreiben und Spielen in Gesellschaft"[20].

Produktiver Literaturunterricht kann in besonderem Maße darauf abzielen, die individuellen Bedeutungszuschreibungen dingfest zu machen durch die produktiv-gestaltende Tätigkeit der Schülerinnen und Schüler. Das Ergebnis (ein Bild,

[20] Abraham 1998, S. 262. Abraham nennt das entsprechende (lesenswerte) Unterkapitel seines Buches: „Interpretieren als (Aus-) Handeln, oder: Literaturunterricht ist Lesen, Sprechen, Schreiben und Spielen in Gesellschaft".

ein Text, ein Standbild usw.) wird den anderen vorgelesen bzw. vorgezeigt. Es wird damit zur Grundlage der Weiterarbeit, d. h. zur Grundlage sowohl der „Auslegungsspiele“ im Gespräch als auch möglicher weiterführender analytischer Schritte, die ja nach wie vor ein Bestandteil des Unterrichts bleiben. Es wäre ein Missverständnis zu glauben, ein konstruktivistisch orientierter Literaturunterricht müsste genaues Lesenlernen außer Kraft setzen und Verstehen unter historischer Perspektive ausschließen. Wissen über den Autor, den Kontext usw. ist nützlich und oft notwendig, zum einen weil Kommunikat-Konstruktionen auf Kenntnissen beruhen, zum anderen, weil Schülerinnen und Schüler lernen müssen, die eigenen Verstehensweisen zu reflektieren. Die Sichtweisen all der anderen in der Klasse, die jeder Schüler erfährt, erweitern dabei die eigene Wahrnehmungsfähigkeit. Das schlichte Beispiel, ein Kippbild anzumalen, hat gezeigt, dass die produktive Tätigkeit nicht zu größerer Beliebigkeit führt, sondern dass sie gerade auch ein Herauskommen aus der subjektiven Begrenztheit der eigenen Wahrnehmung ermöglicht. Genau das ist ja die Chance des Literaturunterrichts gegenüber der einsamen Privatlektüre. Allerdings verlangt dies Offenheit und Sensibilität gegenüber den Wahrnehmungen der Kinder und Jugendlichen. Um sie aber geht es in der Schule, ihre Wahrnehmungsprozesse müssen wir ernst nehmen und gemeinsam reflektieren. Unterricht wird damit zu einem Experimentier- und Erfahrungsfeld.

Dass moderner Literaturunterricht zugleich die Wahrnehmungs- und Vorstellungsfähigkeit schulen will, scheint mir darüber hinaus wichtig. Vorstellungsbildung ist eine konstruktive Leistung und muss gelernt werden. Der traditionelle Literaturunterricht hat darauf nicht geachtet. Die produktive Tätigkeit muss sich als Medium der Vorstellungsbildung verstehen. Abraham spricht von einer „Didaktik der aktiven Vorstellungsbildung“ (Abraham 1999, S. 11).

Ich möchte zum Schluss etwas einschränken: Manches von dem, was ich über produktiven Literaturunterricht gesagt habe, lässt sich auch legitimieren, ohne dass man konstruktivistisch argumentiert. Was wir jedoch aus dem konstruktivistischen Modell über den Begründungszusammenhang hinaus lernen können, ist: als Lehrerin oder Lehrer die Wahrnehmungen, Fragen, Entdeckungen, Verstehensweisen der Schülerinnen und Schüler ernst zu nehmen und nicht vorschnell mit unseren fachlich kompetenten Antworten auszubremsen; genau zuzuhören, geduldig zu sein, zu ermutigen, anzuregen und im Gespräch den kommunikativen Austausch suchen.

Das konstruktivistische Modell sagt über bestimmte Bereiche produktiven Literaturunterrichts gar nichts aus. Deshalb habe ich andere wichtige Aspekte nicht angesprochen – z. B. die Bedeutung der gestaltenden Aufgabe, also der eigentlichen produktiven Tätigkeit, oder die Bedeutung des Gesprächs und der weiterführenden Reflexion. Hier wären vor allem die symboltheoretischen Ansätze von Langer und Lorenzer zu befragen.[21] Aber das ist ein anderes Thema – ebenso wie die Frage, wie man einen produktiven Literaturunterricht eigentlich kompetent durchführt.[22]

Watzlawick, der Konstruktivist, erinnert sich und uns an die Stelle in *Alice im Wunderland*,

> an der der König das Gedicht des Kaninchens liest. Der König findet dieses Gedicht vollkommen unsinnig und sagt dann mit Erleichterung: Wenn es keinen Sinn enthält, das erspart uns eine Menge Arbeit, dann brauchen wir nämlich auch keinen zu suchen … (Watzlawick/Kreutzer 1995, S. 35)

Wäre der König konstruktivistisch geschult oder wäre er von Beruf Literaturdidaktiker, dann hätte er vielleicht anders geantwortet: Wenn das Gedicht keinen Sinn enthält, so irritiert uns das nicht. Im Gegenteil. Wir sind frei, ihm einen Sinn zuzuschreiben und uns darüber im Gespräch auszutauschen. Und wenn wir lange genug diskutiert, nachgefragt, nachgedacht haben, werden wir das Gedicht, mit all den Vorstellungen im Kopf, die zuvor geäußert wurden, gemeinsam noch einmal ganz genau lesen. Ich bin sicher, jeder lernt dabei eine ganze Menge über Literatur und findet zugleich in dem Gedicht des Kaninchens seinen Sinn, und genau darauf kommt es an.

Literatur

Abraham, Ulf: Übergänge. Literatur, Sozialisation und literarisches Lernen. Wiesbaden: Westdeutscher Verlag 1998.

Abraham, Ulf: Vorstellungsbildung und Literaturunterricht. In: Neue Wege im Literaturunterricht. Hg. v. Kaspar H. Spinner. Hannover: Schroedel 1999, S. 10–20.

Abraham, Ulf: Vorstellungsbildung im Deutschunterricht. In: Praxis Deutsch Nr. 154/ 1999, S. 14–22.

Anderson, John Robert: Kognitive Psychologie – Eine Einführung. Heidelberg: Spektrum der Wissenschaft [3]2001.

Arnheim, Rudolf: Kunst und Sehen. Eine Psychologie des schöpferischen Auges. Berlin: de Gruyter 1965 (zuerst: Art and Visual Perception – A Psychology of the Creative Eye. 1954).

Arnheim, Rudolf: Zur Psychologie der Kunst. Köln: Kiepenheuer & Witsch 1977.

[21] Langer 1984, Lorenzer 1991, ausführlich Wangerin 2004

[22] Dieser Frage widmet sich die gymnasiale Lehramtsausbildung im Fach Deutsch an der Universität Göttingen in besonderer Weise. Das Seminar für Deutsche Philologie bietet spezifische Praxisseminare an, die auf einer Theorie-Praxis-Integration basieren. Die Lehrenden der Deutschdidaktik werden dabei unterstützt von den Lehrbeauftragten Ingo Scheller und Günther Lange. In Göttingen bietet auch das Zentrum für Deutschlehrerinnen und Deutschlehrer seit mehr als 20 Jahren Fortbildungsveranstaltungen an, die einen vielfältigen produktiven Deutschunterricht zum Ziel haben.

Arnheim, Rudolf: Gestaltpsychologie und künstlerische Form. In: Dieter Henrich/Wolfgang Iser (Hg.): Theorien der Kunst. Frankfurt a.M.: Suhrkamp 1982, S. 132–147 (zuerst: Gestalt Psychology and Artistic Form, 1951).

Arnheim, Rudolf: Anschauliches Denken. Zur Einheit von Bild und Begriff. Köln: DuMont Schauberg 1972.

Baacke, Dieter: Adoleszenz: Weltkonstruktion durch Lesen? In: Wangerin 1983, S. 1–13.

Bark, Joachim/Jürgen Förster (Hg.): Schlüsseltexte zur neuen Lesepraxis. Poststrukturalistische Literaturtheorie und -didaktik. Stuttgart: Klett 2000

Christmann, Ursula/Norbert Groeben: Psychologie des Lesens. In: Bodo Franzmann u. a. (Hg.): Handbuch Lesen. München: Saur 1999, S. 145–223.

Christmann, Ursula/Margrit Schreier: Kognitionspsychologie der Textverarbeitung und Konsequenzen für die Bedeutungskonstitution literarischer Texte. In: Fotis Jannidis, Gerhard Lauer, Matias Martinez, Simone Winko (Hg.): Regeln der Bedeutung. Zur Theorie der Bedeutung literarischer Texte. Berlin, New York: de Gruyter 2003, S. 246–285.

Dewey, John: Kunst als Erfahrung. Frankfurt a.M.: Suhrkamp 1988 (zuerst: Art as Experience, 1934).

Eco, Umberto: Lector in Fabula. Die Mitarbeit der Interpretation in erzählenden Texten. München: Deutscher Taschenbuch-Verlag 1990.

Enzensberger, Hans Magnus: Ein bescheidener Vorschlag zum Schutze der Jugend vor den Erzeugnissen der Poesie. In: Ders.: Mittelmaß und Wahn. Gesammelte Zerstreuungen. Frankfurt a.M.: Suhrkamp 1988, S. 23–41.

Escher, M.C.: Graphik und Zeichnungen. Eingeleitet und erläutert von M.C. Escher. Köln: Benedikt Taschen 1993.

Falschlehner, Gerhard: Vom Abenteuer des Lesens. Salzburg: Residenz-Verlag 1997.

Fauser, Peter/Klaus J. Fintelmann/Andreas Flitner (Hg.): Lernen mit Kopf, Herz und Hand. Weinheim: Beltz 1983.

Fauser, Peter/Eva Madelung (Hg.): Vorstellungen bilden. Beiträge zum imaginativen Lernen. Seelze: Friedrich 1996.

Fish, Stanley: Literatur im Leser: Affektive Stilistik. In: Warning 1975, S. 186–227 (zuerst: Literature in the Reader: Affective Stylistics, 1970).

Flacke, Michael: Verstehen als Konstruktion. Literaturwissenschaft und Radikaler Konstruktivismus. Opladen: Westdeutscher Verlag 1994.

Foerster, Heinz von: Sicht und Einsicht. Versuche zu einer operativen Erkenntnistheorie. Braunschweig: Vieweg 1985.

Freire, Paolo: Pädagogik der Unterdrückten. Stuttgart [u. a.]: Kreuz-Verlag 1973.

Fricke, Harald/Rüdiger Zymner: Einübung in die Literaturwissenschaft. Parodieren geht über Studieren. Paderborn: Schöningh 1991.

Gage, Nathaniel/David C. Berliner: Pädagogische Psychologie. 5. Aufl. Weinheim: Beltz, Psychologie Verlags-Union 1996.

Gerstenmaier, Jochen (Hg.): Einführung in die Kognitionspsychologie. München: Reinhardt 1995

Gidion, Jürgen/Horst Rumpf/Friedrich Schweitzer (Hg.): Gestalten der Sprache. Deutschunterricht und praktisches Lernen. Weinheim: Beltz 1987.

Glasersfeld, Ernst von: Wissen, Sprache und Wirklichkeit: Arbeiten zum radikalen Konstruktivismus. Braunschweig: Vieweg 1987.

Glasersfeld, Ernst von: Radikaler Konstruktivismus. Ideen, Ergebnisse, Probleme. Frankfurt a.M.: Suhrkamp [2]1998.

Glasersfeld, Ernst von: Konstruktivistische Anregung für Lehrer: Was im Bezug auf Sprache zu bedenken wäre. In: Renk 1999, S. 5–18.

Glasersfeld, Ernst von: Abschied von der Objektivität. In: Watzlawick/Krieg 1991, S. 17–30.

Gumin, Heinz/Heinrich Meier (Hg.): Einführung in den Konstruktivismus. München: Piper [5]2000.

Haas, Gerhard: Handlungs- und produktionsorientierter Literaturunterricht. Seelze: Kallmeyer 1997.

Haas, Gerhard/Wolfgang Menzel/Kaspar H. Spinner: Handlungs- und produktionsorientierter Literaturunterricht. In: Praxis Deutsch 123, 1994, S. 17–25.

Heckt, Dietlinde H./Karl Neumann (Hg.): Deutschunterricht von A bis Z. Braunschweig: Westermann 2001.

Hegel, Georg Wilhelm Friedrich: Vorlesungen über die Ästhetik. I–III. Frankfurt a.M.: Suhrkamp 1970 (Theorie Werkausgabe Bd. 13–15).

Helmers, Hermann: Didaktik der deutschen Sprache. Stuttgart: Klett 1966 u.ö.

Hejl, Peter M./Wolfram K. Köck/Gerhard Roth: Wahrnehmung und Kommunikation. Frankfurt a.M.: Lang 1978.

Ingarden, Roman: Vom Erkennen des literarischen Kunstwerks. Tübingen: Niemeyer 1968 (Zuerst 1931).

Iser, Wolfgang: Die Appellstruktur der Texte – Unbestimmtheit als Wirkungsbedingung literarischer Prosa. Konstanz: Universitätsverlag 1970. Auch in Warning 1975, S. 228–252

Iser, Wolfgang: Der Akt des Lesens. Theorie ästhetischer Wirkung. München: Fink 1976.

Jäker, Alexandra: Sprachliche Kommunikation im konstruktivistischen Modell. Unveröffentlichte Staatsexamensarbeit. Göttingen 2000.

Jannidis, Fotis/Gerhard Lauer/Matias Martinez/Simone Winko (Hg.): Rückkehr des Autors. Zur Erneuerung eines umstrittenen Begriffs. Tübingen: Niemeyer 1999.

Dies. (Hg): Texte zur Theorie der Autorschaft. Stuttgart: Reclam 2000.

Jauß, Hans Robert: Ästhetische Erfahrung und literarische Hermeneutik. Frankfurt a.M.: Suhrkamp 1982.

Jauß, Hans Robert: Literaturgeschichte als Provokation der Literaturwissenschaft. Konstanz: Universitätsverlag 1967.

Kemp, Wolfgang (Hg.): Der Betrachter ist im Bild. Kunstwissenschaft und Rezeptionsästhetik. Köln: DuMont 1985.

Lämmert, Eberhard: Literatur im Unterricht. In: Hartmut Eggert/Michael Rutschky (Hg.): Literarisches Rollenspiel in der Schule. Heidelberg: Quelle & Meyer 1978, S. 11–24.

Lange, Günther: Lust am Projekt. Chancen kulturellen Lernens im Deutschunterricht. Baltmannsweiler: Schneider-Verlag Hohengehren 1999.

Langer, Susanne K.: Philosophie auf neuem Wege. Das Symbol im Denken, im Ritus und in der Kunst. Frankfurt a.M.: Fischer-Taschenbuch-Verlag 1984 (Zuerst: Philosophy in a New Key. 1942).

Lave, Jean/Etienne Wenger: Situated Learning. Cambridge: Cambridge Univ. Press 1991.

Lichtenberg, Georg Christoph: Schriften und Briefe. Zweiter Band. Sudelbücher II. Materialhefte, Tagebücher. München: Hanser 1971.

Lorenzer, Alfred: Der Symbolbegriff und seine Problematik in der Psychoanalyse. In: Jürgen Oelkers/Klaus Wegenast (Hg.): Das Symbol – Brücke des Verstehens. Stuttgart: Kohlhammer 1991, S. 21–29.

Mann, Christine/Erhart Schröter/Wolfgang Wangerin: Selbsterfahrung durch Kunst. Methodik für die kreative Gruppenarbeit mit Literatur, Malerei und Musik. Weinheim; Basel: Beltz 1995.

Maturana, Humberto R./Francisco Varela: Der Baum der Erkenntnis: Die biologischen Wurzeln des menschlichen Erkennens. Bern u. a.: Scherz [2]1987.

Maturana, Humberto R.: Erkennen. Die Organisation und Verkörperung von Wirklichkeit. Ausgewählte Arbeiten zur biologischen Epistemologie. Braunschweig: Vieweg 1982.

Mollenhauer, Klaus unter Mitarbeit von Cornelie Dietrich, Hans Rüdiger Müller und Michael Parmentier: Grundfragen ästhetischer Bildung. Theoretische und empirische Befunde zur ästhetischen Erfahrung von Kindern. Weinheim und München: Juventa-Verlag 1996

Müller, Klaus: Konstruktivismus. Lehren – Lernen – Ästhetische Prozesse. Neuwied: Luchterhand 1996.

Müller-Dyes, Klaus: Das private Lesen und die Textinterpretation in der Schule. Produktiver Umgang mit Literatur aus der Sicht der Literaturwissenschaft. In: Leseförderung – Leseforschung. Hg. v. Niedersächsischen Kultusministerium. Hannover 1992, S. 83–90.

Nolting, Hans Peter/Peter Paulus: Psychologie lernen. Weinheim: Beltz, Psychologie-Verlags-Union [6]1996.

Novalis: Teplitzer Fragmente. In: Novalis Schriften, Band 2. Das philosophische Werk. Hg. von Richard Samuel in Zusammenarbeit mit Hans-Joachim Mähl und Gerhard Schulz. Darmstadt: Wissenschaftliche Buchgesellschaft 1981.

Nündel, Ernst/Werner Schlotthaus: Angenommen: Agamemnon. Wie Lehrer mit Texten umgehen. München: Urban & Schwarzenberg 1978.

Petzold, Hilarion/Ilse Orth (Hg.): Poesie und Therapie. Über die Heilkraft der Sprache. Poesietherapie, Bibliotherapie, Literarische Werkstätten. Paderborn: Aisthesis 1985.

Piaget, Jean: Biologie und Erkenntnis. Über die Beziehung zwischen organischen Regulationen und kognitiven Prozessen. Frankfurt a.M.: Fischer 1974.

Renk, Herta-Elisabeth (Hg.): Lernen und leben aus der Welt im Kopf. Konstruktivismus in der Schule. Neuwied: Luchterhand 1999.

Roth, Gerhard: Das Gehirn und seine Wirklichkeit. Kognitive Neurobiologie und ihre philosophischen Konsequenzen. Frankfurt a. M.: Suhrkamp [3]1999.

Rumpf, Horst: Die übergangene Sinnlichkeit. Drei Kapitel über die Schule. München: Juventa-Verlag 1981.

Rusch, Gebhard: Konstruktivistische Theorien des Verstehens. In: Gebhard Rusch (Hg.): Wissen und Wirklichkeit. Beiträge zum Konstruktivismus. Eine Hommage an Ernst von Glasersfeld. Heidelberg: Carl-Auer-Systeme, Verl. und Verl.-Buchh. 1999, S. 127–160.

Rusch, Gebhard: Autopoiesis, Literatur, Wissenschaft. Was die Kognitionstheorie für die Literaturwissenschaft besagt. In: Schmidt 2000, S. 374–400.

Rusch, Gebhard/Siegfried J. Schmidt (Hg.): Piaget und der radikale Konstruktivismus. Frankfurt a.M.: Suhrkamp 1994.

Schabert, Ina: Creative Reading. Vom Erkenntniswert des kreativen Lesens. In: Frank Griesheim/Alois Prinz (Hg.): Wozu Literaturwissenschaft? Kritik und Perspektiven. Tübingen: Francke 1991, S. 233–259.

Scheffer, Bernd: Interpretation und Lebensroman. Zu einer konstruktivistischen Literaturtheorie. Frankfurt a.M.: Suhrkamp 1992.

Scheffer, Bernd: Klischees und Routinen der Interpretation. Vorschläge für eine veränderte Literaturdidaktik. In: Der Deutschunterricht: Friedrich-Verlag 1995, H. 3, S. 74–83.

Scheffer, Bernd: Interpretation und Blamage: 'Vor dem Gesetz' – Präambeln aus konstruktivistischer Sicht. In: Klaus-Michael Bogdal (Hg.): Neue Literaturtheorien in der Praxis. Opladen: Westdeutscher Verlag 1993, S. 140–158.

Scheller, Ingo: Erfahrungsbezogener Unterricht. Praxis, Planung, Theorie. Frankfurt a.M.: Scriptor [2]1987.

Scheller, Ingo: Szenisches Spiel. Handbuch für die pädagogische Praxis. Berlin: Cornelsen Scriptor 1998.

Scheller, Ingo: Szenische Interpretation. Theorie und Praxis eines handlungs- und erfahrungsbezogenen Literaturunterrichts in Sekundarstufe I und II. Seelze-Velber. Kallmeyer 2004.

Schmidt, Siegfried J.: Grundriß der Empirischen Literaturwissenschaft. Braunschweig: Vieweg 1980.

Schmidt, Siegfried J.: Empirische Literaturwissenschaft in der Kritik. In: SPIEL (Siegener Periodicum zur internationalen empirischen Literaturwissenschaft) 3, Peter Lang Verlagsgruppe 1984, Heft 2, S. 291–332.

Schmidt, Siegfried J.: Der Kopf, die Welt, die Kunst. Konstruktivismus als Theorie und Praxis. Wien: Böhlau 1992.

Schmidt, Siegfried J. (Hg.): Der Diskurs des Radikalen Konstruktivismus. Frankfurt a.M.: Suhrkamp [8]2000.

Schuster, Karl: Einführung in die Fachdidaktik Deutsch. Baltmannsweiler: Schneider-Verlag Hohengehren [7]1998.

Spinner, Kaspar H.: Von der Notwendigkeit produktiver Verfahren im Literaturunterricht. Vortrag am 2. Göttinger Deutschlehrerinnen- und Deutschlehrertag 13.2.1993. In: Diskussion Deutsch, H. 134: Verlag Moritz Diesterweg 1993/94, S. 491–496.

Spinner, Kaspar H. (Hg.): Imaginative und emotionale Lernprozesse im Deutschunterricht. Frankfurt a.M.: Lang 1995.

Spinner, Kaspar H.: Neue und alte Bilder von Lernenden – Deutschdidaktik im Zeichen der kognitiven Wende. In: Harro Müller-Michaels/Gerhard Rupp (Hg.): Jahrbuch der Deutschdidaktik 1994. Tübingen: Narr 1995, S. 126–144.

Spinner, Kaspar H.: Die eigenen Lernwege unterstützen. Die sog. kognitive Wende in der Deutschdidaktik. In: Kaspar H. Spinner (Hg.): Neue Wege im Literaturunterricht. Hannover: Schroedel 1999, S. 33–41.

Spinner, Kaspar H.: Kreativer Deutschunterricht. Identität – Imagination – Kognition. Seelze: Kallmeyer 2001.

Spitzer, Manfred: Lernen. Gehirnforschung und die Schule des Lebens. Heidelberg: Spektrum, Akademischer Verlag 2002.

Spree, Axel: Kritik der Interpretation. Analytische Untersuchungen zu interpretationskritischen Literaturtheorien. Paderborn: Schöningh 1995.

Waldmann, Günter: Produktiver Umgang mit Literatur im Unterricht. Grundriß einer produktiven Hermeneutik. Baltmannsweiler: Schneider-Verlag Hohengehren 1998.

Waldmann, Günter: Produktiver Umgang mit Lyrik. Baltmannsweiler: Schneider-Verlag Hohengehren 2006.

Wangerin, Wolfgang (Hg.): Jugend, Literatur und Identität. Braunschweig: Westermann 1983.

Wangerin, Wolfgang: Sich in den Künsten selbst erfahren. Kreative Rezeption als Gruppenprozeß. Weinheim: Deutscher Studien-Verlag 1997.

Wangerin, Wolfgang: Romane im Unterricht. In: Günter Lange/Karl Neumann/Werner Ziesenis (Hg.): Taschenbuch des Deutschunterrichts. Band 2. Jubiläumsausgabe. Baltmannsweiler: Schneider-Verlag Hohengehren 6. Aufl. 1998, S. 600–620.

Wangerin, Wolfgang: Konstruktivismus. In: Heckt/Neumann 2001, S. 159–162.

Wangerin, Wolfgang: Rezeptionsästhetik und -didaktik. In: Heckt/Neumann 2001, S. 292–297.

Wangerin, Wolfgang: „Die Grenzen der Sprache sind enger als die Grenzen der Erfahrung". Was Susanne K. Langers und Alfred Lorenzers Symboltheorie für eine kreative Mediendidaktik bedeuten kann. In: Volker Frederking (Hg.): Lesen und Symbolverstehen. Jahrbuch Medien im Deutschunterricht 2003. München: KoPäd. 2004, S. 128–139.

Wangerin, Wolfgang (Hg.): Musik und Bildende Kunst im Deutschunterricht. Baltmannsweiler: Schneider-Verlag Hohengehren 2006.

Wangerin, Wolfgang: Siehe auch unter Mann, Christine.

Warning, Rainer (Hg.): Rezeptionsästhetik. Theorie und Praxis. München: Fink 1975.

Watzlawick, Paul/Peter Krieg (Hg.): Das Auge des Betrachters. Beiträge zum Konstruktivismus. Festschrift für Heinz von Foerster. München; Zürich: Piper 1991.

Watzlawick, Paul: Wie wirklich ist die Wirklichkeit? Wahn – Täuschung – Verstehen. München: Piper [25]1999.

Watzlawick, Paul (Hg.): Die erfundene Wirklichkeit. Wie wissen wir, was wir zu wissen glauben? München: Piper 12. Aufl. 2000.

Watzlawick, Paul/Janet H. Beavin/Don D. Jackson: Menschliche Kommunikation. Bern: Huber 1969 u.ö.

Watzlawick, Paul/Franz Kreutzer: Die Unsicherheit unserer Wirklichkeit. Ein Gespräch über den Konstruktivismus. München: Piper [5]1995.

Wilkening, Friedrich: Zur Rolle des Wissens in der Wahrnehmung. In: Heinz Mandl/Hans Spada (Hg.): Wissenspsychologie. München: Psychologie-Verlags-Union 1988, S. 203–224.

Willenberg, Heiner: Lesen und Lernen. Eine Einführung in die Neurophysiologie des Textverstehens. Berlin: Spektrum Akademischer Verlag 1999.

Zabka, Thomas: Subjektive und objektive Bedeutung. Vorschläge zur Vermeidung eines konstruktivistischen Irrtums in der Literaturdidaktik. In: Didaktik Deutsch 7, Schneider-Verlag Hohengehren 1999, S. 4–23.

WOLFGANG HALLET

Hypertext und Literatur

Didaktische Implikationen der Literatur- und Texttheorie

1 Literatur und Kultur im Unterricht

1.1 Literarischer Text und kultureller Kontext

Innerhalb wie außerhalb unterrichtlicher Kontexte impliziert das Lesen eines literarischen Textes, wie lang oder kurz er auch sein mag, oft oder fast immer seine Isolation. Sobald wir Literatur unterrichten, entscheiden wir uns, den Schwerpunkt auf ein bestimmtes Kunstwerk zu legen und auf die Eigenschaften, die es einzigartig machen und von allen anderen Kunstwerken unterscheiden. Wir haben beschlossen, diesen einen, besonderen literarischen Text zum Gegenstand der Interpretation, des genauen Studiums, der kritischen Analyse oder der Diskussion zu machen, vielleicht auch zum Objekt unserer Wertschätzung. Im Wesentlichen beziehen wir uns bei diesen bedeutungsgenerierenden oder -konstruierenden Tätigkeiten (vermeintlich) auf das Signifikationsangebot, das der Text selbst uns zu machen hat, d. h. auf die Menge seiner Zeichen und der Relationen, die diese untereinander aufweisen, sowie auf die Art und Weise, wie sie innerhalb dieses Textes organisiert, strukturiert oder sequenziert sind. Es handelt sich um ein texthermeneutisches Verfahren, dem wir in einer eher methodisch orientierten Terminologie Namen wie *close reading* oder 'Textanalyse' gegeben haben.

Natürlich liegen einer solchen Vorgehensweise ästhetische und literaturwissenschaftliche Theorien zugrunde. Wolfgang Kaysers Proklamation einer streng von anderen Domänen zu scheidenden Sphäre des literarischen Kunstwerks, der *New Criticism* und weitere strukturalistisch geprägte Ansätze haben unser Verständnis vom Lesen und Verstehen literarischer Texte, ja vom literarischen Lesen überhaupt über Jahrzehnte hinweg geprägt. Sie bestimmen nach wie vor die Unterrichtspraxis, die Lehrbücher und Lehrerhandbücher, die Lehrerausbildung oder die Abitur-Standards. Denn diese literaturtheoretischen und ästhetischen Ansätze finden sich überall in den Aufgabenstellungen zur Textanalyse oder zur 'freien' Interpretation im Literatur- und Textunterricht wieder. Sie fokussieren den literarischen Text – und nichts als den literarischen Text – und klammern, zumindest zu einem großen Teil, die kulturelle Dimension eines Textes weitgehend aus. Dies wiegt im Falle des fremdsprachlichen Literaturunterrichts besonders schwer, da dem Text im deutschen Klassenzimmer ein 'natürliches' kulturelles Umfeld fehlt. Die Leser/innen eines literarischen Textes sind nicht innerhalb der

Kultur, der der Text entstammt, sozialisiert worden und haben daher keine enge Verbindung und keinen direkten Zugang zu ihr. Vergleichbares kann aber auch im Deutschunterricht der Fall sein, wo Schüler/innen, die nicht oder nur zum Teil in der deutschen Sprache sozialisiert wurden, Texte in deutscher Sprache lesen. Im Literaturunterricht können wir uns also nur in seltenen Fällen auf ausreichende kulturelle Kenntnisse verlassen, die das problemlose Verstehen von Normen, Verhaltensweisen, Anspielungen, intertextuellen Bezügen oder Konnotationen in einem literarischen Text ermöglichen. Besonders schwierig ist dies – was auch im Deutschunterricht oft unterschätzt wird – bei historischen oder historiographischen Texten, weil sie nicht nur eine kulturelle Aufladung durch ihren Produktionskontext aufweisen, sondern auch über Jahrhunderte oder Jahrzehnte hinweg gewachsene Bedeutungsschichten, die sich durch Lesarten und Rezeptionsweisen herausgebildet haben. Historiographische Texte der Gegenwart müssen zudem im Kontext heutiger, aktueller Diskurse gelesen werden, da sie oft bewusste Beiträge oder Kommentare zu Arten des Schreibens und Lesens von Geschichte(n) leisten wollen – ein weiterer Kontext, der dem *pre-critical reader*, dem vorwissenschaftlichen Leser, nicht ohne Weiteres zugänglich ist.

Es gibt zwei Gründe für die oben beschriebene Interpretationspraxis. Der eine ist didaktischer Natur und aus einer Tradition der Unterrichtspraxis erwachsen, die das Ergebnis theoretischer Konzepte und Modelle des geschlossenen Textes und des alleinstehenden literarischen Werkes ist. Solche Textkonzepte wurden aus der Literaturwissenschaft relativ unreflektiert für den Literatur- und Textunterricht übernommen und haben zu den bekannten, oben dargestellten Arten der Textarbeit im Unterricht geführt. Der andere Grund ist struktureller Natur, da es im Literatur- und Textunterricht keinen von Natur aus einfachen Weg gibt, die kulturelle Dimension eines Textes im Klassenzimmer zugänglich zu machen. Diese kann dort, der Natur des didaktischen Kontextes entsprechend, bestenfalls auf eine sehr reduzierte Art und Weise repräsentiert werden.

In Abschnitt 1.2 soll aufgrund dieser Beobachtungen zunächst ein genauerer Blick auf die sehr reduktive Art des Umgangs mit Kultur im Unterricht geworfen werden, wie er wohl typisch ist für Lesetexte in Lesebüchern für den Deutschunterricht oder in Lehrwerken für den Französisch- und Englischunterricht – eine reduktionistische didaktische Kontextualisierungsmethode, die man als ‘Annotations-Kultur’ bezeichnen könnte. Anschließend werde ich das Konzept von ‘Kultur als Text’ und die Möglichkeit seiner Anwendung im Literaturunterricht erläutern (Teil 2). In Teil 3 werden diese Überlegungen in einen Zusammenhang mit Hypertexttheorien gebracht, um dann zur didaktisch-methodischen Metapher des *textual network* zu gelangen. Im vierten Teil wird am Beispiel eines literarischen Textes – einem kleinen Ausschnitt aus Toni Morrisons *Jazz* – gezeigt, wie durch den Aufbau eines hypertextuellen Netzwerkes ‘Kultur’ im Unterricht zugänglich gemacht werden kann. Der Beitrag schließt mit einer methodischen

Verallgemeinerung (Teil 5), in der ich für den Literaturunterricht eine Kombination von *close reading* und *wide reading* vorschlage.[1]

1.2 Die 'Annotations-Kultur'

Obwohl das Verstehen anderer Kulturen heute ein wichtiger pädagogischer Leitgedanke, ja ein regelrechtes bildungstheoretisches Leitkonzept ist (vgl. Hallet 2006e, S. 145 ff.) und ein wichtiger Teil des Lernens darin besteht, einen Zugang zu anderen Kultur(en) zu finden, wird die kulturelle Dimension literarischer Texte häufig ignoriert oder vernachlässigt. Dabei ist es keine Frage, dass der literarische Text durch die Aufnahme virulenter Diskurse unlösbar mit seinem kulturellen Entstehungszusammenhang verbunden ist und umgekehrt: Jeder literarische Text leistet durch seine Anschließbarkeit an extratextuelle Diskurse einen Beitrag zur Formation und Herausbildung seiner Kultur. Man kann auch sagen: Die Diskurse und die Signifikationspraxis einer Kultur sind ihm eingeschrieben. Umgekehrt schreibt sich der literarische Text selbst in eine Kultur ein, indem er in ihre Diskurse eingreift. Daher ist es eine drängende Frage, welche didaktischen und methodischen Vorkehrungen getroffen werden können, damit kulturelles und damit auch interkulturelles Lernen beim Lesen und aktiven Erkunden literarischer Texte stattfinden können. Als Lehrperson muss man sich oftmals auf das verlassen, was ein Schulbuch, ein Lesebuch, ein Themenheft für den Kursunterricht in der Oberstufe oder die Schulausgabe eines Romans oder eines Dramas anzubieten haben, damit die Lernenden 'den Kontext' verstehen.

Ein kurzes Beispiel soll die Problematik verdeutlichen. Es ist eher zufällig gewählt und einem weit verbreiteten Schulbuch für die neunte Klasse (*English G 2000* A5, S. 15 ff.) entnommen, das erstmals im Jahr 2001 veröffentlicht wurde. In *Unit 1* werden unter der Überschrift „Caught Between Two Cultures" erfreulicherweise zwei Auszüge aus dem Roman *Nervous Conditions* der zimbabweanischen Autorin Tsitsi Dangarembga (1988) präsentiert. Darin geht es um die Möglichkeiten schulischer Bildung für junge Afrikanerinnen und Afrikaner, im Besonderen junger Mädchen wie Tambu unter den Bedingungen britischer Kolonialherrschaft in der Mitte der 1960er Jahre im damaligen Rhodesien. Da man sich vorstellen kann, dass Neuntklässler zunächst einmal über die koloniale und imperiale Geschichte Großbritanniens im Allgemeinen und über dessen afrikanische Kolonie Rhodesien so gut wie nichts wissen, stellt sich auf Anhieb die Frage, wie die Schüler/innen diese Textauszüge lesen sollen. Denn thematisch finden sich in der *Unit* keinerlei Bezüge zur kolonialen Problematik und erst recht keine kulturhistorischen Kontextualisierungen (das Thema der *Unit* lautet „Englisch

[1] Einzelne der hier dargestellten Überlegungen erscheinen oder erschienen in anderen Zusammenhängen in englischer Sprache (Hallet 2006d, 2006e und Hallet in Vorb.). In Hallet (2006c) wird Kontextualisierung als methodisches Problem der Literaturwissenschaften mit ähnlichen Schlussfolgerungen wie hier diskutiert.

als Weltsprache"). Kontextinformationen finden sich in zwei Einleitungssätzen, in einem großen (braun-weißen) Foto, das vier Menschen vor zwei afrikanischen Hütten zeigt, und in einer kleinen Afrika-Karte, in der die Lage Rhodesiens rot markiert ist; außerdem gibt es ein kleines Foto der Autorin. Die Lebensbedingungen der jungen Afrikanerin Tambu sollen die Schüler/innen aus dem Foto erschließen (*What do you think life was like for a young African girl who lived in a place like this in the 1960s?*), alle übrigen Kontextinformationen können die Schüler/innen nur den Romanauszügen selbst entnehmen. Somit erscheint die britische Kolonialherrschaft in diesem didaktischen Kontext als ein eher marginales historisches Phänomen, das kaum der Erwähnung Wert ist. Koloniale Unterdrückung, Rassismus, Ungleichheit und soziale Ungerechtigkeit als historische Phänomene können nur aus dem Text selbst erschlossen werden.

Wie aber sollen die Schüler/innen beispielsweise die Problematik jener Szene erkennen, in der der Lehrer Mr. Matimbu die junge Tambu zum Maisverkaufen in die Stadt bringt, damit sie sich das Schulgeld verdienen kann, das ihre Eltern nicht aufbringen können? Der Roman ruft hier den gesamten Kontext der britischen Kolonialherrschaft und des kolonialen Schulsystems, der Implementierung der englischen Sprache, der daraus resultierenden Entfremdungseffekte und der Zerstörung der indigenen Sprachen und Kulturen, vor allem aber die aus all diesem resultierenden individuellen Entscheidungsnöte und Konflikte der jungen Afrikaner/innen auf. Selbst wenn die Lernenden den Text also auf einer bestimmten Ebene (der *plot*-Ebene) verstehen, ist es ihnen unmöglich, die dem Text inhärente kulturelle Dimension der kolonialen Herrschaft als Teil der Textbedeutung zu dekodieren und auf diese Weise zu wirklichem Verstehen zu gelangen. Denn die Nöte, Handlungsweisen und Gefühle der Figuren dieses Erzähltextes lassen sich nur aus der kulturellen Dimension ihres Denkens und Handelns erkennen. Selbst wenn man argumentiert, dass es hier ja 'nur' um die Weltsprache Englisch gehe, muss man fragen: Kann man die Expansion und die Rolle dieser Weltsprache ohne das Wissen um diese koloniale Dimension verstehen? Es bleibt festzuhalten, dass 'Verstehen' im Sinne der Einordnung in und der Erklärung durch einen historischen und kulturellen Kontext eigentlich nicht stattfindet. Stattdessen wird den Lernenden der Eindruck vermittelt,

- dass es sich bei der Situation der jungen, des Englischen nicht mächtigen Tambu um eine individuelle Erfahrung und um ein beklagenswertes Einzelschicksal handelt,
- dass das 'Kulturelle' des Textes sich auf das Leben in einem afrikanischen Dorf in den 1960er Jahren reduzieren lässt und
- dass historische Phänomene wie der Kolonialismus im Übrigen gewissermaßen für sich selbst sprechen.

Einige Aufgabenstellungen lassen allerdings erkennen, dass die Lehrbuchautoren durchaus auf das Verstehen der kolonialen Situation 'aus dem Text heraus' abzielen. Zwei Fragen lauten z. B. (*English G 2000* A5, S. 16f.):

What do you think Tambu will be able to do when she learns to speak English better? How will this change her life? [...]

Find all the parts of the text that show how Nyahsa and Chido have changed during their time in England.

Angesichts der mannigfaltigen kulturellen Bezüge, Konnotationen und extratextuellen Wertesysteme, auf die sich der Text bezieht, scheinen solche Aufgaben reichlich anspruchsvoll, wenn nicht zum Teil unlösbar. Denn wie sollen Schüler/innen die Implikationen individueller Veränderungen abschätzen können, wenn sie die Lebensumstände und die kulturellen Bedingungen nicht kennen, in denen individuelle Lebensverläufe sich bewegen? Auch zeigt sich in den Fragestellungen wie an der gesamten fehlenden Kontextualisierung ein gefährliches Desinteresse an Fragen von Macht und Herrschaft und deren Legitimation. Schüler müssen auf der Grundlage des gegebenen Textes das Verhalten der Engländerin, die ein Urteil über Tambus Maisverkauf fällt, als ethisch legitimiert betrachten, denn in der Tat ist die von ihr angeprangerte Kinderarbeit verwerflich. Für die Schüler/innen ist aber nicht erkennbar, dass die vorgebliche moralische Überlegenheit der Engländerin sich aus ihrer kolonialen Position in Afrika ableitet. Die Verurteilung von *child labour* verleiht der Repräsentantin der Kolonialmacht also – aus Sicht deutscher Schüler/innen – eine ‘natürliche’ moralische Überlegenheit. Mit anderen Worten: Die Erfahrung kolonialer Unterdrückung und Abhängigkeit und die Zerstörung indigener Werte und Kulturen ist, bei sehr aufmerksamem Lesen, allenfalls zu ahnen, nicht aber wirklich zu verstehen. Das ist aber gerade das Anliegen des Textauszuges: Die Erzählung zeigt eine Welt, in der die britische Kolonialherrschaft das Leben und Denken der Menschen bis auf die Mikroebene der Alltagsdialoge und in ihr Denken hinein bestimmt und in der sich einzelne Schicksale am Gutdünken der Kolonialherren und entlang der von ihnen etablierten Herrschaftsstrukturen entscheiden. So positiv es also ist, dass Dangarembgas Roman überhaupt Eingang in den Englischunterricht findet, so sehr wird hier doch die Chance vertan, ihn als wertvolles Stück postkolonialer Literatur zu erkennen und kennenzulernen, und zwar deshalb, weil die koloniale Herrschaft kaum als solche kenntlich werden kann.

Eine mögliche Alternative zu den Aufgaben im Lehrbuch wäre es, die kulturelle Dimension mindestens dadurch zu öffnen, dass man die Schüler in rekonstruktiven Aufgaben explizit dazu auffordert, aus dem Text die Lebens- und Arbeitsbedingungen der Afrikaner/innen unter den Bedingungen der britischen Kolonialherrschaft in den 1960er Jahren zu erschließen und herauszufinden, wie und warum die Kolonialherrschaft heute als eine nicht legitimierbare Herrschaftsform gelten muss, in welcher Weise sie menschenverachtend oder der Menschenrechtsverletzung schuldig war. Solche Aufgaben müssten entweder Daten und Informationen bereitstellen oder die Schüler/innen auffordern, selbst über den Text hinaus Informationen über den Kolonialismus zu sammeln, zu erkunden, wie dieser sich historisch entwickelte, warum und wie er überwunden wurde und – als Verbindung zur Gegenwart – in welchen Formen er heute weiterlebt und in welcher Weise all dies im literarischen Text repräsentiert ist. Ohne diese *beyond the text*-tasks, ohne dieses 'kulturelle Lesen', kann auch seine ästhetische Dimension nicht angemessen verstanden werden, da nicht deutlich wird, dass die Individuen in der Erzählung ihr Schicksal mit tausenden anderen Menschen teilen und die dargestellten Lebensverläufe und -entwürfe insofern eine allgemeinere Gültigkeit beanspruchen können. Nur im Licht dieses größeren kulturellen Zusammenhangs wird offenbar, dass der Text lediglich einen kleinen Ausschnitt aus einem großen historischen Irrweg repräsentiert, auch und besonders im Hinblick auf die heutigen Freiheitsideale und die Werteordnung Großbritanniens und der westlichen Welt.

Ähnliche Beispiele isolierter, dekontextualisierter Einzeltexte werden jedem, der Texte und Literatur unterrichtet, vertraut sein, und das hier gewählte Beispiel kann als repräsentativ gelten für die gängige Praxis, literarische, historische und historiographische Texte im Unterricht einzuführen. Der Gerechtigkeit halber soll aber nicht unerwähnt bleiben, dass das gleiche Lehrbuch auch ein positives Beispiel enthält, denn es geht nicht um eine Einzelkritik an einem Lehrbuch, sondern um ein Textmodell und ein Leseverfahren, das exemplarisch für eine verbreitete Form des Literatur- und Textunterrichts steht. Im gleichen Lehrbuch findet sich in *Unit* 5 ein Auszug aus einem australischen Jugendroman (*English G 2000* A5, S. 63ff.), in dem die Lebensbedingungen und die soziale Lage kleiner australischer Farmer eine große Rolle spielen. Die ganze *Unit* ist Australien und der Erkundung der dortigen Lebensverhältnisse gewidmet, sodass der Textausschnitt durch die intertextuelle Relationierung mit anderen Texten dieser *Unit* relativ gut kontextualisiert werden kann. Die *Unit* enthält auch transtextuelle Rechercheaufgaben wie z. B. „Find information on your topic in this unit, in Option 10 (pp. 84/85), in other books, on the Internet, from the Australian Tourist Commission, etc.“ (*English G 2000* A5, S. 55). Allerdings wird dieser Kontext, wohl in der Annahme, dieser sei den Lernenden durch die vorangegangene Arbeit präsent, im Zusammenhang mit der Erarbeitung des literarischen Textes nicht mehr explizit aufgerufen. Die einzige textbezogene Aufgabe, die die kulturelle Dimension des Romanausschnitts unter der Überschrift „An Australian story“ ins Spiel bringt, ist auf den Erzähler bezogen und lautet: „Note down everything that seems Australian about 'Doug' to you. Then exchange ideas in class.“ (*English G 2000* A5, S. 65) Man sieht, dass es sich hier weniger um eine kulturell kontextualisierende als vielmehr, im Hinblick auf interkulturelles Lernen, um eine stereotypisierende Fragestellung handelt. Für das literarische Verstehen im engeren Sinne, z. B. für die konfliktbeladene (allerdings humorvoll dargestellte) Situation des jungen Erzählers, die unmittelbar aus der sozialen Lage der Farmer in seinem kleinen Ort resultiert, findet sich keine auf den kulturellen Kontext zielende Frage. Insofern scheint auch der Aufgabenapparat zu diesem literarischen Text typisch für ein literaturdidaktisches Verfahren, das die Notwendigkeit der kulturellen oder historischen Kontextualisierung und das Kontextwissen der Lernenden als wichtige Dimension des Leseverstehens reichlich vernachlässigt. Dabei dürfte klar sein, dass ein Textmodell, das den Text abtrennt von seinem soziokulturellen und historischen Kontext, nicht einmal dessen Metaphorik und dessen literarische Dimension adäquat erfassen kann.

Das Fazit lautet an dieser Stelle daher, als These formuliert: Ein Text kann auch in seiner ästhetischen Qualität nur dann erfasst werden, wenn die kulturelle Dimension des literarischen Textes in ihren Implikationen für die Signifikation erfasst und auf diese Weise der Modus seines Eingreifens in die Diskurse einer Gesellschaft lesbar gemacht und mit gelesen werden. Für den Literaturunterricht schließen sich daran im Wesentlichen zwei Fragen an. Erstens: Wie kann ein didaktisches Arrangement aussehen, das die notwendige Kontextualisierung des literarischen Textes leistet? Zweitens: Wie kann gewährleistet werden, dass – im deutlichen Unterschied zur *annotation culture*, zur 'Anmerkungskultur' – die Kontextualisierung ein Teil des Lesevorgangs selbst ist, dessen Aktanten die lesenden Lerner/innen sind? Darauf versuchen Teil 4 und 5 eine Antwort zu geben.

2 Der 'kulturelle Text' im Unterricht

Es ist deutlich geworden, dass die weit verbreitete Praxis, 'Kultur' im Zusammenhang mit dem verstehenden Lesen literarischer Texte entweder völlig zu ignorieren oder in knappe Anmerkungen zu verbannen, nicht zu intensivem und tieferem Textverstehen führt – eine Praxis, der man wahrscheinlich im Literaturunterricht zu Shakespeare, Goethe oder Fontane bis zu Heinrich Böll und Salinger begegnet. Vielmehr stört, beeinträchtigt und verhindert diese Praxis oft den hermeneutischen Prozess, weil es unmöglich ist zu verstehen, was die Details eines Textes bedeuten, wenn die Bezüge eines Textes zu seinem Kontext unklar bleiben. Im Ergebnis werden literarische Texte durch die herkömmliche Praxis der 'Erläuterung' des Hintergrundes also historisch und kulturell dekontextualisiert, so dass kulturelles Lesen als integrativer Bestandteil des ästhetischen Lesens nicht stattfinden kann.

Robert Scholes hat bereits 1985 dargelegt, dass das Lesen und Interpretieren von Literatur fragmentarisch bleiben muss oder sogar unmöglich gemacht wird, wenn die kulturelle Dimension ausgeklammert wird:

> Interpretation is not a pure skill but a discipline deeply dependent on knowledge. It is not so much a matter of generating meanings out of a text as it is a matter of making connections between a particular verbal text and a larger cultural text, which is the matrix or master code that the literary text both depends upon and modifies. In order

> to teach the interpretation of a literary text, we must be prepared to teach the cultural text as well. (Scholes 1985, S. 33)

Um den von Scholes angesprochenen Zusammenhang von Kultur und literarischem Text präziser fassen zu können, ist es geboten, kurz auf die (keineswegs neue) Vorstellung von Kultur als Text („the cultural text") einzugehen, die nicht nur auf dem Gebiet der Literatur- und Kulturwissenschaften Einzug gehalten hat, sondern die auch eine adäquate und nützliche Metapher für den Literaturunterricht ist. Das Konzept von 'Kultur als Text' hat seinen Ursprung zum einen in Clifford Geertz' ethnographischem Ansatz, in dem Kultur als dem Verstehen zugänglich betrachtet wird, weil sie als textuelles, bedeutungshaltiges und bedeutungsgenerierendes Gewebe aufgefasst wird („webs of significance"; Geertz 1993, S. 5) und folglich ebenso analysiert und interpretiert werden kann wie jeder andere Text (vgl. genauer Hallet 2002: 32ff.; zur Problematik der Metapher vgl. Bachmann-Medick 2006, S. 70ff.).

Zum anderen kann man text- und diskurstheoretische Ansätze identifizieren, die auch, wie in Teil 4 zu zeigen sein wird, für didaktische Zwecke relevant und interessant sind (vgl. genauer Hallet 2002, S. 13ff.). Das ist zum einen Roland Barthes' an Bachtin anschließendes Konzept von Intertextualität. Gemäß Barthes' weitem Intertextualitätsbegriff ist jeder Text „'plugged in' to other texts, other codes (this is the intertextual), and thereby articulated with society and history" (Barthes 1988, S. 172). Dieser Ansatz ist eng verbunden mit Kristevas Vorstellung von Kultur als Mega-Text, einem „texte général" (Kristeva 1970, S. 12), wie sie ihn nennt, der der Interpretation zugänglich ist.

Zweitens sind dies Diskurstheorien, in denen ein Text als eine Schnittstelle von Elementen verschiedener Diskurse, oder, in Bachtins Worten, von Sprachen und Stimmen angesehen wird, so dass soziale, kulturelle und politische Diskurse in jedem Text auffindbar sind. In seiner Theorie des Interdiskurses hat Jürgen Link die Vorstellung entwickelt, dass es eine der Funktionen von Literatur ist, diese Vielfalt zum Teil hoch spezialisierter Diskurse in arbeitsteiligen Gesellschaften wieder zu reintegrieren und sie dadurch zu popularisieren. Dies impliziert, dass Literatur an den Diskursen und an der Gestaltung von Kultur unmittelbar teilhat, indem sie einerseits kulturelle Diskurse oder diskursive Elemente aufnimmt und transformiert und sie andererseits weiter zirkuliert (Link 1988).

Der dritte Ansatz ist als „New Historicism" oder „Poetics of Culture" bekannt geworden. In ihm werden literarische Texte sowohl als „socially produced", also als Produkt einer Kultur, wie auch als „socially productive" (Montrose 1989, S. 23), also als kulturell produktiv angesehen. Literarische Texte sind also in den Diskursen einer Gesellschaft ebenso 'virulent' wie andere Äußerungen und Stimmen. Daher weist jeder Text intertextuelle Bezüge zu einer unendlichen Zahl anderer Texte, literarischer und nichtliterarischer, auf, und deshalb sind Texte in ihrem Zusammenspiel und als lesbare Spuren für die Text- und Literaturwissenschaften die einzigen Medien, die einen Zugang zur Geschichte und anderen Kulturen eröffnen.

Aus diesen Annahmen über die gegenseitigen Bezüge zwischen Text und Kultur folgen zwei Dinge:

- In jedem literarischen Text gibt es kulturelle und diskursive Elemente und Spuren. Letztere sind nicht verständlich, wenn sie wegen fehlenden kulturellen Wissens nicht dekodiert werden können. Kultur ist jedem literarischen (und natürlich auch jedem anderen) Text eingeschrieben, und sie muss als unveräußerliche Dimension des Textes gelesen und interpretiert werden.
- Kulturelle und diskursive Elemente in einem literarischen Text sind Spuren von vollständigen, komplexeren Texten und Diskursen, sie können in Form von Texten oder anderen Medien wie Fotos oder z. B. musikalischen Kunstwerken (die in diesem Zusammenhang ebenfalls als Texte gelten) explizit gemacht werden. 'Kultur' kann und muss also, um sie innerhalb und außerhalb unterrichtlicher Kontexte 'lesbar' zu machen, textualisiert werden. Auf diese Weise lassen sich dann literarische Texte zu anderen textuellen (und medialen) Manifestationen in Beziehung setzen. Kontextualisierung bedeutet Textualisierung.

Mit anderen Worten: Jeder literarische Text ist mit einer unzählbaren Menge anderer Texte verbunden, die in Archiven aufgespürt werden oder in irgendeiner Form von Erinnerung oder Wissen, z. B. in einer Enzyklopädie, abgelegt sind. Dieses Wissen in Gestalt von Texten kann verbunden werden mit dem literarischen Text. Das Textmodell, in dem diese Idee einer großen Menge von Texten, die miteinander verbunden und verwoben sind, vollständig entwickelt und technologisch verwirklicht ist, ist das des Hypertexts.

3 Textuelle Netzwerke: Zur Theorie des Hypertexts

Vor mehr als fünfzehn Jahren haben Paul Delany und George P. Landow (1991) in der Text- und Literaturtheorie zum ersten Mal Aufmerksamkeit für die Analogien zwischen intertextualistischen Textkonzepten und der Technologie des elektronischen Hypertextes erzeugt. Landow (1994 und 1997) hat diesen Ansatz zu einer Theorie der Konvergenz von Text- und Literaturtheorie einerseits und der Technologie elektronischer Texte andererseits weiterentwickelt. Der Hypertext, sagt er, „has the capacity to emphasize intertextuality in a way that pagebound books cannot" (Landow 1997, S. 35). Denn ein Hypertext verbindet Texte, Textabschnitte oder zusammengehörige Texte auf elektronische Weise mit anderen Texten, von denen wieder jeder einzelne mit einer großen Zahl weiterer Texte verbunden ist. Ein Hypertext besteht also aus einer prinzipiell unendlichen Zahl von aufeinander bezogenen Texten, Kommentaren, Prä- und Kotexten, Anmerkungen, erklärenden oder verwandten Dokumenten einschließlich visueller und auditiver Materialien, ja sogar aus kompletten Archiven. Man kann also verallgemeinernd sagen, dass ein Hypertext materialisierte und auf dem Computerbildschirm sichtbar gemachte Intertextualität ist (vgl. genauer Hallet 2002, S. 109ff.). Das Konstruktionsprinzip des Hypertextes erfordert für das Lesen und Verstehen eines Textes einen aktiven Leser, der die Beziehungen zu anderen Texten herstellt, die ihm dabei helfen, bestimmte Elemente im Text zu verstehen (vgl. Hallet 2002, S. 111ff.). Deren Bedeutung ergibt sich aus den zu anderen Texten hergestellten Verbindungen, also aus den Textbeziehungen. Es liegt am Leser, Wege und Pfade auszuwählen, die er benutzen möchte, und zu entscheiden, welche Elemente eines Hypertextes er für seinen eigenen, während des Lesens erzeugten Text verwenden will. Textverstehen und Interpretation können beim Hypertext also als Ergebnis der individuellen Selektion von Elementen des elektronischen Textenetzes und der Konstruktion von Bedeutung auf der Basis von Pfaden und Verbindungen zwischen verschiedenen textuellen Elementen angesehen werden.

Moritz Baßler (2005) hat in seiner „literaturwissenschaftliche[n] Text-Kontext-Theorie" zwar gewisse Einwände gegen die Verallgemeinerbarkeit der Hypertext-Metapher erhoben, weil das für eine Kontextualisierung zu durchsuchende kulturelle Archiv sich gerade durch Ungeordnetheit und Strukturlosigkeit auszeichne. Erst mit einem „Suchbefehl", sagt Baßler, ließen sich Äquivalenzen, Kontiguitäten und Rekurrenzen zwischen Texten aufspüren und Entsprechungen des literarischen Textes mit anderen Texten seines Kontextes freilegen. Aber auch er sieht den Hypertext als geeignete Metapher an, weil der Hypertext etwas produziert, „was die reine Datenbank dem Benutzer versagt: eine Art Karte, auf der bestimmte Texte des Archivs als enger zusammenhängend markiert wären als andere." (Baßler 2005, S. 312) Mit dem Hypertext-Konzept lässt sich also eine unendlich große Zahl von Texten des kulturellen Archivs in geordnete, strukturierte Textmengen überführen, die dann der Kontextualisierung eines literarischen Textes dienen können.

Nun ist es heute durchaus denkbar, in den Literaturwissenschaften und im Literaturunterricht tatsächlich mit Hypertexten als elektronisch vernetzten Textdatenbanken zu arbeiten, und das Internet und elektronische Archive werden dieser Option zweifellos noch stärkeres Gewicht als heute bereits verleihen. Fruchtbar ist es jedoch auch, den Hypertext als Modell und Metapher für den Umgang mit literarischen Texten, deren Kontextualisierung und eine intertextuell konstruktive Rolle des Lesers oder der Leserin zu betrachten, so dass eine kontextualisierende Menge von Texten ein textuelles Netzwerk mit einem literarischen Text im Mittelpunkt bildet. Ein solches Textensemble muss von einer Lehrperson (oder einem anderen didaktischen Autor, z. B. dem Herausgeber eines Lesebuches) für den Literaturunterricht erstellt werden und kann die Grundlage bilden für eine intertextuelle, textrelationierende Arbeit der Lernenden mit diesen

Texten. In unserem Kontext ist die Metapher eines Netzwerkes besonders passend, da sie eine interessante Analogie zum Hypertext als einem elektronischen Netzwerk wie auch zu der oben erwähnten Vorstellung von Kultur als „webs of significance“ darstellt. Sie ermöglicht es, sich die einem Text zugehörende Kultur als ein Netzwerk von Texten vorzustellen, die verbunden, aber auf keinen Fall kongruent oder redundant sind, sondern die sich widersprechende Aussagen, multiple Perspektiven, verschiedene Stimmen und Einstellungen, komplementäre Texte, erläuternde oder kritische Kommentare und so weiter darstellen.

Diese Polyphonie des Textensembles gestattet es, jeden Text im Lichte mehrerer anderer Texte zu lesen; jeder Text kann zur Bedeutungskonstitution der jeweils anderen Texte herangezogen werden und beitragen. Entscheidend für die Arbeit im Literaturunterricht ist aber, dass der literarische Text den Mittelpunkt des Netzwerks bildet und damit Ausgangs- und Zielpunkt aller textrelationierenden und bedeutungskonstruierenden Tätigkeiten ist. Nach den Begriffen der Textdidaktik können textuelle Netzwerke also als thematische Ensembles historischer und/oder kultureller Quellen und Dokumente begriffen werden, als Texte und Medien, die die Diskurse ihrer Zeit und Kultur repräsentieren. Kultur im Unterricht wird also durch Texte zugänglich gemacht, so dass das Kontextualisieren eines Textes nicht mit annotierenden Texten über die Kultur, sondern mit deren Textualisierung (oder einiger ihrer Aspekte) gleichzusetzen ist. Der literarische Text wird verständlich, weil die korrespondierenden externen Texte nunmehr Bestandteil des hermeneutischen Prozesses sind. Gleichzeitig wird der literarische Text als Teil eines Netzwerkes von Texten erfahrbar, die zusammengenommen ein *web of significance* bilden. In diesem Ansatz, den man „kulturelle Hermeneutik“ nennen könnte, trägt das Verstehen eines literarischen Textes zum Verstehen von Kultur bei und umgekehrt: Das Verstehen von Kultur beinhaltet das Verstehen literarischer Texte.

In einem textuellen Netzwerk für den Unterricht muss die darin enthaltene Anzahl von Dokumenten und Materialien natürlich begrenzt sein. Gleichzeitig ist eine solche vernetzte Textmenge aber, wie beim elektronischen Hypertext auch, prinzipiell offen für Erweiterungen und Ergänzungen, auch durch Recherchen der Schüler/innen selbst. Didaktisch entscheidend ist, dass eine solche didaktische Konstruktion eine aktive Erkundung und aktive intertextuelle Arbeit der Lernenden erfordert. Denn die Verbindungen zwischen den Texten, Rekurrenzen und Widersprüche sind nicht vorgängig da, sie sind keine Objekte oder Entitäten, sondern sie müssen von den Lernenden aktiv konstruiert werden. Interpretieren bedeutet also im Sinne des oben angesprochenen Prinzips von Robert Scholes, Verbindungen herzustellen zwischen dem literarischen Text und dem ‘kulturellen Text’, der in Form einzelner Elemente eines textuellen Netzwerkes repräsentiert ist.

Der Hypertext ist also, ganz unabhängig davon, in welchem Medium die jeweiligen Texte präsentiert werden, und trotz gewichtiger Unterschiede zwischen elektronischen und nicht-elektronischen textuellen Netzwerken, ein geeignetes Modell für die Textdidaktik (vgl. ausführlicher Hallet 2002, S. 122ff.). Denn er erlaubt die Vorstellung, dass ein literarischer Text mit seinem kontextuellen Umfeld vernetzt ('verlinkt') ist, dass dieses Netz in Form mehrerer untereinander zusammenhängender Texte Kultur repräsentiert und dass Schüler/innen mit einem solchen textuellen Arrangement selbstständig arbeiten, indem sie die Verbindungen zwischen den Texten selbst entdecken. Die Langzeiteffekte des hypertextuellen Textkonzeptes hinsichtlich eines generellen Wandels aller Vorstellungen von 'Text' sind nicht zu unterschätzen, und sie unterstreichen, dass das Modell des alleingestellten, isolierten, geschlossenen Textes überholt und nicht geeignet ist, eine Textdidaktik zu begründen. Landows Schlussfolgerungen betreffen deshalb auch den Literatur- und Textunterricht, wenn er sagt:

> electronic linking shifts the boundaries between one text and another as well as between the author and the reader and between the teacher and the student. It also has radical effects upon our experience of the author, text, and work, redefining each. [...] [The] technology [...] of the printed book and its close relations, which include the typed or printed page – engenders certain notions of authorial property, authorial uniqueness, and a physiccally isolated text that hypertext makes untenable. (Landow 1997, S. 31).

Etwas vereinfacht ausgedrückt: Hypertexterfahrene Leser/innen, als die unsere Schüler/innen gelten können, werden bei jedem Text, ob in gedruckter oder in elektronischer Form, immer nach *links* und Textausgängen, nach Fenstern und Pfaden hinaus in ein Textuniversum Ausschau halten. Dieses hypertextuelle (intertextuelle) Leseschema darf der Text- und Literaturunterricht nicht ignorieren, sondern er muss es in produktiver Weise in die Leseerziehung als kulturelles Lesen und im Sinne einer kulturellen Hermeneutik integrieren.

4 Kontextualisierung und der historiographische Roman

An einem Beispiel möchte ich aufzeigen, wie das textuelle Netzwerk als Metapher für eine bestimmte Art von textuellem Arrangement und korrespondierenden Aufgaben im Literaturunterricht realisiert werden kann. Die korrespondierenden Aufgaben sind intertextueller Natur, da sie auf das Verstehen des literarischen Texts durch seine Verknüpfung mit anderen Texten abzielen.

4.1 Text und Kontext am Beispiel von Toni Morrison's *Jazz*

Innerhalb und außerhalb des Unterrichts stellt der historiographische Roman einen besonders schwierigen und komplexen Fall dar, da er als Genre mit einer Vielzahl kultureller Texte verknüpft ist. Seine Komplexität wird oft unterschätzt, und jeder Ansatz, den wir wählen, ist zwangsläufig reduktiv. Ich möchte aber aufzeigen, wie man sich dieses vielfältige Eingebettetsein des Romans vorstellen kann – nicht nur aus heuristischen Gründen. Denn die kulturellen Referenzen, Texte, die sich identifizieren lassen, stellen jene kulturelle Dimension eines literarischen Textes dar, die in jeden interpretativen Ansatz Eingang finden muss. Dies soll an einem kleinen Abschnitt aus Toni Morrsions Roman *Jazz* gezeigt werden.

Der Roman erzählt die Geschichte von Joe und Violet Trace, die in den 1920er Jahren die Sklaverei hinter sich lassen und nach Norden, in die „City", also nach New York ziehen. Dort arbeitet Joe als Vertreter für Kosmetika und Violet als Friseurin. Joe beginnt eine Affäre mit der 18-jährigen Dorcas und ermordet sie inmitten einer Partygesellschaft von Teenagern, als er sie zu verlieren glaubt. Seine Frau versucht, während der Beerdigung das Gesicht des toten Mädchens mit einem Messer zu schänden, wird aber daran gehindert. Dieser Vorfall, der im allerersten Absatz des Romans erzählt wird und der auf mehr als eine Art den narrativen Nukleus des Romans darstellt, ist der Dreh- und Angelpunkt, um den sich alle nachfolgend erzählten Gerüchte und retrospektiven Geschichten entwickeln, die aus unterschiedlichen Perspektiven und von verschiedenen Stimmen erzählt werden. Diese ersten Zeilen des Romans lauten folgendermaßen:

> Sth, I know that woman. She used to live with a flock of birds on Lenox Avenue. Know her husband, too. He fell for an eighteen-year-old girl with one of those deep-down, spooky loves that made him so sad and happy he shot her just to keep the feeling going. When the woman, her name is Violet, went to the funeral to see the girl and to cut her dead face they threw her to the floor and out of the church. She ran, then, through all that snow, and when she got back to her apartment she took the birds from their cages and set them out of the windows to freeze or fly, including the parrot that said, „I love you". (*Jazz*, S. 3)

So einfach er zunächst erscheinen mag, so sehr ist dieser Absatz kulturell und historisch aufgeladen. Nur einige der zahlreichen Aspekte können hier kurz angesprochen werden: Das *funeral* z. B. ist ein Hinweis auf die Zeremonien und Rituale, die die junge und wachsende afroamerikanische *community* in Harlem am Beginn des 20. Jahrhunderts bereits entwickelt hat. Auffällig ist aber auch die offensichtliche Abwesenheit der Rechtssprechung, die der Leser von Anfang an erahnen kann, weil keinerlei Prozess, keinerlei Form von Bestrafung oder Einmischung seitens der Polizei erwähnt wird. Auch gibt es Tratsch und Gerüchte, und man kann sich vorstellen, dass diese *community* schon als eine Art „collective agent" („they") angesehen wird, der keiner weiteren Identifikation bedarf. Auch enkodieren die Erzählerstimme und die Oralität des Geschichtenerzählens („Sth") von Beginn an eine kulturelle Praxis des Erzählens und der Geschichtsschreibung, die aufs engste mit allen anderen kulturellen Praktiken dieser *community* verbunden ist.

Vor allem aber ist die soziale Situation des Paares als Teil einer neuen, urbanen afroamerikanischen Kultur, wie sie in New York um die Wende zum 20. Jahrhundert entstand, ein wichtiges Bedeutungselement dieses ersten Romanabschnitts. Denn für ein afrikanisch-amerikanisches Paar in den 1920er Jahren ist es alles andere als kulturelle Normalität, in einem kleinen Apartment inmitten der 'City' zu leben. Wenn man bedenkt, dass Joe und Violet soeben erst der Sklaverei mit all ihren inhumanen Lebensbedingungen entkommen sind und den langen Weg nach Norden angetreten haben, so ist das Apartment ein deutliches Zeichen von *displacement* und Entwurzelung. Entsprechend oft kehren beide in Erinnerungserzählungen auch in ihre Sklavenzeit zurück. Tatsächlich ist daher, was für die früheren Sklaven zunächst wie eine vielversprechende Zukunft aussieht, eher eine bedrückende, zur Depression führende Erfahrung, ein alptraumhaftes Gefängnis, im wörtlichen Sinne eine „great depression" in den Mauern eines Apartments, in denen sich Joe und Violet dauerhaft anschweigen. Ihr neues Leben in der Stadt führt sie in die Katastrophe des Mordes und des gemeinsamen Weiterlebens nach der Tat. Jedenfalls lässt sich ihr neues Leben in der City nicht oder nur in begrenztem Sinne als Teilhabe am Aufstieg einer aufblühenden neuen Gemeinschaft verstehen, wie sie in vielen Narrativen über das *Jazz Age* und die *Harlem Renaissance* zirkulieren.

Diese (Teil-) Interpretation des ersten Abschnitts, die wie *close reading* aussieht, kommt offensichtlich ohne Bezug auf den historischen Kontext und die Aktivierung kulturhistorischen Wissens nicht aus. Der Zweck der vorangegangenen Übung war daher auch einzig und allein, an einem konkreten Beispiel zu zeigen, dass wir beim Lesen so oft auf kulturelle, historische oder symbolische Bedeutungen und Diskurse Bezug nehmen müssen, dass es unmöglich ist, den Text nicht zu 'verlassen'. Mehr noch: Das Dekodieren dieser ersten zehn Zeilen des Romans erfordert ein solch großes Maß an kulturellem und generischem Wissen, dass es für einen normalen (deutschen) Leser beinahe unmöglich ist, die Bedeutung dieses Absatzes vollständig zu erfassen (vgl. zu allem genauer Hallet 2006c).

Wenn man den Roman oder Teile daraus (was gut möglich ist) im schulischen Literaturunterricht behandelt, so ist es gewiss unmöglich, alle kulturellen Diskurse und den gesamten kulturhistorischen Kontext im Unterricht zu repräsentieren. Man muss reduzieren und entscheiden, welche kulturellen Referenzen im Mittelpunkt stehen sollen und welche Aspekte des Romans Gegenstand der schulischen Interpretation sein sollen. Trotzdem führt kein Weg daran vorbei, zugleich mit dem literarischen auch den kulturellen Text zu behandeln, um die kulturelle Dimension des Romans zu erfassen. An einem anderen kurzen Romanauszug soll gezeigt werden, wie dies mit Hilfe eines textuellen Netzwerks, das auch als elektronischer Hypertext realisiert werden kann, möglich ist.

4.2 Kontextualisierung als Textualisierung

Im dem zweiten Textauszug aus *Jazz* (S. 57) reflektiert Alice Manfred, Dorcas' Tante, die traumatische Geschichte von Dorcas' Familie: Das Mädchen hat mit ansehen müssen, wie seine Eltern in den East St. Louis-Unruhen von 1917 durch das Anzünden ihres Hauses grausam ermordet wurden. Die Romanpassage ist ein gutes Beispiel dafür, wie Morrison Elemente von kulturellen Diskursen in den Roman einführt und dort zu Wort kommen lässt. In diesem Fall geschieht dies dadurch, dass Alice Manfred zunächst auf zwei gängige politische Erklärungsmuster für die *riots* („some said" – „others said") Bezug nimmt, ehe sie ihre eigene Erklärung – die provokative Energie der Musik, des Jazz – als einzig zutreffend und überlegen charakterisiert: „she knew better than everybody". Indem sie einem fiktiven Charakter erlaubt, ihre subjektive Wahrheit über die East St. Louis-Unruhen darzulegen, fordert Morrison die offizielle Historiographie heraus und beansprucht gleichzeitig die Deutungshoheit über die Geschichte für diejenigen, die zu Opfern wurden, aber auch für die Literatur, die der Wahrnehmung und der Sichtweise derer eine Stimme geben kann, die über eine so lange Zeit ignoriert wurden.

Abgesehen von diesem historiographischen Makro-Diskurs gibt es selbstverständlich unzählige andere Spuren des historisch-kulturellen Textes, von denen hier nur zwei exemplarisch sichtbar gemacht werden können. Der fragliche Textauszug, in dem ich unmittelbare kulturhistorische Referenzen hervorgehoben habe, lautet:

> Alice thought the lowdown music (and in Illinois it was worse than here) had something to do with the **silent black women and men marching down Fifth Avenue** to advertise their anger over two hundred dead in **East St. Louis**, two of whom were her sister and her brother-in-law, killed in the **riots**. So many whites killed the papers would not print the number.
>
> Some said the **rioters** were disgruntled **veterans** who had fought in **all-colored units**, were refused the services of the **YMCA**, over there and over here, and came home to white violence more intense than when they enlisted and, unlike the **battles they fought in Europe**, stateside fighting was pitiless and totally without honor. Others said they were whites terrified by **the wave of southern Negroes flooding the towns**, searching for work and places to live.
>
> Alice, however, believed she knew better than everybody. [...] Her brother in law was not a veteran, and he had been living in East St. Louis since before **the War.** Nor did he need a whiteman's job – he owned a pool hall. [...] He was pulled off a streetcar and stomped to death, and Alice's sister had just got the news and had gone back home to try and forget the color of his entrails, when her house was torched and she burned crispy in its flame. (*Jazz*, S. 57)

An zwei kleinen Textelementen soll gezeigt werden, wie man sich das Verfahren der Textualisierung mit einem textuellen Netzwerk vorstellen kann. Das erste Element, ***silent black women and men marching down Fifth Avenue*** und ***East St.***

Louis, verweist auf ein einschneidendes Ereignis, die East St. Louis-Aufstände im Jahr 1917, in der vor allem schwarze Arbeiter nach ihrer Neuanstellung in der Kriegsindustrie gelyncht und wahllos massakriert wurden. In New York protestierten die afro-amerikanischen Einwohner mit Schweigemärschen zu den Klängen von Trommeln gegen die rassistischen Übergriffe. Was wie eine beliebige historische Anspielung im Roman erscheint, ist in Wirklichkeit für Dorcas, die junge Geliebte von Joe Violet, ein traumatischer Horror, denn ihre Eltern und ihre Geschwister sind vor ihren Augen in diesen *riots* ermordet worden. Ihre Gier nach Leben, nach dem *jazz* in New York, speist sich entscheidend aus diesem Erlebnis und führt zugleich in gewissem Sinne zu ihrem Tod.

Das zweite Element, ***disgruntled veterans***, sieht auf den ersten Blick wie eine beiläufige Erwähnung von Kriegsheimkehrern aus, verweist aber auf die prägende Erfahrung der soeben aus der Sklaverei entlassenen Afroamerikaner, die im 1. Weltkrieg – mit patriotischem Stolz – für ihr Land einen Krieg in den Schützengräben Europas fochten und in Paris für den Jazz ihrer Brassbands bewundert und gefeiert wurden. Der ehemalige Präsident Roosevelt verfasste, wie viele andere auch, eine Hommage auf ihre patriotische Leistung. Bei ihrer Rückkehr in die Vereinigten Staaten wurden sie jedoch zum arbeitslosen, obdachlosen und rechtlosen Proletariat in den großen Städten – und zudem zu einer ungeschriebenen Geschichte des ersten Weltkriegs der USA. Für Joe und Violet und die vielen anderen ehemaligen Sklaven in New York ist die soziale, politische und kulturelle Realität ein ökonomischer und sozialer Konkurrenzkampf mit diesen entwurzelten und enttäuschten ehemaligen Soldaten – eine Wirklichkeit, die deutlich gegen das gerne überlieferte Bild vom aufblühenden Harlem und einem neuen, guten Leben in den großen Städten des Nordens steht (vgl. im Einzelnen Hallet 2006e).

Die Abbildung kann verdeutlichen, wie ein solches historisches Wissen als textuelles Netzwerk repräsentiert und im Unterricht genutzt werden kann. Grundlage der Abbildung ist in diesem Fall eine Powerpoint-Präsentation, in der die Texte und Dokumente elektronisch verknüpft wurden. Ein Mausklick auf „disgruntled veterans" ruft dann eine Folie auf, auf der ein enzyklopädischer Text (*Encyclopedia Britannica*), ein historischer Zeitungsartikel sowie historische Fotos von den *riots* in East St. Louis und von einer *silent parade* in der 5th Avenue in New York zu sehen sind (Quelle: http://memory.loc.gov/ammem/aaohtml/exhibit/aopart7.html (26.02.2006). Das Anklicken des Wortes *veterans* führt zu einem Auszug aus der Hommage von Roosevelt und zu Fotos, die afroamerikanische Soldaten im 1. Weltkrieg und bei einer stolzen Parade auf der 5th Avenue zeigen (Dokumente aus Scott 1919). Bei der Abbildung geht es also nicht um die (hier nicht zu realisierende) Lesbarkeit der einzelnen Dokumente, sondern um einen visuellen Eindruck von der Vernetzung der kontextualisierenden Texte mit dem literarischen Text. In beiden Fällen wird ein kleines Textelement im literarischen

Text mit mehreren extratextuellen Elementen verknüpft, um den kulturellen und historischen Kontext zusammen mit dem literarischen Text lesbar zu machen. Die Schüler/innen sind also beim Lesen des 'kulturellen Textes' nicht auf annotierte, kommentierende Erläuterungen einer Instanz mit überlegenem Wissen angewiesen, sondern sie haben selbst Zugang zu diesem Wissen und können es aktiv zur Bedeutungskonstruktion beim literarischen Lesen heranziehen.

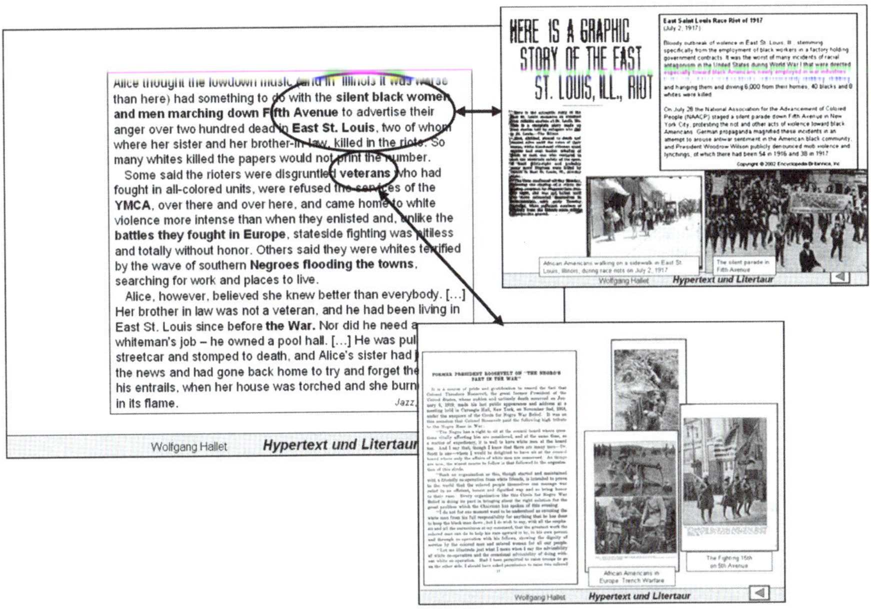

Abb. 1 Vernetzung von Elementen eines literarischen Textes mit kontextualisierenden Texten und Dokumenten

Es ist auch erkennbar, dass die Vernetzung und das Hypertextprinzip nicht der elektronischen Form bedürfen. Vielmehr ist das in der Abbildung dargestellte hypertextuelle Textarrangement nur ein Modell und ebenso gut in herkömmlicher Print-Form, z. B. auf einem Poster oder in einem Reader, realisierbar (vgl. die *wall displays* in Hallet 2002, S. 178 und 217). Entscheidend ist der enge, rekonstruierbare historische und kulturelle Zusammenhang zwischen den Texten, der eine diskursive Spur im literarischen Text in Gestalt anderer Texte zugänglich macht. Aus der Sicht der Lernenden ist 'Kultur' dann auch nicht länger ein nebulöser Begriff oder ein abstraktes Konzept, sondern sie wird als konkrete Handlungsweise von Menschen, als kulturelle Praxis oder als konkretes Ereignis erfahrbar, sodass sich ein Ausdruck wie „the silent black women and men marching down Fifth Avenue" auch für sie als Leser/innen im 21. Jahrhundert mit Sinn füllt.

Natürlich könnten Hunderte von Texten und Dokumenten angeführt werden, um jedes der im Fettdruck hervorgehobenen kulturell-historischen Elemente in diesem kurzen Abschnitt des Romans explizit zu machen, und natürlich wird die Wahl von Texten und Dokumenten oft von Zufälligkeiten oder pragmatischen Überlegungen wie Zugang zu einer Quelle oder der Form und Verfügbarkeit eines Dokumentes bestimmt sein. Aber prinzipiell unterliegt die Zahl der Texte, Bilder und Dokumente keiner Beschränkung. Zwar ist immer die erforderliche Lesezeit zu bedenken, aber es kann auch immer eine Überlegung sein, die Schüler/innen aus einem größeren Text- und Materialangebot Texte auswählen zu lassen, und immer sind auch arbeitsteilige Verfahren möglich, sodass nicht alle Schüler/innen alle Texte lesen müssen. Diese Offenheit des Textarrangements schlägt sich darin nieder, dass Schüler/innen einerseits mit *connective tasks* betraut werden können. In diesem hermeneutischen Ansatz stellen die Schüler/innen die Verbindungen zwischen einer Anzahl von Texten her, die die Lehrperson, das Lesebuch oder die Schulausgabe eines literarischen Textes zur Verfügung stellt. Denkbar sind aber auch *constructive tasks.* In diesem explorativen Ansatz suchen und selektieren Schüler/innen selbst Texte aus einer Vielzahl von Quellen und Archiven und konstruieren ein textuelles Netzwerk, dessen Elemente kulturelle, soziale oder politische diskursive Elemente im literarischen Zentraltext explizit machen und textualisieren (vgl. genauer Hallet 2006b).

5 *Close Reading* und *Wide Reading*

Am Schluss soll noch einmal an die eingangs geäußerte Kritik am Verfahren der Isolierung einzelner Texte und an den am Prinzip des *close reading* orientierten didaktischen Verfahren der Texterschließung und des literarischen Verstehens angeknüpft werden. Das hier vorgeschlagene intertextuelle Verfahren ist damit nur auf den ersten Blick nicht kompatibel. Denn da die Interpretation literarischer Texte zu einem guten Teil mit der Verknüpfung von literarischem und kulturellem Text gleichgesetzt werden kann, müssen die Schüler/innen dazu befähigt werden zu entdecken, wie Diskurse – kulturelle, politische oder andere – und manchmal ganze Sphären oder Universen von Diskursen und die Fragen, die dort behandelt werden, in einen literarischen Text eingeschrieben sind bzw. darin reflektiert oder kommentiert werden. Zu eben diesem Zweck müssen die Schüler/innen den literarischen Text aber textgenau lesen können, um Elemente dieser Diskurse und die spezifische Art und Weise zu erkennen, wie sie im Text vorkommen oder arrangiert sind. Da aber die Verbindungen zwischen dem literarischen Text und dem kulturellen Text nicht einfach da sind und da diese erforscht, erkannt, bemerkt und aktiv hergestellt werden müssen, erfordert das intertextuelle Verfahren auch selbst eine große Textgenauigkeit. Da sich darüber hinaus die volle Bedeutung auch einzelner Textelemente erst aus ihrem Zusammenhang mit und aus ihrem diskursiven Beitrag zu ihrem kulturellen Umfeld erschließt, ist das *close reading* selbst auf das ‘Ko-Lesen’ einer Vielzahl von Bezugstexten angewiesen. Der Satz „There is no way around quantity“ (Grabes 2001, S. 12) gilt also nicht nur für Literaturwissenschaftler/innen, sondern auch für den Literaturunterricht. Denn es ist gerade im Sinne eines erfolgreichen *close reading* unmöglich, einen Text außerhalb des textuellen Universums, zu dem er gehört, zu verstehen:

> Of course we have to read closely in order to observe as precisely as possible the relation between the various signifiers within their textual arrangements, but the cultural historian has also to read widely, must acquaint him- or herself with a great number of texts from various domains of discourse and with as many instances of past signifying practice as possible. (Grabes 2001, S. 13).

Die Arbeit mit einem textuellen Netzwerk und intertextuellen Relationen scheint ein geeignetes didaktisches Prinzip und ein methodischer Weg zu sein, um *close reading* und *wide reading* zugleich zu ermöglichen. Im Literaturunterricht ist dieses *wide reading* auf die Herstellung geeigneter Textarrangements angewiesen. Nur sie führen, anders als alle Annotations- und Kommentarlösungen, zu selbstständigem Texterkunden und -verstehen durch die Schüler/innen. Und nur sie erlauben Interpretieren als das selbstständige Erstellten einer Sinnhypothese auf der Grundlage von intertextuellen Bedeutungen. Die Vorzüge dieser Art von *wide reading* im Literaturunterricht lassen sich wie folgt zusammenfassen:

Schüler/innen, die mit einem textuellen Netzwerk arbeiten, sind in der Lage

- gesellschaftliche und kulturelle Diskurse in einem literarischen Text zu erkennen
- zu erfahren, dass ’Kultur’ gelesen werden kann
- aktiv die kulturelle Dimension eines literarischen Textes zu entdecken und zu rekonstruieren (‘zu lesen’)
- Bedeutung zu konstruieren, indem sie den literarischen Text mit einer Anzahl anderer Texte ins Verhältnis setzen
- die Grenze zwischen dem literarischen und dem kulturellen Text zu entdecken und zu erfahren
- durch Texte und Zeichen einen Zugang zu einer Kultur zu finden, ein Prozess, der im Übrigen kulturellen Tätigkeiten in der realen Welt ähnelt.

Auf der Seite der Lehrenden sind korrespondierende Kompetenzen erforderlich, die ebenfalls unter der Überschrift ‘intertextuell’ zusammengefasst werden können:

Die Lehrperson, die mit einem (hyper-)textuellen Netzwerk arbeitet,

- selektiert Texte und Elemente eines textuellen Netzwerkes, deren Spuren in einem literarischen Text entdeckt werden können und modelliert somit Diskurse der realen Welt

- führt im Unterricht einen didaktischen Supertext (den Hypertext oder das textuelle Netzwerk) ein, der als repräsentativ für kulturelle Diskurse der realen Welt angesehen werden kann
- stellt den Schüler/innen ein textuelles Arrangement zur Verfügung, das sie befähigt, Bedeutung zu konstruieren, indem sie den literarischen Text mit einer Anzahl von anderen Texten in Verbindung setzen
- ermöglicht selbstständige Akte der Interpretation, indem sie textrelationierende Aufgaben stellt (*connective tasks, constructive tasks*)
- stellt sicher, dass im Literaturunterricht der Fokus auf dem literarischen Text und dessen Beitrag zur ihn umgebenden Kultur liegt.

Literatur

Bachmann-Medick, Doris: Cultural Turns. Neuorientierungen in den Kulturwissenschaften. Reinbek: Rowohlt 2006.

Barthes, Roland; Textual Analysis: Poe's 'Valdemar'. In: Lodge, David (ed.) Modern Criticism and Theory. London, New York: Longman 1988, S. 172–195.

Baßler, Moritz: Die kulturpoetische Funktion und das Archiv. Eine literaturwissenschaftliche Text-Kontext-Theorie. Tübingen: Francke 2005.

Dangarembga, Tsitsi: Nervous Conditions. London: Women's Press 1988.

Delany, Paul & Landow, George P.: Hypertext, Hypermedia and Literary Studies: The State of the Art. In: Delany, Paul & Landow, George P. (eds.) Hypermedia and Literary Studies. Cambridge, Mass. & London: MIT Press 1991, S. 3–50.

English G 2000 A5: Hg. v. Hellmut Schwarz. Berlin: Cornelsen 2001.

Geertz, Clifford: The Interpretation of Cultures. Selected Essays. London: Harper Collins 1993 [1973].

Grabes, Herbert: Literary History and Cultural History: Relations and Difference. In: Grabes, Herbert (ed.). Literary History/Cultural History: Force-Fields and Tensions. (REAL. Yearbook of Research in English and American Literature 17). Tübingen: Narr 2001, S. 1–34.

Hallet, Wolfgang: Fremdsprachenunterricht als Spiel der Texte und Kulturen. Intertextualität als Paradigma einer kulturwissenschaftlichen Didaktik. Trier: WVT 2002.

Hallet, Wolfgang: Didaktische Kompetenzen: Lehr- und Lernprozesse erfolgreich gestalten. Stuttgart: Klett 2006a.

Hallet, Wolfgang: Was ist Intertextualität? Die Perspektive der Fremdsprachendidaktik. In: Olsen, Ralph, Petermann, Hans-Bernhard & Rymarczyk, Jutta (Hg.). Intertextualität und Bildung – didaktische und fachliche Perspektiven. Frankfurt/Main: Lang 2006b, S. 129–160.

Hallet, Wolfgang: Intertextualität als methodisches Konzept einer kulturwissenschaftlichen Literaturwissenschaft. In: Gymnich, Marion, Neumann, Birgit & Nünning, Ansgar (Hg.). Kulturelles Wissen und Intertextualität: Theoriekonzeptionen und Fallstudien zur Kontextualisierung von Literatur. Trier: WVT 2006c, S. 53–70.

Hallet, Wolfgang: „But think, for a moment, about the system." Discourses of the 1950s in Philip K. Dick's „Minority Report". In: Fallon, Ann Marie & Hurm, Gerd (eds.). Rebels without a Cause? Renegotiating the American 1950s. 2006d [im Druck].

Hallet, Wolfgang: Jazz: Toni Morrison's novel and the use of cultural studies in the literary classroom. In: Delanoy, Werner & Volkmann, Laurenz (eds.). Cultural Studies in the EFL Classroom. 2006e [im Druck].

Hallet, Wolfgang: Close Reading and Wide Reading. Literature and Cultural History in a Unit on Philip K. Dick's „Minority Report". American Studies/Amerikastudien (in Vorb.).

Kristeva, Julia: Le texte du roman. Approche sémiologique d'une structure discursive transformationelle. The Haguc, Paris: Mouton 1970.

Landow, George P.: „What's a Critic to Do? Criticial Theory in the Age of Hypertext." In: Landow, George P. (ed.). Hyper/Text/Theory. Baltimore & London: The Johns Hopkins UP 1994, S. 1–48.

Landow, George P.: Hypertext 2.0. Baltimore & London: The Johns Hopkins UP 1997.

Link, Jürgen: Literaturanalyse als Interdiskursanalyse. Am Beispiel des Ursprungs literarischer Symbolik in der Kollektivsymbolik. In: Fohrmann, Jürgen / Müller, Harro (Hg.). Diskurstheorien und Literaturwissenschaft. Frankfurt/Main: Suhrkamp 1988, S. 284–307.

Morrison, Toni: Jazz. London: Picador 1992. [Sigel: Jazz].

Robert Scholes: Textual Power. New Haven & London: Yale UP 1985.

Scott, Emmett, J.: Scott's Official History of the American Negro in the World War. 1919. http://www.lib.byu.edu/~rdh/wwi/comment/Scott/ScottTC.htm (26.02.2006)

2. Beispiele

CHRISTIANE FÄCKE

Literarisches *Patchwork*

(Fremd-)sprachenübergreifendes Lesen von Texten

Den Ausgangspunkt der im Folgenden dargestellten literaturdidaktischen Überlegungen bilden theoretische Diskurse zu Hybridität und Postmoderne, zu Intertextualität und Mehrsprachigkeit. Die in Literaturwissenschaft und Fremdsprachendidaktik diskutierten Ansätze werden anschließend auf die Tragfähigkeit des Lesens von Texten, die in verschiedenen Sprachen verfasst sind, hin befragt.

Zeitgeschichtliche Kinder- und Jugendliteratur macht die NS-Zeit und den zweiten Weltkrieg zu ihrem Gegenstand. Hier werden von verschiedenen Autoren in verschiedenen Sprachen und vor dem Hintergrund unterschiedlicher kultureller und nationaler Bezugspunkte verschiedene Perspektiven auf einen thematischen Schwerpunkt entwickelt. Gerade die Kombination von Texten der zeitgeschichtlichen Kinder- und Jugendliteratur kann Überlegungen der Hybridität, Intertextualität und Mehrsprachigkeit Rechnung tragen. Anhand dieses literarischen Patchworks werden Begründungen und Zielsetzungen für den Literaturunterricht entfaltet.

1 Hybride Literaturen in der Postmoderne

Hybridität – dieser Begriff verweist auf Zusammensetzungen aus Verschiedenem, auf Mischungen bzw. Ursprünge verschiedener Herkunft oder auch auf Kreuzungen. In der Übertragung dieses Begriffs auf Literatur und Kultur haben diese Bedeutungen einen besonderen Stellenwert. In zahlreichen literaturdidaktischen Diskursen finden sich, in letzter Zeit vermehrt, Hinweise auf *littératures hybrides* u. ä. Gerade im Blick auf neue und offenere Sichtweisen auf Kultur und Interkulturalität kommen dabei verstärkt Begriffe wie Transkulturalität, Diversität und Dekonstruktion zum Tragen.

Den theoretischen Bezugspunkt zu derartigen Überlegungen bilden Ansatzpunkte aus der Postmoderne, insbesondere Diskurse in der Folge Jacques Derridas (z.B. 1972) oder Michel Foucaults (z.B. 1976). Im Fokus der Postmoderne steht die Pluralität vielfältiger Lebensformen, Wissenskonzeptionen und Orientierungsweisen (Welsch 1988, S. 23ff.). Gesellschaftliche Pluralisierungen werden aus soziologischer Perspektive konstatiert und in der Philosophie reflektiert. Philosophische Diskurse finden sich vor allem im Französischen, wobei die Grundlagenschrift François Lyotards (1994) den wesentlichen Auslöser der Diskussion bildet. Postmoderne Argumentationen werden nicht nur von französischen Philosophen vertreten (z. B. Derrida 1972, Foucault 1976, Deleuze 2000), sondern finden u. a. auch in der amerikanischen postkolonialen Multikulturalismusdebatte Gehör (Bronfen/Marius/Steffen 1997). Anders als in bestimmten Diskursen, die auf vermeintlich eindeutige Zuordnungen und ontologische Wahrheiten zielen, geht es hier um Uneindeutigkeiten und Brüche, z. B. im Blick auf Identität (Bhabha 1997a), Kultur (Bhabha 1997b) und Nation (Bhabha 1997c). Diese Vorstellungen sehen sich gleichzeitig dem Verdacht eines neuen Universalismus unter anderem Vorzeichen und mit entsprechenden Verwischungen ausgesetzt.

Das gemeinsame Anliegen der genannten französischen Philosophen und der amerikanischen Theoretiker liegt jedoch nicht in einer Verwischung, die mit Gleichmacherei gleichgesetzt werden könnte. So verzichten postmoderne Argumentationen trotz und angesichts aller Verwischungen nicht auf eindeutige Kriterien wie z. B. Kritik an Herrschaft und Gewalt, so z. B. Homi Bhabhas Schreiben gegen postkolonial geprägte Eindeutigkeiten (Bhabha 1997b, c) oder Michel Foucaults Kritik an Macht durch Diskurse (Foucault 1976).

> C'est bien dans le discours que pouvoir et savoir viennent s'articuler. [...]
> Le discours véhicule et produit du pouvoir; il le renforce mais aussi le mine, l'expose, le rend fragile et permet de le barrer. De même le silence et le secret abritent le pouvoir, ancrent ses interdits; mais ils desserrent aussi ses prises et ménagent des tolérances plus ou moins obscures. (Foucault 1979, S. 133)

Vor dem Hintergrund der postmodernen Analyse von Macht durch Diskurse zielt Derridas Programm der *différance* und Dekonstruktion auf Verschiebung und Aufhebung jener vermeintlich absolut und unhinterfragt gedachten Macht:

> Le concept de matière doit être marqué deux fois (les autres aussi): dans le champ déconstruit, c'est la phase de renversement, et dans le texte déconstruisant, hors des oppositions dans lesquelles il a été pris (matière / esprit, matière / idéalité, matière / forme, etc.). Par le jeu de cet écart entre les deux marques, on pourra opérer à la fois une déconstruction de renversement et une déconstruction de déplacement positif, de transgression. (Derrida 1972, S. 88 f.)

Dieser Zugang zur Welt ermöglicht (nicht mehr ganz so) neue Perspektiven, die gerade Mechanismen der Ausgrenzung und Marginalisierung sichtbar machen und Denkweisen im Blick auf Öffnungen und Aufbrechungen in den Mittelpunkt rücken.

Im Blick auf literaturdidaktische Fragestellungen werden vergleichbare Überlegungen z. B. in der ethnologisch orientierten Literaturanthropologie diskutiert. In diesen Positionen kommen Überlegungen zu Hybridität, Transkulturalität, zu vielschichtigen Aushandlungsprozessen und Bedeutungskonstruktionen verstärkt zum Tragen (Bachmann-Mehdick 1996a, b).

Doris Bachmann-Mehdick verweist auf literarische Texte als „Medien kultureller Selbstauslegung, deren Horizont die Auseinandersetzung mit Fremdheit bildet." (1996a, S. 9) Unter Bezugnahme auf verschiedene Ansätze einer anthropologisch-ethnologischen Literaturwissenschaft (1996a, S. 13ff.) verweist sie auf komplexe Aushandlungsprozesse im Kontext der Frage, „wie sich in der Textsymbolik der jeweilige soziale Prozess der Bedeutungskonstituierung niederschlägt." (Bachmann-Mehdick 1996, S. 23) Damit werden weit stärker offene Prozesse der Auseinandersetzung mit literarischen Texten anvisiert und ein statisches Moment der Positionierung im Spannungsfeld des Eigenen und des Fremden mit Möglichkeiten zur Aufbrechung von Grenzen bleibt außen vor. Bachmann-Mehdick verweist auf einen Diskurs kultureller Differenzen und ein eher pragmatisches Differenzkonzept, das „auf Aushandeln statt auf fixierte Unterschiede bezogen" ist und das der „Möglichkeit der Infragestellung und des Widerspruchs in konkreten Interaktionssituationen Raum" (Bachmann-Mehdick 1996a, S. 41) gibt.

> Eine ethnologisch orientierte Literaturanthropologie [...] untersucht, wie literarische Texte an umfassenderen Vorgängen der Symbolisierung teilhaben, die ausdrücklich an kulturelle Praktiken sozialer Gruppen, an ethnische und geschlechtsspezifische Differenzen und politische Machtgefüge rückverwiesen sind. (Bachmann-Mehdick 1996a, S. 15)

In diesem Zugang, der durch die Metapher „Kultur als Text" oder „Kultur als Performance" zusammengefasst werden kann, findet sich die konstruktive Aufnahme postmoderner und postkolonialer Argumentationen, z.B. die angloamerikanischen *cultural studies*, Überlegungen von Clifford Geertz oder postkoloniale Positionen wie die Homi Bhabhas.

Im Kontext der Ansätze einer anthropologisch-ethnologischen Literaturwissenschaft werden gerade literarische Texte aus postkolonialen Zusammenhängen als zentral erachtet, insofern als eine Horizonterweiterung durch diese Texte als dringlich betrachtet wird, da „die neuen Weltliteraturen, die Literaturen der Dritten Welt, die 'hybriden' Literaturen der sich vielfältig überschneidenden Kulturen der Diaspora das vertraute Modell von Nationalliteraturen ebenso vehement aufrütteln wie den universellen Geltungsanspruch westlicher Literaturstandards und ihres Kanons." (Bachmann-Mehdick 1996a, S. 12)

Kolonialliteratur, Migrantenliteraturen, Literaturen der „Dritten Welt" oder auch Frauenliteratur werden als besonders aufschlussreich betrachtet, da gerade hier Machtverhältnisse, kulturelle Hierarchien und soziale Konflikte aus einer marginalisierten Perspektive gesehen werden. Darüber hinaus geht es auch darum „Marginalisierungsprozesse im Literaturkanon zu analysieren und zu revidieren." (Bachmann-Mehdick 1996a, S. 36) Hier spielen immer wieder Argumentationen eine Rolle, in denen die Selbstdarstellung der an die Peripherie gedrängten oder ausgegrenzten Literaturen, die postkoloniale Gegenbewegung der nicht kanonisierten Texte und kulturelle Differenzen auf der Basis eines poststrukturalistischen Differenzbegriffs betont werden.

> Beispielhaft für Weltliteratur wären hier (literarische) Texte, die sich selbst in Weltbeziehungen lokalisieren und in denen kulturelle Positionsbestimmungen reflektiert bzw. ausgestaltet werden [...]. Grundlage solcher Texte ist mehr denn je die Verarbeitung von wirklich erfahrener Alterität und selbst durchlebten Kulturenkonflikten, die weit hinausgeht über eine bloße literarische Imagination fremder Welten, [...]. (Bachmann-Mehdick 1996b, S. 273)

Diese Sichtweisen lassen sich konstruktiv im Blick auf literaturdidaktische Fragestellungen und auf den fremdsprachlichen Literaturunterricht weiterentwickeln.

2 Intertextualität

Auch andere Positionen in der Literaturdidaktik nehmen Überlegungen aus der Postmoderne auf und entfalten ein Verständnis des Umgangs mit (literarischen) Texten, in dem Begriffe wie Intertextualität, Hybridisierung und Transkulturalität von zentraler Bedeutung sind.

Der in der Literaturwissenschaft diskutierte Fokus auf Intertextualität (vgl. z. B. Stocker 1998, Orr 2003) wird ebenfalls in der fremdsprachlichen Literaturdidaktik diskutiert (vgl. z. B. Hallet 2002). Ein an Intertextualität orientierter Fremdsprachenunterricht steht in Zusammenhang mit postmodernen Überlegungen sowie mit der Wahrnehmung gesellschaftlicher Realitäten im Zeichen von Individualisierung, Globalisierung und Digitalisierung. Die postmoderne Absage an die großen Metaerzählungen (vgl. Lyotard 1994) und an eindeutige Orientierungen und Strukturen führt zu hybriden und patchworkartigen Konzepten, in denen Sinn und Bedeutung durch Kommunikation erst konstruiert werden müssen. Aus diesen Überlegungen heraus steht Intertextualität als didaktische Kategorie für den Fremdsprachenunterricht im Kontext diskurstheoretischer und kulturpoetischer Ansätze (vgl. Hallet 2002, S. 16ff.), was zur Abkehr von der Dominanz des Einzeltexts führt.

Dies bedeutet einen offenen Textbegriff und die Erweitung von Intertextualität zu Hypertextualität (Hallet 2002, S. 102ff.). Der Fremdsprachenunterricht wird so zum Spiel der Texte und bildet den Rahmen für Verstehensprozesse gerade durch die Verknüpfung von Texten. Verstehen führt zu einem Prozess des Austauschs kultureller Bedeutungen und Erfahrungen. Dabei unterscheidet Hallet drei Diskurssphären: eine eigenkulturelle, eine zielkulturelle und eine transkulturelle, die jenseits der Dichotomie stehe, global und undefinierbar sei und zur Infragestellung der Kategorie Fremdheit führe (Hallet 2002, S. 42ff.). Aus diesen drei Diskurssphären entsteht der Fremdsprachenunterricht als eigener Raum, der einen Rahmen für das Interplay der Kulturen bietet. Damit lässt er sich als offener Prozess der Hybridisierung, der Relativität kultureller Vorstellungen und Wahrnehmungen sowie der Verflüssigung der Grenzen betrachten.

Diese theoretischen Überlegungen bilden den Ausgangspunkt zur Konkretisierung didaktischer Vorstellungen: Eine intertextuell orientierte Textdidaktik hat vielfältige Beziehungen aller Texte im Blick, sie verzichtet auf letztgültige Bedeutungen (wobei die Frage nach der Wahrheit bewusst offen gelassen wird, vgl. Hallet 2002, S. 60), sie betrachtet Texte immer als Intertexte, als Bestandteile eines Bedeutungsgewebes und sie sieht Bedeutung immer im Zusammenspiel mit anderen Texten. Im Fremdsprachenunterricht sollten demzufolge ausgewählte Texte verschiedene gesellschaftliche Diskurse repräsentieren, Textbeziehungen sollten unter besonderer Berücksichtigung von Schülertexten reflektiert und intertextuelle Verweise gesucht werden.

Der auf Intertextualität zielende Ansatz birgt ein spannendes Potenzial an Ideen, die zu konstruktiven Veränderungen und Erweiterungen des Fremdsprachenunterrichts anregen können. Stärkung der Schülerperspektiven und Vielfalt des Austauschs im Kontext von Kulturen bergen Offenheit und Abkehr von eingrenzenden Normierungen, Hierarchisierungen und statischem, dichotomem Denken. Doch daneben steht eine postmoderne Euphorie in der Wahrnehmung von Hypertexten, der vermeintlichen Auflösung von normierenden Kategorien und der Zugänglichkeit für alle. Darin liegt auch die Gefahr der unreflektierten Dominanz westlicher Industriestaaten und ihrer Kultur sowie eine ungleiche Gewichtung des transkulturellen Potenzials des Englischen als *lingua franca* gegenüber einer kulturellen Vorherrschaft, in der andere Kulturen und Sprachen ausgeblendet bleiben. Darüber hinaus stellt sich die Frage, wie sich vor dem Hintergrund postmoderner Beliebigkeit die Frage nach Wahrheit beantworten lässt. Diese Gefahren müssen gesehen werden, sollten jedoch nicht zur kategorischen Absage an die Möglichkeiten der Postmoderne, der Hybridisierung von Kulturen und in der Folge des Ansatzes von Intertextualität führen.

An den hier skizzierten Positionen werden aktuelle Entwicklungsstränge in literaturdidaktischen Diskursen deutlich erkennbar. Es kommen insgesamt Aufbrechungen dichotomer und ontologisierender Sichtweisen zum Tragen und offene Aushandlungsprozesse im Kontext von Transkulturalität und Intertextualität werden anvisiert.

3 Mehrsprachigkeit

Meine an Hallet formulierte Kritik wendet sich u.a. dagegen, dass bei ihm das Englische gegenüber anderen Sprachen relativ unreflektiert dominierend gehandelt wird. Demgegenüber hat sich gerade im Bereich der Didaktik der romanischen Sprachen ein Gegenpol zur Dominanz des Englischen in Überlegungen zur Mehrsprachigkeitsdidaktik entwickelt.

Dabei werden enge Parallelen innerhalb der romanischen Sprachen genutzt. In der Fremdsprachendidaktik erfolgt die Diskussion dieser Parallelen insbesondere in Bezug auf die romanischen Sprachen und ein bewusster Bezug auf sie wird in der Mehrsprachigkeitsdidaktik angestrebt, wobei u. a. Gemeinsamkeiten romanischer Sprachen für ein interlinguistisches Verständnis genutzt werden sollen (Meißner/Reinfried 1998, Meißner 2002). Dies bedeutet auch, verschiedene intralinguistische Transfers anzuvisieren: Transfer aus der Ausgangssprache (L1), der Brückensprache (L2, L3) und der Zielsprache (L3, L4, L5) sowie schließlich den kognitiven didaktischen Transfer über den eigenen Lernprozess (vgl. Meißner 2002, S. 13ff.). Eine besondere Bedeutung kommt hierbei der Brückensprache zu, die zur Überbrückung zwischen Ausgangs- und Zielsprache fungiert.

Aus sprachpolitischen und linguistischen Gründen favorisiert Horst Klein das Französische als Brückensprache für die romanischen Sprachen, obwohl im Grunde auch andere romanische Sprachen die Funktion einer Brückensprache erfüllen können (Klein 2002, S. 40ff.). Überlegungen zur Mehrsprachigkeitsdidaktik zielen nicht auf aktive und umfassende Beherrschung zahlreicher Fremdsprachen, sondern eher auf breite passive, auf einer Brückensprache basierende Sprachkenntnisse in weiteren Sprachen, die je nach Bedarf vertieft und aktiviert werden können.

Eine Möglichkeit für deutschsprachige Lehrende und Studierende, „den Mehrsprachigkeitstransfer innerhalb der Romania zu aktivieren und Lesekompetenz in allen romanischen Sprachen zu erreichen“ (Klein 2002, S. 44) wird mit dem Projekt EuroComRom (Klein/Stegmann 2000) anvisiert. Das Ziel besteht nicht in einer *near native*-Kompetenz, sondern es geht um die Entwicklung rezeptiver Mehrsprachigkeit, um rezeptive (Lese)Kompetenz sowie um die kognitive Nutzung von Verwandtschaftsbeziehungen zwischen Sprachen (Klein 2002, S. 36). In diesem Zusammenhang geht es u. a. darum, bestimmte Strategien zu entwikkeln bzw. bewusst zu machen.

Dieser Ansatz zielt primär auf sprachdidaktische Überlegungen und impliziert bildungspolitische Aspekte. Anvisiert wird vor allem, Parallelen zwischen romanischen Sprachen zu nutzen und daraus mindestens passive Sprachkenntnisse zu fördern. Die genannte Lesekompetenz wird hier eher so verstanden, dass z. B. Sprecher des Französischen Texte in anderen romanischen Sprachen lesen können. Literaturdidaktische Überlegungen im engeren Sinne werden in der Mehrsprachigkeitsdidaktik zunächst nicht formuliert.

Dennoch lässt sich dies auf literaturdidaktische Zielsetzungen erweitern und auf meinen eher auf inhaltliche als auf sprachdidaktische Fragestellungen bezogenen literaturdidaktischen Ansatz beziehen. Wenn Mehrsprachigkeitsdidaktik bedeutet, mehrere Sprachen gleichwertig zu unterrichten, dann bedeutet dies auch, Möglichkeiten des sprachenübergreifenden Lesens anzuvisieren. Warum sollte immer nur ein zentraler Text im Fremdsprachenunterricht gelesen und bearbeitet werden? Bestimmte inhaltliche Schwerpunkte lassen sich aus verschiedenen Perspektiven und durch Texte in verschiedenen Sprachen sicherlich vertieft und differenzierter analysieren als nur durch den Fokus auf einen einzigen und damit Norm setzenden Text.

4 Sprachenübergreifendes Lesen

Zahlreiche Konsequenzen aus den hier formulierten fremdsprachendidaktischen und literaturdidaktischen Diskursen wären vorstellbar. Sie könnten auf verschiedene Bereiche bezogen werden, so z. B. auf Fragen nach Kriterien zur Auswahl von Texten für den schulischen Fremdsprachenunterricht, auf Fragen nach Zugangsweisen und Umgangsweisen mit den Texten, nach didaktischen Begründungen und methodischen Überlegungen zur Umsetzung im Unterricht selbst, nach Zielsetzungen und deren Implikationen.

Die bislang genannten drei Bezugsfelder – hybride Literaturen in der Postmoderne, Intertextualität und Mehrsprachigkeit – legen einen Zugang zu literarischen Texten nahe, in dem ein intertextuelles Bedeutungsgewebe sprachenübergreifend gesponnen wird. Mein Fokus auf inhaltliche und sprachliche Offenheit im Umgang mit literarischen Texten könnte somit dazu führen, gerade und bewusst Texte aus verschiedenen Sprachen im Literaturunterricht miteinander zu kombinieren. Damit könnten unterschiedliche Sichtweisen und Bedeutungskonstruktionen auf ein bestimmtes Thema explizit zum Gegenstand gemacht werden.

Ein solches literaturdidaktisches Vorgehen ließe sich auf zahlreiche Beispiele beziehen. Zur Verdeutlichung konzentriere ich mich im Folgenden beispielhaft auf zeitgeschichtliche Kinder- und Jugendliteratur, die die Zeit des 2. Weltkriegs, den Nationalsozialismus in Deutschland und vor allem die Shoah zum Gegenstand hat und untersuche ihr Potenzial für einen (fremd)sprachlichen Literaturunterricht. Dieser Themenbereich umfasst sehr viele Aspekte und betrifft Menschen mit mehreren nationalen und kulturellen Hintergründen. Daher eignen sich der 2. Weltkrieg und die Shoah sehr gut für einen solchen fächerübergreifenden Zugang zu literarischen Texten. Warum nun aber Kinder- und Jugendliteratur?

5 (Zeitgeschichtliche) Kinder- und Jugendliteratur

Literarischen Texten, insbesondere der Kinder- und Jugendliteratur, wird in curricularen Vorgaben (vgl. z. B. Hessisches Kultusministerium 2003) oder auch in der fremdsprachendidaktischen Fachliteratur (z. B. Bartels 1999, Friot 1999, Fery 2000) ein zentraler Stellenwert eingeräumt. Dabei werden immer wieder sprachliche und motivationale Argumente angeführt: So besteche Kinder- und

Jugendliteratur durch eine einfache und jugendgemäße Sprache, die sich auch für Fremdsprachenlernende anbiete. Neben der Authentizität der Texte seien auch die Inhalte adressatenspezifisch und damit insbesondere für Jugendliche geeignet (Fery 2000, S. 66f.). Als Nachteil wird für den Fremdsprachenunterricht auf die Diskrepanz zwischen den Zielgruppen, d. h. dem fremdsprachlichen Niveau von Schülerinnen und Schülern einerseits und den jugendlichen französischsprachigen Lesenden andererseits, hingewiesen.

Neben diesen spezifischen fremdsprachendidaktischen Argumenten werden in der Deutschdidaktik weitere Aspekte diskutiert. Hierzu gehören der Adressatenbezug oder Fragen nach dem Inhalt. Neuere Kinder- und Jugendliteratur zeichne sich durch Mehrfachadressiertheit sowie durch Emanzipation von einer „Schonliteratur“ aus, die „aktuelle, heikle und kontrovers zu diskutierende Themen aufgreift und diese in einer literarischen Form präsentiert, die die Rezipienten als Mit-Denker und Mit-Verantwortliche ernst nimmt.“ (Rösch 2000, S. 9f.)

Diese Entwicklung lässt sich insbesondere auf zeitgeschichtliche Kinder- und Jugendliteratur beziehen. Nach Malte Dahrendorf (1997, S. 205) wird darunter meist erzählende Literatur verstanden, deren Geschichten vor zeitgeschichtlichem Hintergrund spielen oder die Zeitgeschichte explizit zum Gegenstand machen. Der Schwerpunkt liegt dabei insbesondere auf dem Nationalsozialismus und seinen Folgen. Bevorzugte Themen sind Judenverfolgung, Widerstand, Krieg, Nachkriegszeit, Flucht und Vertreibung (Lange 2000, S. 462ff.). In der deutschsprachigen Kinder- und Jugendliteratur wird die Handlung meist im Alltagsleben angesiedelt, das wirklich Grauenvolle und das Konzentrationslager bleiben meist ausgeklammert (Lange 2000, S. 471f.). Eine Ausnahme bildet dabei Gudrun Pausewangs *Reise im August* (1993), die die einwöchige Fahrt eines Mädchens im Viehwaggon nach Auschwitz schildert.

Die Analyse der zeitgeschichtlichen Kinder- und Jugendliteratur fokussiert Fragen wie die Gegenstandsangemessenheit (historische Korrektheit, Repräsentativität), die literarische Gestaltung (z. B. Wahl des Protagonisten, Erzählperspektive und Erzählstruktur) oder auch die Altersangemessenheit im Blick auf die jugendlichen Leser und Leserinnen (Lange 2000, S. 483ff., Ewers 2005). Kontroversen kreisen dabei um die Zumutbarkeit der Inhalte für die jugendlichen Leser, um das Spannungsverhältnis zwischen pädagogischen Intentionen und der Angemessenheit der Darstellung der nationalsozialistischen Wirklichkeit oder auch um die historische Reduktion bzw. Verfälschung der Geschichte durch die für jugendliche Adressaten verfasste Literatur (Lange 2000, S. 487ff.). Darüber hinaus wird auch die Relevanz autobiografischer Erinnerungsarbeit der Autoren selbst diskutiert (Ewers 2005).

Der Fachdiskurs geht bislang jedoch kaum über die Grenzen der Fremdsprachendidaktik oder der Deutschdidaktik hinaus. Gerade am Beispiel zeitgeschichtlicher Kinder- und Jugendliteratur könnte sich ein fächerübergreifender

Ansatz als spannend erweisen, da sich die unterschiedlichen Diskussionsschwerpunkte gegenseitig sinnvoll ergänzen könnten und da kultur- bzw. nationalspezifisch unterschiedliche Zugänge zu Shoah und 2. Weltkrieg eine breite Facette intertextueller Verwobenheiten sichtbar machen könnten.

6 Literarisches *Patchwork*

Muttersprachlicher und fremdsprachlicher Literaturunterricht sind in der schulischen Praxis mehrheitlich auf die Lektüre eines Einzeltexts ausgerichtet. Die intertextuelle Verknüpfung einer größeren Anzahl an Texten oder gar Fächer verbindende bzw. fächerübergreifende Zugänge kommen eher selten zum Tragen. Doch gerade bei zeitgeschichtlicher Kinder- und Jugendliteratur bietet sich die kombinierte Lektüre mehrerer Texte an, um so unterschiedlichen Sichtweisen auf Nationalsozialismus, 2. Weltkrieg und Shoah Rechnung zu tragen. Dieses Thema muss zwangsläufig unterschiedlich bearbeitet sein, da historische, kulturelle und gesellschaftspolitische Rahmenbedingungen die Sichtweisen der Autoren und die Rezeptionsweisen dieser Texte in verschiedenen Ländern beeinflussen. Ein solches sprachenübergreifendes Vorgehen im Literaturunterricht trägt den eingangs genannten literaturdidaktischen Überlegungen Rechnung, insofern als im Sinne der ethnologisch orientierten Literaturanthropologie Erfahrungen von Alterität im Mittelpunkt stehen und literarisch verarbeitet werden. Postmodernen Überlegungen zu Hybridität und Differenz wird ebenso Rechnung getragen wie Aspekten der Intertextualität und der Mehrsprachigkeit.

Im Folgenden möchte ich zunächst Beispiele zeitgeschichtlicher Kinder- und Jugendliteratur vorstellen und anschließend die Tragfähigkeit eines fächerübergreifenden und projektorientierten Literaturunterrichts ausloten. Dabei wähle ich einen Text eines hebräischen Autors (Orlev 1988), einer amerikanischen Autorin ungarischer Herkunft (Leitner 1978) und eines französischen Autors (Gutman 1989). Allen drei Autoren ist gemeinsam, eigene biografische Erfahrungen literarisch zu verarbeiten.

Uri Orlev: *Der Mann auf der anderen Seite*

Der 1931 geborene Uri Orlev, dessen Kindheit durch die Ereignisse im Warschauer Getto und sein eigenes Überleben geprägt ist, lebt heute in Israel und gilt als einer der bekanntesten Vertreter der Kinder- und Jugendliteratur. In seinen Texten verarbeitet er immer wieder seine Kindheit und Jugendzeit. In dem 1988 publizierten Text *Der Mann auf der anderen Seite* schildert er die Jugendgeschichte eines Bekannten: Der 14jährige Marian lebt mit seiner Mutter und seinem Stiefvater im polnischen Teil des besetzten Warschaus. Marian hilft seinem Stiefvater, Waren und Nahrungsmittel durch die Kanalisation ins Getto zu schmuggeln und dort teuer zu verkaufen. Das ursprünglich rein geschäftliche Interesse wandelt sich, als Marian erfährt, dass er selbst Halbjude ist. Seine Einstellung zu den Juden verändert sich dadurch grundlegend. Marian versteckt einen aus dem Getto geflohenen Juden, Herrn Józek. Kurze Zeit später, als der Aufstand im Getto ausbricht, führt Marian ihn durch die Kanalisation zurück ins Getto. Herr Józek stirbt noch am selben Tag, Marian hingegen überlebt.

Dieser ursprünglich in Evrit verfasste Text liegt ebenfalls auf Deutsch vor. Im Mittelpunkt steht jüdisches Leben im besetzten Warschau, erzählt aus der Perspektive eines jungen Polen. Die Rahmenerzählung bildet die Begegnung des erwachsenen Marian mit dem Autor in Israel. Der Text ist insgesamt ansprechend und spannend gestaltet. Die Erzählperspektive, d. h. die Sicht eines jugendlichen Polen, macht zunächst die Gleichgültigkeit und Distanz gegenüber den im Getto lebenden Juden sowie die Selbstverständlichkeit antisemitischer Einstellungen deutlich. Durch den grundlegenden Einstellungswandel Marians kommt darüber hinaus Verstehen und Empathie zum Tragen. Die ursprünglich befremdlich wirkenden Juden werden zu Menschen, deren Leben und Denken Marian (und damit auch den Leserinnen und Lesern) nahe, nachvollziehbar und identifikationsstiftend werden. Seine Solidarität geht schließlich so weit, sein eigenes Leben für den Juden Józek aufs Spiel zu setzen.

In der Rahmenerzählung werden die Ereignisse im Warschauer Getto als Erinnerung des alten Marian gestaltet, der den Autor Uri Orlev in den 1980er Jahren in Israel trifft. Damit wird der Erzählung Authentizität zugeschrieben und es wird ein offener Bezug zum heutigen Israel hergestellt.

Isabella Leitner/Irving A. Leitner: *Fragments of Isabella*

Einen ganz anderen Schwerpunkt bzw. Zugang legt Isabella Leitner, die als Kind Auschwitz überlebte und 30 Jahre später ihre Deportation sowie ihre Erfahrungen im Konzentrationslager literarisch verarbeitet und auf Englisch in den USA publiziert.

Die Rahmenhandlung ist sehr ergreifend geschildert: Isabella kommt mit ihren Schwestern nach Auschwitz, ihre Mutter stirbt auf dem Weg dorthin. Die jugendlichen Mädchen unterstützen sich im Lager und geben sich gegenseitig Mut und Lebenswillen. Nach Auflösung des KZ wegen des Heranrückens der russischen Armee werden die letzten Insassen nach Bergen Belsen transportiert. Auf diesem Weg gelingt drei der Schwestern die Flucht. Eine Schwester stirbt hingegen. Nach der Befreiung bekommen die überlebenden Schwestern ein Visum für die USA und verlassen Europa. Isabella verarbeitet ihre Erfahrungen literarisch und publiziert den Text 30 Jahre später.

Sie beschreibt die acht in Auschwitz verbrachten Monate aus der Retrospektive, als Erinnerung, als endgültige Möglichkeit, den Tod hinter sich zu lassen. Im

Vordergrund steht das innere Erleben der Ereignisse, weniger die präzise und genaue Darstellung z. B. eines Tagesablaufs im KZ. Stattdessen werden die Dramatik und existenzielle Erschütterung der einzelnen Lagerinsassen ausgelotet, ihr Leid und ihre Qualen, ihre Verzweiflung und vor allem ihr Verhältnis zum Tod – Selektion durch die SS, Gang ins Krematorium – geschildert. Die Opfer stehen jedoch nicht isoliert und allein da: Isabella Leitner schildert ebenfalls die Mechanismen, den Überlebenswillen der Einzelnen aufrechtzuerhalten: durch Zusammenhalt der vier Schwestern, durch Zeichen von Mitleid und Empathie mit anderen, die Isabella symbolisch dem Bösen der SS entgegensetzt.

Dieser Text aus dem Ravensburger Verlag ist eindeutig als Kinder- und Jugendbuch gekennzeichnet. Damit ist er ein charakteristisches Beispiel für die eingangs erwähnte Mehrfachadressiertheit heutiger Kinder- und Jugendliteratur. Der Text selbst ist auch für Erwachsene ausgesprochen „spannend" und ergreifend. Als Zielgruppe können all jene verstanden werden, die sich intensiv mit der Binnenperspektive einer Auschwitz Überlebenden auseinandersetzen wollen.

Claude Gutman: *La loi du retour*

Weit weniger dramatisch und existenziell bedrohlich ist die Trilogie Gutmans, der auf Französisch die fiktive Lebensgeschichte des im besetzten Paris lebenden jüdischen Jungen David schildert. Hier ist das Grauen der Shoah nur indirekt erwähnt, z. B. in Form von Andeutungen und Vermutungen oder auch mit Hinweisen auf deportierte Nachbarn u. a.

Die genannte Trilogie umfasst drei Romane: *La maison vide* (Gutman 1989); *L'hôtel du retour* (Gutman 1991) und *Rue de Paris* (Gutman 1993).

Im Mittelpunkt steht der anfangs 13jährige David Grunbaum, der mit seinen Eltern im Paris der 1940er Jahre lebt. Die Familie versteht sich der jüdischen Kultur verhaftet, ist jedoch nicht besonders religiös. Der Nationalsozialismus in Deutschland und die Besetzung von Paris durch die Deutschen verändern das Leben in dem ärmlichen jüdischen Viertel grundlegend: Der 13jährige David muss nachts bei den Nachbarn schlafen. Eines Nachts werden seine Eltern deportiert und David muss hilflos zuschauen. Er überlebt als vermeintlich christlicher Schüler in einem Internat und anschließend in einem illegalen Kinderheim für elternlose jüdische Kinder.

Im nächsten Band, *L'hôtel du retour* (Gutman 1991) muss der inzwischen 15jährige David weiter um sein Überleben kämpfen. Er steckt all seine Energie in sein einziges Ziel, seine Eltern wieder zu finden. Nach der Befreiung kehrt er nach Paris in die alte Heimat zurück. Doch hier hat sich alles verändert: Die alten jüdischen Geschäfte existieren nicht mehr, Paris und Umgebung sind von Besatzung und Krieg gezeichnet. Die Hoffnungen des Jungen, seine Eltern wieder zu finden, werden schließlich schwer enttäuscht: Gerüchte über Konzentrationslager verdichten sich unter den jüdischen Nachbarn und eines Tages findet David den Weg ins Hôtel Lutetia, das zentrale Empfangslager in Paris für Kriegsflüchtlinge und Überlebende aus Arbeits- und Konzentrationslagern. Hier erfährt er, dass seine Eltern bei ihrer Ankunft im Lager erschossen wurden.

Im dritten Teil der Trilogie, *Rue de Paris* (Gutman 1993) muss David mit dem Tod seiner Eltern zurechtkommen. Er geht in ein Kinderheim für elternlose jüdische Kinder, wo er als Betreuer arbeitet. Hier finden sich Anhänger des zionistischen Gedankens, man zielt auf die Rückkehr nach Eretz-Israel. David ist auch dabei. Das Leben in Israel erfüllt die Träume und Sehnsüchte Davids nach Frieden und Harmonie jedoch nicht. Nach zahlreichen Konflikten innerhalb des Kibbuz und mit den Briten entscheidet er sich, nach Frankreich und damit nach Hause zurückzukehren. In Frieden mit sich selbst und seinem Schicksal kommt er zurück nach Paris, zurück zu Mme Bianchotti und M. Rosenbaum, seinen alten Nachbarn.

Der Autor Claude Gutman, 1946 in Palästina, damals unter britischem Mandat, geboren, lebt heute mit seiner Familie in Paris. Hier schreibt er zahlreiche Kinder- und Jugendbücher. Einen Schwerpunkt unter anderen bildet die Shoah. 1981 publiziert er *Les réparations*, eine autobiografische Erzählung, in der er sich selbst als „un enfant juif de l'après-guerre, hanté par le souvenir d'impalpables moribonds" (Gutman 1991, S. 116) bezeichnet. Im Schreiben versucht er, seine Erfahrungen und seine Erinnerungen an diese Geschichte aufzuarbeiten sowie mit eigenen Schuldgefühlen zurechtzukommen.

Dies wird auch in den drei Romanen aus der Reihe *La loi du retour* deutlich. Sie schließen direkt aneinander an und hören jeweils abrupt auf. Das Ende von Teil 1 und Teil 2 ist ein schreckliches; eine harmonisierende und optimistische Lösung wird den Leserinnen und Lesern verweigert. Die Grausamkeiten des Krieges und vor allem der Shoah werden kaum verharmlost. Im Mittelpunkt stehen der Alltag und vor allem die psychischen Konsequenzen, die die überlebenden Kinder und Jugendlichen aushalten müssen. Die Schilderung der inneren Kämpfe und der Verzweiflung von David Grunbaum und anderer Kinder im Roman ist sehr lebendig und lässt die uns so ferne Wirklichkeit sehr nahe erscheinen.

Aufgrund der Rahmenhandlung ist die Lektüre jedoch weit weniger ergreifend als die Schilderung Isabella Leitners über ihre Erfahrungen im Konzentrationslager. David selbst überlebt alle Grausamkeiten des Krieges aus Distanz und muss indirekt damit fertig werden.

7 Begründungen und Zielsetzungen für den Literaturunterricht

Die genannten Textbeispiele machen deutlich, in welcher Form unterschiedliche Perspektiven und Schwerpunkte in der Darstellung der Shoah in zeitgeschichtlicher Kinder- und Jugendliteratur zum Tragen kommen können: verschiedene Grade der Nicht-Nennung, der Andeutung, der Darstellung der Grausamkeit der Vernichtung; unterschiedliche Perspektiven (auktorialer Erzähler, Ich-Erzähler mit großer oder geringer Distanz zur eigenen Biographie, bewusste und explizite Darstellung eigener Erfahrungen, Wahl fiktiver Protagonisten), Traditionen der Erinnerung, kulturspezifische Verortungen und andere Aspekte. Dieses Spektrum an Zugängen zu dem Thema und darüber hinaus unterschiedlicher Sprachen lässt es sinnvoll erscheinen, die eingangs genannten literaturdidaktischen Überlegungen zu Hybridität, Intertextualität, Vielstimmigkeit und Mehrsprachigkeit in einem fächerübergreifenden Literaturunterricht sprachübergreifend umzusetzen. Zielsetzungen eines solchen Projekts könnten darin bestehen,

- die Vielfalt und Vielstimmigkeit der literarischen Darstellung der Shoah sichtbar und bewusst zu machen,
- biografische, historische, nationale, kulturelle, gesellschaftliche und soziale Kontexte der einzelnen literarischen Texte herauszuarbeiten und miteinander zu vergleichen,
- sprachliche und inhaltliche Interdependenzen zu analysieren (z. B. durch Vergleich von Originalversionen und Übersetzungen, insbesondere von Titeln der Texte),
- die Produktion und Rezeption dieser Texte in historische, nationale und gesellschaftspolitische Zusammenhänge zu stellen,
- Möglichkeiten und Grenzen der Auseinandersetzung mit der Shoah in der Vielfalt der Kinder- und Jugendliteratur auszuloten.

Ein solches Verständnis des Literaturunterrichts stellt insbesondere die inhaltliche Seite der Auseinandersetzung mit Texten in den Mittelpunkt. Sprachliche bzw. fremdsprachliche Aspekte werden eher nachrangig behandelt. Dies bedeutet, dass als Zielgruppe eher fortgeschrittene und ältere Schülerinnen und Schüler der Sekundarstufe II anvisiert werden sollten – nicht allein aus fremdsprachendidaktischen Gesichtspunkten heraus, sondern auch vor dem Hintergrund der zu thematisierenden Inhalte um die Shoah. Mit dieser Altersgruppe lassen sich die komplexen Inhalte vermutlich differenzierter diskutieren als mit jüngeren Schülerinnen und Schülern.

Ein mögliches fächerübergreifendes Leseprojekt zwischen dem Deutsch- und dem Fremdsprachenunterricht setzt bei Lehrenden ein Umdenken und die Abkehr von fachbezogenem und in der Regel auf einen Text bezogenen Literaturunterricht voraus. Schwerpunkte eines sprachübergreifenden Projekts könnten darin liegen

- intensive und extensive Lesephasen bezogen auf die einzelnen Texte durchzuführen,

- Vergleiche zwischen den einzelnen Textfassungen – Originalversion und Übersetzungen – anzustellen (z. B. Vergleich von Titel, von Passagen in Original und Übersetzung, von Layout, Umschlaggestaltung),
- Vergleiche zwischen den verschiedenen Texten vorzunehmen (Vergleich von Erzählperspektive, inhaltlichen Schwerpunkten, literarischer Umsetzung),
- intertextuelle Bedeutungsgewebe zu erstellen, indem weitere Intertexte zum vertieften Verständnis der Bedeutung der Shoah herangezogen werden (z. B. historische Quellen, Internetseiten z. B. der Gedenkstätte Auschwitz heute, autobiografische Texte von Zeitzeugen),
- das Jahr der Publikation des jeweiligen Textes historisch und gesellschaftspolitisch zu analysieren sowie die Rezeption des Textes zu diskutieren,
- das Layout und die Umschlaggestaltung im Blick auf die Texte zu analysieren.

Worin liegen nun die Vor- und Nachteile, die Stärken und Schwächen eines solchen Zugangs zu literarischen Texten?

Die bewusste Bezugnahme auf eine größere Anzahl von Texten macht zunächst unterschiedliche Sichtweisen verschiedener Autoren auf den inhaltlichen Schwerpunkt deutlich. Natürlich wird eine Auschwitz Überlebende den „Stoff" grundlegend anders behandeln als ein Autor wie Claude Gutman, der selbst nicht direkt von der Shoah betroffen ist. Der Vergleich zwischen dem unbedingten und unmittelbaren autobiografischen Blickwinkel und den Darstellungen aus einer distanzierten Sicht kann die tiefe Bedeutung der Shoah für die jeweiligen Beteiligten gut verdeutlichen und zu jeweils unterschiedlichen Stellungnahmen herausfordern.

Die umfassende Bedeutung der Shoah kann in einem mehrsprachigen intertextuellen Bedeutungsgewebe weit differenzierter erahnt werden als durch den alleinigen Fokus auf einen einzigen Text. Erst durch die Vielfalt und Vielstimmigkeit können zahlreiche Dimensionen sichtbar gemacht werden und es kann eine Ahnung davon erfolgen, wie unabgeschlossen unser Zugang heute zur Shoah sein kann und muss. Gerade auch durch einen mehrsprachigen Zugang und die explizite Bezugnahme auf literarische Texte aus mehreren Sprachen kann der genannten Vielstimmigkeit Rechnung getragen werden.

Der Zugang der ethnologisch orientierten Literaturanthropologie, die gerade Erfahrungen von Alterität und von Marginalisierungsprozessen auf der Spur ist, kann hier helfen, das Ausgegrenzte, das Verschwiegene und das Tabuisierte erfahrbar zu machen. Die Auseinandersetzung mit den Lebenserfahrungen der in der Shoah Verfolgten und Ermordeten führt zu Grenzerfahrungen und Grenzsituationen, die die Grundfragen des Lebens berühren. Trotz und gerade angesichts von Überlegungen, Kinder und Jugendliche heute zu schonen und die Gewalt und Grausamkeit der Shoah von ihnen fern zu halten, halte ich die Thematisierung der Shoah als grundlegend sinnvoll, selbst wenn im Bereich der Kinder-

und Jugendliteratur die Angemessenheit der historischen Darstellung nicht in gleichem Maße erfolgen kann wie in reiner Erwachsenenliteratur. Die genannten Beispiele machen jedoch deutlich, dass dieser Kritikpunkt eher weniger zutrifft.

Der Fokus auf ein intertextuelles und mehrsprachiges Bedeutungsgewebe beinhaltet jedoch auch einige Schwierigkeiten. Aus unterrichtspragmatischen Gründen heraus kann ein einzelner Text weit intensiver und ausgiebiger erarbeitet werden. Die Auseinandersetzung mit einem einzigen Text entspricht weit mehr den üblichen Unterrichtstraditionen und Unterrichtserfahrungen von Lehrenden und Lernenden heute. Der intensive Blick auf zahlreiche Facetten im Umgang mit einem einzigen Text führt dazu, diesen genau und differenziert kennen zu lernen, zu erarbeiten und zu verstehen. Ein vergleichbares intensives Textverständnis kann in einem auf Intertextualität und Mehrsprachigkeit angelegten fächerübergreifenden Unterrichtsprojekt eher weniger erreicht werden. Hier wird Verstehen durch einen intertextuellen Blick angestrebt und führt damit zwangsläufig eher dazu, dem einzelnen Text weniger Raum zuzugestehen. Dies könnte zu etlichen Irritationen bei Lehrenden und Lernenden führen.

Darüber hinaus stellt sich grundlegend die Frage nach der Wahrheit, gerade auch angesichts der Gefahr postmoderner Beliebigkeit. Eine solche Inhaltsleere wäre gerade vor dem Hintergrund der Shoah fatal. Die Auseinandersetzung mit einem (theoretisch unendlichen) Textgewebe sollte nicht zu dem Eindruck unendlicher Dekonstruktionen führen, die letztlich zu keinem Abschluss kommen können. Auch müssen Werte und Normen im Angesicht von Leben und Tod benannt werden können, ohne im Anschluss sofort eine erneute Aufhebung und Dekonstruktion zu erfahren.

Diese Frage nach der Beliebigkeit im Kontext der Postmoderne verweist auch auf ein anderes Problem, das sich im Zusammenhang mit der Konstruktion intertextueller Bedeutungsgewebe stellt: die Unübersichtlichkeit des Textgewebes. Die im Prinzip unendlichen Möglichkeiten der Herstellung von Bezügen, intertextuell und intermedial, können sehr schnell Übersichtlichkeit, Struktur und Ordnung vermissen lassen. Wenn in einem intertextuell orientierten Literaturunterricht Schülerinnen und Schülern die Möglichkeit eröffnet wird, eigenständig nach weiteren Texten zu suchen, könnte dies zum Verlust von Orientierung und Ordnung führen. Aufgabe des Unterrichts wäre dann auch, Kriterien zur Einordnung der Texte zu entwickeln und Anleitung zur Interpretation z. B. von Filmen wie *Schindler's list* (Steven Spielberg) oder *Au revoir les enfants* (Louis Malle), von Internetseiten wie die der Gedenkstätte Auschwitz oder schließlich auch von historischen Dokumenten und historischen Einordnungen heute eröffnen.

Darüber hinaus lassen sich sicherlich auch fremdsprachliche Verständnisprobleme fantasieren. Schülerinnen und Schüler müssen zumindest in der Fremdsprache bzw. in den Fremdsprachen über ein eher fortgeschrittenes Niveau verfügen, um die komplexe Lektüre bewältigen zu können. Wenn das Lesen permanent durch mangelnden Wortschatz behindert wird, lassen sich kaum umfassende Zugänge zu den literarischen Texten erreichen oder auch die Motivation in der Auseinandersetzung mit den Texten nicht stärken. Wenn ein fremdsprachlicher Literaturunterricht primär dazu dienen soll, die Fremdsprache zu erlernen, Wortschatz und Grammatik daran zu üben und zu vertiefen, dann eignen sich die genannten Texte wohl weniger für dieses Anliegen. Wenn permanent Vokabeln erklärt werden müssen, könnte dies dem Erfassen und Verstehen des Inhalts abträglich sein.

8 Ausblick

Welche Schlussfolgerungen lassen sich aus diesen Überlegungen für die Literaturdidaktik und für den Literaturunterricht in der Schule ziehen? Postmoderne, Intertextualität und Mehrsprachigkeit erweisen sich als spannende Zugriffe auf literarische Texte, die neue Perspektiven eröffnen können. Dies führt nicht allein zu einem veränderten Verständnis der Texte selbst, sondern auch zu veränderten und neuen methodisch-didaktischen Umgangsweisen für den Literaturunterricht. Die gezielte Öffnung über die Fächergrenzen hinaus und eine strukturierte Kooperation zwischen dem Deutschunterricht und dem Fremdsprachenunterricht fordern ein grundlegendes Umdenken von allen am Unterrichtsgeschehen Beteiligten. Sich auf diesen Prozess einzulassen, wird sich jedoch als anregende Herausforderung erweisen und zahlreiche neue Perspektiven auf und mit literarischen Texten eröffnen.

Literatur

Bachmann-Medick, Doris: Einleitung. In: dies. (Hg.): Kultur als Text. Die anthropologische Wende in der Literaturwissenschaft. Frankfurt am Main: Fischer 1996a, S. 7–64.

Bachmann-Medick, Doris: Multikultur oder kulturelle Differenzen? Neue Konzepte von Weltliteratur und Übersetzung in postkolonialer Perspektive. In: dies. (Hg.): Kultur als Text. Die anthropologische Wende in der Literaturwissenschaft. Frankfurt am Main: Fischer 1996b, S. 262–296.

Bartel, Nicole u. a.: Tout va bien. Lehrwerk für den Französischunterricht. Bd. 3. Braunschweig: Diesterweg 2005.

Bartels, Hildegard: Grundsätzliches zur Behandlung von Kinder- und Jugendliteratur im Französischunterricht. In: französisch heute 4, 1999, S. 388–395.

Bhabha, Homi: Die Frage der Identität. In: Bronfen, Elisabeth/Marius, Benjamin/Steffen, Therese (Hg.): Hybride Kulturen. Beiträge zur anglo-amerikanischen Multikulturalismusdebatte. Tübingen: Stauffenburg 1997a, S. 97–122.

Bhabha, Homi: Verortungen der Kultur. In: Bronfen, Elisabeth/Marius, Benjamin/Steffen, Therese (Hg.): Hybride Kulturen. Beiträge zur anglo-amerikanischen Multikulturalismusdebatte. Tübingen: Stauffenburg 1997b, S. 123–148.

Bhabha, Homi: DissemiNation: Zeit, Narrative und die Ränder der modernen Nation. In: Bronfen, Elisabeth/Marius, Benjamin/Steffen, Therese (Hg.): Hybride Kulturen. Beiträge zur anglo-amerikanischen Multikulturalismusdebatte. Tübingen: Stauffenburg 1997c, S. 149–194.

Bronfen, Elisabeth/Marius, Benjamin/Steffen, Therese (Hg.): Hybride Kulturen. Beiträge zur anglo-amerikanischen Multikulturalismusdebatte. Tübingen: Stauffenburg 1997.

Dahrendorf, Malte/Shavit, Zohar (Hg.): Die Darstellung des Dritten Reiches im Kinder- und Jugendbuch. Frankfurt am Main: dipa-Verlag 1988.

Dahrendorf, Malte: Das zeitgeschichtliche Jugendbuch zum Thema Faschismus/Nationalsozialismus: Überlegungen zum gesellschaftlichen Stellenwert, zur Eigenart und zur Didaktik. In: Rank, B./Rosebrock, C. (Hg.): Kinderliteratur, literarische Sozialisation und Schule. Weinheim: Deutscher Studienverlag 1997, S. 201–226.

Deleuze, Gilles: Différence et répétition. 10. Auflage. Paris: Presses Universitaires de France 2000. (Epiméthée: essais philosophiques)

Derrida, Jacques: Positions. Entretiens avec Henri Ronse, Julia Kristeva, Jean-Louis Houdebine, Guy Scarpetta. Paris: Editions de minuit 1972.

Ewers, Hans-Heino: Zwischen geschichtlicher Belehrung und autobiografischer Erinnerungsarbeit. Zeitgeschichtliche Kinder- und Jugendliteratur von Autorinnen und Autoren der Generation der Kriegs- und Nachkriegskinder. In: Glasenapp, Gabriele von/Wilkending, Gisela (Hg.): Geschichte und Geschichten. Die Kinder- und Jugendliteratur und das kulturelle und politische Gedächtnis. Frankfurt am Main u. a.: Lang, S. 97–128.

Fery, Renate: Kinder- und Jugendliteratur aus Frankreich. Didaktische Überlegungen zu ihrem Einsatz im Fremdsprachenunterricht. In: Fery, Renate/Raddatz, Volker (Hg.): Lehrwerke und ihre Alternativen. Kolloquium Fremdsprachenunterricht. Bd. 3. Frankfurt: Lang 2000, S. 65–75, Foucault, Michel: Histoire de la sexualité I: La volonté de savoir. Paris: Gallimard 1976.

Foucault, Michel: Sexualität und Wahrheit. Bd. 1: Der Wille zum Wissen. Frankfurt: Suhrkamp 1979.

Friot, Bernard: La littérature de jeunesse en France. Quelques tendances actuelles. In: französisch heute 4, 1999, S. 414–423.

Geertz, Clifford: Dichte Beschreibung. Beiträge zum Verstehen kultureller Systeme. Frankfurt am Main: Suhrkamp 1987.

Gutman, Claude: La maison vide. Paris: Gallimard 1989, page blanche.

Gutman, Claude: L'hôtel du retour. Paris: Gallimard 1991, page blanche.

Gutman, Claude: Rue de Paris. Paris: Gallimard 1993, page blanche.

Hallet, Wolfgang: Fremdsprachenunterricht als Spiel der Texte und Kulturen. Intertextualität als Paradigma einer kulturwissenschaftlichen Didaktik. Trier: WVT Wissenschaftlicher Verlag Trier 2002.

Hessisches Kultusministerium: Lehrplan Französisch. Gymnasialer Bildungsgang. Jahrgangsstufen 5 bis 13. 2003. In: http://www.hessischeskulturministerium.de/downloads/lehrpl/gymnasium/Franzoesisch.pdf

Keupp, Heiner/Bilden, Helga (Hg.): Verunsicherungen. Das Subjekt im gesellschaftlichen Umbruch. Münchener Beiträge zur Sozialpsychologie. Göttingen u. a.: Verlag für Psychologie, Dr. C. H. Hogrefe 1989.

Klein, Horst G.: Das Französische: die optimale Brücke zum Leseverstehen romanischer Sprachen. In: französisch heute 33/1, 2002, S. 34–46.

Klein, Horst G./Stegmann, Tilbert G.: EuroComRom: Die sieben Siebe. Romanische Sprachen sofort lesen können. Aachen: Shaker 2000.

Lange, Günter: Zeitgeschichtliche Kinder- und Jugendliteratur. In: ders. (Hg.): Taschenbuch der Kinder- und Jugendliteratur. Bd. 1. Baltmannsweiler: Schneider Verl. Hohengehren 2000, S. 462–494.

Leitner, Isabella/Leitner, Irving A.: Fragments of Isabella. A memoir of Auschwitz. New York: Ty Crowell Co. 1978.

Lyotard, Jean-François: La condition postmoderne. Rapport sur le savoir. Paris. Editions de Minuit 1994.

Meißner, Franz-Joseph/Reinfried, Marcus: Mehrsprachigkeitsdidaktik. Konzepte, Analysen, Lehrerfahrungen mit romanischen Fremdsprachen. Tübingen: Narr 1998.

Meißner, Franz-Joseph (2002): La didactique du pluriligualisme – réponse didactique au contexte d'apprentissage européen. Où en sommes-nous? In: französisch heute 33/1, S. 8–21

Miller, Christopher L.: Lesen mit westlichen Augen: Frankophone Literaturen und Anthropologie in Afrika. In: Bachmann-Mehdick, Doris (Hg.): Kultur als Text. Die anthropologische Wende in der Literaturwissenschaft. Frankfurt am Main: Fischer 1996, S. 229–261.

Orlev, Uri: HA-ISH MIN HA-TZAD HA-ACHER. Jerusalem 1988.

Orlev, Uri: Der Mann von der anderen Seite. Berlin: Elefanten Press 1990.

Orr, Mary: Intertextuality. Debates and contexts. Cambridge u. a.: Polity 2003.

Pausewang, Gudrun: Reise im August. Ravensburg: Maier 1993. (Ravensburger junge Reihe)

Rösch, Heidi: Jim Knopf ist nicht schwarz. Anti-/Rassismus in der Kinder- und Jugendliteratur und ihrer Didaktik. Baltmannsweiler: Schneider-Verlag Hohengehren 2000.

Stocker, Peter: Theorie der intertextuellen Lektüre. Modelle und Fallstudien. Paderborn u. a.: Schöningh 1998.

Welsch, Wolfgang: Postmoderne – Pluralität als ethischer und politischer Wert. Köln: Wirtschaftsverlag Bachem 1988.

Welsch, Wolfgang: Transkulturalität – Lebensformen nach der Auflösung der Kulturen. In: Luger, Kurt/Renger, Rudi (Hg.): Dialog der Kulturen. Die multikulturelle Gesellschaft und die Medien. Wien u. a.: Österr. Kunst- und Kulturverlag 1994, S. 147–169. (Neue Aspekte in Kultur und Kommunikationswissenschaft, Bd. 8)

Wermke, Michael: Jugendliteratur über den Holocaust. Eine religionspädagogische, gedächtnissoziologische und literaturtheoretische Untersuchung. Göttingen: Vandenhoeck & Ruprecht.

RUTH FLORACK

Vom Zivilisationsbruch erzählen

Die Shoah in deutscher und französischer Gegenwartsliteratur

In den letzten Jahren ist nicht nur in Deutschland die Zahl der Texte stetig gestiegen, die – sei es autobiographisch, sei es in Form fiktiver Geschichten, die oft als 'ergreifend' oder 'erschütternd' vermarktet werden – die 'Shoah', das Verbrechen der Verfolgung und Vernichtung der Juden zur Zeit des Nationalsozialismus, zum Thema haben. Ich verwende hier den hebräischen Ausdruck 'Shoah', weil der üblichere Terminus 'Holocaust' problematische Implikationen birgt: Von den Kirchenvätern wurde er zur Polemik gegen die blutigen Opfer der Juden benutzt, und metaphorisch meint 'Holocaust' ein „höchstes Opfer im Zusammenhang einer vollkommenen Hingabe an heilige und höhere Ziele" (Agamben 2003, S. 26). Außerdem bezieht sich der inzwischen weit verbreitete Begriff 'Holocaust' auf die nationalsozialistische Vernichtungspolitik gegen alle Opfergruppen; im Folgenden geht es jedoch ausdrücklich um Darstellungen jüdischer Schicksale. Dass gerade in jüngster Zeit zahlreiche Texte – konventionell erzählte und solche, die ungewöhnliche Verfahren wählen – zu diesem Thema erschienen sind, ist ein Indiz dafür, dass mit dem Tod der letzten Zeugen die Erinnerung an jene Verbrechen vom kommunikativen ins kulturelle Gedächtnis übergeht. Unter 'kommunikativem Gedächtnis' ist nach der bekannten Definition von Assmann die mündlich weitergegebene Erinnerung von Zeitzeugen zu verstehen, während sich das 'kulturelle Gedächtnis' auf Texte, Bilder und Riten stützt, die einen Überlieferungsbestand vermitteln (Assmann 1988) – hierbei kommt der Literatur eine maßgebliche Rolle zu.

Für die anschließenden Überlegungen seien aus der nur noch schwer zu überschauenden Fülle dieser Literatur vier Texte ausgewählt: W. G. Sebalds Roman *Austerlitz* und sein Erzählband *Die Ausgewanderten* als Beispiele aus der deutschen sowie Soazig Aarons Tagebuch-Erzählung *Klaras NEIN* und Georges Perecs *W oder die Kindheitserinnerung* als Beispiele aus der französischen Literatur. Dabei wurde die Auswahl von der Frage bestimmt, wie sich die Texte zu dem Umstand verhalten, dass sich das Ausmaß der Unmenschlichkeit, mit dem der Mord an den Juden betrieben wurde, gar nicht kommunizieren lässt – nicht einmal von den Augenzeugen: Weil nämlich diejenigen, die den äußersten Grad der Entmenschung erfahren haben, ein würdeloses Sterben noch vor dem körperlichen Tod, die Qualen gar nicht überlebt haben, so dass das Äußerste, eben das, was ein Vernichtungslager ausmacht, gar nicht bezeugt werden kann. Primo Levi, ein Überlebender, hat dies auf den Begriff gebracht:

> Die Untergegangenen hätten, auch wenn sie Papier und Bleistift gehabt hätten, niemals Zeugnis abgelegt, weil ihr Tod schon vor der Vernichtung ihres Körpers begonnen hatte. Wochen und Monate vor ihrem Ableben hatten sie bereits die Fähigkeit der Beobachtung, der Erinnerung, des Abwägens und des Ausdrucks verloren. Jetzt sprechen wir, als Bevollmächtigte, an ihrer Stelle. (Levi 1993, S. 86)

So sind die „‘wirklichen’ Zeugen“ diejenigen, „die kein Zeugnis abgelegt haben und kein Zeugnis hätten ablegen können. Es sind die“, die – mit Primo Levi zu sprechen – „‘den tiefsten Punkt des Abgrunds berührt haben’, [...] die Untergegangenen“ (Agamben 2003, S. 30). Die „Überlebenden“ aber sind „Pseudo-Zeugen“, die für sie, „an ihrer Stelle“, „sprechen“, indem sie „ein Zeugnis“ „bezeugen“, „das fehlt“ (ebd.). Wer es also „übernimmt“, für die Untergegangenen „Zeugnis abzulegen, weiß, daß er Zeugnis ablegen muß von der Unmöglichkeit, Zeugnis abzulegen“ (ebd.). Jede Erzählung, die auf Einfühlung angelegt ist, ignoriert diese prinzipielle Unmöglichkeit des Zeugnisses und leugnet sie so. Die ungewöhnliche Machart der Texte von Aaron, Sebald und Perec hingegen sucht dieser Unmöglichkeit Rechnung zu tragen.

1 Soazig Aaron: *Klaras NEIN*

Soazig Aarons Buch *Klaras NEIN* (*Le Non de Klara*, 2002), eine „Tagebuch-Erzählung“, wie es im Untertitel der deutschen Übersetzung aus dem Jahr 2003 heißt, ist der einzige der vier Texte, der im Rahmen einer Fiktion direkt über Erfahrungen in Auschwitz spricht – jedoch nur bruchstückhaft, nicht in Form einer chronologischen Erzählung. Klara, die Hauptfigur, ist eine deutsche Jüdin, die aus Frankreich nach Auschwitz deportiert wurde und das Lager überlebte. Aarons Text präsentiert sich als ein Tagebuch, das Klaras Schwägerin Angelika im Spätsommer 1945 verfasst, als Klara ausgemergelt und entkräftet, nach einer Irrfahrt durch Europa, bei den Überlebenden ihrer Familie in Paris erscheint, bevor sie nach Amerika aufbricht.

Das Tagebuch der Angehörigen liest sich so, als handle es sich um unmittelbar aufgezeichnete Aussagen, zumal keinerlei Anspruch auf Kommentar und Deutung erhoben wird, auch auf Kohärenz und ästhetische Überformung wird verzichtet. Ein Beispiel:

> Sie: „[...] Ich habe drei Freundinnen gehabt. [...] die Freundin aus Kraków, Krankenschwester ... nicht Krankenschwester, sie half Kindern zur Welt kommen.“ Alban: „Hebamme.“ Sie: „Ja, Hebamme. Sie hat mehrere Kinder getötet.“ Wir, Schweigen. Alban beginnt auf seinem Stuhl hin und her zu rutschen, er reibt sich mit den Handflächen die Augen. Klara: „Wenn Stoff da war, hat sie Spritzen gegeben, sonst hat sie erstickt ... um die Mutter zu retten ... niemand ... ist mit einem Baby von da unten zurückgekommen ... nie ... die polnische Freundin hat das gemacht. Danach wollte sie sich immer umbringen, sie wollte in den Stacheldraht laufen ... dann hat es der Typhus gemacht, er hat sie getötet.“ (Aaron 2003, S. 68f.)

Die Aufspaltung in den vermeintlichen Original-Ton eines Opfers, dessen Stimme in wörtlicher Rede ausführlich zitiert wird, und die Stimme der Tagebuchschreiberin, die bloß protokollieren kann – Klaras Worte und ihr Verhalten, auch ihre eigenen Emotionen –, vermittelt dem Leser den Anspruch auf Darstellbarkeit des Grauens und zugleich das Scheitern dieses Anspruchs. So wird der tiefe Graben der Fremdheit verdeutlicht, der die Zeugen von denjenigen trennt, die das Entwürdigende des Lagers nicht erlebt haben. Durch diese Erzählweise hält Aarons Text einerseits respektvoll Distanz gegenüber den Erfahrungen der Opfer – die in Klaras vereinzelten, kaum recht zusammenhängenden Aussagen als Splitter einer ungeheuerlichen Wirklichkeit erscheinen –, andererseits schlägt er auch eine vermittelnde Brücke zum Leser. Denn in den Reaktionen der Tagebuchschreiberin, Klaras Schwägerin also, wird die Irritation der Überlebenden deutlich, die zu verstehen sucht und doch nicht verstehen kann, was aus der geliebten Frau den harten, arroganten Menschen gemacht hat, der ihr nun gegenübersteht, einen Menschen, dessen Destruktivität ansteckend wirkt – eine Zumutung geradezu.

Für die Lebensverneinung der Davongekommenen hat Aaron ein radikales Bild gefunden: Klara weigert sich hartnäckig, ihr Kind, ein kleines Mädchen, wieder zu sehen, ja sie besteht darauf, dass Angelika und deren Mann Alban ihrer Tochter später erklären sollen, sie sei in Auschwitz ermordet worden. Erst am Schluss, bevor Klara berichtet, wie sie nach Kriegsende die Bekannten, die sich die Berliner Wohnung ihrer Mutter angeeignet hatten, niederschoss, als sie von ihnen „Sarah" genannt – also erneut zur Jüdin gestempelt – wurde (ebd., S. 183f.), offenbart sie ihr Geheimnis, das ihr Verhalten verständlicher macht: Im KZ hatte sie sich eines kleinen Jungen namens Uli angenommen, doch ihre mütterliche Fürsorge konnte nicht genügen – weil er keinen Lebensmut mehr hatte, suchte er den Tod. Eine radikale und in den Augen der Zeugin doch die einzige menschenwürdige Lösung:

> Meine letzten Körnchen Liebe waren für den so würdigen kleinen Uli, der mit der schönsten aller Einsichten gestorben ist, das heißt in der Weigerung, jenseits der annehmbaren Grenzen zu leben. Alle, die zurückgekehrt sind, waren weit jenseits dieser Grenzen. Das ist nicht glorreich. [...] Uli hat mehr als Nein gesagt, einen Superlativ von Nein. [...] Ein totales Nein, eines, das kein Ja zu etwas anderem ist. (Ebd., S. 170f.)

Diese Erfahrung ist als Grund dafür zu sehen, dass Klara sich selbst aus dem Leben der eigenen Tochter verstößt: „Innerlich bin ich nur Tod, ich schmecke nach Tod, ich stinke nach Tod, für lange noch, vielleicht für immer. Kinder wittern das. Ich will nicht, daß sie diesen Geruch in die Nase bekommt, den sie nie gerochen hat." (Ebd., S. 163) Bei Aaron wird nicht viel über Auschwitz gesagt, aber es ist stets präsent hinter allem, was erzählt wird: als Ursprung und Grund für Klaras vermeintlich unmenschliches Verhalten, ihr kategorisches Nein zum Leben. So erzählt *Klaras NEIN* von dem Riss, mit dem sich der „Zivilisationsbruch“ (Diner 2003) in das Leben der Individuen eingeschrieben hat. Von diesem Riss erzählen auch die Texte von Sebald und Perec, doch sie tun dies, wie zu zeigen sein wird, auf eine abstraktere – und zwar von Text zu Text, von *Austerlitz* über *Die Ausgewanderten* zu *W oder die Kindheitserinnerung*, zunehmend abstraktere – Art und Weise.

Jorge Semprún, selbst ein KZ-Überlebender, hat in seinem Vorwort zu Aarons Buch den Anspruch formuliert, der mit dem Ende des kommunikativen Gedächtnisses an Literatur zu stellen sei. Um über die nüchternen Erkenntnisse der Wissenschaft hinauszugelangen und so etwas wie Empathie zu wecken gegenüber den Opfern der Verfolgung, seien Autoren der „neuen Generationen“ gefragt, die „den Mut“ fänden, „die unerschöpfliche Wahrheit der Vernichtungserfahrung mit den Mitteln der Fiktion herauszuarbeiten“ (Aaron 2003, S. 6):

> *Klaras Nein* [...] ist der Roman, auf den ich gewartet habe, das erste starke, unvergeßliche Zeichen der Kraft eines fiktiven literarischen Versuchs, sich an die kühne und bescheidene Rekonstruktion unserer innersten Erfahrung der Vernichtung zu wagen, die auch ihre Rettung ist. Wir können ruhig sterben: Unsere Stimme, die Stimme der Zeugen, wird in dieser [...] Fiktion weitergegeben und bewahrt. (Ebd., S. 7)

2 W. G. Sebald: *Austerlitz*

Auch in Sebalds 2001 erschienenem Roman *Austerlitz* geht es um das Schicksal eines Menschen, der der Vernichtung entronnen und doch von ihr gezeichnet ist: Nachdem sie sich zufällig im Wartesaal des Antwerpener Hauptbahnhofs begegnet sind, offenbart Jacques Austerlitz dem Ich-Erzähler der Rahmenerzählung sein ausgeprägtes, „ihm selber nicht recht verständliches“ Interesse für die „Familienähnlichkeiten“, die zwischen Monumentalbauten wie Bahnhöfen oder Festungsanlagen bestünden (Sebald 2003, S. 52). Erst zwanzig Jahre später erzählt Austerlitz von der freudlosen Kindheit, die er zu Beginn der vierziger Jahre unter einem fremden Namen im Hause eines calvinistischen Predigers verbracht hat, erinnert sich an unerklärliche Schuldgefühle, an die „Empfindung des Abgetrenntseins und der Bodenlosigkeit“ (ebd., S. 161) und seine, wie er es nennt, „im Laufe der Zeit immer krankhafter werdende Verschließung in mich selber“ (ebd., S. 173). „Seit meiner Kindheit und Jugend“, sagt Austerlitz, „habe ich nicht gewußt, wer ich in Wahrheit bin.“ (Ebd., S 68) Als er dann viel später den Rahmenerzähler in seine Wohnung bittet, berichtet er zunächst von schweren Störungen – Anwandlungen von Selbstzweifeln und Selbstverlust – und schließlich von seinem Zusammenbruch im Waiting Room der Liverpool Street Station, der Erinnerungen freisetzte in ihm, die ihn begreifen ließen, „daß es in diesem Wartesaal gewesen sein mußte, daß ich in England angelangt war vor mehr als einem halben Jahrhundert" (ebd., S. 201). Es folgt ein „böser, nichtendenwollender Traum", in dem Austerlitz „Bilder [...] von überwältigender Unmittelbarkeit" sieht: eine Zugfahrt an dunklen Wäldern vorbei und durch ein „tief eingeschnittenes Stromtal" (ebd., S. 204). Es sind, wie sich später herausstellen wird, Bilder aus Deutschland – von Süddeutschland und vom Rhein –, das der kleine jüdische Junge auf einem Kindertransport durchquert hat, der ihn aus seiner von den Deutschen besetzten Heimatstadt Prag nach England gerettet hat; für seine Mutter hingegen gab es kein Entkommen.

Im Anschluss an seinen psychischen Zusammenbruch begibt sich Austerlitz – so erzählt er seinem Zuhörer, dem Rahmenerzähler, im nachhinein – auf die Suche nach seiner Vergangenheit, erfährt in Prag aus dem Mund seines einstigen Kindermädchens Vera, dass sein Vater Maximilian Aychenwald, ein sozialdemokratischer Funktionär, in Frankreich verschollen ist, und dass seine Mutter Agáta, eine junge Schauspielerin, 1942 nach Theresienstadt, 1944 dann weiter nach Osten deportiert wurde. Und so sucht er vergeblich ihre Spuren in Terezín und in einer Art Propaganda-Film über Theresienstadt und findet schließlich nur ein Foto im Prager Theaterarchiv, das Vera als ein Bild seiner Mutter identifiziert. Bei seiner letzten Begegnung mit dem Erzähler in Paris begibt Austerlitz sich schließlich auf die Suche nach seinem Vater, der Ende 1942 in einem Lager in Südfrankreich interniert gewesen sein soll. Es ist ein Weg ins Ungewisse. Soweit, in rudimentären Zügen nur, die Handlung des Romans. Sie ist zweitrangig gegenüber der Art und Weise, wie sie erzählt wird: In einer Verknüpfung von Erinnerungen mehrerer Figuren und einer Verschachtelung von Reflexionen und Erinnerungen der Hauptfigur überlagern sich die Raum- und Zeitebenen derart, dass die labyrinthische Struktur des Textes dem Leser geradezu einen Eindruck von der Orientierungslosigkeit vermittelt, die das Schicksal derjenigen ausmacht, die, wie Sebalds Figur, der Vernichtung entronnen sind.

Austerlitz' plötzliche, überwältigende Erinnerung an seine Ankunft in England und die bedrohlichen Bilder seines Traums lassen sich im Sinne der Psychotraumatologie als „intrusive Phänomene" identifizieren, d.h. als ein „Wiedererleben" eines Traumas, das sich der Kontrolle des Betroffenen entzieht (Hinckeldey/Fischer 2002, S. 31). „Intrusive Erinnerungen" gehören ebenso zum Posttraumatischen Belastungssyndrom wie die „Unterdrückung traumabezogener Erinnerungen" (ebd.). Und auch solch eine symptomatische 'Vermeidungsreaktion' (ebd. S. 28) zeigt sich bei Austerlitz. So sagt er, wenn er von seiner plötzlichen Erinnerung an lange Verschüttetes erzählt: „Ich merkte jetzt, wie wenig Übung ich in der Erinnerung hatte und wie sehr ich, im Gegenteil, immer bemüht gewesen sein mußte, mich an möglichst gar nichts zu erinnern und allem aus dem Weg zu gehen, was sich [...] auf meine mir unbekannte Herkunft bezog." (Sebald 2003, S. 205) Und Austerlitz spricht von der „Selbstzensur" seines Denkens und einem „ständigen Zurückweisen" jeder „sich anbahnenden Erinnerung“, was schließlich sein „Sprachvermögen“ gelähmt habe (ebd., S. 206). Durch solch eindeutige Hinweise auf ein traumatisches Erlebnis stellt Sebald seine Figur Austerlitz als ein Opfer vor, das zwar der physischen Vernichtung entronnen ist, infolge der gewaltsamen Zerstörung seiner Familie jedoch schwere psychische Störungen aufweist. Auf diese Weise nimmt Sebald den Zivilisationsbruch von den Rändern her in den Blick, indem er von einem Davongekommenen erzählt, der nicht unmittelbar durch das Erleiden nackter Gewalt, sondern mittelbar durch die Auswirkungen solcher Gewalt gezeichnet ist.

Implizit ist Sebalds Roman zugleich eine Reflexion über die Möglichkeiten und die Grenzen des Gedenkens eingeschrieben. Wenn Austerlitz auf den Spuren seiner Mutter das Ghettomuseum von Terezín (Theresienstadt) besucht, dort Landkarten mit Bahnlinien sieht, Dokumente zur „Bevölkerungspolitik der Nationalsozialisten“, Bilder von den Opfern und ihren Bewachern und sogar das Gepäck, mit dem die „Internierten aus Prag und aus Pilsen, Würzburg und Wien, Kufstein und Karlsbad und zahllosen anderen Orten nach Terezín gekommen waren“, erwirbt er zwar Wissen (ebd., S. 286 f.); zu Verständnis oder gar Empathie findet er dadurch jedoch nicht: „Das alles begriff ich nun und begriff es auch nicht, denn jede Einzelheit, die sich mir, dem, wie ich fürchtete, aus eigener Schuld unwissend Gewesenen, eröffnete auf meinem Weg durch das Museum [...], überstieg bei weitem mein Fassungsvermögen.“ (Ebd. S. 287) Nach einer Zeit schwerer Angstzustände beginnt Austerlitz eine umfangreiche Untersuchung über Theresienstadt zu studieren – Anlass für Sebald, eine seitenlange Beschreibung vom Leben an diesem „extraterritorialen Ort“ einzuschieben, in dem „zeitweise [...] an die sechzigtausend Personen auf einer Fläche von kaum mehr als einem Quadratkilometer zusammengezwungen waren“ (ebd., S. 339). Doch dieses Leben behält für Austerlitz – trotz angestrengter Lektüre – den „Charakter des Irrealen“ (ebd.): Es ist „mir unmöglich gewesen, mich in das Ghetto zurückzuversetzen und mir vorzustellen, daß Agáta, meine Mutter, damals gewesen sein soll an diesem Ort“ (ebd., S. 350).

Und so, wie Austerlitz als Angehöriger eines Opfers des Verbrechens selbst gar nicht erinnern kann, was seine Mutter erleiden musste, so kann auch der Rahmen-Erzähler als Nachgeborener und Nicht-Opfer nicht nachvollziehen geschweige denn erinnern, was Verfolgung für den einzelnen bedeutet hat. Diese grundlegende Schwierigkeit im Umgang mit der Shoah veranschaulicht Sebalds Roman, wenn der Erzähler das ehemalige deutsche Straflager Breendonk bei Antwerpen besucht. „Undenkbar“ bleibt ihm die Sklavenarbeit der Häftlinge (ebd., S. 37). Und die ehemalige Folterkammer, die er betritt, löst bei ihm zwar eine unangenehme Erinnerung an seine eigene Kindheit aus, doch zur Veranschaulichung dessen, was für ihn unvorstellbar bleibt, bedarf es des Augenzeugen, dessen Zeugnis in den Text montiert ist:

> Es war nicht so, daß mit der Übelkeit eine Ahnung in mir aufstieg von der Art der sogenannten verschärften Verhöre, die um die Zeit meiner Geburt an diesem Ort durchgeführt wurden, denn erst ein paar Jahre später las ich bei Jean Améry von der furchtbaren Körpernähe zwischen den Peinigern und den Gepeinigten, von der von ihm in Breendonk ausgestandenen Folter, in welcher man ihn, an seinen auf den Rücken gefesselten Händen, in die Höhe gezogen hatte, so dass ihm mit einem, wie er sagt, bis zu dieser Stunde des Aufschreibens nicht vergessenen Krachen und Splittern die Kugeln aus den Pfannen der Schultergelenke sprangen [...]. (Ebd., S. 41f.)

Der Schluss des Romans weist in dieselbe Richtung: Am Ende kehrt der Erzähler nach Breendonk zurück, setzt sich abseits von Besucherbussen und Schulklassen an den Festungsgraben und liest. Statt erneut die Gedenkstätte zu 'erleben', vertieft er sich in das Buch eines jüdischen Autors, der auf seiner Reise ins litauische Kaunas, einen weiteren berüchtigten Festungsort, statt der „Spur seiner Vorfahren überall nur" auf „Zeichen der Vernichtung" stößt (ebd., S. 420). Dass sich der Rahmen-Erzähler derart von der wuchtigen Präsenz der Gedenkstätte abwendet, um sich auf das einzulassen, was diejenigen zu berichten wissen, die der Massenvernichtung entronnen sind, lässt sich trefflich als ein Bild interpretieren, das die Grundhaltung von Sebalds Roman konzentriert und eindrücklich zur Anschauung bringt: Mittels der erinnerten Lebensgeschichte eines fiktiven Opfers zielt Sebalds sprachliche Vergegenwärtigung darauf ab, dass der Rezipient durch seine Vorstellungskraft ersetzen soll, was er gar nicht erinnern kann. Dieser Appell an die Vorstellungskraft wird unterstützt durch die besondere Funktion der Fotos im Buch, die eben nicht dokumentarisch beglaubigen, indem sie Wirklichkeit abbilden, sondern zum Nachfragen anhalten. Denn das Foto von Austerlitz als kostümiertem Kind (ebd., S. 266) ist nicht etwa die Abbildung einer realen, sondern einer bloß fiktiven Figur, während der Ausschnitt aus dem Propaganda-Film der Nazis über Theresienstadt (ebd., S. 358) zwar einem echten Dokument entstammt, dieses jedoch eine verfälschte Wirklichkeit abbildet. So hält der Text den prekären Status von Fotos als Dokumenten bewusst: Sie sind nicht gegen Fälschung gefeit, können selbst manipuliert oder Abbilder einer manipulierten Wirklichkeit sein und müssen durch Wissen zum Sprechen gebracht werden. Das ist als ein medien-kritischer Kommentar zur offiziellen Gedenkkultur und deren Vertrauen in die Richtigkeit und Überzeugungskraft von 'dokumentarischem' Material zu werten.

3 W. G. Sebald: *Die Ausgewanderten*

Was in *Austerlitz* dem Leser psychologisch plausibel nahe gebracht wird – man hat gewissermaßen teil an der Traumatisierung des Davongekommenen –, wird in Sebalds 1992, also fast zehn Jahre früher, veröffentlichtem Erzählband *Die Ausgewanderten* distanzierter, verschlüsselter erzählt. Die „vier langen Erzählungen", so der Untertitel, handeln von Menschen, die ihre Heimat verlassen mussten: Der Arzt Dr. Henry Selwyn ist als Kind mit seiner Familie aus einem litauischen Schtetl nach England gekommen; seine äußerlich gelungene Integration hat er mit der Verleugnung seiner jüdischen Herkunft bezahlt. Paul Bereyter, ein früherer Lehrer des namenlosen Ich-Erzählers, der die vier Erzählungen verknüpft, hat Deutschland erstmals Mitte der dreißiger Jahre verlassen, als die Nationalsozialisten ihm als einem so genannten „Dreiviertelarier“ (Sebald 2002, S. 74) Berufsverbot erteilten; die letzten Jahre seines Lebens verbringt er in der Schweiz. Ambros Adelwarth, ein Onkel des Rahmenerzählers, ist aus wirtschaftlichen und persönlichen Gründen (eine homosexuelle Neigung wird angedeutet) nach Amerika gegangen und dort lange Zeit Bediensteter einer wohlhabenden jüdischen Familie und engster Freund ihres Sohnes Cosmo gewesen. Max Aurach schließlich, ein Kind assimilierter Juden, hat unter Schwierigkeiten 1939 von München nach England entkommen können, seine Eltern wurden später deportiert. Keine der vier Figuren kann mit ihrer Erinnerung leben: Selwyn erschießt sich; Bereyter legt sich als alter Mann auf die Eisenbahnschienen bei seinem Heimatort; Adelwarth setzt sich, schwer depressiv, einer Strombehandlung aus, die zum Tod führt; Aurach ruiniert seine Gesundheit durch eine zerstörerische Arbeitsweise.

Die unterschiedlichen Gründe für die Auswanderung und das Schicksal derer, die trotz gelungener äußerer Anpassung Entwurzelte geblieben sind, müssen jedoch vom Leser beinahe detektivisch erschlossen werden. Denn nur Bruchstücke, Spuren gewissermaßen, werden vermittelt, indem der Ich-Erzähler des Rahmens verschiedene weitere Ich-Erzähler zu Wort kommen lässt: entweder die Hauptfiguren selbst oder aber Angehörige, Freunde und Bekannte, die ihrerseits zum Teil wiedergeben, was die Hauptfigur ihnen bei Gelegenheit erzählt hat. Es handelt sich also um Fragmente – bloß rudimentär chronologisch angeordnete Fragmente – aus Lebensgeschichten, die unterschiedlichen Sprechern zugeordnet sind, ohne dass sich aber diese Bruchstücke mosaikartig und lückenlos zu einem Ganzen fügen ließen.

So erscheint der Ich-Erzähler des Rahmens – über den wir bloß wenig erfahren, äußere Daten vor allem wie Jahres- und Ortsangaben, die übrigens Sebalds eigener Biographie entsprechen – als eine Art Sammler, der die Spuren aus dem Leben von Menschen zusammenträgt, denen er zufällig begegnet oder die zufällig mit ihm verwandt sind. Er verzichtet dabei nicht nur auf eine kohärente Zusammenfügung dessen, was ihm erzählt wird, sondern enthält sich auch jeden Kommentars und jeder Deutung und ist oftmals nur noch kenntlich durch stereotype Inquit-Formeln, welche die Erzählfragmente der jeweiligen anderen Ich-Erzähler durchgängig begleiten (wie ‘sagte Mme Landau’, ‘sagte die Tante Fini’ oder ‘so sagte Aurach’). Sebalds eigentümliche Kombination von Bruchstücken mehrerer Ich-Erzählungen, die das Leben der jeweiligen Hauptfigur zum Gegenstand haben, hält durch diese Inquit-Formeln einerseits den Rahmenerzähler stets präsent, andererseits kommen Zeugen und Betroffene unmittelbar, sei es in direkter oder indirekter Rede, zu Wort. Dies lässt sich als eine Verschränkung von Vergegenwärtigung und Vermittlung interpretieren. Denn durch die (wörtlich oder indirekt wiedergegebenen) Aussagen derjenigen, die der Verfolgung entkommen sind, wird einerseits die Vergangenheit der Ausgewanderten zur Gegenwart; andererseits aber wird das, was sie selbst oder Freunde und Verwandte über sie erzählen, vom Rahmenerzähler erst zu einem viel späteren Zeitpunkt erinnert, bleibt also auf Vermittlung angewiesen. Durch eine solch demonstrative Verbindung von Vergegenwärtigung und Vermittlung entsteht in zweifacher Hinsicht der Eindruck von Zeugnis als Vermächtnis, und zwar auf einer ersten Ebene als Vermächtnis der betroffenen (vermeintlichen) Zeugen an den Rahmenerzähler, der, auf einer weiteren Ebene, dieses Zeugnis dem Leser überantwortet.

Die fragmentarischen Lebensgeschichten werden überdies ergänzt und gewissermaßen beglaubigt durch zahlreiche Schwarzweiß-Fotos – solche des Erzählers und solche, die, wie bei Bereyter, aus einem Album des Verstorbenen stammen sollen. Es ist in der Forschung bekannt, dass ein Teil dieses montierten Materials ebenso wie der Kern der erzählten Lebensgeschichten tatsächlich authentisch ist, von Sebald jedoch so kombiniert und verändert wurde, dass daraus eine Erzählung in einer einheitlich poetischen, bisweilen altmodisch anmutenden Sprache entstanden ist, die auf einen 'Realitäts-Effekt' abzielt und sich zugleich ausdrücklich als schöne Literatur ausweist. Das Buch *Die Ausgewanderten* verwischt also bewusst die Grenzen zwischen Biographie, Autobiographie, Dokumentarliteratur und Erzählung und hält den Leser dadurch zur Reflexion über Möglichkeiten und Schwierigkeiten des Gedenkens an.

Das zentrale Motiv der vier Erzählungen – die nicht nur durch den Rahmenerzähler verbunden sind, sondern auch durch Strukturähnlichkeit und Motivkorrespondenzen aufeinander verweisen und sich wechselseitig erhellen, so dass man durchaus von einer Erzählung in vier Teilen sprechen muss –, ist die Erinnerung. Im Gegensatz zu den spontan-assoziativen Erinnerungen des Rahmenerzählers stehen die obsessiven Erinnerungen der vier Hauptfiguren: Paul Bereyter erinnert sich im Alter von fünfundsechzig „mit reinster Traumklarheit" an „Dinge", „von denen er nicht geglaubt hatte, daß sie noch da waren in ihm" (Sebald 2002, S. 76). Da sieht er sich wieder als Kind im stattlichen Geschäft seines Vaters – von dem der Leser zwei Seiten später erfährt, dass es Gegenstand einer „eigenartigen Transaktion" geworden ist (ebd., S. 80), nachdem Pauls Vater, „ein sogenannter Halbjude" (ebd., S. 74), im Jahr 1936 gestorben war „an der Wut und Angst, die an ihm fraß, seit es [...] in seinem Heimatort [...] zu schweren Ausschreitungen gegen die dort seit Generationen ansässigen jüdischen Familien gekommen war" (ebd., S. 79). Dass Paul Bereyters Selbstmord – sein Tod auf den Schienen – mit quälenden Erinnerungen zu tun hat, wird, wie schon in der Erzählung von Dr. Selwyn, zwar suggeriert, aber nicht explizit gesagt. Doch eine

Motivkorrespondenz erhellt dem aufmerksamen Leser den geheimen Grund für das „auffällig fremde Verhalten“ (ebd., S. 43) des Lehrers und dessen „Eisenbahnmanie“ (ebd., S. 92) – diese Genauigkeit, mit der er seine Schüler Bahnhöfe, Gleisanlagen und Signale von der Tafel abmalen ließ: Während Paul Bereyter nach Frankreich gegangen ist, weil er als „Dreiviertelarier“ (ebd., S. 74) in Deutschland nicht arbeiten durfte, besteht „wenig Zweifel daran“, so erzählt eine Freundin, dass die Frau, die er geliebt hat, „zusammen mit ihrer Mutter deportiert worden sei in einem dieser meist noch vor dem Morgengrauen von den Wiener Bahnhöfen abgehenden Sonderzüge, wahrscheinlich zunächst nach Theresienstadt“ (ebd., S. 73).

Von dem Maler Max Aurach erfährt man zunächst nur, dass er seit Ende der vierziger Jahre in der trostlosen Stadt Manchester besessen an „Porträtstudien“ arbeitet (ebd., S. 238), indem er fortwährend Farbe aufträgt, die er sogleich wieder herunterkratzt, so dass sein Atelier mit einer dicken Staubschicht bedeckt ist. Das Bild, das bei dieser Zerstörungsarbeit entsteht, erweckt beim „Betrachter den Anschein, als sei es hervorgegangen aus einer langen Ahnenreihe grauer, eingeäscherter, in dem zerschundenen Papier nach wie vor herumgeisternder Gesichter“ (ebd., S. 239f.). Zunächst gibt Aurach nur eine „äußerst kursorische Lebensbeschreibung“ (ebd., S. 246f.), spricht von einer „Lagune der Erinnerungslosigkeit“ (ebd., S. 259) und über einen seinerzeit plötzlich einsetzenden „Erinnerungsstrom“ (ebd., S. 254). Doch erst ein Vierteljahrhundert später, bei einer erneuten Begegnung mit dem Rahmenerzähler, offenbart er das Schicksal seiner Familie, das seine Lebensweise im Schatten der Industrie-Schornsteine weniger befremdlich erscheinen lässt. An den Abschied von seinen Eltern, die der Deportation nicht mehr entrinnen sollten, kann er sich nicht mehr erinnern; aber das Flugfeld bei München, von dem aus er selbst als Kind noch nach England entkam, sieht er geradezu zwanghaft, „mit der größten [...] furchterregenden Genauigkeit immer wieder“, „in schmerzlichster Schärfe“ (ebd., S. 279f.). Ein derartiger Gedächtnisschwund, kombiniert mit überdeutlichen, hartnäckig wiederkehrenden Bildern von überwältigender Unmittelbarkeit – die hier und auch bei den Hauptfiguren der anderen Erzählungen auftreten, ebenso wie bei Austerlitz – gehören zu den typischen Merkmalen traumatischer Erinnerungen. Auch Identitätsstörungen, das Gefühl von Fremdheit und Isolation, das Erleben von intensiver Hilflosigkeit, Schuldgefühle, Depressionen und Suizidgedanken sowie das Unvermögen, besonders schmerzliche Erfahrungen sprachlich auszudrücken – Phänomene, welche die vier Hauptfiguren der Erzählungen kennzeichnen – passen in das Bild traumaspezifischer Erinnerung (Hinckeldey/Fischer 2002, S. 24–42). Ebenso wie der Roman *Austerlitz* handeln also die Erzählungen *Die Ausgewanderten* von Traumatisierten. Sie vergegenwärtigen den „Seelenmord“, jenes „Überlebenden-Syndrom“, wie es in der psychiatrischen Literatur heißt, das bei denjenigen Opfern der Judenverfolgung diagnostiziert worden ist, die mit dem Leben davonkamen (Niederland 1980). Sebalds pseudo-dokumentarische Erzählungen sind der Versuch, diesen ‘Seelenmord’ an den Opfern von Diskriminierung und Verfolgung den Lesern nahe zu bringen, ohne ihn nachvollziehbar und damit verständlich zu machen – denn verständlich machen zu wollen hieße, sich die Stimme der Opfer anzueignen und sie so zu vereinnahmen. Durch die kompliziert verschachtelte Erzählweise mit Einschüben ‘fremder’ Textteile (wie im Fall von Adelwarths Reisetagebuch oder der Aufzeichnungen von Aurachs Mutter) und durch die Sprünge zwischen den verschiedenen Ich-Erzählern und über die unterschiedlichen Zeit- und Raumebenen hinweg wird identifikatorisches Lesen jedoch geradezu verunmöglicht. Auf solche Weise hält der Text taktvoll Distanz gegenüber denjenigen, deren Schicksal, eine durch gewaltsame Entwurzelung zerstörte Identität, er ins Bild setzt.

Indem die Abbildungen zusätzlich den Leser zur räumlichen Orientierung im Text anhalten – es ist unerlässlich, immer wieder zurückzublättern, wenn man die Chronologie der Lebensgeschichten erfassen will –, setzt Sebald auf die aktive Konstruktionsleistung des Rezipienten, der, um Zusammenhänge erkennen zu können, Bruchstücke zusammenfügen muss: eben die unterschiedlichen Eindrücke, die durch den Medienwechsel von Text und Bild entstehen, durch den Erzählerwechsel und durch die Verstöße gegen die Chronologie. Allerdings wird eine spielerisch-beliebige Lektüre-Kombination durch die suggestive Bildlichkeit des Textes verhindert; es sei nur an die Fotos von Manchester erinnert, die den Leser dieser Geschichten über gewaltsam zerrissene Lebensläufe an Konzentrationslager denken lassen: die Luftaufnahme, die an die Anordnung der Baracken in Auschwitz-Birkenau erinnert (Sebald 2002, S. 232), das bedrohlich wirkende Foto aus dem Hafenviertel (ebd., S. 235) oder das Bild der rauchenden Schlote (ebd. S. 250). Solche suggestiven, metonymisch verwendeten Bilder steuern die Rezeption ebenso eindeutig wie die vereinzelten Hinweise auf historische Fakten (beispielsweise die nationalsozialistischen ‘Rassengesetze’ in der Erzählung von Paul Bereyter). Wie in Austerlitz erzählt Sebald auch in seinem Band *Die Ausgewanderten* den Zivilisationsbruch von den Rändern her: indem er einerseits – durch Quasi-Dokumente wie das Reisetagebuch des Onkels oder die Aufzeichnungen von Aurachs Mutter – die früher (oder andernorts) zumindest ansatzweise geglückte Integration von Juden fragmentarisch erinnert und andererseits die Lebensspuren fiktiver Überlebender ins Zentrum rückt, die selbst nicht als Opfer unmittelbarer Gewalt gezeigt sind, sondern als Opfer quälender Erinnerungen. Sebalds pseudo-dokumentarisches Erzählen verzichtet also auf den Versuch einer Repräsentation des Grauens, die es als ‘Story’ konsumierbar machen und damit verharmlosen würde. Und es verzichtet auf den Anspruch, echte Dokumentation zu sein, die ja einer Historisierung gleichkäme, indem sie Vergangenes archivieren würde, ohne eine Brücke zur Gegenwart schlagen und Empathie wecken zu können. Statt auf unzulängliche, vielleicht sogar unwürdige Repräsentation oder nüchterne Faktizität setzen Sebalds literarische Modelle durch ihre Kombination von Spur, Metonymie und Lücke vielmehr auf die Vorstellungskraft des Rezipienten und auf dessen aktive Konstruktionsleistung – die freilich historisches Wissen voraussetzt. So erinnern sie an den bis heute fortwirkenden Verlust, den die Verfolgung und Ermordung von Menschen bedeutet, die als Juden Teil deutscher Kultur gewesen sind.

4 Georges Perec: *W oder die Kindheitserinnerung*

Das Verfahren der Kombination von Spuren, Metonymien (Verschiebungen) und Lücken, mit dem von der Shoah und ihren Folgen erzählt wird, findet sich – viel radikaler noch als bei Sebald oder gar bei Aaron, die mit Lücken und Bruchstücken arbeitet, aber ohne Metonymie, weil sie konkret über das KZ Auschwitz spricht – bereits in Georges Perecs 1975 im Original und 1982 in deutscher Übersetzung erschienenem Buch *W oder die Kindheitserinnerung (W ou le souvenir d'enfance)*. Wie in *Austerlitz* geht es auch bei Perec um die problematische Identität eines Juden, dessen Mutter deportiert worden ist, während er selbst als kleiner Junge hat gerettet werden können. Der wichtige Unterschied ist, dass es sich bei Perec um seine eigene Geschichte handelt, also um eine Autobiographie. Genauer: um eine halbe, gewissermaßen verstümmelte Autobiographie. Denn die Kapitel mit den Erinnerungen an seine Kindheit in Paris von 1936 bis 1942 und von da ab bis zum Kriegsende im Vercors werden systematisch unterbrochen von kursiv gesetzten Kapiteln, die scheinbar gar nichts mit diesen persönlichen Erinnerungen zu tun haben, sondern reine Fiktion sind. Man liest also abwechselnd zwei verschiedene Texte. Richtiger gesagt: Man liest zweimal zwei Texte, denn das Buch ist in zwei Teile geteilt, die durch eine Seite voneinander getrennt sind, auf der sich lediglich eine Klammer mit drei Punkten findet als Zeichen dafür, dass Text ausgelassen worden ist. Die autobiographischen Passagen werden dadurch unterteilt in die Zeit in Paris – bis zu dem Moment, als der Junge von seiner Mutter Cécile an den Bahnhof (die Gare de Lyon) gebracht wurde – und in die Zeit, die er bei verschiedenen Tanten und der Großmutter im Vercors verbrachte. Seine Mutter sollte er nie wieder sehen. Dass man dem Kind ihr Schicksal ebenso verheimlichte wie die Gefahr, in der es selbst schwebte, muss der Leser erschließen.

Auch die kursiv gedruckte Fiktion wird von den Auslassungspunkten in zwei Teile geteilt. Der erste Teil erinnert an einen Abenteuerroman, erzählt er doch in Ich-Form die Geschichte eines Mannes, der, aus der französischen Armee nach Deutschland desertiert, eines Tages von einem Unbekannten beauftragt wird, nach einem Verschollenen zu suchen, dessen Name ihm, dem Ich-Erzähler, zu einer falschen Identität verholfen hat: Gaspard Winckler. Der taubstumme 'echte' Winckler sei mit seiner Mutter Caecilia – auffällig ist die Namensgleichheit mit

Perecs Mutter Cécile – auf Weltreise gewesen. Nun habe man die Jacht bei Feuerland zerschellt gefunden, die Mutter sei auf grausame Weise in ihrer Kabine ums Leben gekommen, von ihrem Sohn fehle jedoch jede Spur. Man vermute ihn auf einer der unzähligen unbewohnten Inseln. Und so macht sich der 'falsche' Winckler auf die Suche nach dem Verschollenen. Hier bricht die Erzählung ab, und es folgt (nach den Auslassungspunkten) im zweiten Teil ein Bericht – nun in der dritten Person gehalten – vom Leben auf der Insel W in Feuerland, das ganz und gar durch sportliche Wettkämpfe bestimmt wird nach der stolzen Devise „fortius, altius, citius“: stärker, höher, schneller (Perec 1982, S. 83). Kapitel für Kapitel – und immer im Wechsel mit Fragmenten der Autobiographie – wird das System W beschrieben, dessen Spiele zunehmend widersinnig-willkürlich, ja pervers-grausam erscheinen, bis es schließlich als Bild für ein deutsches Konzentrationslager kenntlich wird.

Ob die Suche nach Winckler, dem Alter Ego, den Ich-Erzähler nach W geführt hat, wo jede Individualität systematisch ausgelöscht wird? Perec stellt diesen Zusammenhang zwischen erstem und zweitem Teil der Fiktion nicht ausdrücklich her. Für eine solche Verknüpfung spricht aber, dass die ersten Zeilen des kursiv gedruckten Textes lauten: „Ich habe lange gezögert, bevor ich den Bericht über meine Reise nach W in Angriff nahm.“ (Ebd., S. 9) Und das Ich bezeichnet sich dann als „einzigen Mitwisser“, als „das einzige lebende Gedächtnis“ (ebd., S. 10) und deshalb entschlossen, Zeugnis abzulegen von jenen Schrecken dort, die „Verständnislosigkeit, Entsetzen und Faszination“ auslösten „in diesen Erinnerungen ohne Boden“ (ebd., S. 9).

Und wie verhält sich die Beschreibung von W zum autobiographischen Teil? In den Kindheitserinnerungen – sie beginnen übrigens mit dem bezeichnenden Satz: „Ich habe keine Kindheitserinnerungen.“ (ebd., S. 13) – spricht Perec davon, dass es sich bei „W“ um eine Erfindung aus seiner Jugend Ende der vierziger Jahre handle, um Zeichnungen von sportlichen Kämpfen, die er zwanzig Jahre später 'neu erfunden' habe als eine (mögliche) Geschichte seiner Kindheit. Das Wesentliche der eigentlichen Kindheitsgeschichte ist rasch erzählt: Vater mit vier Jahren verloren, Mutter mit sechs, im Krieg in verschiedenen Unterkünften, 1945 von der Schwester des Vaters adoptiert. Perecs Kindheit ist also geprägt durch die „Geschichte mit der großen Streitaxt“, „den Krieg, die Lager“, wie es in der deutschen Übersetzung ein wenig unglücklich heißt (ebd., S. 13). Im französischen Original steht: „l'Histoire avec sa grande hache“, „la guerre, les camps“ (Perec 1975, S. 13). Perec betreibt hier ein Wortspiel. Erwartbar wäre 'l'Histoire avec un grand h', also 'die Geschichte mit einem großen H', d. h. großgeschrieben. Gemeint ist Geschichte im Sinne von Weltgeschichte; nicht etwa die kleine persönliche Geschichte eines einzelnen. Statt 'grand h' ('großem H') steht bei Perec aber, gleich klingend, doch anders geschrieben: 'grande hache', und das heißt 'große Axt'. So wird gewissermaßen sprachspielerisch – und dadurch distanziert-unpathetisch – vermittelt, dass die historischen Umstände eine persönliche (Kindheits-) Geschichte zerstört oder, um im Bild zu bleiben: zu Fall gebracht, abgeschnitten haben. Solche spielerische Transformation des sprachlichen Materials ist typisch für die Machart von Perecs Buch. Das zeigt sich vor allem am Buchstaben 'W' selbst, dem ersten Element des Buchtitels. In seine Bestandteile zerlegt – im Französischen heißt es 'double v', also 'Doppel-V' –, wird W im Text sowohl zum Material für das Hakenkreuz und die Runen der SS als auch für den Judenstern (Perec 1982, S. 95f.). Und die Widmung des Buches, „Für E" („pour E"), verweist zum einen auf Perecs 1969 verfassten Roman *La Disparition*, in dem nicht ein einziges Mal der Buchstabe E auftaucht. Da „pour E" ohne Akzent geschrieben ist, wird es so ausgesprochen, dass es sich zum anderen auch als 'pour eux' verstehen lässt, also als 'für sie' in der dritten Person Plural. Der Text ist mithin denjenigen gewidmet, die wie Perecs eigene Angehörige 'verschwunden' sind. „Ich weiß, daß das, was ich sage, leer ist, farblos ist, ein für allemal das Zeichen ist für eine Vernichtung, die ein für allemal ist" (ebd., S. 54f.): So sagt das autobiographische Ich an der Stelle, an der es mitteilt, dass beide Großväter deportiert wurden und die Mutter und ihre Schwester in Richtung Auschwitz spurlos verschwunden sind. Todesart, Todesort und Todestag sind unbekannt, es gibt kein Grab, keinen Ort für die Trauer.

Die einzige Erinnerung, die das Ich an seine Mutter hat, ist die leitmotivisch wiederkehrende Erinnerung an den Augenblick, als sie ihren sechsjährigen Jungen zur Gare de Lyon begleitete, um ihn mit einem Transport des Roten Kreuzes in Sicherheit bringen zu lassen. Und er erinnert sich an das Titelblatt des Bilderheftchens, das sie ihm zum Abschied gekauft hat: an Charlie Chaplin als Fallschirmspringer, dessen Hosenträger zugleich die Fangleinen des Fallschirms sind, an dem er schwebt (ebd., S. 70). Das ist ein Bild für die Situation des Jungen, der im Moment der Trennung ins Leere fällt und durch die Trennung zugleich gerettet wird. Dies entspricht übrigens auch der zweifachen Bedeutung von 'suspension': 'Aufhängung' und 'Unterbrechung', auf die die Auslassungspunkte, frz. 'points de suspension', in der Mitte des Textes verweisen. Die Auslassung deutet außerdem auf Demütigung, Folter und Vernichtung im Konzentrationslager als das, woran es keine Erinnerung gibt. Denn die Mutter, deren Lebensspuren restlos getilgt wurden, kann sich nicht mehr erinnern, und das Ich, dessen Leben durch den erlittenen Verlust zerrissen worden ist, hat es nicht selbst erlebt – weshalb es in einer metonymischen Verschiebung, eben als Schilderung des brutalen Überlebenswettkampfs in „W", imaginiert wird.

Auch in Perecs Text finden sich – ähnlich wie in *Austerlitz* – Hinweise auf das Trauma, das der Verlust der Mutter für das Ich bedeutet: Von Orientierungslosigkeit wird gesprochen, von einem fehlenden Gefühl für die tatsächliche Chronologie der Ereignisse, von dem Eindruck, den Bezug zu anderen Menschen verloren zu haben. Doch der Fluchtpunkt des Erzählten ist bei Perec anders gelagert als bei Sebald. In *W oder die Kindheitserinnerung* wird vor allem die Unzuverlässigkeit der Erinnerung herausgestellt; Nicht-Sicher-Wissen ist ein dominantes Motiv. So werden zwar minutiös Familienfotos beschrieben, doch die Beschreibungen bleiben seltsam leer, bedeutungslos, weil das Ich sich nicht an den Moment erinnern kann, der mit der Kamera festgehalten worden ist. Selbst in Bezug auf den Schulalltag im Vercors kann sich der Ich-Erzähler nicht auf sein Gedächtnis verlassen und verstrickt sich in Widersprüche. Oder seine Erinnerungen sind sachlich falsch – etwa wenn er sich an die Kapitulation Japans im Mai 1945 entsinnen will (ebd., S. 183). Auch ist von einer Armbinde die Rede, an die er sich zu erinnern meint, während Bekannte oder Verwandte ihm glaubhaft versichern, dass nicht er selbst, sondern ein anderer Junge einen Unfall erlitten und die Binde getragen habe (ebd., S. 99). Fachterminologisch gesprochen, ist das ein Fall von „Quellenamnesie", d.h. ein „Ereigniszusammenhang" wird „zwar korrekt erzählt", derjenige, der ihn erzählt, irrt sich aber in der „Quelle [...], aus der er die Erinnerung geschöpft hat" (Welzer 2002, S. 42). In der jüngeren – auf Erkenntnisse der Neurowissenschaft gestützten – Gedächtnisforschung, die davon ausgeht, dass „das Gedächtnis ein konstruktives System ist, das Realität nicht einfach abbildet, sondern auf unterschiedlichsten Wegen und nach unterschiedlichsten Funktionen filtert und interpretiert" (ebd., S. 20), gilt Quellenamnesie als ebenso verbreitet und normal wie der Umstand, dass wir unsere fragmentarischen Erinnerungen an tatsächlich Passiertes mit Elementen auffüllen, die uns aus unserer Medien-Umgebung, sei es der Literatur oder dem Film, bekannt sind (ebd., S. 171–192). Auch der Ich-Erzähler in Perecs Autobiographie erkennt, dass Erinnerungen, die er viel früher schon aufgeschrieben hatte – über den Tod seines Vaters im Krieg und über seine Mutter im Ghetto –, nicht der Wirklichkeit entsprechen, sondern Schemata folgen, die ihm aus Heldengeschichten, Märchen oder dem Bilderbuch vertraut gewesen sind (Perec 1982, S. 40 u. S. 52).

So wird aus dem Blickwinkel der aktuellen Gedächtnisforschung kenntlich, dass Perecs Text die Abhängigkeit des Gedächtnisses von Kommunikation ins Bewusstsein rückt, um eine problematische Identität zu zeigen. Denn die fragmentarischen, unsicheren und widersprüchlichen Erinnerungen des Jungen machen deutlich, dass dem Ich der familiäre Kontext gefehlt hat, der durch das „Thematisieren vergangener Ereignisse, Erlebnisse und Handlungen" „für die Herausbildung eines autobiographischen Gedächtnisses" in der Kindheit unerlässlich ist (Welzer 2002, S. 16): Weil die Mutter deportiert worden ist, kann sie die Fotos nicht zum Sprechen bringen und nicht aus der frühen Kindheit erzählen. Und auch später wird das Erlebte (die Trennung von der Mutter) nicht in einen Erzählzusammenhang gebracht (etwa von den Tanten des Jungen), weil die jüdische Herkunft dem Kind verborgen bleiben muss, um sein Überleben zu sichern. Es gibt also – wenn überhaupt – nur eine verfälschte Identität. So lenkt das demonstrative Scheitern des autobiographischen Projekts den Blick vom Autor weg auf die Wirklichkeit, die diesem Scheitern zugrunde liegt und die zugleich das reale Substrat des erfundenen Berichts von W ausmacht, ohne je unmittelbar dargestellt zu werden: Verfolgung, Deportation und Vernichtung.

Trefflich lässt sich Perecs Buch als ein „Puzzle um die Leere" bezeichnen (Steiner 2000), denn die Räumlichkeit des Textes, die – genauso wie bei Sebald – der Zeitachse einer traditionell-chronologischen Handlungsverlaufs entgegengesetzt ist, verweist auf eine zentrale Lücke. Dabei sind die Textsignale bei Perec und bei Sebald derart eindeutig gesetzt, dass kenntlich wird, welche Faktizität hinter der Abwesenheit steht, die diese Lücke vergegenwärtigt. Mit ihren ungewöhnlich konstruierten literarischen Modellen erteilen beide: der in Frankreich geborene Sohn polnischer Juden Georges Perec und der aus dem Allgäu stammende W. G. Sebald, jedem Anspruch auf 'Authentizität' oder 'Repräsentation' eine Absage. Ihre unkonventionell erzählten Texte verlangen dem Leser ein hohes Maß an Aufmerksamkeit ab und die Bereitschaft, nachzufragen, Wissen zu aktivieren und geduldig den 'Spuren', dem Geflecht von Verweisungen nachzugehen. Sie sind alles andere als 'erschütternde' Stories, sind auch keine Beiträge fürs geschichtliche Archiv. Vielmehr sind sie – ebenso wie Soazig Aarons entschieden konkreter gestaltetes Buch *Klaras NEIN* – intellektuell anspruchsvolle Versuche, mit literarischen Mitteln die Erinnerung an die Opfer lebendig zu halten, ohne sich eine falsche Nähe, Einfühlung oder gar Verständnis, anzumaßen. Dadurch setzen sie Maßstäbe für eine verantwortungsvolle Vermittlung des Zivilisationsbruchs an die junge Generation.

Literatur

Aaron, Soazig: Klaras NEIN. Tagebuch-Erzählung [2002]. Deutsch von Grete Osterwald. Mit einem Vorwort von Jorge Semprun. Berlin: Friedenauer Presse 2003.

Agamben, Giorgio: Was von Auschwitz bleibt. Das Archiv und der Zeuge (Homo sacer III) [1998]. Deutsch von Stefan Monhardt. Frankfurt am Main: Suhrkamp 2003.

Assmann, Jan: Kollektives Gedächtnis und kulturelle Identität. In: Assmann, Jan/ Hölscher, Tonio: Kultur und Gedächtnis. Frankfurt am Main: Fischer 1988, S. 9–19.

Diner, Dan: Den *Zivilisationsbruch* erinnern. Über Entstehung und Geltung eines Begriffs. In: Uhl, Heidemarie (Hg.): Zivilisationsbruch und Gedächtniskultur. Das 20. Jahrhundert in der Erinnerung des beginnenden 21. Jahrhunderts. Innsbruck/Wien/ München/Bozen: 2003, S. 17–34.

Hinckeldey, Sabine von/Fischer, Gottfried: Psychotraumatologie der Gedächtnisleistung. Diagnostik, Begutachtung und Therapie traumatischer Erinnerungen. München/Basel: Ernst Reinhardt 2002.

Levi, Primo: Die Untergegangenen und die Geretteten [1986]. Deutsch von Moshe Kahn. München: Deutscher Taschenbuch Verlag 1993.

Niederland, William G.: Folgen der Verfolgung: Das Überlebenden-Syndrom Seelenmord. Frankfurt am Main: Suhrkamp 1980.

Perec, Georges: W oder die Kindheitserinnerung. Deutsch von Eugen Helmlé. Frankfurt am Main: Suhrkamp 1982.

Perec, Georges: W ou le souvenir d'enfance. Récit. Paris: Denoël 1975.

Sebald, W. G.: Die Ausgewanderten. Vier lange Erzählungen. 8. Aufl. Frankfurt am Main: Fischer Taschenbuch 2002.

Sebald, W. G.: Austerlitz. Roman. Frankfurt am Main: Fischer Taschenbuch 2003.

Steiner, Ariane: Georges Perec und Deutschland. Das Puzzle um die Leere. Würzburg: Königshausen & Neumann 2001.

Welzer, Harald: Das kommunikative Gedächtnis. Eine Theorie der Erinnerung. München: Beck 2002.

LUTZ KÜSTER

Literatur – Lerner – Kanon

Welche Literatur für einen lernerorientierten Französisch- und Spanischunterricht?

1 Problemaufriss

Angesichts einer explosionsartig wachsenden Nutzung audiovisueller bzw. computerbasierter Medien gehörte es in den vergangenen Jahren zum guten Ton, sich über mangelnde Leselust von Jugendlichen zu beklagen. In jüngster Zeit sind diese Stimmen weitgehend verklungen. Der Massenerfolg der voluminösen Harry-Potter-Bücher hat deutlich gemacht, dass Lesen keineswegs nur ein Vergnügen alternder Bildungsbürger ist. Die filmischen Umsetzungen des Romangeschehens haben der Lesefreudigkeit, wie es scheint, keineswegs Abbruch getan, sondern sie eher noch gesteigert. Ähnliches lässt sich zur Neuentdeckung von Tolkiens „Herr der Ringe“ sagen. Nicht wenige jugendliche Kinobesucher haben den Weg in die Büchereien und Buchhandlungen gefunden und sich vom Film zum Buch verführen lassen. Doch sind das die Bücher, die Erwachsene und Erzieher jugendlichen Lesern besonders dringlich empfehlen?

Mir fällt dazu eine Anekdote ein, die ein Kollege aus der Deutschdidaktik einmal erzählte. In Zeiten, als die Ergebnisse der PISA-Studie besonders intensiv diskutiert wurden und nach Gründen für die vergleichsweise geringen *Literacy*-Kompetenzen deutscher Schüler gesucht wurde, habe er seinen ihm lange vertrauten Buchhändler in ein Gespräch verwickelt. Ein wenig, um ihn aufs Glatteis zu führen, habe er ihn gefragt, was seiner Meinung nach eigentlich Kinder und Jugendliche lesen sollten. Der Buchhändler habe ihn etwas skeptisch von der Seite angeguckt und dann einsilbig geknurrt: „Viel“. Gewiss keine unpassende Antwort, doch wer sich nach Kriterien für die Auswahl von Lesestoff fragt, ist damit noch keinen Schritt weiter. Sollte überhaupt jemand Lesestoff für andere aussuchen, das Lesen bestimmter Werke gar zur Pflicht machen? Kann man dies nicht getrost dem Leseappetit der Einzelnen überlassen? Schließlich wird – um im Bild des Appetits zu bleiben – dem Normalverbraucher auch nicht vorgeschrieben, was er unbedingt essen müsse.

Wie wir alle wissen, funktioniert Schule jedoch nach eigenen Gesetzen. Schüler erhalten zumeist feste Vorgaben, welche Literatur sie für den Sprachunterricht lesen müssen. Die Auswahl dieser Bücher trifft in der Regel der Lehrer/die Lehrerin, und dies nicht zuletzt im Blick auf curriculare Vorgaben. Rahmenrichtlinien und Lehrpläne weisen traditionell mehr oder minder verbindliche Listen von im Unterricht zu behandelnden Werken aus und stützen sich dabei ihrerseits auf außerunterrichtlich etablierte Kanons. Derartige Vorschriften sind allerdings keineswegs unumstritten. Zwei unterschiedliche Angehensweisen konkurrieren hier miteinander: die Aspekte einer Gegenstandsorientierung einerseits und die einer Lernerorientierung andererseits.

Kanonbildungen legitimieren sich primär vor dem Hintergrund eines Primats der Gegenstandsorientierung. Bestimmten Werken wird aufgrund ihrer gewachsenen Bedeutung in der Literaturgeschichte bzw., was die Gegenwartsliteratur angeht, aufgrund weitgehend geteilter Kritikermeinungen ein besonderer Wert zugeschrieben. Diese Wertzuschreibung kann im außerunterrichtlichen Rahmen im Wesentlichen adressatenunabhängig vorgenommen werden. Kriterien der Auswahl sind beispielsweise der Grad formaler Innovation und Originalität oder ein als treffend erlebter Bezug zu Phänomenen des historisch-gesellschaftlichen Lebens (vgl. hierzu Winko 1996). Die kanonisierten Werke erhalten den Status von Bildungsgütern. Ich erinnere in diesem Zusammenhang an das zum Bestseller avancierte Buch des Anglisten Dietrich Schwanitz (2000) mit dem sprechenden Titel „Bildung. Alles, was man wissen muss“. Der Untertitel macht deutlich, worum es geht: Aus der Fülle von möglichen Gegenständen werden einzelne herausgehoben, deren Kenntnis ein „Muss“ darstellt. Wer sie nicht kennt und sich auf gesellschaftlichem Parkett bewegt, riskiert als ungebildet aufzufallen.

Im Kontext institutionalisierter Bildung und Erziehung sind Literatur-Kanons anders als im außerschulischen Rahmen auf jeweils klar umrissene Personenkreise bezogen. Auswahlkriterium ist hier nicht zuletzt die entwicklungsabhängige Angemessenheit der Literatur als Lerngegenstand. Denken wir nur an Titel der Kinder- und Jugendliteratur im Deutschunterricht. In der Erwachsenenwelt sind diese Titel zumeist gänzlich unbekannt, zumal dann, wenn sich die Autorinnen und Autoren nicht in der „seriösen“ Literatur bereits einen Namen gemacht haben. Der vermutete Wert dieser literarischen Texte liegt also darin, altersgemäße Bewusstseinsprozesse auszulösen und Sensibilität für sprachliche Ausdrucksmittel zu schärfen, kurz: um Bildungsprozesse zu fördern. Bildungsprozesse aber sind im Wesentlichen autonome individuelle Prozesse, d. h. sie können nicht mechanisch von außen „produziert“, sondern bestenfalls angeregt und unterstützt werden. Literatur wird traditionsgemäß ein hohes Anregungspotenzial für individuelle Bildungsprozesse zugeschrieben. Damit findet eine Verschiebung vom Kriterium reiner Gegenstands- hin zu einer Adressatenorientierung statt. Gegenstand und Rezipient werden zueinander in Bezug gesetzt.

Die Crux ist allerdings, dass literarische Kanons wesensgemäß normativen Charakter haben, mit der Folge, dass nicht individuelle Interessen und Präferenzen, sondern externe Setzungen den Vorrang haben. Alles, was einen Pflichtcharakter hat, wird leicht als lästig empfunden und ruft eher Widerstand als spontane Zustimmung hervor. Oder wie der Liedermacher Franz-Josef Degenhart es einmal formulierte: „Was verboten ist, das macht uns gerade scharf." Spaß machen soll das Lesen aber auch, wenn es schulischerseits zur Pflicht gemacht wird. Nur: Wie passt das zusammen? Und welche Einstellungen und Haltungen können Lehrende zur Frage der Lektüreauswahl einnehmen?

2 Drei Fokussierungen

2.1 Fokus Literatur

Die Kennzeichnung des Literarischen ist seit der Poetik des Aristoteles bis in die Gegenwart hinein immer wieder Gegenstand gelehrter Dispute und wissenschaftlicher Kontroversen. Verschiedene Versuche sind unternommen worden, das Spezifikum literarischer Texte in Abgrenzung von anderen Texten anhand innertextueller und/oder kontextbezogener Merkmale näher zu bestimmen.

Häufig genanntes Unterscheidungskriterium ist zum einen der Realitätsbezug, wobei Fiktionalität als Kennzeichen des Literarischen gilt. Zum anderen wird vielfach hervorgehoben, dass literarische Texte die Aufmerksamkeit des Lesers auf die Oberflächenstruktur der Sprache lenkten, wohingegen in nicht-literarischen oder auch referentiell genannten Texten der Inhaltsbezug der sprachlichen Zeichen im Vordergrund stehe (vgl. Bredella 2003, S. 55). Beide Kriterien sind allerdings nicht trennscharf, da jeweils Gegenbeispiele gefunden werden können, die den Gegenstandsbereich des Literarischen bis zur Unkenntlichkeit hin ausdehnen. Ich will daher nicht den Versuch unternehmen, eine eigene – dann auch sehr angreifbare – Definition vorzunehmen, sondern belasse es mit dem Hinweis darauf, dass 'Literatur' ein Begriff mit unscharfen Rändern ist.

Die angesprochenen Definitionsfragen des Literarischen sind selbstverständlich von entscheidender Bedeutung für die Gegenstandsbestimmung der Literaturwissenschaft. Nach einer lange Zeit gültigen Fixierung auf reine Schrifttexte hat sich vor allem seit den 1970er Jahren eine Erweiterung des Literaturbegriffs durchgesetzt. Zwei komplementäre Tendenzen schlagen sich hier nieder: zum einen die semiotische Ausdehnung des Textbegriffs, die auch visuelle Darbietungen einschließt, und zum anderen die Öffnung zum Populären im Anschluss an die britischen *Cultural Studies*. Zuvor als minderwertig eingestufte Gattungen werden im Zuge dieser Entwicklung salonfähig. Dies betrifft Mischgenres wie Comics und Songtexte, vor allem aber natürlich Spielfilme, die als eigenständige Kunstwerke eine Aufwertung erfahren. Literaturwissenschaft kann vor diesem Hintergrund als Teil der weiter gefassten Medienwissenschaften begriffen werden. In ihnen werden zunehmend die intertextuellen und intermedialen Verknüpfungen innerhalb eines weit gefassten literarisch-medialen Kommunikationsnetzes untersucht.

Das Verständnis von Literatur und Literarizität wird jedoch nicht nur von den Gegenstandsbestimmungen der Literaturwissenschaft, sondern auch von ihrer Methodenwahl bestimmt. Literaturwissenschaftliche Methoden rücken ja jeweils unterschiedliche Aspekte des Beziehungsgefüges von Text, Leser und Kontext in den Mittelpunkt. Strukturalistische Ansätze wie auch der *New Criticism* richteten ihr Augenmerk ausschließlich auf den Text selbst. Im Gegensatz dazu betrachtet die *Response Theory* David Bleichs literarische Kommunikation primär vom Leser aus, während hermeneutische bzw. rezeptionsästhetische Ansätze von einer dialogischen Beziehung zwischen Leser und Text ausgehen. Poststrukturalistische, dekonstruktivistische Herangehensweisen wiederum befassen sich mit Strukturen der Macht und Herrschaft, welche sich auch in literarischen Diskursen niederschlagen. Sie finden vor allem in postfeministischen, postkolonialen und kulturwissenschaftlichen Ansätzen ihre Anwendung. Letztlich sei die wechselseitige Beeinflussung von jüngerer Literaturwissenschaft und der interpretativen Kulturwissenschaft erwähnt. Beiden gemeinsam ist ein Verständnis von Kultur als Text. Indem sie die Textualität von Literatur hervorheben, unterstreichen sie zugleich die Kulturalität von Texten (vgl. Bachmann-Medick 1996).

Im Zuge der wissenschaftlichen Postmoderne werden generell Normierungen und Schließungen aufgebrochen und durch Tendenzen der Pluralisierung und Öffnung ersetzt. Allen Vereinheitlichungsbestrebungen wird der Kampf angesagt. Vielfältigkeit, Heterogenität und Hybridität erfahren stattdessen eine Aufwertung. Auf dem literarischen Buchmarkt begegnen wir im Gegensatz dazu ganz unverhüllt Tendenzen der Schließung und Normierung. Literaturkonsum und das öffentliche Urteil über Literatur werden bekanntlich gesteuert durch Mechanismen der Selektion, welche angesichts der Masse des literarischen Angebots eine Orientierung vermitteln wollen. Buchpreise, Bestsellerlisten, Fernsehshows, Buchkritiken etc. fallen in diesen Bereich. Indirekt erfolgt so eine Kanonbildung.

2.2 Fokus Kanon

Der Begriff „Kanon" geht wortgeschichtlich auf das Griechische zurück, wo er „Schilfrohr" bedeutet und davon abgeleitet „Maßstab" und „Regel". Ursprünglich wurde der Begriff auf die anerkannten heiligen Schriften und erst seit Ende des 18. Jahrhunderts auf die Literatur bezogen (vgl. Winko 1998, S. 254). Generell wird in der gegenwärtigen Literaturwissenschaft unterschieden zwischen einem materialen Kanon einerseits und einem Deutungs-, Kriterien- und Methodenkanon andererseits. Diese Unterscheidung wiederum knüpft an die traditionelle Differenzierung von Text- und Regelkanon an (vgl. Erlinger 2004, S. 27). Am Beispiel des ursprünglich religiösen Kontextes wird deutlich, dass Kanons untrennbar mit der Funktion der Einschließung auch die der Ausschließung erfüllen. So wurden Schriften, die nicht Aufnahme in den biblischen Kanon fanden, als apokryphe ausgegrenzt. An verschiedenen Beispielen lässt sich zudem belegen, dass Kanonisierungen und Zensur eng beieinander liegen.

Ohne näher auf die Grundlegung literarischer Kanonbildungen eingehen zu können (vgl. hierzu u. a. Assmann/Assmann 1987, Poltermann 1995 und Heydebrand 1998), möchte ich deren geschichtliche Bedingtheit hervorheben. Es sind jeweils bestimmte Trägergruppen, die von einer gesellschafts- und kulturgeschichtlichen Warte aus Wertvorstellungen in einem Korpus als relevant erachteter Texte festschreiben. Simone Winko (1998, S. 254) kommt daher zu dem Schluss:

> Kanones erfüllen verschiedene Funktionen für ihre Trägergruppe: Sie stiften Identität, indem sie für die Gruppe konstitutive Normen und Werte repräsentieren; sie legitimieren die Gruppe und grenzen sie gegen andere ab, sie geben Handlungsorientierungen, indem sie ästhetische und moralische Normen wie auch Verhaltensregeln kodieren; sie sichern Kommunikation über gemeinsame Gegenstände.

Im Gegensatz zur relativen Homogenität bildungsbürgerlicher Kanons des 19. Jahrhunderts ist für die zunehmend komplexen Gesellschaften der Gegenwart allerdings eine Kanonpluralität kennzeichnend (vgl. ebd.). Mit dem eben angesprochenen Denken in Kategorien des Poststrukturalismus sind Kanonbildungen sogar völlig inkompatibel, was deren völlige Abschaffung nahe legt. Auf der anderen Seite ist das Bedürfnis nach Orientierung ebenfalls legitim. Letzterem kommen Gegenreaktionen wie die Harold Blooms entgegen, der 1994 das viel beachtete und voluminöse Werk *The Western Canon* veröffentlicht hat. Einmal mehr haben wir es folglich mit dem Gegensatz zwischen Vereinheitlichung und postmoderner Beliebigkeit im Sinne eines *anything goes* zu tun.

Die literaturwissenschaftlichen Kanondebatten haben in der Literaturdidaktik ihr Echo gefunden. Das impliziert ebenfalls eine Aufwertung zuvor als trivial erachteter Genres und eine Infragestellung der Legitimität von Kanonbildungen generell (vgl. z. B. Erlinger 2004 und Fehrmann 2001). Demgegenüber verteidigt der Französischdidaktiker Franz Rudolf Weller (2000) sehr vehement das Festhalten an kanonisierten Werken der so genannten Hohen Literatur. Er sieht die Gefahr einer Banalisierung und Trivialisierung des fremdsprachlichen Literaturunterrichts, wenn „gehäuft modische oder unterwertige Texte gelesen werden, so dass die Geschmacksbildung auf der Strecke bleibt und damit bei den Schülern auch die literarische Urteilsfähigkeit“ (ebd., S. 157). Schule dürfe sich keine Wertungsabstinenz erlauben, sondern solle eine Literatur vermitteln, die „sehend machen und den Lesenden verändern“ könne:

> Es wäre bedauerlich, wenn eine „feige Didaktik“ [...] den Schülern eines Leistungskurses einen herausfordernden, irritierenden Konflikt mit schwierigen, auch fremden Texten und der literarischen Tradition auf Dauer vorenthalten würde. [...] Wenn Unterricht missverstanden wird als Unterhaltungsangebot aus der Steckdose, heißt

> das, die Komplexität im Leben vorschnell zu reduzieren, statt dass wir Schüler in reifender Selbstverantwortung befähigen, mit ihren Bedürfnissen und Trieben geistig fertig zu werden und gemeinsam das oberste Erziehungs- und Bildungsziel zu erreichen: die Verbindung von Recht, Freiheit und Moral, deren konfliktgeladenes Spannungsverhältnis Grundthema der meisten großen Werke auch der französischen Literatur ist.

Empirische Untersuchungen belegen, dass kanonisierte Werke der französischen Literatur nach wie vor eine große Präsenz in schulischen Stoffplänen haben. Gelesen und behandelt werden neben Kurzprosa und Gedichten Ganzschriften insbesondere folgender Autoren:

1. Camus	8. Flaubert
2. Molière	9. Modiano (Malle)
3. Sartre	10. Joffo
4. Ionesco	11. Balzac
5. Voltaire	12. Vercors
6. Anouilh	13. Zola
7. Saint Exupéry	14. Rochefort

(ebd., S. 151)

Nach Titeln aufgeschlüsselt ergibt sich folgendes Bild:

1. Huis clos	9. Antigone
2. L'Etranger	10. L'avare
3. Rhinocéros	11. Madame Bovary
4. La peste	12. La leçon
5. Candide	13. La cantatrice chauve
6. Le malade imaginaire	14. Lacombe Lucien
7. Le petit prince	15. Tartuffe
8. Les justes	16. Les petits enfants du siècle

(ebd.)

Die Angaben stammen aus einer Erhebung, die Weller für die Abiturjahrgänge 1995–1999 in bestimmten Schulkreisen des Landes Nordrhein-Westfalen durchgeführt hat. Sie können zwar nur begrenzte Repräsentativität beanspruchen, geben aber doch einen Einblick in die Praxis des Französischunterrichts auf der Ebene der Leistungskurse. Grundkurse wurden bedauerlicherweise nicht in die Untersuchung einbezogen (vgl. auch Albes 1993). Im Vergleich mit Erhebungen aus den 1960er, -70er und -80er Jahren sind nur minimale Variationen zu beobachten. Warum ist dieser faktische Lektürekanon so homogen? Ich vermute, dies liegt zum einen daran, dass Lehrende auf die Stoffe literaturwissenschaftlicher Universitätsseminare aus der Ausbildungszeit zurückgreifen, zum anderen aber auch an der Vorauswahl, welche Schulbuchverlage bei der Edition ihrer didaktischen Lektürereihen vornehmen.

In schulischen Lehrplänen des Französischen finden die genannten Autoren zwar vielfach auch Erwähnung, soweit ich es recherchiert habe, jedoch nur in Form beispielhafter Nennungen. Einzelne Bundesländer wie z. B. Berlin verzichten ganz auf Festlegungen hinsichtlich literarischer Epochen und Strömungen und schreiben stattdessen die Behandlung bestimmter Themen vor, bei der insgesamt auch literarische Texte berücksichtigt werden sollen (vgl. SenBJS Berlin o. J.). Im Bereich literarischer Inhalte machen sich folglich die aktuellen bildungspolitischen Tendenzen einer zunehmenden Standardisierung und Vereinheitlichung nicht wesentlich bemerkbar. Diese richten sich primär auf den Bereich sprachlicher Teilfertigkeiten.

Hier allerdings kollidieren sie mit dem Diskussionsstand in der Fremdsprachendidaktik, wo sich seit ca. 20–25 Jahren eine Abkehr von allgemeinverbindlichen Setzungen einer Gegenstands- und Lehrstofforientierung und vom Absolutheitsanspruch sprachlicher Normen beobachten lässt. Unter den Schlagwörtern der Schüler- und später der Lernerorientierung rückt stattdessen das Subjekt sprachlichen Lernens in den Mittelpunkt des Interesses.

2.3 Fokus Lerner

Das Prinzip der Lernerorientierung im Fremdsprachenunterricht berührt bekanntlich viele Felder. Ich konzentriere mich im Folgenden auf den Bereich der Literaturdidaktik. Zwei Hauptstränge möchte ich hervorheben: die Entwicklung von Verfahren kreativer Textarbeit und den Einfluss der Kognitionsforschung auf jüngere Studien der Lesedidaktik. Erstere knüpft an die literaturwissenschaftlichen Positionen der Rezeptionsästhetik an, die ja den Leser als Mitschöpfer des literarischen Kunstwerks ansieht. Folgerichtig erfahren damit die subjektiven Sinnbildungsprozesse der Leser-Lerner in didaktischen Kontexten eine wachsende Aufmerksamkeit. Doch auch die Aspekte des Sprachenlernens kommen nicht zu kurz. Denn die individuelle Auseinandersetzung mit literarischen Texten in Rezeption und Produktion setzt Sprachaktivitäten frei und verbindet so sprachliches und inhaltliches Lernen miteinander. Die erwähnte Befruchtung gegenwärtiger Lesedidaktik durch kognitionswissenschaftliche Forschung hat dazu beigetragen, der Unterschiedlichkeit individueller Stile,

Strategien und Techniken des Lesens verstärkte Beachtung zu schenken. So erarbeiten z. B. Donnerstag (1992), Benz (1990) und Ehlers (1998) Modelle für eine Diversifizierung und Effektivierung fremdsprachlichen Lesens. Beide Stränge konvergieren in der Tendenz einer Individualisierung und Autonomisierung.

Drei Beispiele sollen ansatzweise illustrieren, wie sich diese Grundmerkmale lernerorientierter Literaturdidaktik in Verfahren und Settings der Literaturbehandlung in fremdsprachlichen Klassenzimmern niederschlagen. So hat in der Spanischdidaktik schon Dicke (1988) Verfahren der Leseschulung entwickelt, die den Ergebnissen der Kognitionsforschung Rechnung tragen. Durch bewussten Einsatz unterschiedlicher Strategien wie *skimming, scanning* und *research reading* sollen Schüler lernen, mit authentischen Texten interessegeleitet selbständig umzugehen. Bewusstmachung ist das Ziel auch der Leser-Lerner-Tagebücher, mit denen Fremdsprachenschüler ihre sprachlich-inhaltlichen Rezeptionsprozesse protokollieren, reflektieren und vertiefen sollen (vgl. Krück 1997). Eine besonders motivierende Initiative sehe ich ferner mit den Schüler-Leser-Juries des *Institut français* gegeben. Aus einer Auswahl aktueller französischer Jugendliteratur wählen Schülergruppen einen Preisträger aus und begründen ihre Auswahl. Modell hierfür bildet der von Bernard Pivot ins Leben gerufene *Prix des lycéens*, der von muttersprachlichen Schülern für ein Werk aktueller französischer Literatur bestimmt wird. Hier wie da bedeutet der Preis nicht nur eine symbolische Anerkennung des Autors und seines prämierten Werks, sondern auch ganz materiell die Vergabe einer Geldprämie. An einem derartigen Verfahren beteiligt zu sein, stellt eine besondere Herausforderung dar, die natürlich die Jurymitglieder ebenfalls aufwertet. Es ist selten, dass fremdsprachliches Lesen so konkrete Konsequenzen hat und somit eine sehr authentische Erfahrung des Sprachhandelns darstellt.

Fragen der Textauswahl sind in aller Regel jedoch nicht den Schülern zu überlassen, sondern in Abhängigkeit von den Zielen des Fremdsprachenunterrichts in erster Linie von den Lehrenden zu lösen.

3 Kriterien der Textauswahl

3.1 Allgemeine Überlegungen

Literaturarbeit galt früher als Krönung jeglichen Fremdsprachenlernens, zumindest innerhalb des schulischen Rahmens. Heute hingegen muss sich die Behandlung literarischer Sujets vor dem Hintergrund sprachlich-kommunikativer Lernziele und übergeordneter fächerübergreifender Bildungsziele legitimieren. Seit der sog. Kommunikativen Wende in den 1970er Jahren herrscht in der Fremdsprachendidaktik keineswegs ein Konsens darüber, welche Funktion Literatur im Sprachlernprozess beanspruchen könne. Während Willis Edmondson (1991,

1993) beispielsweise literarischen Texten unter spracherwerbstheoretischen Gesichtspunkten eine besondere Relevanz abspricht, werden andere Fremdsprachendidaktiker nicht müde, den Einsatz von Literatur sowohl unter allgemeinpädagogischen, als auch unter sprachdidaktischen Gesichtspunkten zu verteidigen.

Zu ihnen gehört Wilfried Brusch, der das literaturauswertende Lerngespräch ins Zentrum einer kommunikationsorientierten Literaturdidaktik rückt (Brusch 1986). Karlheinz Hellwig und Wilfried Gienow (1997) vertreten unter Verbindung kognitionspsychologischer, bildungstheoretischer und literaturwissenschaftlicher Grundlegungen mit ihrem Konzept einer prozessorientierten Mediendidaktik die Auffassung, dass nur subjektiv-belangvolle Inhalte Gewähr böten, Prozesse vertiefter Sprachverarbeitung und kreativer Spracherarbeitung in Gang zu setzen. Zentral ist für sie das Kriterium von Tiefe bzw. Flachheit des Materials. In Anlehnung an Holzkamp (1995, S. 222) gehen sie davon aus, dass ein in sich flacher Gegenstand nicht zu einem tiefen Gegenstandsaufschluss führen könne. Das Merkmal der Tiefe schreiben sie Texten zu, die gekennzeichnet sind von Bedeutungsgeschichtetheit, Mehrdeutigkeit und Problemhaftigkeit. Auch der Sprachdidaktiker Dieter Wolff (2003) hat jüngst die Vorzüge literarischer Texte für Prozesse der Sprachverarbeitung herausgearbeitet. Deren Offenheit bzw. Polyvalenz fördere Fähigkeiten des Inferierens, also des Hypothesenbildens und -testens. Die affektive Wirkung literarischer Texte erhöhe die Lernermotivation und die Deautomatisierung literarischen Lesens führe zu verstärkter Verarbeitungsbewusstheit. Alle drei Faktoren hätten einen positiven Einfluss auf die Verarbeitungstiefe und Gedächtnisleistung seitens der Lerner. Vor allem die Arbeiten des Gießener Kreises um Lothar Bredella und Herbert Christ haben darüber hinaus die besondere Aufschlusskraft literarischer Gegenstände für Prozesse interkulturellen Lernens hervorgehoben. Fremdverstehen und literarisches Verstehen, so eine Hauptthese, seien einander eng verwandt und beeinflussten sich wechselseitig.

An diese Fundierungen anknüpfend habe ich selbst in meiner Habilitationsschrift (Küster 2003) den Versuch unternommen, Literaturdidaktik bildungstheoretisch zu untermauern und zu profilieren. Dabei vertrete ich die Auffassung, dass Sprache, auch die fremde Sprache, ein Medium nicht nur der Kommunikation, sondern ebenso der Erkenntnis ist. In ihr klären wir unsere Einstellungen, wir vergewissern uns unserer Haltungen zu uns selbst und zu unserer Umwelt. Gerade die Literatur liefert Anlässe, derart elementare Fragen ins Bewusstsein zu heben. Die Konfrontation mit dem Urteil anderer im textdeutenden Unterrichtsgespräch schärft ferner den Blick für die Besonderheit unseres Zugangs zur Welt. Texte, die individuelle Betroffenheit auslösen, erscheinen daher geeignet, Einfluss zu nehmen auf Prozesse der Persönlichkeitsbildung.

Ziel dieses Beitrages ist es ja, Textauswahl unter dem Blickwinkel der Lernerorientierung zu betrachten. Dabei möchte ich betonen, dass Lernerorientierung nicht allein am Gegenstand festzumachen ist, sondern sich ebenso im methodischen Zugang manifestiert. Das heißt, dass die Auswahl von Texten im Blick haben muss, in welchem Maße die unterrichtliche Arbeit mit ihnen subjektive Sinnbildungen zulässt bzw. fördert. Mit Gienow/Hellwig bin ich der Auffassung, dass Texte bedeutungsoffen, vielschichtig und von subjektivem Belang für die Lerner sein sollten. Diese Kriterien liefern eine wichtige Voraussetzung für exploratives Lernen und für die Konfrontation individuell unterschiedlicher Sichtweisen.

Auf den Ebenen inhaltlicher und sprachlicher Lernprozesse gleichermaßen erscheinen mir Lernangebote dann angemessen, wenn sie eine Verknüpfung mit Bekanntem ermöglichen, dieses zugleich aber ein Stück weit überschreiten. Daraus leitet sich im Rahmen der Literaturdidaktik die Folgerung ab, dass Texte Anreize bieten sollten, individuelle Horizonte der Kenntnisse und Wertungen zu erweitern. In diesem Sinne ist es hilfreich, wenn sie ein gewisses Irritationspotenzial besitzen. Dies gilt insbesondere im Blick auf die Konfrontation mit Fremdheit. Es gehört ja zum Wesen von Literatur, Reibungen zu erzeugen, bisweilen auch Befremden auszulösen. Nicht umsonst spricht Hans Hunfeld (1992) von der „Fremdsprache Literatur“. Letztlich sollte die Beschäftigung mit den Texten zumeist auch Vergnügen bereiten, ästhetisch ansprechen bzw. zu spielerisch-experimentellen Denkoperationen anregen. Das setzt in der Regel voraus, dass Lehrende selbst Spaß am Text und am Lesen haben.

Gabriele Blell (1998) vertritt die These, dass postmoderne Erzähltexte sich für Belange des Fremdsprachenunterrichts besonders gut eigneten. In der Abkehr von der monologischen Struktur etwa der großen Romane des 19. Jahrhunderts böten postmoderne Werke den Vorzug, den Leser verstärkt auf eigene Deutungen und Wertungen zu verweisen. Die „Spielästhetik“ postmoderner Texte sieht sie als wertvollen Stimulus leser- und lernerorientierter Rezeptionsprozesse. Im Gegensatz dazu kommen Grabes und Hellkamps trotz ähnlicher Ausgangsüberlegungen zu anderen didaktisch-pädagogischen Postulaten. Grabes (1993, S. 109) macht geltend, dass „das vergnügliche Spiel mit dem Sprachzeichen“ bei der Lektüre postmoderner Romane „stets vom Gefühl der Frustration und des *Ennui* bedroht“ sei. Und Hellekamps (1998, S. 117) befürchtet, das sich bildende Ich finde an einem Text, der „nicht mehr für einen bedeutungsvollen, wenngleich offenen Kontext steht“ keinen hinreichenden Halt. Aus ähnlichen Erwägungen kommt Nünning (2000, S. 113) zu einer Präferenz realistischer Werke, da diese sich durch ein hohes Maß an ästhetischer Illusionsbildung auszeichneten und so ein größeres Identifikationspotenzial besäßen als experimentelle Texte. Im Sinne interkulturellen Lernens hält er Werke mit ausgeprägter Innenweltdarstellung für besonders geeignet, da sie zu Empathie und Perspektivenübernahme aufforderten.

Eine ausschließliche Fokussierung auf den Empathieansatz reduziert die Textauswahl jedoch einseitig auf illusionsbildende Texte und auf eine bestimmte Form der Textrezeption. Den unterschiedlichen Leserreaktionen wird so ihr Experimentierfeld beschnitten. Weder eine primär formalästhetische Argumentation wie sie von Blell, noch eine vorrangig inhaltliche wie sie von Nünning entfaltet wird, sondern eine Kombination von beiden bietet m. E. die beste Gewähr, sprachliche Lernprozesse durch Sinnbildungsimpulse zu befördern.

Ich wende mich im Folgenden einem formalen Kriterium von Texten zu und verbinde es mit zwei Zielfacetten des Fremdsprachenunterrichts. Ich möchte aufzeigen, wie die Konfrontation mit der Vielstimmigkeit von Texten Prozesse persönlicher Identitätsbildung fördern und für Fragen kultureller Differenz sensibilisieren kann.

3.2 Vielstimmigkeit in der Begegnung mit fiktionalen Figuren

Das Konzept der Vielstimmigkeit geht auf den russischen Literaturwissenschaftler Mihail Bachtin zurück. Am Beispiel der Romane Dostojewskis arbeitet er heraus, dass diese über ihre Figuren unterschiedliche gesellschaftlich-ideologische Sichtweisen zum Ausdruck bringen, die sich nicht einer einheitlichen Erzählerperspektive unterordnen und dem Leser selbst daher die Eigenständigkeit einer Urteilsfindung abverlangen.

In jüngerer Zeit sind Bachtins Schriften vor allem im Kontext der Intertextualitätstheorien aufgegriffen worden. Wie unterschiedlich der Begriff Intertextualität definiert wird, will ich hier nicht näher ausführen. Ich möchte vielmehr eine Verbindung zur Thematik interkultureller Beziehungen hervorheben. Interkulturalität bedingt, wie Waldenfels (1999, S. 110) belegt, ein Sich-Finden im Anderen und ein Finden des Anderen. Dieses Wechselspiel sieht er gebunden an jene innere Vielstimmigkeit, von der Bachtin sprach. Es meint m. E. auch das, was Axel Honneth (2000) aus Sicht einer aktualisierten Psychoanalyse als „intrapsychische Pluralisierung der Subjekte“ beschreibt. Auf der Grundlage der Objektbeziehungstheorie Donald Winnicots und des Interaktionismus George Herbert Meads kennzeichnet Honneth die Bildung des psychischen Innenlebens „als einen konfliktreichen Vorgang der Verinnerlichung von Interaktionsbeziehungen“ (ebd., S. 1093). Auf diese Weise entstehe ein „innerer Kommunikationsraum“, in dem der Einzelne zum eigenen Unbewussten eine dialogische Beziehung aufnehmen könne und der zugleich nötig sei, um zu einer autonomen Lebensgestaltung zu gelangen (ebd., S. 1096).

Auf der Ebene der Fremdsprachendidaktik hat vor allem Claire Kramsch die Zusammenhänge zwischen textueller Vielstimmigkeit und interkultureller Persönlichkeitsbildung herausgearbeitet. Anschaulich spricht sie vom Fremdsprachenlernen als einem „dritten Ort“ jenseits der Pole des Eigenen und des Fremden, zu dem der Lerner über eine Integration der mutter- und fremdsprachlichen

Stimmen gelange (vgl. Kramsch 1995, S. 62). Wolfgang Hallet (2001) hat sich dafür ausgesprochen, Kramschs mehr mentalistisch konzipierte Metapher auf den Interaktionsraum des Fremdsprachenunterrichts auszudehnen. Wörtlich spricht er vom fremdsprachlichen Klassenzimmer als einem „realen oder virtuellen interkulturellen und diskursiven Begegnungsraum",

> [...] in dem Texte, Äußerungen und Stimmen der zielsprachlichen Kultur(en), aber auch der Lehrenden und der Lernenden sowie von diesen bereits früher rezipierte, aber jederzeit verfügbare und evozierbare Texte aller Art, die verschiedenen und verschiedenartigen muttersprachlichen und fremdsprachlichen Diskursen entnommen sind, in ein Zusammenspiel eintreten. (Ebd., S. 130)

Das Zusammenspiel von Texten und Stimmen in einem solchen Begegnungsraum folgt den Postulaten der Lernerorientierung, da es Entfaltungsraum für die Äußerung unterschiedlicher individueller Sichtweisen lässt. Das ist gewiss am leichtesten möglich, wenn die Texte selbst das Merkmal der Vielstimmigkeit aufweisen. Auch im Bachtinschen Sinne monologisch konzipierte Texte können jedoch zu einem Austausch unterschiedlicher Sichtweisen im Unterrichtsgespräch führen. Dies ist vor allem dann gegeben, wenn die Texte Impulse enthalten, welche die Leser kognitiv und affektiv zugleich ansprechen, Irritation von Selbstgewissheiten (vgl. List 1997, S. 45) bewirken und heterogene Reaktionen auslösen. Texte können so im Leser und im Gespräch der Leser-Lerner untereinander Lebendigkeit entfalten.

Der Begegnung mit literarischen Helden kommt in diesem Zusammenhang eine wichtige Funktion zu. Sie ermöglicht es uns nämlich, inhaltlich und sprachlich unterschiedliche literarische Stimmen in uns aufzunehmen und fiktionale Erlebnisse dem eigenen Erfahrungsschatz anzuverwandeln. Aus Meads Gedanken, dass die Entwicklung persönlicher Identität als Integration von Interaktionsbeziehungen zu verstehen ist, ist zu folgern, dass die Begegnung mit fiktionalen Figuren in der Literatur eine Form sekundärer Interaktionsbeziehungen darstellt, die vermittelter als die primären dennoch die Sphäre eigener Identitätsbildung beeinflussen. Identität soll wohlgemerkt nicht statisch, sondern als offenes, dynamisches, narratives Konstrukt verstanden werden. Da die literarische Ebene eine mittelbare ist, bietet sie umso eher die Möglichkeit, Vielstimmigkeit bewusst wahrzunehmen und zu einzelnen Stimmen in ein kritisches Verhältnis zu treten. Wer von diesem Beitrag einen detaillierten Kriterienkatalog mit dem Anspruch der Vollständigkeit erwartet hat, der wird leider enttäuscht werden. Nicht aus geistiger Nachlässigkeit, sondern im bewussten Verzicht auf Geschlossenheit belasse ich es bei diesen zugegeben sehr weit gefassten Orientierungen. Denn m. E. können wir weder dem komplexen Gegenstand Literatur noch der Unvorhersehbarkeit individueller Rezeptionsprozesse durch die Geschlossenheit eines Kriterienkatalogs, geschweige denn eines festen Lektürekanons gerecht werden.

Wie aber meine Orientierungsmarken sich an konkreten Beispielen wieder finden lassen, soll nun abschließend an zwei Erzählungen illustriert werden, zum einen an *La grande vie* von Jean Marie Gustave Le Clézio, zum anderen an *Crónica de una muerte anunciada* von Gabriel García Márquez. Ich konzentriere mich dabei auf die im engeren Sinne didaktischen Aspekte und versuche, das didaktische Potenzial der genannten Texte auszuloten. Fragen der methodischen Umsetzung in unterrichtliches Geschehen können aus Platzgründen nur ansatzweise zur Sprache kommen.

4 Zwei Textbeispiele

4.1 J.M.G. Le Clézio (1982): *La grande vie*

Die Erzählung aus dem Jahr 1982 liegt seit vielen Jahren in einer didaktischen Bearbeitung vor, die laut Verlagsangaben den Ursprungstext nicht verändert, lediglich durch Worterklärungen und Strukturierungshilfen ergänzt hat. In ihrem Mittelpunkt stehen zwei gleichaltrige jugendliche Heldinnen, die als Waisenkinder Aufnahme gefunden haben bei einer Ziehmutter in einer nicht genannten französischen Großstadt, vermutlich Paris. Sie sind einander so ähnlich, dass sie als Zwillingsschwestern betrachtet werden. Als solche verhalten sie sich auch. Selbst ihre Vornamen klingen gleich, lassen sich nur graphisch unterscheiden (Christelle/Christèle), weswegen sie sich Phantasienamen zugelegt haben: Pouce und Poussy. Gemeinsam haben sie die Schule absolviert, trotz weitgehender Unangepasstheit an herrschende Ordnungen sogar ein *Certificat dáptidude professionnelle* (CAP) erlangt, gemeinsam arbeiten sie in verschiedenen Fabriken als Industrieschneiderinnen, bis sie einer erneuten Kündigung vorgreifen und ihrem grauen Alltag kurzerhand entfliehen. Ohne ihre – sehr wohl gemochte – Ziehmutter zu informieren, ausgestattet mit wenig Gepäck und noch weniger Geld, brechen sie im ausgehenden Winter auf gen Süden (Monte Carlo und Italien), um ihrem Traum vom großen Leben (daher der Titel) zu folgen. Einfühlsam werden ihre Sehnsüchte, ihre Freundschaft, ihre Stimmungsschwankungen von naiver Begeisterung bis hin zu adoleszenter Melancholie und ihre zunehmend jenseits der Legalität angesiedelten Realitätsbewältigungsversuche beschrieben. Während sie anfänglich in den natürlich nie bezahlten teuersten Hotels absteigen, Champagner und Hummer zur Alltagskost erheben, lassen die Heldinnen später mehr Vorsicht walten. Um drohender Verhaftung zu entgehen, trampen sie immer weiter. Sie nächtigen an feuchtkalten Stränden, machen die Bekanntschaft von sehr unterschiedlichen Menschen, lernen italienische Lebensart kennen und schätzen, müssen aber angesichts wachsender Übermüdung und beginnender Krankheit schließlich einsehen, dass sie ihre Flucht, ihre *fugue,* abbrechen und nach Hause zurückkehren müssen. Beim Überqueren der französischen Grenze werden sie, inzwischen namentlich gesucht, von der Polizei in Gewahrsam genommen. Die Handlung endet mit dem Eingeständnis einer Niederlage, zugleich aber dem trotzigen Vorsatz, beim nächsten Mal zu einer Reise ohne Rückkehr aufzubrechen.

In den Heldinnen begegnen den gymnasialen Französischschülerinnen und -schülern Figuren, die ihnen auf den ersten Blick nur wenig ähneln dürften. Nicht nur, dass sie anderer Nationalität sind, sie bewegen sich zudem in einem für die meisten ihrer deutschen Leser sicherlich fremden sozialen Milieu. Die literarische Erzählung lässt sie dennoch vertraut wirken. Ihre Träume und Hoffnungen sind sehr nachvollziehbar, auch ihre ansteckende Fröhlichkeit, ihr jugendlicher Übermut, aber ebenso ihre Revolte und ihre Selbstzweifel. Darüber hinaus thematisiert die Novelle die Annäherung an das Fremde, nämlich im kommentierten Blick der Protagonistinnen auf das ihnen unvertraute italienische Ambiente, auf die so anders als gewohnt sich verhaltenden Männer unterschiedlichen Alters, auf die Schönheit der Natur, aber auch auf die Ungesichertheit ihrer experimentellen Lebensführung als Kleinkriminelle. Die beiden Hauptfiguren bilden zwar ein homogenes Ganzes, ihre Erlebnis- und Gedankenwelten unterscheiden sich nur kaum voneinander, dennoch weist die Erzählung eine gewisse Vielstimmigkeit auf. Zum einen durchleben Pouce und Poussy einen Entwicklungsprozess, so dass sie am Ende der Handlung eine veränderte Sicht auf sich und ihre Umwelt haben. Dieser Prozess ist zum anderen wesentlich geprägt durch die Begegnung mit Randfiguren der Handlung, Menschen, denen sie auf ihrer Reise begegnen und die oft gerade durch ihre soziokulturelle Fremdheit eine Folie der Eigenorientierung bilden.

Die Lektüre bietet uns Lesern die Möglichkeit eines risikolosen, da rein fiktiven Probehandelns. Am Beispiel der Figuren können wir Leser uns Erfahrungen zueigen machen, deren Konsequenzen in der Wirklichkeit wir nicht auf uns nehmen müssen. Indem die Erzählung durch personale Perspektive zwar Empathie nahe legt, gleichzeitig aber Mehrperspektivität und Deutungsoffenheit aufweist, spricht sie affektiv und kognitiv zugleich an. Durch Verfahren kreativer Textarbeit können zudem Figurensichten, die im Werk nicht näher ausgestaltet sind, imaginativ ausgestaltet werden. Ich denke primär an die möglichen Reaktionen von Erwachsenen, die den Fluchtversuchen der Mädchen Alternativen entgegensetzen. So könnten Briefe der Ziehmutter und Antworten der beiden Protagonistinnen verfasst werden. Ferner bietet sich an, einen Rollendialog zwischen den Mädchen und den Polizisten auf dem Kommissariat zu inszenieren. Damit ließe sich der Rahmen innertextueller Vielstimmigkeit erweitern hin zu einer Vielstimmigkeit im Klassenzimmer. In einer solchen Perspektive könnten zudem Texte zu den gegenwärtigen (Ende 2005) Jugendunruhen in französischen Vorstädten herangezogen werden, um die sozialpsychologischen Hintergründe des literarischen Geschehens zu diskutieren.

Um Aspekte kultureller Differenz geht es auch in dem zweiten Beispiel.

4.2 Gabriel García Márquez (1981): *Crónica de una muerte anunciada*

Die Erzählung geht auf ein reales Ereignis im familiären Umfeld des Autors zurück. Ein junger Mann hatte in der Hochzeitsnacht festgestellt, dass seine Braut nicht mehr Jungfrau war und sie umgehend ihren Eltern zurückgebracht. Um die Familienehre wieder herzustellen hatten daraufhin ihre Brüder den vermeintlich Schuldigen umgebracht (vgl. Ploetz 1992, S. 100). Fast 30 Jahre später greift García Márquez den Stoff auf und gestaltet ihn literarisch. Der Ich-Erzähler ist ein Freund des Gewaltopfers, eines allseits beliebten, wohlhabenden jungen Mannes mit Namen Santiago Nasar in einer Kleinstadt Kolumbiens. Einige Jahre nach dessen Ermordung versucht der Erzähler die Hintergründe und den Ablauf der Tat zu rekonstruieren. Er befragt Augenzeugen und durchforscht die Gerichtsakten. Aus diesen unterschiedlichen Perspektiven wird auf bedrückende Weise deutlich, wie sehr die handelnden Figuren in Handlungscodices und Erwartungshaltungen verstrickt sind. So nimmt ein Geschehen seinen Lauf, das wie in einer klassischen Tragödie scheinbar unabwendbar einem fatalen Höhepunkt zustrebt und letztlich nur Opfer und Verlierer zurücklässt. Obwohl bereits der Titel am tödlichen Ausgang keinen Zweifel lässt, vermag die Erzählung einen Spannungsbogen aufzubauen. Mit dem Erzähler fragt sich der Leser, warum die Tat nicht hat verhindert werden können. Die Brüder der Braut, so stellt sich im Laufe der Erzählung heraus, taten ihr Bestes, das Opfer indirekt zu warnen, indem sie lauthals ihre Absichten verkündigten. Doch niemand befreite sie von der Ehrenverpflichtung, obwohl dies durchaus möglich gewesen wäre. Der Bürgermeister z. B., der ihnen lediglich die ursprünglich vorgesehenen Tatwaffen abnahm, hätte sie vorsorglich in Gewahrsam nehmen können. Viele andere hätten die Gelegenheit gehabt, das Opfer zur Flucht zu bewegen, taten dies jedoch aus Bequemlichkeit oder Ungläubigkeit nicht. In hoher atmosphärischer Dichte bringt uns der Erzähler die Handlungen und Gedanken seiner Figuren nahe. Nahezu jedes einzelne Verhalten scheint entschuldbar, letztlich jedoch macht sich die Gemeinschaft kollektiv schuldig. Auf der Anklagebank sitzen nicht zuletzt die von Machismo und Ehrenvorstellungen geprägten Normen der Gesellschaft, der sich die Einzelnen in unterschiedlicher Intensität unterwerfen. Dabei zeichnet die *Crónica* ein differenziertes Bild männlicher und weiblicher Verhaltensweisen, die einer einseitigen Parteinahme für das eine oder andere Geschlecht entgegenstehen.

Die Lektüre konfrontiert uns mit kultureller Fremdheit, welche durch die Vermittlung von Innensichten zwar partiell überbrückbar, nicht aber letztlich aufhebbar erscheint. Hieraus bezieht die Lektüre einen Teil ihres Spannungspotenzials. Wir als deutsche Leser sehen uns zudem erinnert an Zeitungsmeldungen über Ehrenmorde an türkischen Mädchen hierzulande, die aus dem moralischen Verhaltenskodex ihrer Herkunftskulturen ausbrechen und dafür von ihren Familien dem Fememord ausgesetzt werden. Erst kürzlich berichtete die Berliner Zeitung (27.10.2005, S. 3) unter dem Titel „Ein angekündigter Tod“ von einem solchen Fall. Diese Parallele lässt sich für ein Unterrichtsgespräch nutzen, was je nach Zusammensetzung der Lerngruppe und den daraus sich ableitenden Standpunkten allerdings auch ein Zuviel an Konfliktstoff bedeuten kann. Andererseits legt die *Crónica* durch das Spektrum der in ihr vermittelten Innensichten den Verzicht auf allzu stereotype Zuweisungen nahe.

Das Werk bietet eine Vielzahl handlungs- und lernerorientierter Anschlussmöglichkeiten für den Spanischunterricht. Z. B. kann die Lektüre durch individuelle Aufträge gelenkt werden. Von Catherina Herbst (2004) stammt die Anregung, jeder Leser möge sich eine Haupt- und eine Nebenfigur der *Crónica* aussuchen, die er genauer verfolgen und deren Sicht er in der Ich-Form später darstellen wolle. Dadurch könne Perspektivenübernahme und Perspektivenwechsel geübt werden. Im Sinne der von mir eben angesprochenen Sensibilisierung für Vielstimmigkeit ist es ferner empfehlenswert, die literarisch gestalteten Sichten in Rollendialogen lebendig werden zu lassen. Den Rahmen hierfür könnte eine inszenierte Gerichtsverhandlung sein, in der sich alle Figuren erklären sollen. Nicht zuletzt aber denke ich, dass es reizvoll wäre, Interventionen in den Text vorzunehmen, ähnlich wie dies Helene Decke-Cornill (1996) an der Behandlung von Filmen illustriert. Insbesondere könnte überlegt werden, durch welche Initiativen die Fatalität der fiktionalen Handlung zu durchbrechen wäre. Letztlich verweise ich auf die Verfilmung der *Crónica* durch Francesco Rosi. Über sie eröffnet sich die Möglichkeit intermedialer Vergleiche.

Wie oben angeführt, ist Lernerorientierung nicht in erster Linie vom Lerngegenstand abhängig. Und inwieweit Texte wirklich Sinnbildungsprozesse fördern, fruchtbare Irritationen auslösen, Horizonte eigener Kenntnisse und Einstellungen erweitern helfen, kann nur in konkreten Einzelfällen annähernd hinlänglich erfasst werden. Neueste empirische Studien der Fremdsprachendidaktik (Burwitz-Melzer 2003, Fäcke 2006) erhellen, welche mentalen Prozesse Leser in der Begegnung mit literarisch vermittelten Sichten initiieren. Dabei wird deutlich, wie stark Leseerfahrungen von lebensweltlichen Erfahrungshintergründen bestimmt werden. Andererseits ist die Textgrundlage auch kein zu vernachlässigender Faktor. Aufgabe von Lehrenden ist es auszuloten, welche Texte und Themen die Schüler ansprechen, indem sie eine positive Herausforderung darstellen. Ziel dieses Beitrags war es, Kriterien einer solchen lernerorientierten Textauswahl zu diskutieren und an Beispielen zu illustrieren.

Literatur

Albes, Wolf-Dietrich: Der Literaturkanon im Französischunterricht der gymnasialen Oberstufe. In: Französisch heute 1993, H. 3, S. 251–257.

Assmann, Aleida/Assmann, Jan (Hg.): Kanon und Zensur. München: Fink 1987.

Bachmann-Medick, Doris (Hg.): Kultur als Text. Die anthropologische Wende in der Literaturwissenschaft. Frankfurt/Main: Fischer 1996.

Benz, Norbert: Der Schüler als Leser im fremdsprachlichen Literaturunterricht. Tübingen: Narr 1990.

Blell, Gabriele: Realistische vs. Postmoderne Texte im fremdsprachigen Literaturunterricht. In: Blell, Gabriele / Gienow, Wilfried (Hg.): Interaktion mit Texten, Bildern, Multimedia im Fremdsprachenunterricht. Hamburg: Kovač 1998, S. 22–32.

Bloom, Harold: The Western Canon. The Books and Schools of the Ages. New York u. a.: Harcourt Brace & Co 1994.

Bredella, Lothar: Literaturwissenschaft. In: Bausch, Karl-Richard/Christ, Herbert/Krumm, Hans-Jürgen: Handbuch Fremdsprachenunterricht, 4. Aufl., Tübingen: Narr 2003, S. 54–60.

Brusch, Wilfried: Text und Gespräch in der fremdsprachlichen Erziehung. Hamburg: ELT 1986.

Burwitz-Melzer, Eva: Allmähliche Annäherungen: Fiktionale Texte im interkulturellen Fremdsprachenunterricht in der Sekundarstufe 1. Tübingen: Narr 2003.

Decke-Cornill, Helene: Interventionen: Aufforderungen zum Sturm auf Bilder, Filme und andere Texte. In: Der fremdsprachliche Unterricht Englisch 1996 (30) H. 1, S. 43–47.

Donnerstag, Jürgen: Kognitive Strategien literarischen Lesens in der Fremdsprache. In: Multhaup, Uwe/Wolff, Dieter: Prozeßorientierung in der Fremdsprachendidaktik. Frankfurt/Main: Diesterweg 1992, S. 142–156.

Dreke, Michael: Arbeit mit authentischen Texten (im Spanischunterricht). In: Raasch, Albert/Bludau, Michael/Zapp, Franz Josef: Aspekte des Lernens und Lehrens von Fremdsprachen. Frankfurt/Main: Diesterweg 1988, S. 108–125.

Edmondson, Willis: Literatur im Fremdsprachenunterricht – Wozu?. In: Timm, Johannes-Peter/Vollmer, Helmut Johannes (Hg.): Kontroversen in der Fremdsprachenforschung. Bochum: Brockmeyer 1993, S. 275–284.

Edmondson, Willis: Sind literarische Texte für den Fremdsprachlichen Lehr-/Lernprozeß besonders geeignet? In: Bausch, Karl-Richard/Christ, Herbert/Krumm, Hans-Jürgen (Hg.): Texte im Fremdsprachenunterricht als Forschungsgegenstand. Bochum: Brockmeyer 1991, S. 53–60.

Ehlers, Swantje: Lesetheorie und fremdsprachliche Lesepraxis aus der Perspektive des Deutschen als Fremdsprache. Tübingen: Narr 1998.

Erlinger, Hans Dieter: Kanonfragen für die Medienerziehung im Deutschunterricht. In: Erlinger, Hans Dieter/Lecke, Bodo (Hg.): Kanonbildung bei audiovisuellen Medien im Deutschunterricht? München: Kopaed 2004, S. 23–40.

Fäcke, Christiane: Transkulturalität und fremdsprachliche Literatur. Eine empirische Studie zu mentalen Prozessen von primär mono- oder bikulturell sozialisierten Jugendlichen. Kolloquium Fremdsprachenunterricht, Bd. 25. Frankfurt a.M. u. a.: Lang 2006.

Fehrmann, Georg: Verschiedene Varianten des Wolfmotivs – Kanondiskussion und Textauswahl in der Sekundarstufe II. Ein Problemaufriss. In: Fehrmann, Georg/Klein, Erwin (Hg.): Literarischer Kanon und Fremdsprachenunterricht. Bonn: Romanistischer Verlag 2001, S. 13–34.

Gienow, Wilfried/Hellwig, Karlheinz: Prozeßorientierung als subjekt- und medienbezogenes Konzept. In: Siebold, Jörg (Hg.): Sprache und Medien im Fremdsprachenunterricht, Rostock: Universität Rostock 1997, S. 13–38.

Grabes, Herbert: Die Ästhetik des Fremden. In: Bredella, Lothar/Christ, Herbert (Hg.) (1993): Zugänge zum Fremden. Gießen: Ferber 1993, S. 91–110.

Hallet, Wolfgang: Interplay der Kulturen: Fremdsprachenunterricht als 'hybrider Raum'. Überlegungen zu einer kulturwissenschaftlich orientierten Textdidaktik. In: Zeitschrift für Fremdsprachenforschung 2001, H. 1, S. 103–130.

Hellekamps, Stephanie: Perspektivenwechsel. Überlegungen zum Verhältnis von Bildung und Roman. In: Hellekamps, Stephanie (Hg.): Ästhetik und Bildung. Weinheim: Deutscher Studien-Verlag 1998, S. 103–118.

Herbst, Catharina: Interkulturelles Lernen im Spanischunterricht am Beispiel von „Crónica de una muerte anunciada" von Gabriel García Márquez. In: Hispanorama 2004, H. 2, S. 95–100.

Heydebrand, Renate von (Hg.): Kanon, Macht, Kultur. Theoretische, historische und soziale Aspekte ästhetischer Kanonbildung. Stuttgart/Weimar: Metzler 1998.

Holzkamp, Klaus: Lernen: Subjektwissenschaftliche Grundlagen. Frankfurt/Main/New York: Campus 1995.

Honneth, Axel: Objektbeziehungen und postmoderne Identität. Über das vermeintliche Veralten der Psychoanalyse. In: Psyche 2000, H. 11, S. 1087–1109.

Hunfeld, Hans: Fremdsprache Literatur. In: Der fremdsprachliche Unterricht Englisch 1992, H. 1, S. 4–9.

Kramsch, Claire: Andere Worte – andere Werte: Zum Verhältnis von Sprache und Kultur. In: Bredella, Lothar (Hg.): Verstehen und Verständigung durch Sprachenlernen? Bochum: Brockmeyer 1995, S. 51–66.

Krück, Brigitte: Das Lesetagebuch als Medium der Rezeption literarischer Texte im Englischunterricht. In: Siebold, Jörg (Hg.): Sprache und Medien im Fremdsprachenunterricht. Rostock: Universität Rostock 1997, S. 125–139.

Küster, Lutz: Plurale Bildung im Fremdsprachenunterricht. Frankfurt/Main: Lang 2003.

Le Clézio, Jean Marie Gustave: La grande vie. Frankfurt/Main: Diesterweg 1986 (Original: Le Clézio, Jean Marie Gustave: La ronde et autres faits divers. Paris: Gallimard 1982.

List, Gudula: Beweggründe zur Mehrsprachigkeit: Der psychische Prozeß ist das Produkt! In: Wendt, Michael/Zydatiß, Wolfgang (Hg.): Fremdsprachliches Handeln im Spannungsfeld von Prozeß und Inhalt. Bochum: Brockmeyer 1997, S. 35–48.

Nünning, Ansgar: „Intermisunderstanding". Prolegomena zu einer literaturdidaktischen Theorie des Fremdverstehens. In: Bredella, Lothar/Meißner, Franz-Joseph/Nünning, Ansgar/Rösler, Dieter (Hg.): Wie ist Fremdverstehen lehr- und lernbar? Tübingen: Narr 2000, S. 84–132.

Ploetz, Dagmar: Gabriel García Márquez. Reinbek: Rowohlt 1992.

Poltermann, Andreas (Hg.): Literaturkanon – Medienereignis – Kultureller Text. Formen interkultureller Kommunikation und Übersetzung. Berlin: Erich Schmidt 1995.

Reich-Ranicki, Marcel: Der Kanon. Die deutsche Literatur, XX Bde. Frankfurt/Main: Insel 2003.

Schwanitz, Dietrich: Bildung. Alles, was man wissen muss. Frankfurt/Main: Eichborn 2000.

Senatsverwaltung für Bildung, Jugend und Sport Berlin (SenBJS): Curriculare Vorgaben für die gymnasiale Oberstufe – Französisch (gültig ab Schuljahr 2005/2006). (o. J.), http/ www.senbjs.berlin.de/schule/rahmenplaene/curriculare_vorgaben/cv_franzoesisch.pdf (Zugriff am 3.11.2005).

Waldenfels, Bernhard: Heimwelt und Fremdwelt. In: Gutenberg Universität Mainz (Hg.): Interkulturalität. Mainz: Gutenberg Universität 1999, S. 101–118.

Weller, Franz Rudolf: Literatur im Französischunterricht heute. Bericht über eine größere Erhebung zum Lektüre-„Kanon". In: Französisch heute 2000, H. 2, S. 138–159.

Winko, Simone: Kanon, literarischer. In: Nünning, Ansgar (Hg.): Metzler Lexikon Literatur- und Kulturtheorie. Stuttgart/Weimar: Metzler 1998, S. 254f.

Winko, Simone: Literarische Wertung und Kanonbildung. In: Arnold, Heinz Ludwig/ Detering, Heinrich (Hg.): Grundzüge der Literaturwissenschaft. München: DTV 1996, S. 585–622.

Wolff, Dieter: Texte im Fremdsprachenunterricht: Plädoyer eines Sprachdidaktikers für die Arbeit mit literarischen Texten im Klassenzimmer. In: Abendroth-Timmer, Dagmar/ Viebrock, Britta/Wendt, Michael (Hg.): Text, Kontext und Fremdsprachenunterricht. Frankfurt/Main: Lang 2003, S. 161–172.

ADELHEID SCHUMANN

Le regard de l'autre

Zur Entwicklung interkultureller Verstehensprozesse mit der *littérature beur*

1 Postkoloniale Literatur im Französischunterricht

Postkoloniale Literatur hat sich seit den 90er Jahren im literarischen Kanon des englischen und französischen Fremdsprachenunterrichts fest etablieren können. Statt der Klassiker Maupassant, Flaubert, Zola oder Anouilh, Sartre, Camus werden im Französischunterricht zunehmend Autoren des frankophonen Afrikas, insbesondere des Maghreb wie z. B. Assia Djebar, Tahar Ben Jelloun, Leila Sebbar oder der Zweiten Migrantengeneration aus den ehemaligen französischen Kolonien wie Azouz Begag, Mehdi Charef, Soraya Nini oder Malika Wagner gelesen. Ihre Literatur bezeichnet man als *littérature beur*, wobei *beur* ein Begriff der französischen Jugendsprache, des *verlan*, ist und Araber bedeutet. Die *littérature beur*, das ist die zumeist autobiographisch geprägte Literatur der maghrebinischen Migrantenkinder in Frankreich, die die französische Kultur und Gesellschaft aus der dezentrierten Perspektive der *banlieue* beschreiben (vgl. Krüger 1992, Schumann 2003).

Die Aufwertung der postkolonialen Literatur hängt einerseits mit dem aktuellen, gesellschaftspolitisch motivierten Interesse an multikulturell überlagerten Lebensformen zusammen, die im Zuge von weltweiter Migration und Internationalisierung entstanden sind und das Leben in den großen Industrienationen heute maßgeblich prägen, andererseits hängt sie mit der grundlegenden Neubewertung der Rolle von Literatur im schulischen Fremdsprachenunterricht zusammen und mit der Erkenntnis, dass der Literatur und dabei insbesondere der Literatur von Minderheiten und Randgruppen beim Erwerb von Interkulturellen Kompetenzen eine zentrale Funktion zukommt. Diese Funktion lässt sich zu sechs Thesen zusammenfassen:

Literatur bietet vielfältige Möglichkeiten zur Begegnung mit dem Fremden. Sie ermöglicht sprachliche und kulturelle Fremdheitserfahrungen und fordert durch die fiktionale Verfremdung der Wirklichkeit zur Auseinandersetzung mit dem Fremden heraus.

Literatur eröffnet einen affektiven Zugang zur Fremdkultur. Sie verfügt in Gestalt fiktiver Personen über ein hohes Maß an Identifikationspotential und fördert auf diese Weise das Einfühlen in fremde Wahrnehmungs- und Deutungsmuster.

Literarische Werke sind als subjektive Sinnentwürfe zu verstehen und als Auseinandersetzung des Autors mit den kollektiven kulturellen Normen seiner sozialen Umgebung. Die Beschäftigung mit Literatur aktiviert deshalb eigene subjektive Erfahrungen und lädt ein zu Vergleichen und Relativierungen der eigenen Wahrnehmungsmuster.

Literatur konfrontiert den Leser mit wechselnden Perspektiven. Sie eröffnet ihm dadurch Einsichten in die grundsätzliche Perspektivität von Wahrnehmung und fördert die Reflexion über den Konstrukt- und Prozesscharakter von Kultur. Sie trägt auf diese Weise zur Entwicklung einer allgemeinen Kulturbewusstheit bei.

Zeitgenössische Literatur bietet aktuelle und authentische Deutungsmuster der Zielkultur und vermittelt kulturelles Wissen über gesellschaftliche Normen und Werte, kollektive Symbole und soziale Praktiken.

Literarische Texte, in denen Prozesse des Fremdverstehens auf der Ebene der fiktiven Figuren thematisiert werden, als Begegnung von Personen aus verschiedenen Kulturen, als fiktive Fremdheitserfahrungen oder als interkulturelle Aushandlungsprozesse, eignen sich besonders für die Auseinandersetzung mit den eigenen Fremdheitserfahrungen (vgl. Volkmann 2000, Nünning 2001, Küster 2003).

Der Beitrag von Literatur zum interkulturellen Verstehen im Fremdsprachenunterricht besteht also vor allem darin, dass sie den Lerner mit ungewohnten Wahrnehmungsprozessen konfrontiert und ihn zu einem In-Frage-Stellen und Relativieren eigener Sinngebungsprozesse anleitet, sowie darin, dass sie zur Reflexion über die Multiperspektivität von Wahrnehmung und Wertung anstiftet und ein In-Beziehung-Setzen von Eigenem und Fremdem fördert.

2 Fremdverstehen als Ziel des fremdsprachlichen Unterrichts

Dieses In-Beziehung-Setzen von Eigen und Fremd in Form eines Zusammenspiels von affektiv-motivationalen und kognitiv-erkenntnisgesteuerten Lernprozessen wird in der Diskussion um das Interkulturelle Lernen im Fremdsprachenunterricht als zentrales Lernziel angesehen und in der Regel mit dem Begriff des Fremdverstehens bezeichnet (vgl. Bredella/Christ 1995). Die Fähigkeit des Fremdverstehens, die sich auf alle direkten und indirekten, interpersonalen und medialen Begegnungssituationen mit Fremdsprache und Zielkultur bezieht, beinhaltet die Erkenntnis der eigenkulturellen Prägung, d. h. das Erlangen einer allgemeinen Kulturbewusstheit und der Reflexion der eigenen Sinngebungsprozesse einerseits und das Durchbrechen dieser Denkschemata andererseits durch ein Kontrollieren der Wahrnehmungsmechanismen und ein genaues Beobachten und Erfassen des Fremden. Beim Fremdverstehen laufen zwei kognitive Prozesse gleichzeitig ab, der Kulturvergleich einerseits und die Perspektivenübernahme und Perspektivenvernetzung andererseits (vgl. Melde 1987, Schinske 1995), wobei der Kulturvergleich nahezu automatisch als ein In-Beziehung-Setzen des Fremden mit dem Eigenen und Gewohnten erfolgt, während die Perspektivenübernahme den sehr viel schwerer zu realisierenden Distanzierungsprozess vom Eigenen bezeichnet und das Sich-Hineinversetzen in das Fremde. Beide Prozesse gelten als Voraussetzung für das Fremdverstehen im Sinne einer interkulturellen Vernetzung von eigen- und fremdkulturellen Deutungsmustern, einer Koordination der Perspektiven. Marc Bechtel fasst den interkulturellen Verstehensprozess folgendermaßen zusammen:

> Zusammenfassend kann man sagen, dass Fremdverstehen vom Lerner verlangt, zwei Fähigkeiten zu vereinen. Die erste Form des Fremdverstehens zielt auf die Fähigkeit, in die fremde Kultur „einzutauchen“, an ihr teilnehmen zu können. Dies entspricht dem Lernerbedürfnis, aus dem eigenen System herauszutreten und in einem anderen System „mitspielen“ zu können. Sie verlangt die Fähigkeit zur Empathie, zur Perspektivenübernahme, zu einem temporären, versuchsweise Hineinversetzen in den Anderen und dem Verstehen des fremden Orientierungssystems von „innen“ heraus, d. h. in seinen inneren Bezügen und Selbstverständlichkeiten. Die zweite Form des Fremdverstehens zielt dagegen auf eine Deutung der Phänomene der fremden Kultur von „außen“ und verlangt die Fähigkeit zur kritischen Reflexion. Der Lerner soll sich nicht vorbehaltslos der fremden Kultur anpassen, sondern auch einen kritischen Blick auf sie werfen. (Bechtel 2003, S. 70)

Fremdverstehen als interkultureller Lernprozess geht aus vom Lerner und seinen subjektiven Erfahrungen, den eigenkulturell geprägten Erwartungen und Vorstellungen sowie seinem Vorwissen. Diesem lernerorientierten Ansatz liegt die Einsicht zugrunde, dass ein In-Beziehung-Setzen des Eigenen mit dem Fremden nur möglich ist, wenn die Lerner die Fähigkeit entwickeln, Distanz zum Eigenen zu gewinnen und die Selbstverständlichkeiten eigener Wert- und Normvorstellungen kritisch zu reflektieren (vgl. Neuner 1999). Für die Gestaltung des Fremdsprachenunterrichts ergibt sich daraus die Forderung nach Lernerorientierung, d. h. es sollten Themenbereiche gewählt werden, zu denen die Schülerinnen und Schüler einen Bezug herstellen können, Themenbereiche, die geeignet sind, Interesse zu erwecken oder Emotionen auszulösen, sowie Erfahrungen und Wissen der Lerner zu aktivieren. Dabei spielt das explizite Thematisieren von Vorstellungen und Erwartungen von Seiten der Lerner und eine Auseinandersetzung mit verfestigten Bildern und Stereotypen eine zentrale Rolle. Ein solch affektiver Zugang zu zielkulturellen Themenbereichen kann in besonderem Maße von literarischen Texten geleistet werden, weil das Einfühlen in fremde Deutungsmuster durch fiktive Personen mit hohem Identifikationspotential besonders gefördert wird (vgl. Bredella 2001).

Neben dem Prinzip der Lernerorientierung ist die Prozessorientierung als eine zentrale Methode des Interkulturellen Lernens zu nennen. Dieses Prinzip bedeutet, dass der Prozess des Fremdverstehens, d. h. die einzelnen Stufen des In-Beziehung-Setzens von Eigen und Fremd, im Mittelpunkt des unterrichtlichen

Interesses steht und dass methodische Verfahren eingeführt werden, die diese Prozesse anleiten und begleiten. Prozessorientierte Verfahren arbeiten mit ständigen Vor- und Rückgriffen. Es werden Hypothesen aufgestellt, um Vorerwartungen zu verbalisieren und diese Hypothesen später verifiziert, um Erwartungen zu überprüfen. Außerdem arbeiten sie mit einem Hin- und Herwechseln zwischen Eigen- und Fremdkultur in Form von Vergleichen, Kontrastieren, Einordnen und Bewerten. Literarische Texte, die den Leser mit wechselnden Perspektiven konfrontieren, bieten die Möglichkeit, diese Perspektiven miteinander zu vergleichen und ihre Relativität zu erkennen (vgl. Nünning 2000, Caspari 2001).

Als drittes didaktisches Grundprinzip des interkulturellen Fremdsprachenunterrichts ist die Handlungsorientierung zu nennen. Dieses Prinzip steht für die Anwendungsbezogenheit des fremdsprachlichen Lernens. Das Ziel einer Entwicklung von kommunikativen und interkulturellen Kompetenzen in interkulturellen Begegnungssituationen verpflichtet den Fremdsprachenunterricht dazu, die Lernprozesse so zu gestalten, dass ausreichend Möglichkeiten zur Erprobung dieser Kompetenzen in Form von Rollenspielen, Globalen Simulationen sowie interpersonalen oder medialen Kontaktsituationen zur Verfügung gestellt werden. Die Beschäftigung mit literarischen Texten kann bei der Entwicklung von solchen Transfersituationen überaus hilfreich sein: Aushandeln von Bewertungen, Erzählen eigener Erlebnisse, kreative Gestaltung von literarischen oder visuellen Produkten etc.. Es geht vor allem darum, ganzheitliche Lernarrangements zu entwickeln, die ein fiktives oder auch reales Eintauchen in den zielkulturellen Kontext erlauben und zum Aufbau interkultureller Handlungskompetenzen führen (vgl. Caspari 1995, Spinner 1999).

Für die Umsetzung dieser drei zentralen Prinzipien und Ziele interkulturellen Verstehens im Fremdsprachenunterricht bietet die *littérature beur* eine geeignete Ausgangsbasis.

Sie verfügt über dezentrale Wahrnehmungsperspektiven, mit denen die französische Kultur von der Peripherie her aufgebrochen und auf verfestigte Denkmuster und erstarrte Wahrnehmungsperspektiven hin untersucht wird. Die in diesen Texten dargestellten Fremdheitserfahrungen von Migranten sind deutschen Schülerinnen und Schülern aus der eigenen multikulturell geprägten Lebenswelt durchaus bekannt. Sie lösen Wiedererkennen aus und aktivieren eigene Vorstellungen. Gleichzeitig erscheinen sie im Kontext französischer Lebenswirklichkeit fremd und bieten Einblick in identitäre und existentielle Konflikte, die Emotionen auslösen.

Die Texte der *littérature beur* spielen mit verschiedenen Perspektiven und beschäftigen sich mit Diskrepanzen zwischen Wahrnehmungsmustern, insbesondere der Diskrepanz zwischen der Eigenwahrnehmung und der Fremdwahrnehmung. Dabei wird der Perspektivenwechsel sowohl auf der inhaltlichen Ebene in Form von Fremdheitserfahrungen der Protagonisten gestaltet als auch auf der sprachlichen und der ästhetischen Ebene. Mit Hilfe von Ironie wird z. B. Distanz hergestellt zur Eigenwahrnehmung der Protagonisten, mit Hilfe der Verwendung von lokalen Slangs und herkunftssprachlichen Dialekten wird Nähe erzeugt zur Welt der Außenseiter (vgl. Schumann 2000). Indem die postkolonialen Autoren Eigen und Fremd ständig miteinander in Beziehung setzen oder gegeneinander abwägen, laden sie ein zum Umgang mit verschiedenen Perspektiven und fördern Vergleichskompetenzen.

Die Möglichkeit zum handlungsorientierten Umgang mit diesen literarischen Texten ergibt sich aus der autobiographischen Grundstruktur der Werke. Es geht vorwiegend um die Gestaltung eigener Erfahrungen und die Verarbeitung von Konflikten, um interkulturelle Missverständnisse und Aushandlungsprozesse von Bedeutung, d. h. die in der *littérature beur* gestalteten Interaktionsprozesse liefern Modelle für die Entwicklung sozialer Handlungskompetenz.

3 Die *littérature beur* als postkoloniale Literatur

In den 80er und 90er Jahren meldeten sich die jungen *Beur*-Autoren und *Beur*-Autorinnen mit autobiographischen Werken, Liedern und Filmen erstmals zu Wort und lenkten durch ihre Thematik, ihre Perspektive und ihre Sprache die öffentliche Aufmerksamkeit auf sich. Die Migrantenkinder algerischer und marokkanischer Herkunft beschrieben ihr Leben am Rande der französischen Gesellschaft im Konflikt zwischen den Traditionen des arabischen Elternhauses und den Normen der französischen Gesellschaft. Ihre Werke waren Teil einer politischen und sozialen Aufbruchbewegung, mit der die Jugendlichen gegen den alltäglichen Rassismus in Frankreich und für die rechtliche und soziale Gleichstellung sowie eine Anerkennung ihrer kulturellen Besonderheiten als Franzosen maghrebinischer Herkunft kämpften. Mit Hilfe einiger spektakulärer Aktionen wie den antirassistischen Protestmärschen der Jahre 1983, 1984 und 1985 (*Marche des Beurs*) und den Rockkonzerten gegen Rassismus (*SOS Racisme*) sowie der Entwicklung kultureller Netzwerke in den Vororten der Großstädte Paris, Lyon, Marseille schufen sie sich eine öffentliche Plattform für ihre Vorstellungen von einer Integration in die französische Gesellschaft:

Sie wollten selbst das Wort ergreifen, um den stereotypen Fremdbildern die eigene Wahrnehmung entgegenzusetzen;

Sie wollten als Mittler fungieren und einen interkulturellen Austausch zwischen der maghrebinischen und der französischen Kultur schaffen;

Sie wollten diesen interkulturellen Austausch in autobiographischen Texten, Liedern und Filmen selbst verwirklichen und dabei einerseits die maghrebinischen Wurzeln ihrer eigenen Identität aufspüren und sich andererseits in die kulturellen Traditionen Frankreichs einreihen.

Egalité et différence, rechtliche und soziale Gleichstellung bei kultureller Verschiedenheit, so lauteten die Schlüsselbegriffe ihrer Integrationsforderungen: Als Franzosen anerkannt werden und trotzdem Maghrebiner bleiben und sich zu der Kultur der Eltern bekennen. Bei ihren Protestmärschen von 1983 und 84 trugen sie Transparente mit diesen Forderungen durch die Straßen (vgl. Schumann 2002).

Radio Beur, der 1981 gegründete Radiosender der *Beurs*, forderte alle Jugendlichen maghrebinischer Herkunft dazu auf, sich mit Liedern und Gedichten, Theaterstücken oder autobiographischen Texten an der Wortergreifung der Migrantenkinder zu beteiligen und eine neue Mischkultur, eine *culture métisse*, zu begründen. Diesem Aufruf folgten zahlreiche *Beurs*, und es entstanden in kürzester Zeit eine Fülle von Chansons, Romanen und Filmen, die als *chanson beur*, *littérature beur* und *cinéma beur* ihren Weg in die französische Öffentlichkeit fanden. Am überzeugendsten und umfassendsten gelang die „Wortergreifung" jedoch in der *littérature beur*. Ausgangspunkt war für viele Autoren die permanente Alteritätserfahrung, die durch rassistische Verbrechen ständig neue Nahrung erhielt. Die ersten Romane galten vor allem der Denunzierung des französischen Rassismus und setzten sich mit den Erfahrungen des permanenten Fremdseins und des Abgelehntwerdens auseinander (vgl. Lüsebrink 1995).

Die thematischen Schwerpunkte der *littérature beur* lassen sich zu drei Bereichen zusammenfassen: die Verortung in Raum und Zeit, die Suche nach der eigenen Geschichte, die Konstruktion und Repräsentation des Ich.

Die Verortung in Raum und Zeit (Wo gehöre ich hin?)

> Frankreich: das Leben am Rande der Gesellschaft
> Erfahrungen der Ausgrenzung, der Minderwertigkeit, des Rassismus
>
> Algerien und Marokko: der Traum von einer Alternative
> Imaginierte Gegenwelt zu Frankreich, Traumwelt der Eltern, Erneute Erfahrung der Ausgrenzung, Desillusion

Die Suche nach der eigenen Geschichte (Wo komme ich her?)

> Die Algerier in Frankreich: Spuren einer *mémoire collective*
> Suche nach der Migrationsgeschichte der Eltern, Aufdecken der Tabus des Algerienkrieges, Wiederherstellen der Würde der Väter
>
> Frankreichs republikanische Tradition als geistige Heimat
> Auseinandersetzung mit dem kollektiven Gedächtnis Frankreichs, Frankreich als Land der Menschenrechte, Land der Freiheit, Anspruch auf Teilhabe an dem republikanischen Frankreich

Die Konstruktion und Repräsentation des Ich (Wer bin ich?)

> Autobiographisches Schreiben als Suche nach der eigenen Identität
> Schreiben als Konfliktbewältigung, Auseinandersetzung mit dem *regard de l'autre*, Identitätsentwürfe

Konflikterfahrungen der *Beurettes:* Konzentration auf weibliche Rollenprobleme im arabischen Elternhaus, Bürde der Familienehre, Unterordnung der Frauen, Kampf um Teilhabe am öffentlichen Leben, Schule als Weg in die Freiheit

Konflikterfahrungen der *Beurs:* Entwertung und Schweigen der Väter, Kluft zwischen Eltern und Kindern, Straße als Ort der Selbstbehauptung, Gefahr der Kriminalisierung, Kampf gegen den alltäglichen Rassismus
(vgl. Schumann 2002).

4 *Le regard de l'autre:* Die Auseinandersetzung mit fremden Wahrnehmungsperspektiven als zentrales Thema der *littérature beur*

Ich möchte hier insbesondere auf die Konstruktion und Repräsentation des Ich eingehen, d. h. auf den Versuch der *Beurs*, Eigen- und Fremdwahrnehmung miteinander in Einklang zu bringen und zu einer kulturellen Identität zu finden, in der die arabische Prägung des Elternhauses und die französische der umgebenden Lebenswirklichkeit zu einer *identité métisse* verschmelzen. Ich werde das anhand eines konkreten Beispiels tun, den Romanen von Paul Smaïl „Vivre me tue" (1997), „Casa, la Casa" (1998) und „La passion selon moi" (1999), in denen die Auseinandersetzung mit dem *regard de l'autre* und das Spiel mit den Perspektiven besonders eindringlich geschildert werden.

> Il n'y aura pas de vrai travail pour moi, (...) Il y aura toujours un autre candidat moins basané que moi, le cheveu moins crépu, la peau moins grenue, le nez moins brusqué (Smaïl 1997, S. 11).

Diese Erkenntnis lässt den Erzähler Paul Smaïl, einen jungen Literaturwissenschaftler, der sein Studium mit einem Diplom in *littérature comparée* abgeschlossen hat, resignieren. Als *Beur* sieht er sich ständigen Verdächtigungen ausgesetzt und einem tiefen Zweifel an seiner Person, der sich auf ihn überträgt und ihn selbst permanent an sich zweifeln lässt. Der Autor beschreibt sein Leben als das des ewig Verdächtigen, des Schuldigen, der nicht weiß, worin seine Schuld besteht, und doch nicht aufhören kann, sich schuldig zu fühlen. Der *regard de l'autre* lastet so sehr auf ihm, dass er beginnt, sich selbst mit feindseligen Augen zu betrachten und sich zu misstrauen.

Mit einer Fülle von kleinen Erlebnissen und Episoden aus seinem Leben beschreibt der Autor, wie der rassistische Blick der französischen Gesellschaft bereits das Kind prägt und die Entwicklung eines gesunden Selbstbewusstseins behindert. Da ist zunächst eine Szene in der Eisenbahn. Die Familie des kleinen Paul fährt erster Klasse, weil der Vater Angestellter der französischen Eisenbahngesellschaft *SNCF* ist. Als das Meer sichtbar wird, bricht Daniel, der kleine Bruder, in ein Freudengeschrei aus, Anlass für ein älteres französisches Ehepaar, der Familie Blicke zuzuwerfen, die Paul und Daniel als „haineux", voller Hass gegenüber den Fremden, empfinden und die sich den Kindern tief einprägen.

Eine andere Szene spielt in Paris. Paul, der schon als Schüler eine große Begeisterung für die Literatur entwickelt und regelmäßig von einem seiner Lehrer zum Lesen eingeladen wird, verspätet sich erheblich, weil die Polizei ihn ohne ersichtlichen Grund zu einer Identitätskontrolle aufs Polizeirevier mitnimmt. Wieder ist es das Aussehen, *le délit de sale gueule*, wie das im französischen Jargon genannt wird, das den *Beur* verdächtig macht, und dem Lehrer gelingt es nicht, Paul mit Beispielen von Diskriminierungen aus der Weltliteratur über dieses Erlebnis hinwegzutrösten.

In dem Werk werden zwei entgegengesetzte Strategien beschrieben, dem alltäglichen Rassismus zu begegnen. Die erste Strategie besteht in einem Rückzug aus dem öffentlichen Leben, einem Ausweichen vor dem Rassismus. Paul Smaïl, der Protagonist, geht diesen Weg, indem er auf eine seinen Fähigkeiten angemessene Karriere verzichtet und sich mit *petits boulots* über Wasser hält. Er arbeitet in einem Pizza-Taxi-Unternehmen und als Nachtwächter in einem Stundenhotel. Schließlich findet er für kurze Zeit sogar eine seinen Fähigkeiten und Interessen entsprechende Anstellung in einer Buchhandlung, doch er empfindet den Paternalismus, oder besser gesagt "maternalisme" (Smaïl 1997, S. 87) der Buchhändlerin, so unerträglich, dass es zum Eklat kommt. Madame Moriot weiß am besten, was für ihren angestellten *Beur* am besten ist, was er lesen und was er denken sollte und sperrt ihn damit genauso ein in ein rassistisches Fremdbild wie diejenigen, die sich offen zu ihrer Abneigung gegen Fremde bekennen. Auch sie behandelt ihn in ihrer fürsorglichen und protektionistischen Art in erster Linie als Araber, und er empfindet diese Behandlung als eine Abwertung.

Die zweite Strategie, sich gegen den alltäglichen Rassismus zu verteidigen, wird in dem Werk von Pauls Bruder Daniel verkörpert. Daniel versucht, aus seiner ständigen Diskriminierungen ausgesetzten Gestalt herauszukommen und jemand zu werden, der äußerlich nicht auffällt und auf diese Weise dem fremden Blick entgeht. Zu dem Zweck lässt er sich zuallererst die Haare blond färben und beginnt mit Hilfe von *Bodybuilding* seinen Körper systematisch umzuwandeln. Daniel, der wie sein Bruder eine Zeitlang von kleinen Jobs gelebt hat, will endlich richtig Geld verdienen, egal mit welcher Arbeit, und beginnt, seinen Körper zu verkaufen. Paul, der Bruder, beobachtet besorgt den Werdegang Daniels und unternimmt verschiedene Versuche, ihn davon abzuhalten, seinen Körper systematisch zu ruinieren, aber es gelingt ihm nicht. Daniel stirbt an dem Missbrauch von Anabolika und Testosteronen, mit denen er jahrelang seinen Körper zu verändern versucht hat. Sein gewaltsamer Versuch, ein anderer zu werden und damit dem fremden Blick zu entgehen, scheitert.

Einen dritten und erfolgversprechenderen Weg gibt es bei Paul Smaïl nicht. Im Gegenteil, der Protagonist kommt am Ende seines Werkes zu der Erkenntnis, dass es für einen *Beur* in Frankreich keine Hoffnung auf ein „normales" Leben gibt: Es ist ein Leben unter Verdacht, unwürdig und unmenschlich. Und deshalb gibt es für ihn nur noch eine Möglichkeit, dem feindlichen *regard de l'autre* zu entgehen: Er muss Frankreich verlassen. Er beschließt, nach Marokko zu gehen in das Land seiner Väter, um nicht mehr der „ewige Araber" sein zu müssen, sondern als Mensch leben zu können wie alle anderen.

In seiner zweiten Erzählung „Casa, la casa" (1998) schildert Paul Smaïl die Erfahrungen des Protagonisten in Casablanca und die Ernüchterung, die sich einstellt, als der *Beur* erkennen muss, dass er auch in Marokko nicht zu Hause ist und dort genauso wie in Frankreich als Fremder angesehen wird. Wieder sieht er sich mit einer Wahrnehmungsperspektive konfrontiert, die ihm keinen Raum für eine eigenständige Entwicklung lässt.

In seinem dritten Band „La passion selon moi" (1999) weitet der Autor die Wahrnehmungsperspektiven ein weiteres Mal aus und lässt seinen Protagonisten nach Spanien fahren. In Spanien vernetzen sich die verschiedenen Perspektiven für Paul zu einem intensiven Erlebnis von kultureller Mischung, *métissage culturel*, hervorgerufen durch die Entdeckung des jahrhundertealten Kulturkontaktes zwischen Orient und Okzident auf spanischem Boden, durch den orientalische und okzidentalische Elemente sich in der spanischen Kultur zu einer unauflöslichen Einheit verknüpft haben. Paul, der *Beur*, den seine Marginalisierungserfahrungen in Frankreich und Marokko hoch sensibilisiert haben für kulturelle Differenzen, spürt sofort das Klima kultureller Mischung und fühlt sich in dieser Mischung zu Hause, weil sie seiner eigenen *métissage* entspricht.

> Le fait est, et ne me surprend déjà plus: je suis ici chez moi. À l'évidence, j'ai trouvé mon pays. *Templar*: je m'accorde à tout ce que je vois, à tout ce que j'entends autour de moi, à l'unisson de la foule, dans la foule, avec la foule, à l'heure du *paseo* dans le vieux Madrid, Myriam à mon bras. C'est une charge impétueuse de sensations neuves: des parfums plus lourds, une chaleur sèche et saine, nord-africaine, la vie dans la rue. (...) Je me sens ici soudain miraculeusement délivré du regard des autres: je n'ai plus rien de nardène, d'arbi, de rabza; je suis étranger mais indigène? Voilà! (Smaïl 1999, S. 84)

Paul ist bei sich angekommen, „étranger mais indigène", Fremder und Einheimischer zugleich. Das Problem der Perspektivenkoordinierung wird in der Erzählung von Paul Smaïl auf der Ebene der fiktiven Romanfiguren gelöst in Form eines Bekenntnisses zu kultureller *métissage*, zu einer Verschmelzung von Eigen und Fremd.

Für den fortgeschrittenen Französischunterricht bieten die Texte von Paul Smaïl eine Fülle von Anknüpfungspunkten für Perspektivenwechsel und Perspektivenvernetzung. Da ist zunächst das Thema des Fremderlebens auf der Ebene der Handlung der Erzählung. Es wird subjektiv gebrochen durch die Erzählerperspektive des Protagonisten. Der Ich-Erzähler lädt den Leser ausdrücklich dazu ein, an seinen Wahrnehmungsprozessen teilzunehmen und sein Fremderleben in Form von Erinnerungen an Diskriminierungserlebnisse in Frankreich, Erstaunen über spanische Lebens- und Verhaltensweisen oder Reflexionen über marokkanische Mentalitäten zu teilen. Dabei bietet er ihm einen ständigen Perspektivenwechsel zu, kontrastiert seine Überlegungen mit fremden Texten aus der französischen oder spanischen Literatur, aus Zeitung und Internetwerbung, aus Leserbriefen, die ihm zugeschickt werden, widerruft und korrigiert seine Aussagen, zitiert aus älteren Notizbüchern, fängt wieder von vorne an. Paul Smaïl präsentiert seine Erzählungen als einen „Divan", eine Sammlung von Textstücken verschiedenster Art, die sein kulturelles Erleben als eine ungeordnete Menge von Gedankensplittern erscheinen lässt.

Diese multiperspektivische Textstruktur lässt sich didaktisch auf zweierlei Art nutzen:

Sie offenbart durch das Spiel mit verschiedenen Wahrnehmungs- und Deutungsmustern die Relativität von Perspektiven und lädt die Schüler ein zu Vergleichen mit eigenkulturellen Erfahrungen bei Reisen oder Fremdheitserfahrungen im eigenen Land.

Sie zeigt, wie verschiedene Texte miteinander interagieren können und bietet dadurch Raum für eigene Interaktionen. Die Schüler können eintreten in den Dialog der verschiedenen Textpassagen, indem sie eigene Texte hinzufügen oder selbst Leserbriefe schreiben. Die Divanstruktur der Erzählung kann auch zum Vorbild werden für ein Lesetagebuch mit Zitaten, Kommentaren und eigenen Erlebnissen.

Die zentrale Botschaft des Textes liegt in dem Spiel mit verschiedenen kulturellen Perspektiven und kulturellen Zugehörigkeitsgefühlen, die einander gegenübergestellt und gegeneinander abgewogen werden und den Text als ein Dokument gelebter Mehrkulturalität präsentieren.

Bei der *littérature beur* handelt es sich, wie aus der exemplarischen Analyse der Romane von Paul Smail deutlich wird, um literarische Texte, in denen Prozesse des Fremdverstehens auf der Ebene der fiktiven Personen thematisiert werden, als eine permanente Auseinandersetzung mit dem *regard de l'autre*. Damit die Auseinandersetzung mit den im literarischen Text dargestellten Fremdheitserfahrungen zur Entwicklung von interkulturellem Verstehen im Rahmen des Französischunterrichts führen kann, müssen lerner-, prozess- und handlungsorientierte Verfahren der Textarbeit eingesetzt werden:

Verfahren des Einfühlens in die Erlebniswelt des Protagonisten einerseits und der Aktivierung eigener Fremdheitserfahrungen andererseits,

Methoden des Kontextualisierens der geschilderten Erlebnisse in Form eines Erarbeitens von Hintergrundwissen und der Einordnung des Romangeschehens in historische und sozialpolitische Zusammenhänge,

Aufbau sozialer Handlungskompetenzen durch interaktive Formen der Umsetzung der fiktiven Fremderfahrungen in interkulturelle Begegnungssituationen.

Die *littérature beur* mit ihrer postkolonialen Erfahrungswelt voller Identitätskonflikte und Diskriminierungen und ihren autobiographischen Erzählstrukturen bietet eine Fülle von Anlässen zur Auseinandersetzung mit Fremdwahrnehmung und lädt dazu ein, fremde Wahrnehmungsperspektiven zu erkunden und in ihrer kulturellen Determiniertheit zu begreifen.

Literatur

Bechtel, Mark: Interkulturelles Lernen beim Sprachenlernen. Im Tandem: eine diskursanalytische Untersuchung. Tübingen: Narr 2003.

Bredella, Lothar/Christ, Herbert (Hg.): Didaktik des Fremdverstehens. Tübingen: Narr 1995.

Bredella, Lothar: Zur Dialektik von Eigenem und Fremdem beim interkulturellen Verstehen. In: Der fremdsprachliche Unterricht Englisch 2001, H. 5, S. 10–14.

Caspari, Daniela: Kreativität im fremdsprachlichen Literaturunterricht. In: Praxis des neusprachlichen Unterrichts 1995, H. 42, S. 345–352.

Caspari, Daniela: Fremdverstehen durch literarische Texte – der Beitrag kreativer Verfahren. In: Meißner, Franz Joseph/Reinfried, Markus (Hg.): Bausteine für einen neokommunikativen Französischunterricht. Tübingen: Narr 2001, S. 169–184.

Krüger, Gerhard: Littérature beur. In: Der fremdsprachliche Unterricht Französisch 1992, H. 4, S. 4–11.

Küster, Lutz: Plurale Bildung im Fremdsprachenunterricht. Frankfurt: Lang 2003.

Lüsebrink, Hans Jürgen: „Identités mosaïques“. Zur interkulturellen Dimension frankophoner Literaturen und Kulturen. In: Grenzgänge 1995, H. 2, S. 6–22.

Melde, Wilma: Zur Integration von Landeskunde und Kommunikation im Fremdsprachenunterricht. Tübingen: Narr 1987.

Neuner, Gerhard: Interimswelten im Fremdsprachenunterricht. In: Bredella, Lothar/Delanoy, Werner (Hg.): Interkultureller Fremdsprachenunterricht. Tübingen: Narr 1999, S. 261–289.

Nünning, Ansgar: „Intermisunderstanding“. Prolegomena zu einer literaturdidaktischen Theorie des Fremdverstehens. In: Bredella, Lothar/Meißner, Franz Joseph/Nünning, Ansgar/Rösler, Dietmar (Hg.): Wie ist Fremdverstehen lehr- und lernbar? Tübingen: Narr 2000, S. 84–132.

Nünning, Ansgar: Fremdverstehen durch literarische Texte: von der Theorie zur Praxis. In: Der fremdsprachliche Unterricht Englisch 2001, H. 5, S. 4–9.

Schinske, Andrea: Perspektivenübernahme als grundlegende Fähigkeit im Umgang mit dem Fremden. In: Bredella, Lothar/Christ, Herbert (Hg.): Didaktik des Fremdverstehens. Tübingen: Narr 1995, S. 36–50.

Schumann, Adelheid: Mélange de langue et métissage culturel dans la littérature beur. In: Dion, Robert/Lüsebrink, Hans Jürgen/Riesz, Janos (Hg.): Schreiben in fremden Sprachen – Ecrire en langues étrangères. Quebec: Editions Nota bene 2000, S. 437–448.

Schumann, Adelheid: Zwischen Eigenwahrnehmung und Fremdwahrnehmung. Die Beurs, Kinder der maghrebinischen Immigration in Frankreich. Frankfurt: IKO-Verlag 2002.

Schumann, Adelheid: Auf der Suche nach der Douce France: die littérature beur im Französischunterricht. In: Fremdsprachenunterricht 2003, H. 3, S. 196–201.

Smaïl, Paul: Vivre me tue. Paris: Balland 1997.

Smaïl, Paul: Casa, la casa. Paris: Balland 1998.

Smaïl, Paul: La passion selon moi. Paris: Robert Laffont.

Spinner, Kaspar: Produktive Verfahren im Literaturunterricht. In: Spinner, Kaspar (Hg.): Neue Wege im Literaturunterricht. Informationen, Hintergründe, Arbeitsanregungen. Hannover: Schroedel 1999, S. 33–41.

Volkmann, Laurenz: Interkulturelle Kompetenz als neues Paradigma der Literaturdidaktik? Überlegungen mit Beispielen der postkolonialen Literatur und Minoritätenliteratur. In: Bredella, Lothar/Meißner, Franz Joseph/Nünning, Ansgar/Rösler, Dietmar (Hg.): Wie ist Fremdverstehen lehr- und lernbar? Tübingen: Narr 2000, S. 164–190.

LIESEL HERMES

Jigsaw-reading: Romanlektüre als Weg zur Lernerautonomie

1 Einleitung: Zugänge zur Literatur

In der Literaturwissenschaft unterscheidet man verschiedene Zugänge zu literarischen Texten, die von Nünning und Jucker folgendermaßen kategorisiert werden:

- textbezogene Ansätze,
- autorbezogene Ansätze,
- leserbezogene Ansätze,
- historische Wirklichkeit als Bezugsfeld,
- andere Texte als Bezugsfeld.

Etwas abseits und ohne eigene Überschrift werden „*Gender Studies*, postkoloniale Literaturkritik und empirische Literaturtheorie" positioniert, die sich unter die genannten Rubriken nicht subsumieren lassen (Nünning/Jucker 1999, S. 60).

Aus diesen Ansätzen sollen im Folgenden nur diejenigen herausgegriffen und kurz erläutert werden, die im Rahmen der schulischen Literaturdidaktik und des Literaturunterrichts den größten Einfluss gehabt haben und noch haben.

Werkimmanenter Ansatz

Der *New Criticism* war eine überaus einflussreiche Strömung in der amerikanischen Literaturwissenschaft, die sich in den 30er Jahren des 20. Jahrhunderts in den USA entwickelte. Er ging von der Autonomie des literarischen Kunstwerkes aus, betrachtete es als formal-ästhetische Einheit und stellte es in den Mittelpunkt der werkimmanenten, vor allem sprachlichen Analyse, die alle außertextuellen Phänomene wie z. B. den Autor/die Autorin und sein oder ihr Werk, den historischen Hintergrund, psychologische, soziologische oder philosophische Elemente, die nicht im Text selbst angelegt waren, ausklammerte. Im Verfahren des *close reading* sollten vor allem Form- und Stilfragen sowie die Textstruktur herausgearbeitet werden. Werkimmanent war dieses Verfahren also insofern, als alles, was nicht im sprachlichen Kunstwerk selbst enthalten war, aus der Interpretation ausgeblendet wurde. Der *New Criticism* hat vor allem in den Schulen, aber im Grunde auch in den Universitäten bis in unsere Zeit hin seinen Einfluss geltend gemacht und ist auch jetzt noch einflussreich. Er erhebt Anspruch auf Objektivität und Wissenschaftlichkeit, da sich jegliche Deutung ausschließlich an den Text selbst hält und Spekulationen somit nicht möglich sind. Und so gilt Grays Einschätzung: „The New Criticism has had a lasting effect on critical attitudes, not least because it cleared away the former amateurish historical-biographical study of literature. Probably the EXPLICATION [*sic*] of texts remains the centre of the undergraduate study of literature." (Gray 1992, S. 196)

Biographischer Ansatz

Der biographische Ansatz verfolgt das Ziel, in der Biographie des Autors/der Autorin einen Schlüssel zum Verständnis des literarischen Textes zu finden. Das gilt nicht nur für alle autobiographisch orientierten Romane wie z. B. D. H. Lawrences *Sons and Lovers* (1913), in dem Lawrence allem Anschein nach seine Kindheit und vor allem sein Verhältnis zu seiner Mutter verarbeitete. Ähnliche Beispiele finden sich in der Mitte des 19. Jahrhunderts: Charlotte Brontës *Jane Eyre* (1847) oder Anne Brontës *Agnes Grey* (1847) sind autobiographisch geprägt. Autobiographische Züge tragen in der Gegenwart z. B. die ersten Romane von Margaret Drabble, so *The Summerbird Cage* (1963) und *The Millstone* (1965). Bei diesen Werken kann die Autorenbiographie tatsächlich Hinweise zum Verständnis des Romans geben. Dennoch darf sie nicht zu dem Irrtum verleiten, der Roman sei tatsächlich eine Art Autobiographie, und die Präsentation der Figuren sei ein Schlüssel zum Verständnis des Autors oder der Autorin selbst. Die fiktive Erzählinstanz ist eben nicht identisch mit dem realen Autor selbst, sondern ist auf der „textinterne(n) Kommunikationsebene der erzählerischen Vermittlung" anzusiedeln (Nünning/Nünning 2001, S. 107).

Dieser Ansatz verdient deswegen eine eigene Beachtung, weil Studierende (und möglicherweise auch Schülerinnen und Schüler) immer wieder eine deutliche Neigung verspüren, sich Romanen versuchsweise über den biographischen Ansatz zu nähern, da sie häufig der Auffassung anhängen, dass die Autorenbiographie sozusagen den Schlüssel zunächst zum Verständnis des Romans und darüber hinaus zur Interpretation liefern könne.

Rezeptionsästhetik oder *reader response criticism*

Es war der deutsche Literaturkritiker Wolfgang Iser, der 1969 zusammen mit Hans Robert Jauß einen Paradigmenwechsel in der Literaturwissenschaft vollzog, als er den Blick weg vom Text selbst und vom Text allein auf die Perspektive des Lesers richtete. Die Leserin/Der Leser rückte nun ins Zentrum. Jeder Leser reagiert je individuell auf einen Text. Dabei ist er determiniert von seiner Zeit, seinem biographischen Hintergrund, seinem allgemeinen Weltwissen, seinem konkreten Vorwissen über ein Thema, seinem kulturellen Hintergrund, seinem Interesse an einem Thema und nicht zuletzt seinem Geschlecht.

Die Rezeptionsästhetik stellt daher den Leser in den Mittelpunkt. Die Bedeutung literarischer Texte wird erst im Prozess des Lesens generiert. Ihre Bedeutung ist also nicht unabänderlich in ihnen selbst angelegt, sondern wird im Lesevorgang realisiert. Die Rezeptionsästhetik befasst sich folglich mit den unterschiedlichen Rezeptionsprozessen von Lesern, ihren Voraussetzungen und ihren Zielen. Die Rezeptionsgeschichte (Jauß) erforscht die unterschiedlichen Wirkungen, die literarische Texte im Verlauf ihrer Geschichte gehabt haben.

Die Interaktion des Lesers mit dem Text ist ein wesentliches Merkmal dieser Richtung. Der Lesevorgang ist also ein dynamischer Prozess, mit Isers Worten: „Der Text gelangt [...] erst durch die Konstitutionsleistung eines ihn rezipierenden Bewusstseins zu seiner Gegebenheit, so dass sich das Werk zu seinem eigentlichen Charakter als Prozess nur im Lesevorgang zu entfalten vermag." (Iser 1975, S. 253) Es ist die „Unbestimmtheit" des Textes (ebd., S. 233), die uns herausfordert. Ein Text, der keine Unbestimmtheitsstellen, keine „Leerstellen" (ebd., S. 235) aufweist, in herkömmlicher Redeweise ein trivialer Text, fordert den Leser nicht heraus. Man weiß am Anfang, wie er ausgeht. Ein Text mit Leerstellen dagegen verlangt nach Auslegung. Iser formuliert: „... das Lesen wird erst dort zum Vergnügen, wo unsere Produktivität ins Spiel kommt, und das heißt, wo Texte eine Chance bieten, unsere Vermögen zu bedienen." (Iser 1975, S. 254)

Als Beispiel für interpretatorisches Potenzial und eine wechselvolle Rezeptionsgeschichte sei kurz auf den Roman *The Awakening* der amerikanischen Autorin Kate Chopin verwiesen, der 1899 erschien und in zahlreichen Rezensionen einen Sturm der Entrüstung hervorrief, weil hier eine Autorin eine junge verheiratete Frau und Mutter schilderte, die aus ihrer sozusagen natürlichen Rolle ausbrach, mit mehreren Liebhabern kurze Beziehungen einging und versuchte, ein neues Leben zu beginnen. Da sie scheitert, begeht sie schließlich im Meer Selbstmord. Der Selbstmord wird nicht als Katastrophe, sondern als ästhetisches Erlebnis vermittelt. Die Rezensionen verhehlten nicht die sprachlichen und stilistischen Meriten des Romans, stießen sich aber an der in der damaligen Zeit verwerflichen Moral, dass eine junge Frau aus Ehe und Familie ausbricht und nach ihrer eigenen Identität sucht, die sie in Unabhängigkeit zu finden hofft. Der Roman verschwand in der Versenkung und wurde erst mit der 2. Feminismusdiskussion Ende der 60er Jahre sozusagen wieder entdeckt und nun teilweise für den Feminismus vereinnahmt. Seit langem ist er Standardlektüre in amerikanischen Colleges, und es existieren neben den literaturwissenschaftlichen auch zahlreiche literaturdidaktische Publikationen, die zeigen, wie die Rezeptionsgeschichte unterschiedliche Facetten ein und desselben Textes aufdecken kann und wie produktiv sich ein solcher Text im Literaturunterricht einsetzen lässt.

Genderorientierung

Es scheint daher angebracht, auch einen kurzen Blick auf die Kategorie Gender zu werfen. Dass die Kategorie Geschlecht eine Rolle spielt, ist in jüngster Zeit in vielen Publikationen überzeugend thematisiert worden. Literarische Kanons noch der frühen 90er Jahre spiegelten männliche Wahrnehmungen und Normen, mit anderen Worten: die Aufnahme von literarischen Texten in einen Kanon englischsprachiger Literatur reflektierte in keiner Weise die Bedeutung, die z. B. in der englischen und amerikanischen Literatur Autor*innen* zukommt, sondern sie war vermutlich in der Regel von Männern gemacht und durch männliche Namen beherrscht. Diese weitaus überwiegende Bevorzugung von Autor*en* im Literaturunterricht bedeutete, dass Mädchen ohne Rücksicht auf ihr Geschlecht überwiegend mit Literatur von Autoren konfrontiert wurden. Dieses geschah vermutlich aus Mangel an Reflexion darüber, dass Mädchen und Jungen Texte unterschiedlich rezipieren, und im Wissen darum, dass sich Mädchen leichter lenken lassen.

Ein geradezu abenteuerliches Beispiel für einen männlich orientierten Kanon ist das 1998 erschienene *Literaturlexikon* (Zirbs 1998), das einen dreiseitigen summarischen Beitrag über „englischsprachige Literatur" enthält. Ohne auf die Vergeblichkeit des Versuchs eingehen zu können, auf gut drei Seiten diese Literatur in den Griff zu bekommen, ist hier interessant, dass 50 englische Autoren mit Fettdruck erwähnt werden, unter denen die „Brontë-Schwestern" einen eigenen Eintrag Wert sind, während Jane Austen nicht einmal namentlich genannt wird. Bei den Commonwealth Staaten wird noch Margaret Atwood erwähnt mit dem satirisch anmutenden Kommentar, sie habe „mehrere Romane zur Rolle der Frau" verfasst (ebd., S. 114), außerdem die Inderin Arundhati Roy (*God of Small Things*, 1997, Booker Prize). Das gesamte Lexikon enthält übrigens 70 Artikel zu Autoren und 5 zu Autorinnen (I. Bachmann, Brontë Schwestern, Annette v. Droste-Hülshoff, A. Seghers, Ch. Wolf). Das sagt einiges aus zur Wahrnehmung von Autorinnen.

Ein Aufsatz von Günther Burger (Burger 1996) kann hier weiter helfen. Er basiert auf Ergebnissen der Leserforschung. Burger stellt mehrere Thesen zum Literaturunterricht auf, deren Ausgangspunkt die These ist, dass man bei Schülerinnen und Schülern häufig überhaupt erst Leseinteresse wecken muss. (Dabei kam die PISA-Studie im Jahre 2000 zu dem Ergebnis, dass Mädchen im Alter von 15 Jahren unter den 32 Teilnehmerstaaten weltweit mehr und auch lieber lesen als Jungen.) Eine weitere These Burgers besagt: „Bei den meisten Lernenden kann nur ein Literaturunterricht, der weniger kognitiv-analytisch angelegt ist und mehr identifikatorisches Lesen zulässt, einen nachhaltigen lesefördernden Effekt haben." (Burger 1996, S. 5) Dieses identifikatorische Lesen ist eher bei Mädchen eine spezifische Lesehaltung als bei Jungen, und Burger formuliert daher eine weitere These: „Da es offenbar ausgeprägte geschlechtsspezifische

Unterschiede im Leseverhalten gibt, sollte die Literaturdidaktik Überlegungen dazu anstellen, inwieweit diese im Unterricht zu berücksichtigen sind." (Ebd., S. 6) Diese Forderung findet sich bereits ein Jahr zuvor in dem Werk *Literarische Lesesozialisation* (Eggert/Garbe 1995). Eggert und Garbe befassen sich ausführlich mit der „Diskussion um das Mädchenbuch" und kommen zu dem Schluss: „... die geschlechtsspezifische Erforschung qualitativer Rezeptionsprozesse befindet sich erst in den Anfängen". (Ebd., S. 91) Rezeptionsforschung als genderorientierte Leseforschung steckt immer noch in den Anfängen, zeigt aber in den Untersuchungen von Kugler-Euerle (1998) und Fliethmann (2002) viel versprechende Ansätze.

Literaturdidaktik und Rezipientenorientierung

Rezeptionsorientierung ist ein wesentliches Charakteristikum der neueren Literaturdidaktik. Wer sind die Leserinnen und Leser eines literarischen Textes? Ihre allgemeinen und fremdsprachlichen Lese- und Lernvoraussetzungen sind ebenso wichtig wie ihr allgemeines Weltwissen und ihr spezielles Vorwissen, das sie für die Lektüre eines Textes mitbringen. Ihr Geschlecht ist gleichfalls eine Kategorie, die zu berücksichtigen ist. Es geht nicht darum, dass Mädchen „anders" als Jungen lesen, weil eine solche Formulierung die Mädchen zu den von der Norm abweichenden Lesenden machen würde, sondern darum, dass Mädchen und Jungen *unterschiedlich* lesen. Genderfragen lassen sich also aus literaturdidaktischen Konzeptionen nicht ausklammern.

Von herausragender Bedeutung ist die Frage nach dem Wissen der Leserschaft um die eigene Kultur und – auf dieser Folie – die Frage nach den Problemen, die Schülerinnen und Schüler mit der Darstellung einer fremden Kultur in einem literarischen Text haben können. Mangel an Weltwissen oder Vorwissen kann die Rezeption behindern oder sogar verhindern. Die Nähe oder Distanz zur Fremdkultur ist eine gleichfalls wichtige Frage. Kulturelle Nähe oder Distanz sind nicht absolut, sondern müssen graduell gesehen werden. Das Fremde näher zu bringen ist daher ein wichtiges Ziel des Literaturunterrichts. Das Fremde als fremd zu belassen und anzuerkennen kann allerdings genauso gut ein literaturdidaktisches Ziel sein. Es geht einher mit dem Bewusstsein, dass man versucht hat, sich dem Fremden anzunähern, dass es aber fremd geblieben ist (vgl. Hermes 1999a). Dabei ist gleichzeitig zu berücksichtigen, dass Schülerinnen und Schüler oft relativ wenig Wissen von ihrer eigenen Kultur haben bzw. sich ihrer wenig bewusst sind und folglich Schwierigkeiten haben, zwei Kulturen – die eigene und die fremde – miteinander in Beziehung zu setzen (vgl. Kramsch 1993, S. 228).

Genauso wichtig ist bei jedweder literarischen Rezeption die Frage nach Emotionen. Literatur wird niemals emotionslos rezipiert (Donnerstag/Bosenius 2000, S. 160). Vielmehr entzünden sich an menschlichen Verhaltensweisen und im mitmenschlichen Umgang, so wie sie in der Literatur präsentiert werden, immer auch emotionale Bewertungen und Werturteile. Ein überwiegend literaturwissenschaftlich orientierter Literaturunterricht greift in der Schule zu kurz. Emotionale Reaktionen auf literarische Inhalte müssen nicht nur zugelassen, sie müssen einbezogen werden. Und diese Emotionen können bei Jungen und Mädchen unterschiedlich sein. Das identifikatorische Lesen darf also nicht unterdrückt werden, sondern sollte bewusst als eine Weise der Auseinandersetzung mit dem Text im Unterricht berücksichtigt werden.

Damit hängt die Frage nach der Empathie und ihrer möglichen Einbeziehung zusammen. Empathie ist damit ein weiterer wichtiger Schlüssel zum Verstehen eines literarischen Textes. Empathie ist mehr als das Vermögen, sich in einen anderen Menschen hineinzuversetzen. Sie bedeutet die Fähigkeit zur Übernahme einer anderen Perspektive (vgl. Bennett 1998, S. 207). Und damit geht immer die Frage nach der eigenen Identität einher: „Empathie ist … immer auch die Fähigkeit zu einem kontrolliert gehandhabten flexiblen Umgang mit den Grenzen der eigenen und fremder Identität. Oder anders gesagt: erst auf der Ebene einer empathischen Lektüre ist es möglich, die Rezeption von Literatur für die eigene Identitätsbildung fruchtbar zu machen.“ (Eggert/Garbe 1996, S. 131) Das Vermögen der Empathie und das bewusste Einbeziehen von Emotionen können somit im Literaturunterricht einen Weg zur eigenen Identitätsfindung weisen.

2 Textauswahl

Es leuchtet daher ein, dass Rezipientenorientierung gerade die schulische Textauswahl in hohem Maße beeinflusst oder zumindest beeinflussen sollte. Zwar sind Lehrkräfte gehalten, sich an thematische Vorgaben oder an solche zu literarischen Genres zu orientieren, doch sollte das immer mit Blick auf die eigene Lerngruppe geschehen. Aus meiner Sicht ist es daher bedenklich, wenn in einem Bundesland mit Zentralabitur ein und dasselbe Werk über mehrere Jahre im ganzen Land in der Oberstufe gelesen werden muss, weil diesem Text die Abituraufgaben entnommen oder zugeordnet werden. Das zentrale System zwingt hier unterschiedslos einen Lesestoff Hunderten von Gymnasien und Lehrkräften sowie Tausenden von Schülerinnen und Schülern auf, ohne dass bedacht wird oder werden kann, ob ein Text für eine Lerngruppe überhaupt geeignet ist und wie sie auf den Text reagiert. Der Systemzwang des Zentralabiturs schränkt individuelle Textauswahl erheblich ein. Lesemotivation ist extrinsisch, weil die Lektüre für die Abiturvorbereitung vorgeschrieben ist.

Hat man aber im Rahmen thematischer Vorgaben Freiheiten, so wird man sich sicher an den Bedürfnissen und Interessen der Lerngruppe orientieren. Der fremdsprachliche Level ist ebenso von Bedeutung wie das Welt- oder Vorwissen, das eine Lerngruppe mitbringt. Hinzu kommt die kulturelle Befindlichkeit, und zwar besonders dort, wo eine Lerngruppe multikulturell zusammengesetzt ist.

Jeder fremdsprachliche Text wird vor dem Hintergrund der eigenen Kultur gelesen, auch wenn sich die Schülerinnen und Schüler dessen häufig nicht oder wenig bewusst sind. Collie/Slater sprechen davon, dass ein „linguistic and cultural gap" zu überbrücken ist (Collie/Slater 1987, S. 6). Sprachliche Probleme lassen sich dabei meiner Meinung nach leichter bewältigen als eine große oder zu große kulturelle Distanz.

Die kulturelle Distanz kann so groß sein, dass Schülerinnen und Schüler sie nicht überbrücken können oder wollen (Hermes 1999a, S. 242). Selbst wenn sie aber akzeptieren müssen, dass das Fremde ihnen fremd bleibt, so können sie dennoch die Erfahrung machen, dass Themen, mit denen sie sich auseinandersetzen (sollen), für sie selbst relevant sein können (Carter/Long 1991, S. 12). Dazu schreibt Gillian Lazar: „... a text in English by a writer of a similar cultural background to the group of students studying the text may be more culturally accessible than a text written by an author from a culture far removed from the students' own. On the other hand, a text from another culture which deals with themes relevant to the students' own society may prove to be both accessible and absorbing." (Lazar 1993, S. 62) Probleme spielen sich dann zwar in einer für die Jugendlichen fremden Welt ab, erlauben aber einen Zugang über Vergleiche mit der eigenen Befindlichkeit und den eigenen Problemen, der eigenen Suche nach Identität oder den eigenen Emotionen. Und dieser Zugang über emotionale Reaktionen kann auch schrittweise die fremde Welt erschließen.

3 *In Between*

Die australische Autorin Maureen McCarthy stammt aus einer großen Familie und wuchs in Victoria auf. Sie arbeitete als Lehrerin, bevor sie sich voll dem Schreiben von Romanen widmete, deren Hauptfiguren an der Schwelle zum Erwachsenenalter stehen. Ihre Bücher wenden sich daher ebenso an ältere Jugendliche wie an Erwachsene. Ihre Titel belegen regelmäßig die australische Bestsellerliste und wurden für die wichtigsten Literaturpreise des Landes nominiert. Die Autorin lebt mit ihrem Mann und ihren drei Kindern in Melbourne.

Der Jugendroman *In Between* (1998) basiert auf einer „television mini series", deren Scripts McCarthy zusammen mit Shane Brennan für SBS TV verfasste, und besteht eigentlich aus vier kurzen Romanen von je ca. 80 Seiten. Die Situation und Befindlichkeit „in between" gilt für die zwei Protagonistinnen und zwei Protagonisten, deren jeweils eine/r im Zentrum eines jeden Teilromans steht, auf mehreren Ebenen. Es handelt sich um vier jugendliche Zentralfiguren verschiedener Nationalitäten, die als Einwanderer in Australien leben. Ihre Situation ist also durch Labilität charakterisiert, dadurch, dass sie nicht mehr ihrem Heimatland angehören und dennoch nicht als „Australier" angesehen werden, obwohl sie in zwei Fällen der zweiten Generation angehören. Zusätzlich suchen sie als

Jugendliche auf der Schwelle zum Erwachsenendasein ihre Identität. Ihr Selbstbild ist noch nicht gefestigt, ihre Rolle in der Familie, in der Schule und vor allem in der *peer group* von Unsicherheit gekennzeichnet. Wenn also die Welt jugendlicher Einwanderer nach Australien deutschen Schülerinnen und Schülern sehr fremd sein könnte, so wird die jugendliche Suche nach Identität, die Frage nach ihrem Rollenverständnis, die Auseinandersetzung mit der Umgebung sich ihnen emotional erschließen, weil sie fremd und nahe zugleich ist.

Im Folgenden werden die vier Teilromane, die jeweils nach der Protagonistin bzw. dem Protagonisten betitelt sind, in aller Kurze zusammengefasst.

Fatima ist muslimische Türkin, die in einer Familie mit drei jüngeren Schwestern lebt. Dem überaus konservativ orientierten Vater, der die Familie beherrscht, ordnet sich auch die Mutter unter. Fatima sucht ihren Platz in der australischen Gesellschaft und muss sich gleichzeitig im Konflikt mit den traditionellen Werten ihres Vaters behaupten. In dieser Auseinandersetzung hilft ihr schließlich ihre Mutter.

Saret ist ein illegaler Einwanderer aus Kambodscha, der mit seiner Schwester vor den Gräueln Pol Pots geflohen ist, in denen der Vater sowie die Brüder und Schwestern umgekommen sind, während die Mutter noch mit einem Bruder in einem Lager lebt. Er fühlt sich in schüchterner Weise zu Fatima hingezogen. Seine illegale Lohnarbeit dient dem Zweck, das Geld für den Nachzug der Mutter und des Bruders zu verdienen. Als seine Schwester, die ebenfalls illegal arbeitet, vergewaltigt wird und – schwer verletzt – ins Krankenhaus eingewiesen wird, wird der illegale Status der beiden der Polizei und der Einwanderungsbehörde bekannt und sie werden abgeschoben.

Angie ist möglicherweise italienischer Herkunft und lebt allein mit ihrer Mutter zusammen, die von ihrem Mann verlassen worden ist und von Heimarbeit lebt. Zu ihrer Mutter hat sie eine enge Beziehung. Angie erwartet ein Kind von dem vierten Protagonisten Alex und lässt es nach einem schweren Gewissenskonflikt, in den die Schwangerschaft sie als Katholikin stürzt, abtreiben. Damit zerbricht auch die Beziehung zu Alex.

Alex ist mazedonischer Herkunft mit einem strengen Vater. Er lungert herum und ist Mitglied einer Bande von Jugendlichen, die ihn allerdings immer wieder drangsaliert und einschüchtert. Als Angie schwanger wird, hofft er auf die Vaterrolle und schöpft daraus ein gewisses Selbstbewusstsein. Aber Angie trennt sich von ihm und er muss seinen eigenen Weg in die Gesellschaft und zu persönlicher Verantwortung suchen.

Alle vier Teilromane gehören strukturell zusammen. Sie bilden eine chronologische Abfolge; die vier Figuren kennen sich, gehen in dieselbe Schule, verbringen zum Teil ihre Freizeit miteinander und sind teilweise miteinander befreundet. Alle vier Figuren kommen in allen vier Romanen vor. Jeder Roman hat eine der vier Personen als zentrale Figur, während die anderen drei als Nebenfiguren agieren. Die Eltern oder ein Elternteil spielt in jedem der Romane eine wesentliche Rolle. Zahlreiche weitere Nebenfiguren tauchen auf, so eine Bande von männlichen Jugendlichen, die vor allem Erwachsene provozieren, aber auch andere Jugendliche einschüchtern, ja terrorisieren und vor Gewalt nicht zurückschrecken. Auf der Ebene des *setting* eint die vier Hauptfiguren, dass sie irgendwo in Melbourne in Mietswohnungen in einer multikulturell zusammengewürfelten Siedlung zusammen mit anderen Einwanderern leben („housing commission flats“). Auf der Handlungsebene ist das wichtigste verbindende Element ein sozialpädagogisches Zeitungs-Projekt, das der interkulturellen Verständigung der Ethnien und der Jugendlichen untereinander dienen soll. Die Jugendlichen verschiedener ethnischer Herkunft arbeiten gemeinsam mit einer australischen Sozialarbeiterin und einem Sozialarbeiter an einer Zeitung, die sie nach Fertigstellung in der multikulturell zusammengewürfelten Nachbarschaft verteilen.

4 Gruppenarbeit und Lernerautonomie (*Jigsaw reading*)

Jigsaw-reading folgt dem Prinzip des *information gap* (vgl. Carter/Long 1991, S. 71ff.), wie es sich nicht zuletzt in neueren Lehrwerken spiegelt. Während beim *jigsaw listening* Schülergruppen verschiedene Texte hören und die jeder Gruppe fehlende Information im Diskurs ergänzen und so vervollständigen müssen, lesen hier verschiedene Gruppen unterschiedliche Texte, deren Information sich durch Austausch und Ergänzung zu einem Ganzen fügt.

Da *In Between* aus vier Kurzromanen mit vier Jugendlichen besteht, die jeweils im einen Roman die Zentralfigur darstellen und in den anderen Romanen als Nebenfiguren agieren, können die Romane von vier Gruppen arbeitsteilig gelesen werden, die dann jeweils einen Teil der Informationen über die vier Figuren erarbeiten, und zwar alle Charakteristika und Details der jeweiligen Hauptfigur wie auch der Nebenfiguren. Diese werden in einem weiteren Schritt in gemeinsamer Arbeit ausgetauscht und führen schließlich zu einem umfassenden Charakterportrait zusammen. Damit bietet sich der gesamte Roman in idealer Weise für arbeitsteilige Gruppenarbeit und einen kommunikativen Unterricht an.

Der arbeitsteilige Gruppenunterricht kann einen Weg zur Lernerautonomie darstellen. Lernerautonomie ist zu einem pädagogischen *buzzword* geworden, immer wieder gefordert, aber selten erreicht; denn Theorie und Praxis oder Ideal und Realität des Schulalltags klaffen häufig auseinander (vgl. Hermes 2000). Autonomie muss – wenn sie ernst genommen wird – mühsam in einem längeren Prozess eingeübt werden und das erfordert viel Zeit (vgl. Dubs 1995). *Idealiter* bedeutet sie das eigenverantwortliche Setzen von Zielen, die selbstständig ausgehandelte Wahl von Arbeitsmethoden, kritisches Reflektieren über den Lernprozess und schließlich ehrliche Evaluation des Erreichten, und das alles in einem ständigen argumentativen Diskurs (Hermes 2002, S. 138–140).

Gruppenarbeit als Weg zur Autonomie erfordert von allen Beteiligten eine sorgfältige Vorbereitung. Die Lehrkraft muss eine anregende Lernumgebung, eine Basis für eigenverantwortliches Lernen und Arbeiten schaffen. Insofern kann die Vorbereitung von Gruppenarbeit erheblich mehr Arbeit bedeuten als Frontalunterricht. Die Schülerinnen und Schüler müssen sich ihrerseits durch gründliche Lektüre des Textes darauf vorbereiten, in einer kleinen Gruppe zu arbeiten und zu diskutieren. Denn in der Kleingruppe fällt mangelhafte Vorbereitung sehr viel schneller und unangenehmer auf als in einer Großgruppe. Eigenverantwortliches Lernen braucht zudem Zeit, und zwar deutlich mehr als die übliche Unterrichtsstunde. Denn allein das Aushandeln der Ziele der Arbeitsgruppe und der Wege dorthin ist ein längerer diskursiver Prozess; Ziele und Wege dorthin müssen aber ausgehandelt werden, ehe die eigentliche Arbeit beginnen kann. Und wenn die Gruppenarbeit in einer Präsentation der Arbeitsergebnisse gipfelt, so braucht das Herstellen des Produkts, z. B. eines Posters, wiederum mehr Zeit als gemeinhin zur Verfügung steht.

Der Wert eines solchen Prozesses ist jedoch unbestritten. Schülerinnen und Schüler, die sich eigenverantwortlich an eine Aufgabe machen, wissen, dass die gemeinsame Leistung von ihnen abhängt, dass sie also Verantwortung übernehmen müssen und dass sie für das Ergebnis und seine Qualität gerade stehen müssen. Damit hat ein solcher Lernprozess einen ganz anderen motivationalen Wert als – vereinfacht gesprochen – Lehrerfragen zu einem literarischen Text zu beantworten.

5 Methodische Umsetzung: idealtypisch und realitätsnah*

Seit der Überwindung von literaturwissenschaftlich dominierten Interpretationsverfahren englischsprachiger Literatur in der Oberstufe mit ihrem einseitigen „close reading"-Verfahren und der Hinwendung zum rezeptionsästhetisch orientierten Literaturunterricht hat es eine Vielfalt an methodischen Vorschlägen für den Umgang mit Romanen gegeben, die ihren Niederschlag in zahlreichen literaturdidaktischen Beiträgen der letzten ca. 15 Jahre gefunden haben (vgl. Übersicht in Hermes 2001, S. 197). Diese nehmen vor allem die Schülerinnen und Schüler mit ihren Interessen und ihrem Vorwissen als Leser ernst und haben die Literaturdidaktik mit methodischen Innovationen und zum Teil recht unkonventionellen Verfahren befruchtet. Diese Schülerorientierung folgte im Grunde einem Trend, der die englische Literaturdidaktik schon vorher geprägt hatte. Mit anderen Worten: es geht heutzutage nicht mehr um den großen methodischen Wurf, sondern um neue Materialien und ansprechende authentische Texte, wie z. B. englischsprachige Jugendbücher, die sich methodisch vielfältig einsetzen lassen. Sie erfüllen *idealiter* folgende Kriterien:

- Thematisch lassen sie sich in eine Textsequenz einbetten.
- Ihr inhaltlicher Anspruch muss nicht unbedingt sehr hoch sein, wenn er die Möglichkeit der Anknüpfung an eigene Erfahrungen bietet und auch emotionale Reaktionen sowie Empathie fördert.
- Ihr sprachlicher Anspruch sollte so sein, dass der Text zügiges Lesen ermöglicht und so die Bewältigung größerer Textmengen in der Fremdsprache erlebbar macht.
- Landeskundliche Orientierung im allgemeinen Sinn kann der Entwicklung des Fremdverstehens förderlich sein.
- Handhabbare Länge verhindert, dass man sich über viele Wochen mit einem einzigen Text befassen muss und damit schließlich Langeweile oder Abwehr erzeugt.
- Ihr Motivationspotenzial sollte sich sowohl aus dem Text selbst (inhaltlich interessant, sprachlich handhabbar) und aus der Wahl der Methoden bzw. aus der Selbstbestimmung durch arbeitsteilige Gruppenarbeit herleiten.

In Between ist ein Roman, der diese Kriterien erfüllt, der in idealer Weise für arbeitsteilige Gruppenarbeit geeignet ist und für jede Lerngruppe den Weg zur Autonomie bahnen kann. Er ist geeignet, Schülerinnen und Schüler mit einer fremden Welt, der Welt jugendlicher Einwanderer unterschiedlicher ethnischer Herkunft in Australien, zu konfrontieren. Diese verliert allerdings dadurch manches von ihrer Fremdheit, dass die Jugendlichen, unabhängig von ihrem unsicheren Status als Einwanderer, viele typische Probleme haben, wie sie die Jugend allgemein kennzeichnen:

- in der Familie (Vater oder Mutter und Geschwister),
- in der Peer Group (Zwang zur Konformität oder Behauptung der eigenen),
- mit einem Freund oder einer Freundin,
- in Schule und Freizeit.

Diese Probleme bringen die fiktionalen Figuren den Leserinnen und Lesern wiederum nahe.

Weil es sich in drei der vier Teilromane um Einwandererfamilien handelt, spielen traditionelle Werte, Normen und Traditionen des jeweiligen Herkunftslandes der Familie eine große Rolle. Diese werden von Bennett als „culture writ small" oder „subjective culture" bezeichnet (Bennett 1998, S. 3). Sie äußern sich z. B. in der Art und Weise des Familienlebens, im familiären Umgang miteinander, in der Dominanz des Vaters, in Essensritualen oder anderen Bräuchen. Manifeste Formen kultureller Phänomene wie Kunst, Literatur, Musik, aber auch soziale, ökonomische und politische Systeme werden von Bennett dagegen als „Culture writ large" oder „objective culture" bezeichnet (Bennett 1998, S. 3). Beides, „subjective and objective culture", sind zweifellos wichtige Aspekte bei der Interpretation der Texte.

Typische Themen von Jugendromanen, die in allen vier Texten mehr oder minder prominent sind, sind neben den oben genannten der Umgang mit einer Jugendbande, die schwächere Jugendliche terrorisiert, allgemein Mobbing unter Jugendlichen, Jugendkriminalität, aber auch die Suche nach der eigenen Identität.

Ein weiterer Aspekt, der die Romane zusammenhält, ist typischer jugendlicher Sprachgebrauch. Die Sprache dient immer wieder in negativer Weise dazu, den Gesprächspartner herabzusetzen, zu isolieren, nicht zuletzt ethnische Vorurteile bis hin zur Beleidigung zu äußern. Es geht zentral um Klischees und Vorurteile gegenüber anderen ethnischen Gruppen, die in verbaler Aggression angegangen werden.

Während diese Themen und die sprachliche Gestaltung allgemein die vier Romane zusammenhalten, sind andere spezifisch für den Einzeltext. Sie wurden bei der kurzen Inhaltsangabe bereits genannt. So müssen sich Fatima und Alex besonders gegen ihre traditionell orientierten Väter behaupten. Saret dagegen kämpft als illegaler Einwanderer um das Überleben in der australischen Gesellschaft und ist sich ständig seiner Verantwortung für seine jüngere Schwester bewusst. Angie schließlich, die wenige Probleme mit ihrer allein erziehenden Mutter hat, sucht ihre Identität ohne den Druck eines Freundes und muss sich moralisch mit ihrer Entscheidung für eine Abtreibung auseinandersetzen.

Es geht daher methodisch darum, in jedem Roman die wichtigsten Themen zu erfassen und in Beziehung zu den handelnden Figuren zu setzen, des Weiteren darum, die jeweilige Zentralfigur so genau wie möglich zu charakterisieren und die jeweils drei anderen Nebenfiguren in ihrer Beziehung zur Hauptfigur zu entschlüsseln. Dadurch entstehen in jeder Gruppe Charakterportraits, ein umfassendes der Zentralfigur, kleinere der Nebenfiguren, die jeweils perspektivisch gefiltert sind.

Im Folgenden wird ein konkretes Projekt vorgestellt, das im Sommer 2004 an einem Gymnasium in NRW nach den geschilderten Verfahren durchgeführt wurde. Die Lerngruppe, eine 12. Klasse, hatte noch nie in weitgehend autonomer Gruppenarbeit gearbeitet. Vielmehr machte sie die ersten Erfahrungen mit Lernerautonomie mit dem Roman *In Between.*

Damit der Inhalt eines jeden Teilromans auch für die anderen Gruppen nachvollziehbar wird, besteht eine Aufgabe für jede Gruppe darin, eine Zusammenfassung des Inhalts (*summary*) zu erstellen. Die Charakterportraits sind sodann die Hauptaufgabe, die arbeitsteilig bewältigt wird. Jede Gruppe sammelt alle Informationen über die Zentralfigur sowie über die weiteren Jugendlichen, die auch in den anderen Romanen eine Rolle spielen, und schließlich über zusätzliche Figuren, die aus ihrer Sicht wichtig sind. Dazu gehören in jedem Roman die Eltern oder die Mutter bzw. der Vater. Die Charakterportraits werden nach folgenden Vorgaben erstellt:

- *outward appearance,*
- *family situation,*
- *character traits,*
- *relationships,*
- *problems.*

Dazu suchen die Schülerinnen und Schüler jeweils Belege im Text, die sie zitieren oder paraphrasieren. Die Strukturvorgaben werden in der allgemeinen Form gemacht, um die entstehenden Charakterportraits für die spätere Präsentation und die Herstellung eines Posters in etwa vergleichbar zu machen.

Jede Gruppe sucht darüber hinaus weitere Themen, die sie in ihrem Teilroman als bedeutungsvoll erkennt. Dabei erstaunt es nicht weiter, dass sich die Arbeit in allen Gruppen auf die jeweiligen Beziehungsgeflechte zwischen den Jugendlichen und mit den Eltern konzentrieren. Die Gruppe, die sich mit dem jungen Kambodschaner *Saret* und seiner Schwester Kanya befasste, erstellte eine Übersicht über die Geschichte des Landes von den fünfziger Jahren bis zur Gegenwart. Sie erstellte außerdem eine Übersicht über Probleme illegaler Einwanderung in Australien. Die Gruppe, die *Fatima* las, befasste sich vor allem mit der Rolle des dominanten Vaters und der eher untergeordneten Rolle der Mutter in der muslimischen Familie. Mit der Jugendbande, die in allen vier Teilromanen eine Rolle spielt, befasste sich die Gruppe, die *Angie* las, am ausführlichsten.

Nachdem die Gruppen ihre arbeitsteiligen Aufgaben gelöst hatten, setzten sie sich in neuem Arrangement so zusammen, dass in jeder Gruppe alle vier Teilromane vertreten waren. Auf diese Weise ergab sich eine fruchtbare Diskussion, die dem Schließen der *information gaps* diente. Die Charakterportraits konnten so in Diskussionen erstellt und vervollständigt werden.

Das Projekt sollte aber mit Präsentationen abgeschlossen werden. Das bedeutete für jede Gruppe, dass die Arbeitsergebnisse mit Computer geschrieben wurden und dass am Schluss die Schülerinnen und Schüler ihre Ergebnisse auf Poster vorstellen mussten. Die Ergebnisse der anderen Gruppen konnten dann gelesen und miteinander und mit den eigenen verglichen werden. Diese Poster waren je nach Roman in verschiedenen Farben gehalten, so dass man erkennen konnte, wie sich z. B. ein Charakter durch alle vier Teilromane hindurch entwickelt und in welchem Teilroman was passiert. So steht *Saret* z. B. im 2. Teilroman im Zentrum, aber die Abschiebung erfolgt erst am Ende des 4. Romans, *Alex*. Auch der thematische Zusammenhang der vier Romane wurde durch die verschiedenen Farben vor Augen geführt, dass z. B. die Jugendbande in allen vier Teilromanen eine Rolle spielt.

Das Projekt, von den Schülerinnen und Schülern mit großem Engagement angegangen, krankte eigentlich nur an der mangelnden Zeit, weil gegen Ende eines Schuljahres meist zahlreiche schulische Verpflichtungen miteinander in Konflikt stehen. D. h. die für die eigentliche Arbeit am Text bemessene Zeit war objektiv zu kurz. Die Ergebnisse, nämlich zahlreiche Poster mit den verschiedensten Texten der Gruppen, zeigten dennoch, dass sich die Schülerinnen und Schüler intensiv mit ihrem Teilroman befasst hatten und wie gut sie zahlreiche Details herausgearbeitet hatten.

Idealtypisch braucht ein solches Projekt in arbeitsteiligem Gruppenunterricht mehr Zeit. Dann können – je nach Interessen – weitere Themen bearbeitet und vor allem bei der Aktualität der Themen Internetrecherchen angestellt werden. Dazu könnten für *In Between* folgende Themen gehören:

- *Immigration in Australia,*
- *Immigration in Germany,*
- *Ethnic makeup of Australia,*
- *Ethnic makeup of Germany,*
- *Education in Australia,*
- *Education in Germany,*
- *Political development of Cambodia.*

Ein weiteres dankbares Thema wäre eine genaue sprachliche Untersuchung der Romane:

- *Teenager language,*
- *Colloquialisms,*
- *Derogatory words,*
- *Verbal aggression,*
- *Verbal clichés and prejudices.*

Der Sprachgebrauch der Jugendlichen sagt manches aus über ihre Vorurteile allgemein gegenüber anderen ethnischen Gruppen und besonders über Aggression gegenüber anderen Jugendlichen. Verbale Herabsetzung bis hin zur Aggression kennzeichnet vor allem den Sprachgebrauch der Jugendbande. Hier ließe sich ein ganzes Glossar zu Begriffen und Ausdrücken der derzeitigen australischen Jugendsprache erstellen, das durch deutsche Übersetzungen ergänzt werden könnte, soweit das möglich ist.

6 Ausblick

Literarisches Lesen in der Oberstufe bietet eine Chance hin zu mehr selbstständiger Arbeit. Dazu ist geeignetes Lesematerial die allererste Voraussetzung. Authentische Jugendromane, die spannenden und dennoch nicht trivialen Lesestoff bieten, gibt es in großer Zahl, nicht zuletzt in der australischen Literatur. Jugendromane sollten von ihrem literarischen Anspruch her nicht mit so genannten „klassischen" Romanen verglichen werden. Klassische Kanons sind hinlänglich bekannt. Die dort aufgelistete Literatur sollte fortgeschrieben und durch Jugendromane ergänzt werden, für die andere Qualitätskriterien gelten, nämlich

u. a. leichte Zugänglichkeit, thematische Nähe zur Leserschaft und gute sprachliche wie methodische Handhabbarkeit.

Ein Roman wie *In Between*, der sich von seiner Struktur her zu einem arbeitsteiligen Gruppenunterricht anbietet, ist ein Glücksfall. Die Länge der vier Teilromane ist mit jeweils 80 Seiten sehr gut zu bewältigen. Das Prinzip des *information gap* oder *jigsaw reading* führt zum Informationsaustausch und zu echten Diskussionen, und das Projekt des getrennten und dann gemeinsamen Erstellens von Portraits der vier Hauptfiguren ist dazu geeignet, die Schülerinnen und Schüler selbstverantwortlich an ihrem jeweiligen Teilroman arbeiten zu lassen. Hinzu kommen typische Themen der Jugendliteratur wie z. B. der Umgang mit der Peer Group, mit dem anderen Geschlecht, mit Erwachsenen und besonders mit den eigenen Eltern. Das Leben ist immer von Konflikten geprägt, die jedoch in *In Between* durch die besondere Situation der jugendlichen Einwanderer in Australien noch akzentuiert werden. Diese lassen die an sich fremde Welt weniger fremd erscheinen. Der Roman *In Between* lässt sich – zusammengefasst – auf sehr unterschiedliche Weise erarbeiten. Sein Wert liegt darin, dass er sich besonders für lernerorientierte Methoden eignet, dass er arbeitsteilige Verfahren begünstigt, dass er ein hohes Potenzial für eine kommunikative Auseinandersetzung bietet und dass er den Weg zur Autonomie ebnen kann.

Anmerkung

* Ich danke Frau StD Renate Rosenkranz, Lippstadt, für ihre Bereitschaft, meine Ideen mit einem Leistungskurs der Klasse 12 der Marienschule Lippstadt umzusetzen. Das Unternehmen gelang trotz vieler Unwägbarkeiten und zeitlicher Zwänge zu Ende eines Schuljahres, und ich verdanke ihr nicht nur die Materialien, die zum Abschluss des Projektes von den Schülergruppen präsentiert wurden, sondern auch weitere Anregungen für eine „idealtypische“ Umsetzung.

Literatur

Primärtext

McCarthy, Maureen: In Between. Ringwood Vic.: Penguin Australia 1998.

Sekundärliteratur

Bennett, Milton J.: Intercultural Communication: A Current Perspective. In: Bennett, Milton J. (ed.): Basic Concepts of Intercultural Communication. Selected Readings. Yarmouth, Maine: Intercultural Press 1998, S. 1–34.

Bennett, Milton J.: Overcoming the Golden Rule: Sympathy and Empathy. In: Bennett, Milton J. (ed.): Basic Concepts of Intercultural Communication. Selected Readings. Yarmouth, Maine: Intercultural Press 1998, S. 191–223.

Bredella, Lothar: Literarisches und interkulturelles Verstehen. Tübingen: Gunter Narr Verlag 2002.

Bredella, Lothar/Burwitz-Melzer, Eva: Rezeptionsästhetische Literaturdidaktik mit Beispielen aus dem Fremdsprachenunterricht Englisch. Tübingen: Gunter Narr Verlag 2004.

Burger, Günter: Fremdsprachlicher Literaturunterricht und die Erkenntnisse der Leseforschung. In: Praxis des neusprachlichen Unterrichts 1996, H. 1, S. 3–8.

Carter, Ronald/Long, Michael N.: Teaching Literature. Longman 1991.

Collie, Joanne/Slater, Stephen: Literature in the Language Classroom. Cambridge: Cambridge University Press 1987 (Cambridge Handbooks for Language Teachers).

Der Fremdsprachliche Unterricht – Englisch. Heft 43: Teaching Cultural Studies. 34, 2000.

Der Fremdsprachliche Unterricht – Englisch. Heft 53: Fremdverstehen durch Literatur. 35, 2001.

Donnerstag, Jürgen/Bosenius, Petra: Die Funktion der Emotionen in der Konstruktion von Bedeutung zu englischen literarischen Texten. In: Wendt, Michael (Hg.): Konstruktion statt Instruktion. Neue Zugänge zu Sprache und Kultur im Fremdsprachenunterricht. Frankfurt am Main: Peter Lang Verlag 2000, S. 153–162.

Dubs, Rolf: Konstruktivismus: Einige Überlegungen aus Sicht der Unterrichtsgestaltung. In: Zeitschrift für Pädagogik 1995, H. 6, S. 889–903.

Duff, Alan/Maley, Alan: Literature. Oxford: Oxford University Press 1990 (Resource Books for Teachers).

Eggert, Hartmut/Garbe, Christine: Literarische Sozialisation. Stuttgart, Weimar: Metzler 1995.

Ewers, Hans-Heino: Literatur für Kinder und Jugendliche. Eine Einführung. München: Fink Verlag 2000 (UTB für Wissenschaft).

Fliethmann, Reinhild: Weibliche Bildungsromane. *Gender*bewusste Literaturdidaktik im Englischunterricht. Tübingen: Gunter Narr Verlag 2002.

Gray, Martin: A Dictionary of Literary Terms. Longman York Press 1992.

Hermes, Liesel: Das Fremde und das Eigene: Leserperspektive und Erzählperspektive in Short Stories. In: Bredella, Lothar/Delanoy, Werner (Hg.): Interkultureller Fremdsprachenunterricht. Tübingen: Gunter Narr Verlag 1999a, S. 439–458.

Hermes, Liesel: What do students learn in groups? Development of learner autonomy in higher education. In: Fremdsprachen und Hochschule 1999b, H. 54, S. 34–46.

Hermes, Liesel: Überlegungen zur Theorie und Praxis von Lernerautonomie. In: Aguado, Karin/Hu, Adelheid (Hg.): Mehrsprachigkeit und Multikulturalität. Dokumentation des 18. Kongresses für Fremdsprachendidaktik. Berlin: Pädagogischer Zeitschriftenverlag 2000, S. 335–341.

Hermes, Liesel: Theoretische und praktische Überlegungen zu Jugendbüchern im Englischunterricht. In: Bonnet, Andreas/Kahl, Peter W. (Hg.): Innovation und Tradition im Englischunterricht. Stuttgart: Klett 2001, S. 193–208.

Hermes, Liesel: „Do they love each other?“ Learner autonomy in university courses. In: Finkbeiner, Claudia (Hg.): Wholeheartedly English: A Life of Learning. Festschrift für Johannes Peter Timm. Berlin: Cornelsen 2002, S. 137–148.

Iser, Wolfgang: Die Appellstruktur der Texte. In: Warning 1975, S. 228–252.

Iser, Wolfgang: Der Lesevorgang. In: Warning 1975, S. 253–276.

Jauß, Hans Robert: Literaturgeschichte als Provokation der Literaturwissenschaft. In: Warning 1975, S. 126–162.

Kramsch, Claire: Context and Culture in Language Teaching. Oxford: Oxford University Press 1993.

Kugler-Euerle, Gabriele: Geschlechtsspezifik und Englischunterricht. Studien zur Literaturdidaktik und Rezeption literarischer Texte am Beispiel Doris Lessings. Trier: Wissenschaftlicher Verlag 1998.

Lazar, Gillian: Literature and Language Teaching. A guide for teachers and trainers. Cambridge: Cambridge University Press 1993.

MacRae, John: Literature with a small 'l'. London: MacMillan 1991 (MEP Monographs).

Nünning, Vera/Nünning, Ansgar: Grundkurs anglistisch-amerikanistische Literaturwissenschaft. Stuttgart: Klett 2001.

Nünning, Ansgar/Jucker, Andreas H.: Orientierung Anglistik/Amerikanistik. Was sie kann, was sie will. Reinbek bei Hamburg: rowohlt 1999 (rowohlts enzyklopädie).

Stiersdorfer, Klaus: Literatur und interkulturelle Kompetenz. In: Volkmann, Laurenz et. al. (Hg.): Interkulturelle Kompetenz. Konzepte und Praxis des Unterrichts. Tübingen: Gunter Narr Verlag 2002, S. 119–141 (narr Studienbücher).

Warning, Rainer (Hg.): Rezeptionsästhetik. München: Fink 1975.

Zirbs, Wieland (Hg.): Literaturlexikon. Daten, Fakten und Zusammenhänge. Berlin: Cornelsen Scriptor 1998.

INA KARG

Faszination Fantasy – Nichts Neues zwischen den Buchdeckeln?

1 Harry Potters Schachfiguren

> Ron also started teaching Harry wizard chess. This was exactly like Muggle chess except that the figures were alive, which made it a lot like directing troops in battle. Ron's set was very old and battered. Like everything else he owned, it had once belonged to someone in his family – in this case, his grandfather. However, old chessmen weren't a drawback at all. Ron knew them so well he never had trouble getting them to do what he wanted .... (Rowling 1997, S. 146)

Die hier beschriebene Szene aus dem ersten Band der Harry-Potter-Serie wurde auch in die populäre Verfilmung der Geschichte von Harrys Anfängen in der Welt der Zauberer aufgenommen. Den wenigsten – zumindest unter den deutschen – jungen und älteren Zuschauern dürfte allerdings bekannt sein, dass Ron und Harry dabei mit ganz besonderen Schachfiguren spielen. Dass sie *lebendig* sind und selbst agieren können, dass sie daher eine persönliche Beziehung zu ihrem Spieler haben müssen, falls er sie strategisch erfolgreich einsetzen möchte, gehört zunächst einfach zum Fantastischen. Und wenn Ronny bereits ein erfolgreicher Spieler des *wizzard chess* ist, Harry jedoch noch nicht, so ist das Teil der *story*. Das Besondere der Figuren, die die Produzenten für den Film ausgesucht haben, ist jedoch etwas ganz anderes: Sie sind Museumsreplikate, deren Originale eine Geschichte haben: *They are, indeed, very old.*

Im Jahr 1831 nämlich kam Sir Walter Scott zu einem Mann namens Frederic Madden, seines Zeichens *Assistant Keeper of Manuscripts in the British Museum*, und bot ihm 82 Schachfiguren zum Kauf an. Darunter befanden sich neben einfachen Stücken, hinter denen man die Bedeutung von Bauern im Spiel vermuten darf, ausgesprochen reich verzierte *kings, queens, bishops, knights* und *warders*, d. h. Könige, Damen, Läufer, Springer und eine Art Wächterfiguren für die Funktion der Türme. Die Figuren waren zusammen mit einigen anderen Gegenständen in einer Sanddüne auf der Insel Lewis vor der schottischen Westküste gefunden worden. Insgesamt sind es 94 Stücke gewesen. Sie haben eine Höhe von 10–12 cm und sind aus Walrosszähnen geschnitzt. Man datiert sie auf die Zeit um 1200 und nimmt aufgrund von Vergleichsobjekten an, dass sie aus Norwegen stammen. Das Museum kaufte sie seinerzeit für 80 Pfund; 11 Figuren befinden sich in Edinburgh, eine ist in Privatbesitz (Stratford 1997). Seit Ron in der Verfilmung des ersten Bandes von Harry Potter mit diesen Figuren spielt, gibt es im *British Museum Shop* Replikate in zwei Größen zu kaufen, das größere Set kostet etwa 200 Pfund. Warum ist dies erzählenswert?

Der populäre Film erweckt Schachfiguren aus dem Mittelalter gleichsam zum Leben. Seit Rowlings Erfolg sind Angebote im Fantasy-Bereich für junge Leser sprunghaft angestiegen. Die Bücher sind Kultbücher und bilden Reihen. Sie fordern zur Komplettierung der Serie auf und werden offenbar tatsächlich auch gelesen. Damit hängt aber auch zusammen, dass sie Begleitprogramme haben, zu denen nicht nur die Verfilmungen gehören, sondern auch Gegenstände wie Trinkbecher, T-Shirts und im Fall von Harry Potter – für britische Leser zumindest – auch Schachfiguren. Fantasy ist omnipräsent.

Versucht man allerdings, das Genre der Fantasy-Literatur als solches zu definieren, so ist dies nicht ganz einfach. Science-Fiction-Geschichten und Märchen etwa arbeiten mit fantastischen Elementen. Auch an Altmeister wie Edgar Allan Poe oder E.T.A. Hoffmann ist zu denken oder an Lewis Carrolls Alice in ihrem Wunderland, was es dann weiterhin schwierig macht, Wunderbares vom Fantastischen, Grotesken oder Absurden abzugrenzen. Entscheidend aber ist, dass man noch viel weiter zurück gehen kann, um auf die Elemente zu treffen, die in den gegenwärtigen Angeboten des kinderliterarischen Fantasy-Bereichs dominieren. Ruft man die Adresse einer Online-Buchhandlung[1] auf und betrachtet allein die Titelbilder der Bücher, so stellt man fest, dass mit einem Farbspiel von Hell und Dunkel gearbeitet wird und immer wieder Burgen, Drachen oder Pferdefiguren auftauchen, womit bereits ein deutlicher Eindruck von der fantastischen Welt vermittelt wird, die diese Bücher präsentieren. Sie ist eine mittelalterliche Welt; zumindest bedient man sich einer solchen. Wie dies geschieht, dem soll im Folgenden an einigen Beispielen nachgegangen werden.

2 Der Artus-Mythos als Fantasy? Peter Schwindt: *Gwydion*

Haus und Hof der Familie des jungen Gwyn in Cornwall werden von Sachsen überfallen. Gwyn entkommt und versucht, seinen dringlichsten Wunsch zu verwirklichen, nämlich nach Camelot an den Hof Arturs und seiner Ritter zu kommen, um dort Knappe und später Ritter zu werden. In der Tat gelangt er auch dorthin. Zunächst muss er die Schikanen des Hofmeisters Sir Kay, der für die Ausbildung der Knappen zuständig ist, ertragen; er wird Sir Urfin als Knappe zugeteilt und gerät schließlich in eine heftige Auseinandersetzung zwischen Mordred, dem Artussohn, der sich mit den Sachsen verbündet hat, und den Rittern des Artushofes. Dabei geht es natürlich um Macht, aber auch um die Gralssuche, die sich insofern als Problem erweist, als die Beschreibung, wo sich der Gral befindet, unvollständig ist, da einige Seiten aus dem Buch des Joseph von

[1] www-amazon.de (22.05.2006) brachte unter der Eingabe „Jugendbuch, Fantasy" 35 Titel, für interessierte Leser: www.bibliotheka-phantastika.de (22.05.2006).

Arimathäa entwendet wurden. In Verdacht geraten ist Humbert von Llanwick, auf den Gwyn bereits zu Hause getroffen war, der sich ihm gegenüber jedoch als freundlich und hilfreich gezeigt hatte. Seine Unschuld kann aufgeklärt werden, und als Verräter entpuppt sich Sir Urfin – allerdings ist auch er nicht schlichtweg böse, sondern eher jemand, der sich die Verfallserscheinungen am Artushof zwar zu Nutze macht, aber doch gerade damit auch auf sie hinweisen kann. Gwyn verlässt am Ende des Buches Camelot wieder – unsicher, ob er je zurückkehren wird.

Schwindt erzählt mit Elementen aus dem literarischen Feld des Artusstoffes die Geschichte eines Schweinehirten, der sich seinen Traum vom Ritterdasein erfüllen möchte. Mehreres ist dabei zu bemerken.

Die geographische, historische und literarische Kulisse, die den Hintergrund für Gwyns Geschichte abgibt, ist weitgehend stimmig. Wir befinden uns in Cornwall, und verschiedene Orte des Geschehens sind lokalisierbar: die Stadt Redruth etwa oder das nicht ungefährliche Bodwin Moor. Die Artusburg Camelot siedelt Schwindt in der Nähe des Dorfes Cadbury an. Zwar gibt es einige Orte, die für sich reklamieren, die Artusburg gewesen zu sein, Cadbury Castle gehört aber immerhin dazu. Die Zeit des Geschehens ist das frühe Mittelalter: Die Römer haben Britannien bereits verlassen und die germanischen Stämme vom Kontinent bemächtigen sich der Insel. Aus der literarischen Überlieferung kennt man – wenn auch mit unterschiedlicher Präsenz und Akzentuierung – die Mitglieder der Artusfamilie und die Ritter der Tafelrunde, etwa Artus, Ginevra, Kay, Sir Tristan oder auch Lancelot, der allerdings nur erwähnt wird. Bestimmte Motive aus dem Artusstoff werden hereinzitiert bzw. es wird auf sie angespielt, etwa wenn Ginevra errötet, als von Lancelot die Rede ist. Um dies zu verstehen, müsste man die Geschichte von der Beziehung Lancelots zur Königin in den mittelalterlichen Erzählungen kennen (Mertens/Müller 1984; Lacy 1991). Hin und wieder gibt Schwindt aber auch Hinweise über solche Zusammenhänge, indem sich Figuren seiner Handlung darüber unterhalten.

Schwindt mischt in seinem Buch die verschiedenen Traditionen und Überlieferungen in der mittelalterlichen volkssprachlichen Literatur, die für den Stoff auszumachen sind. Dies gibt ihm die Möglichkeit, auch Fantastisches und Magie in seine Erzählung hereinzunehmen. Merlin und die *Lady of the Lake* beispielsweise spielen in den bekannteren deutschen hochhöfischen Romanen des Mittelalters keine Rolle, andererseits ist es beim so genannten Lancelot-Gral-Komplex praktisch unmöglich, einzelne „Werke“ im neuzeitlichen Sinne zu unterscheiden. Vielmehr hat man mit einem literarischen Feld von unterschiedlichen Überlieferungen, Adaptationen, Verwerfungen und Wiederaufnahmen zu rechnen (Mertens 2003). Eine Durchdringung dieses Komplexes kann verständlicherweise den Jugendbuchautor nicht interessieren. Was ihn jedoch interessiert, das ist die Möglichkeit, bestimmte Motive zu nutzen, um Mysteriöses geschehen zu lassen und das Buch damit an den populären Fantasy-Bereich anzuschließen: Als Gwyn auf Merlin stößt und ihm die Hand gibt, hat er eine Vision, bei der er Artus und Mordred tot sieht, und als er in höchster Gefahr in einen reißenden Fluss gerät und die Besinnung verliert, findet er sich in einer Jenseitswelt wieder, in der ihm die „Frau im See“ Mut zuspricht.

> „Wo bin ich hier?“, wiederholte er seine Frage.
> „In einer anderen Welt“, sagte die Frau und lächelte. (Schwindt 2006, S. 191f.)

Solche Momente bleiben jedoch Episoden bzw. könnten sich als Traumvisionen erklären, wenn nicht durch die Merlinfigur einerseits und durch Gwyns Amulett, das er stets bei sich trägt, andererseits dem Leser Andeutungen gegeben würden, dass die vordergründig erzählte Geschichte nicht alles ist. Es bleibt jedoch bei der Weckung von Erwartungen. Weder wird der mysteriöse Tod von Gwyns Mutter erklärt, noch die Tatsache, dass sie ihm den Namen Gwydion gegeben hat und Merlin diesen als einziger kennt, noch was es mit dem Amulett, das das Bild des Einhorns trägt, genau auf sich hat. Dass Einhorn gegen Drachen siegen soll, und ein roter bzw. grüner Drache jeweils das Zeichen Arturs und Mordreds ist, davon ist mehrfach die Rede. Will man dies wissen, so muss man auf den (im Mai 2006 noch nicht erschienenen) nächsten Band der angekündigten Serie warten.

Schwindts und Gwyns Geschichte ist nicht etwa eine Neuauflage vom Glanz und Untergang des Artusreiches. Zwar bewegt sich Gwyn in dieser Welt, doch sind abgesehen davon, dass verschiedene Traditionen des Stoffes ineinanderlaufen, auch eine Reihe von Figuren völlig neu dazu gekommen, die dem Geschehen letztlich auch einen ganz anderen Sinn geben. Dazu gehört Gwyns Familie in Cornwall – Vater, Bruder und Schwester –, dazu gehören die bereits erwähnten Ritter Humbert und Urfin sowie Prinzessin Aileen, die Tochter Mordreds, die jedoch am Artushof lebt, was schließlich zur Eskalation des Konflikts zwischen Artus und seinem Sohn beiträgt. Dadurch wird nun aber dieser Konflikt vor allem auf die Figurenebene und somit in den Bereich der Gefühlswelt verlagert. Dem entspricht auch, dass sich zwischen Gwyn und Aileen eine Beziehung anzubahnen scheint und damit zugleich eine Rivalität zwischen ihm und dem Knappen Rowan entsteht. Dass Gwyn den Artushof am Ende wieder verlässt, hat auch damit zu tun. Es geht also viel mehr um ein persönliches Schicksal, bei dem Verhalten und Motivation der Figuren dem heutigen Empfinden angepasst sind und dies für jugendliche Leser des 21. Jahrhunderts nachvollziehbar macht.

Zieht man Bilanz, so zeigt sich, dass Schwindt vor dem Hintergrund langer literarischer Tradition eine Erzählung anbietet, die sich an heutige jugendliche Leser wendet und in eine gegenwärtige Landschaft von Leseangeboten im kinderliterarischen Bereich passt. Fantasy und Mittelalter lassen sich offenbar bestens kombinieren, ja der Mittelalteranschluss ermöglicht es dem Autor, eine Fantasiewelt zu kreieren, da die Mittel dafür scheinbar schon bereit stehen. Die äußere Aufmachung des Buches tut das Ihre dazu, eine entsprechende Erwartung hervorzurufen: Der Titel „*Gwydion*" ist in Goldbuchstaben und mysteriös wirkenden Schriftzeichen gedruckt, in der Mitte des Titelblattes sieht der Leser das Amulett mit dem Einhorn in Großformat, das auch zwischen den Kapiteln als ein Trennzeichen und gleichzeitig als leitendes Element auftaucht. Mythische Gestalten, Drachen und kämpfende Ritter geben den Hintergrund für den Bucheinband ab, der überwiegend in Dunkelrot gehalten ist. Davor heben sich das goldene Amulett und der Namenszug deutlich ab.

Im Aufruf des Artus-(Gral)-Komplexes schließt Schwindt an einen gegenwärtigen Trend an. Bücher von Wolfgang Hohlbein, Nancy Springer, Kevin Crossley-Holland, Thomas A. Barron und anderen erfreuen sich höchster Popularität. Da sich darunter auch Übersetzungen aus dem angelsächsichen Raum befinden, ist auf einen unterschiedlichen Rezeptionszusammenhang hinzuweisen. Sowohl in Großbritannien als auch in den USA hat der Artus-Mythos und haben die überlieferten Motive des Artus-Gral- und Ginevra-Lancelot-Komplexes, haben die Merlin-Figur, die Fee Morgana und die Insel Avalon einen ganz anderen Stellenwert und eine ganz andere Präsenz als in Deutschland (Lupack 2004). Auch wenn in den bekannteren deutschen Epen des Hochmittelalters davon die Rede ist, so werden sie doch nicht deswegen rezipiert. Was man etwa über Parzival „weiß" – Wolframs *Parzival* dürfte wohl in der nichtwissenschaftlichen Öffentlichkeit das bekannteste höfische Epos sein – ist seine Gralssuche, kaum aber seine Abstammung von der Fee. Hingegen ist es sicher nicht übertrieben zu sagen, dass Artus in England den Status eines Identifikationsmythos hat. „Artus-Orte" wie Tintagel oder mehr noch Glastonbury spielen eine wichtige Rolle in der nationalen Geschichte: Glastonbury war das letzte Kloster, das im Jahre 1539 von Heinrich VIII aufgelöst wurde; der Hügel in der Umgebung des Klosters gilt als das Avalon der arthurischen Erzählungen, und die Legende geht, dass auch Joseph von Arimathäa dort gewesen sei. Ferner schreibt das *National Curriculum* die Behandlung der *Arthurian Legends* im Unterricht der Sekundarstufe I vor.[2] In den USA schließlich gilt die Amtszeit John F. Kennedys als „Camelot" – dies in Anlehnung an ein Musical über den Artusstoff, für das sich Kennedy einst interessiert hatte.[3] Das bedeutet aber, dass Bücher, die sich als Adaptationen in die Tradition stellen, bei deutschen Kindern und Jugendlichen auf andere Voraussetzungen stoßen. Wenn eine nur vage Kenntnis von sehr allgemeiner und oberflächlicher Art über die Mythen, Traditionen und Motive besteht, so evoziert dies „Mysteriöses", aber kaum mehr. Und so ist anzunehmen, dass der Einstieg in die fantastische Welt unter diesen anderen Rezeptionsvoraussetzungen anders und mit größerer Bereitschaft erfolgt. Dies würde auch erklären, dass das Titelbild der amerikanischen Ausgabe von Nancy Springers *Morgan le Fay* ein klar erkennbares Feengesicht mit zwei verschiedenfarbigen Augen in einer Um-

[2] www.nc.uk.net/ (23.02.2006)

[3] www.wosu.org/fm/jfk/myth.php (30.01.2006)

gebung von Pflanzen und Gestrüpp zeigt, dass der dtv-Verlag hingegen für die deutschen Jugendlichen eine schlichte Gestalt anbietet, die aus einem mysteriös-dunklen Hintergrund hervortritt.

Im Übrigen spielen in Peter Schwindts *Gwydion* Gwyn und Sir Urfin miteinander Schach: Urfin gewinnt und erklärt Gwyn beim Spiel analoge Strategien im militärischen und im menschlichen Verhalten. Er schenkt ihm ein Schachspiel, das Gwyn gegen Ende des Romans mit dem Auftrag überbracht wird, so gut zu werden, dass er ihn, Urfin, beim nächsten Mal besiegen könne.

3 Gralssuche im 21. Jahrhundert. Peter Freund: *Laura und das Geheimnis von Aventerra*

Dass unterschiedliche Rezeptionsvoraussetzungen bestehen, gilt nicht nur für das Ambiente der Erzählungen von Artus, sondern auch für das, in dem sich die Figuren der Harry-Potter-Serie bewegen. Die Zauberschule von Hogwarts ist dem englischen Schulwesen nachgebildet, und zwar nicht nur den Eliteinternaten der Privatschulszene. Zu bedenken ist nämlich, dass zum einen *independent schools* nicht etwa nur von einer Auslese besucht werden, sondern dass Privatschulen einen wesentlichen Faktor des britischen Schulwesens darstellen. Zum anderen ist auch das öffentliche Schulwesen insgesamt von Vorstellungen geprägt, die nur aus dieser Tradition zu verstehen sind. Dies wiederum bedeutet, dass deutsche Rezipienten schneller in einen Fantasy-Bereich eintreten als solche, die Erscheinungen der Zauberschule mit ihrer eigenen Schul-Kenntnis in Zusammenhang bringen können. Allerdings haben deutsche jugendliche Leser sehr wohl eine reiche Erfahrung mit Unterhaltungsliteratur, deren Geschehen in Internaten angesiedelt ist. All dies und die Attraktivität von Fantasy macht sich Peter Freund mit *Laura* zu Nutze. Der erste Band einer mehrteiligen Serie erzählt Folgendes:

Die 13-jährige Laura Leander ist „im Zeichen der 13“ geboren. Was das bedeutet, erfährt sie kurz vor ihrem 13. Geburtstag, als sie zunächst einige mysteriöse Dinge erlebt, dann aber diese Erscheinungen als Botschaften einer Jenseitswelt verstehen lernt. Zur Welt der Menschen gibt es nämlich eine Parallelwelt, „Aventerra“, in der ein ewiger Kampf zwischen Gut und Böse stattfindet, bei dessen Entscheidung sie eine zentrale Rolle spielen soll. Zu Beginn des Romans erfährt man, dass die „Dunklen Mächte“ mit ihrem Anführer Borboron (dunkle Vokale!) den Hüter des Lichts Elysion (!) verletzen konnten. Dieser kann nur gesund werden, wenn der „Kelch der Erleuchtung“ mit dem „Elixir des Lebens“, der in die Hände der Dunklen gefallen ist, gefunden wird. Dies ist Lauras Aufgabe. Sie hat dabei die Unterstützung der „Wächter“, d. h. der Menschen in ihrer Umgebung, die auf der Seite des „Hüters des Lichts“ stehen, und wird von der Gegenseite, die natürlich ebenfalls ihre Vertreter unter den Menschen hat, behindert. Nach vielen Hindernissen, Gefahren und Verwechslungen gelingt es Laura dann – erwartungsgemäß – auf den letzten der 511 Seiten des Romans, den Kelch auf dem Gelände des Internats zu finden.

Das Buch wurde kurz nach seinem Erscheinen als „deutscher Harry Potter“ bezeichnet[4], ist aber ein Konglomerat von Anleihen aus mittelalterlicher Tradition, Tolkiens *Herr der Ringe*, den Harry-Potter-Bänden und Michael Endes *Unendlicher Geschichte*. Laura liest auch einschlägige Werke, und ihr Bruder Lukas führt die merkwürdigen Dinge, von denen sie ihm erzählt, zunächst auch auf ihre Lektüre zurück. Freund sorgt dafür, dass die Übernahmen nur allzu deutlich werden: Er lässt das Geschehen im Internat Ravenstein spielen, unter dessen Lehrerschaft sich „Gute“ und „Böse“ als Vertreter der jeweiligen Mächte von Aventerra befinden. Das gesamte Ambiente, d. h. das schlossähnliche Gebäude, der Park einschließlich einem verbotenen „Henkerswald“, die nächtlichen Unternehmungen des Dreiergespanns Laura, Lukas und Kaja auf Irrwegen durch endlose Korridore und vorbei an Bildern und Statuen, die plötzlich zum Leben erwachen, sowie die Suche nach einem wichtigen Gegenstand kennt der kundige Leser mitunter bis in die Details aus Rowlings Erfolgsserie. Noch bevor er aber überhaupt zu lesen beginnt, weist der abwechselnd schwarze und rote Druck darauf hin, dass er am Geschehen in zwei Welten teilhat. Man erinnert sich an die *Unendliche Geschichte*, wo Bastians Welt des Elternhauses und der Schule von der Phantásiens abgegrenzt wird, um allerdings vielschichtig und subtil aufeinander bezogen werden zu können.

Obwohl Peter Freund behauptet, vor der Abfassung der *Laura*-Serie außer *Die Nebel von Avalon* kein anderes Fantasy-Buch gelesen zu haben[5], sind die Anlehnungen an die genannte Literatur mehr als deutlich. Aufschlussreich ist aber nun gerade die Erwähnung von Marion Zimmer-Bradleys Erfolgsbuch von 1982. Freund zehrt ebenfalls vom mittelalterlichen Stoff, was nicht nur mit den Namen einiger Figuren wie Reimar oder Alienor zu tun hat, sondern mit einem bestimmten Komplex von Übernahmen gängiger Vorstellungen, die ursprünglich einmal in der volkssprachlichen Literatur des Mittelalters eine zentrale Rolle gespielt haben. Sind es bei Schwindt Artus und die Tafelrunde und sind Gral und Gralssuche eher zur Personencharakterisierung von Humbert von Llanwick und Sir Urfin eingesetzt, so ist eine verwaschen-trivialisierte Form von Gralssuche bei Freund zum zentralen Motiv geworden.

Schon bei der Darstellung ihres nächtlichen Traumes auf den Eingangsseiten des Buches berichtet Laura ihrem Bruder von „weißen und schwarzen Rittern“, einem Kampf mit „mächtigen Schwertern, Streitäxten und Morgensternen“ und einer „riesengroßen Burg.“ Laura erzählt weiter von einem alten Mann, der ihr den Auftrag gegeben habe, „den Kelch“ zu suchen, und der dann von einem

---

4 www.lauraleander.de (20.02.2006)

5 www.freund-peter.de (20.02.2006)

schwarzen Ritter angegriffen worden sei. Der Ort, von dem sie hier berichtet, entpuppt sich später als die Burg des Hüters des Lichts, Elysion, auf Aventerra; sie heißt Hellunyat und wird als „die uralte Gralsburg“ bezeichnet (Freund 2002, S. 23). Was steckt dahinter und wie wird es verarbeitet?

Bei dem, was Freund erzählt, fühlt sich der kundige Leser zu allererst an eine Stelle aus der mittelhochdeutschen Literatur erinnert:

Ez wont manc werlîchiu hant
Ze Munsalvaesche bî dem grâl.
Durch âventiur die alle mâl
Rîtent manege reise:
Sie selben templeise,
swâ si kumber oder prîs bejagent,
vür ir sünde si daz tragent.

Wolfram von Eschenbach 1981, 468, 24ff.

Es leben wehrhafte Ritter in Munsalvaesche beim Gral.
Sie sind unterwegs, um sich Herausforderungen zu stellen und sehen Niederlage oder Sieg stets in einem Bezug zu ihren Sünden. (IK)

Wenn für die Übersetzung hier absichtlich nicht Spiewoks Version (Spiewok 1981) gewählt wurde, so deswegen, weil er *âventiur* mit „Abenteuer“ und die *templeise* mit Tempelherren wiedergibt. Dies aber unterstellt zum einen dem mittelalterlichen Strukturkonzept der Herausforderung und Rückkehr der Ritter einen neuzeitlichen Abenteuerbegriff und legt zum anderen nahe, dass sich hinter Wolframs Gralsrittern der Templerorden der Kreuzzugszeit verbirgt. Beide Auffassungen haben viel wissenschaftliche und nichtwissenschaftliche Literatur hervorgebracht und können alles andere als geklärt gelten (Mertens 2003). Man könnte von dieser Stelle ausgehend das gesamte Deutungspanoptikum ausbreiten und diskutieren, das Wolframs *Parzival* für die ihn umgebende mittelalterliche Welt, deren Wissen und deren gesellschaftliche und religiöse Wertvorstellungen anzubieten hat. Für Freund ist dies jedoch kein Problem. Denn Laura stößt bei ihrer Suche nach dem Kelch, der im Internat versteckt sein muss, immer wieder auf das „Zeichen der Tempelritter“, das ihr an bestimmten Orten zeigt, dass sie auf dem richtigen Weg ist. Dass dieses Zeichen an den jeweiligen Stellen eingeritzt ist, wird damit erklärt, dass ein ehemaliger Besitzer der Burg Ravenstein, der Grausame Ritter Reimar, an einem Kreuzzug teilgenommen hat.

Die Wunde, die dem Hüter des Lichts auf Aventerra zugefügt wurde, hat ein Schwert namens „Pestilenz“ geschlagen. Sie heilt nicht, selbst wenn alle Anstrengungen unternommen werden. Auch hier erinnert man sich an das Geschehen im mittelhochdeutschen *Parzival*.

des küneges wunde geitert was. *Swaz man an der arztbuoche las,* *diene gaben keiner helfe lon.* Wolfram von Eschenbach 1981, 481, 5 ff.	Die Wunde des Königs eiterte heftig, und obwohl wir eifrig in zahlreichen medizinischen Werken nachschlugen, blieb alles vergeblich und erfolglos. (Spiewok)

Im mittelalterlichen Text sind alle Heilungsversuche deswegen vergeblich, weil der Gralsgesellschaft eine Erlöserfigur prophezeit ist, die dann zugleich auch dem Gralskönig im Amt nachfolgen wird. Dies führt bekanntlich zum – wiederum – viel diskutierten Frageversäumnis Parzivals, der aber am Ende doch noch einen glücklichen Ausgang herbeiführen kann. Dass im Jugendbuch heutiger Provenienz ein Mädchen diese Rolle übertragen bekommt, ist wohl als ein Tribut an veränderte Rollendefinitionen und damit an die Erwartung an Leseangebote zu werten. Und dass es nicht eine Frage ist, die Laura stellen muss, sondern dass sie den Kelch suchen, finden und – eigentlich – nach Aventerra bringen muss, entlastet sie intellektuell. Vor allem macht es die Konzeption der Erzählstruktur viel einfacher: Man kann die Suche von Station zu Station laufen lassen – eine Grabkammer, eine Bibliothek, eine Schatzkammer und wieder zurück – und damit beliebig ausdehnen. Laura schafft es im Übrigen nicht, den Kelch rechtzeitig an den Ort zu bringen, der für eine kurze Zeit den Übergang von der Menschenwelt nach Aventerra ermöglicht, kommt aber auf die Idee, das irdische Pendant des Hüters des Lichts, den Schulleiter, der treu seiner Rolle als Parallelfigur ebenfalls erkrankt ist, zu heilen. Vielleicht ist dies die intellektuelle Leistung, die Freund seiner Protagonistin zuerkennt.

Die Konstruktion von Freunds Fantasy-Welt bedient sich der aus dem Mittelalter bekannten Gralswelt bzw. was der Verfasser davon zu kennen glaubt; Wolframs Gral ist im Übrigen im Unterschied zu anderen Traditionen kein Kelch, sondern ein Stein. Diese Welt ist nun bei *Laura* zusätzlich angereichert mit Horrorgestalten und Horrorszenarien, auf die Laura und ihre Begleiter stoßen wie etwa ein zum Leben erwachendes steinernes Denkmal, Bilder, deren Figuren plötzlich das Reden anfangen, aber auch wüste Schlangen und horrible Monsterwesen, die dazu beitragen, dass das Buch dicker wird, jedoch weder die erzählte Welt noch das erzählte Geschehen konsistent machen. So erfährt man etwa, dass Lauras Vater verschwunden ist. Es stellt sich heraus, dass er von den „Dunklen“ entführt und gefangen wurde. Eines Nachts kann er Laura besuchen, muss aber wieder zurück in seinen Kerker. Was am Ende mit ihm geschieht, bleibt unklar. Auch ist höchst bemerkenswert, dass Laura und ihre Freunde Kinder des frühen 21. Jahrhunderts sind und als solche ein Mobiltelefon besitzen, im Internet surfen und einen PC bedienen können. Doch setzen sie diese Instrumente nur manchmal ein, um bei ihrer Suche und in ihrer Erkenntnis weiter zu kommen. An anderen Stellen kommt offenbar keiner auf die Idee, sich der Technik zu bedienen.

Ähnliches gilt auch für Lauras magische Helfer: Sie hat einen Nebel im Sinne von Aladins Wunderlampengeist zur Verfügung, den sie in einer Flasche aufbewahrt und der sie in Gefahren vor den Feinden abschirmen kann. Auch von ihm macht sie nur gelegentlich Gebrauch. In anderen Situationen hat ihr Schöpfer offenbar darauf verzichtet. Auch ein Amulett spielt eine wichtige Rolle: Es handelt sich um ein Rad an einer Schlangenkette und sollte Laura Kraft verleihen. Abgesehen davon, dass man auch dieses „Rad der Fortuna" aus den einschlägigen Traditionen kennt, wäre es immerhin als ein steuerndes Leitsymbol einsetzbar gewesen. Es taucht nur gelegentlich auf, und was schließlich damit geschieht, erfährt der Leser nicht. Freund weckt Erwartungen, die nicht eingelöst werden, oder enttäuscht sie geradezu: Laura hat aufgrund der Tatsache, dass sie zu den „Wächtern" gehört und ein entsprechendes Training absolviert, die Fähigkeit zur Magie. Sie kann beispielsweise Objekte zum Leben erwecken, die ihr dann dienlich sind. Dies tut sie etwa mit einer Säule im Garten, die zu einem starken Arbeiter werden und in Gefahren helfen kann. Am Ende des Romans gelingt dies ohne Erklärung und Begründung auch ihrem Bruder Lukas. Und schließlich fällt auf, dass Welt und Parallelwelt in einzelne Erzählpassagen zerbrochen sind. Der Abbruch soll wahrscheinlich Anreiz zum Weiterlesen sein. Genauso wahrscheinlich ist jedoch auch, dass hier ein Buch geschaffen ist, das den Jugendlichen nichts anderes bietet als das Surfen und Zappen, mit dem sie sich beim abendlichen Fernsehprogramm die Langeweile vertreiben.

Auch dieses Beispiel zeigt, und zwar noch deutlicher als *Gwydion*, dass Überlieferungen aus dem Mittelalter offenbar äußerst beliebt sind und sich hervorragend eignen, eine mysteriös-fantastische Welt zu schaffen – oder was man als solche erachtet. Die Motive können ausgebaut und erweitert werden, um einen Fantasy-Bereich zu konstruieren, der im Falle von *Laura* jedoch noch nicht einmal konsistent ist. Die Botschaft und die Wertewelt, die das Buch mit diesem seinem Instrumentarium hereinkopierter und zusammengeklitterter Elemente vermittelt, ist mehr als bescheiden, erschöpfen sie sich doch in Floskeln wie das „Geheimnis, das unsere Welt im Inneren zusammenhält." (Freund 2002, S. 129)[6] und zweifelhaften Durchhalteparolen wie „Du musst an dich glauben und den Weg weiter gehen, der dir vorgezeichnet ist" (Freund 2002, S. 320). Den Werteklischees entsprechen die sprachlichen: vom „eisigen Wind" über das „silbrige Wittergras" bis zum „roten Himmel". Der Autor gefällt sich insbesondere in der Verwendung von elliptischen Sätzen, die möglicherweise Eile, Überraschung oder eine plötzliche Wendung des Geschehens ausdrücken sollen. Überlegungen zur Leseförderung sollten demnach nicht unbedacht jede Kinderunterhaltungsliteratur für wichtig erachten. Schach spielt Laura übrigens nicht.

[6] Ob Freund die Herkunft des verballhornten Zitats kennt, ist unklar.

4 Monströser Klamauk. Andreas D. Hesse: *Schatten über Fraterna*

Bevor die Leser mit der eigentlichen Lektüre beginnen, werden sie mit einer Aussage aus BRAVO GIRL konfrontiert, die ihnen ankündigt, „Ein wundervoller Fantasy-Roman, spannend bis zum Schluss.“ (Hesse 2003, S. 2). Worum geht es?

Zusammen mit dem jugendlichen Protagonisten Martin wird der Leser in eine Fantasiewelt geführt, in der Martin der Herzog von Fraterna ist und als solcher eine „Ewige Herrscherin“ eines „Inneren Reichs“ gegen den „Dunklen Herrscher“ verteidigen und sie vor dessen Mächten retten muss. Martins Aufgabe besteht darin, den so genannten Lîfstein, den ausgerechnet sein Zwillingsbruder – von einem solchen wusste er bislang noch gar nichts – aus dem Palast der „Ewigen Herrscherin“ gestohlen hat, dorthin zurückzubringen, da das „Innere Reich“ ansonsten Stück für Stück abstirbt. Die Geschehnisse dieser Fantasiewelt, die Hesse erzählt, erklärt er damit, dass er dem Roman einen Rahmen gibt: Ein Prolog stellt Martin vor, dessen Mutter gestorben ist und der mit seinem Vater und seiner älteren Schwester Sandra zusammenlebt. Bei einem Besuch auf dem Friedhof bricht die Schwester zusammen und man erfährt, dass sie an einer merkwürdigen Krankheit leidet; zeitgleich wird Martin von einem Bus überfahren und kommt ebenfalls ins Krankenhaus. Das Fraterna-Geschehen setzt hier ein: als Martins Traum. Am Ende entpuppt sich das Ganze jedoch als ziemlich platte und, obwohl dem Leser schon längst klare, im Epilog noch einmal explizit ausformulierte allegorische Darstellung der Psyche des jungen Protagonisten. Die „Ewige Herrscherin“ ist tatsächlich (wenn man es so nimmt) Martins Schwester Sarah, er trifft auch auf seinen Vater (ebenfalls als Herzog), und sein Zwillingsbruder ist er selbst, d. h. eine Art zweites Ich, das sich gegen die Bevormundung durch die Schwester wehrt. Schach spielt er nicht.

Hesse spart nicht mit überdeutlichen Mittelalter-Anleihen zur Konstitution seiner Fantasiewelt. So lässt er seinen Protagonisten die Zustände, auf die er im Fantasy-Ambiente trifft, wörtlich als „wie im Mittelalter“ beschreiben (Hesse 2003, S. 36). Sowohl das Zentrum des „Inneren Reiches“ als auch eine Residenz, auf die Martin unterwegs trifft, sowie die Festung der feindlichen Mächte sind Burgen, deren Beschreibungen denen gleichen, die sich in mittelalterlichen Romanen finden. Mit Graben, Mauern, Türmen, Fenstern und Thronsälen ist ihre Architektur austauschbar. Sie ist einem gängigen Repertoire entnommen und garantiert, dass sich beim Leser entsprechende Bilder einstellen. Doch Umgebung und Ausstattung der jeweiligen Anlage signalisieren die Zugehörigkeit zu Feind oder Freund im Romangeschehen. Die „Ewige Herrscherin“ etwa bewohnt einen Palast, dessen „Türme und Mauern [...] aus hellen Steinen zusammengefügt [waren], so dass sie in der Nacht zu leuchten schienen.“ (Hesse

2003, S. 95). Am Rande des Inneren Reiches, so zu sagen zwischen „Gut“ und „Böse“, gelangt Martin zur Burg Longwaîth, die „den Charakter ihres Fürsten wider[spiegelt]. Sie schwankt zwischen dem Licht des Inneren Reiches und der Dunkelheit des Schwarzen Löwen [...]. (Hesse 2003, S. 347). Als sich Martin und sein Gefolge schließlich der Burg des „Dunklen Herrschers“ nähern, stellen sie fest, dass sich diese von selbst auf gigantischen Rädern bewegt: „Nach einiger Zeit spürte ich, wie der Boden zitterte, während die Räder der Burg sich unerbittlich in die Erde gruben.“ (Hesse 2003, S. 384). Und weiter:

> Neben mir tauchte die Mauer dieser fahrenden Burg auf. Die ganze Wand war aus Schwindel erregenden Dämonenfratzen zusammengefügt. Mannshohe tote Augen starrten mich an wie Bilder aus einem Alptraum [...] Und da sah ich etwa fünfzehn Meter unter mir eine besonders große Dämonenfratze. Ihr feurig leuchtendes Maul war weit geöffnet, der Unterkiefer ragte wie ein Balkon ein Stückchen vor. (Hesse 2003, S. 387).

Nun ist es aber nicht so, dass sich solch eine grotesk-absurd-horrible Fantasy-Welt nur ein Autor der Gegenwart ausdenken kann. Ein Arsenal von Stellen aus mittelalterlichen Texten könnte herangezogen werden, die heutige Erfindungen weit in den Schatten stellen. Eine Passage sei herausgegriffen, da man sie aufgrund populärer Vorstellungen vom Werk, aus dem sie stammt, dort nicht unbedingt vermutet. Der bereits mehrfach zitierte Parzival hat einen Ko-Protagonisten, dem immerhin sechs der insgesamt sechzehn Bücher von Wolframs Werk gewidmet sind. Auch er muss Herausforderungen annehmen, wozu vor allem die Lösung des Banns der Burg Schastel Marveile gehört. Es heißt:

er gienc zer kemenaten în.
der was ir estrîches schîn
lûter, haele, als ein glas,
da Lît marveile was,
daz bette von dem wunder.
vier schîben liefen drunder,
von rubbîn lieht sinewel
daz der wint wart nie sô snel.

Wolfram von Eschenbach 1981, 566, 11 ff.

Er betrat eine Kemenate, deren Estrich spiegelblank und glatt war wie Glas. Dort stand Lit marveile, das Wunderbett. Vier Räder aus runden blinkenden Rubinen waren in die Bettfüße eingefügt, und es lief schneller als der Wind.

(Spiewok)

Ritter Gawan, der hier die Kemenate betritt, muss nicht nur über den glatten Estrich auf das ständig davonrollende Bett aufspringen und es zum Stillstand bringen; kaum hat er das geschafft, sieht er sich mit einem Stein- und Pfeilregen, einem wilden Kerl und schließlich einem Löwen konfrontiert.

Doch das weitaus größere Problem, als in die jeweiligen Festungen einzudringen, stellt sich für Martin dann, wenn plötzlich, unerwartet und immer wieder aus der Luft oder aus dem Boden Wesen auftauchen, mit denen er es aufnehmen muss. Von Vater und Schwester bzw. ihren Fantasy-Entsprechungen hat Martin zwar eine Rüstung und ein Schwert namens *triuwe* erhalten, doch die Herausforderungen übertreffen alle Erwartungen an Gefährlichkeit und Scheußlichkeit, und selten entpuppen sich solche Wesen als leicht überwindbar oder gar harmlos, wenn auch merkwürdig. Als Vorgeschmack dessen, was ihn später erwartet, stößt Martin zu Beginn seiner Fantasy-Reise auf ekelhafte, rattenähnliche Tiere. Begleitet wird sein gesamtes Unternehmen dann von so genannten Draghnars, das sind Flugechsen, die als Boten des „Dunklen Herrschers“ unterwegs sind. Sie tun ihm nichts, sind aber Zeichen dafür, dass seine Unternehmung stets in Gefahr ist. Dieses Repertoire steigert sich schließlich mit wilden geflügelten Schlangen, mit „Nachtmahren“ und mit „Orlocks“, d. h. wolfsähnlichen Wesen von grauenhafter Kraft und Brutalität, und gipfelt in einer Horde von 50 Meter langen Sandechsen, mit denen es Martin aufnehmen muss. Allerdings kann er auf wundersame Weise eine von ihnen hypnotisieren und für sich nutzbringend einsetzen. Das gelingt ihm mit Hilfe eines Kristallglases, das ihn dazu befähigt, in die Gestalt der Echse zu schlüpfen und als steuerndes Gehirn das Monster seinen Intentionen entsprechend zu manipulieren. Das Glas hat ihm ein seltsam-hundeköpfiger Zwerg geschenkt, auf den er in einer Kolonie der „Toddogs“ trifft:

> Vor mir standen fünf der seltsamsten Wesen, die ich je gesehen hatte, und betrachteten mich interessiert. Sie waren vielleicht einen Meter hoch. Ihre Köpfe erinnerten an die verschiedensten Hundearten, ihre Körper dagegen hätten die von kleinen Affen sein können und über ihren Schultern ragten große Vogelschwingen auf. (Hesse 2003, S. 317).

Man muss auch hier nicht lange suchen, um in mittelalterlichen Texten von Ungetümen und Monstern zu lesen, auf die die Helden stoßen und gegen die sie zu kämpfen haben. Zu den bekannteren Beispielen gehört etwa der Drachenkampf Sigfrids im Nibelungenlied oder der Tristans bei Gotfrid von Straßburg, mit dem der Protagonist die irische Prinzessin als Frau für König Marke von Cornwall gewinnt.

und reit unlange, unz er gesach *sîner ougen ungemach,* *den egeslîchen trachen.* *der warf ûz sînem rachen* *rouch unde vlammen unde wint* *alse des tiuveles kint* *und kêrte gein im aldort her.* (Gottfried von Straßburg 1984, 8967 ff.)	Er ritt nicht lange, bis er den Schrecken seiner Augen erblickte, den ekelhaften Drachen. Der schleuderte Rauch, Flammen und Wind aus seinem Rachen wie ein Kind des Teufels. (Krohn)

Auch Wesen wie Hundsköpfige, Kranichschnäbler, Einäugige, Menschen mit einem Bein oder ohne Rumpf bevölkern die mittelalterliche Literatur. Eine Stelle aus der *Schedelschen Weltchronik* des 15. Jahrhunderts etwa bemerkt:

in dem land india sind menschē myt hundskoepffen vnd reden pellēde, nern sich mit fogelgefeng vn klaiden sich mit thierhewtten ... (nach Röcke 1992, S. 33)

Sowohl Gawans Kampf mit dem rasenden Bett als auch die beiden zuletzt zitierten Beispiele müssen so verstanden werden, dass die Monstra keinesfalls für sich stehen, sondern eine ganz bestimmte Funktion haben. Gawan ist Parallel- und Kontrastfigur zu Parzival. Die Drachenkämpfe dienen als Beweise für Stärke und Eignung des Protagonisten im Gesamtgebäude eines Handlungsgeschehens. In beiden Fällen ist nichts dem Zufall überlassen, sondern alles Geschehen einem strukturellen Netz symbolhaft miteinander verbundener Bezüge verpflichtet. Wenn dabei auch Motive aus älteren, auch mündlichen Traditionen hereinzitiert werden, macht dies „Bedeutung" nicht zu etwas einfach Gegebenem, sondern lässt sie durch den neuen Kontext in die Reflexion geraten. Im Fall der grotesken Figurengalerie schließlich handelt es sich um mittelalterliches Wissen (Röcke 1992), dass im Osten, am Rande der Welt, solche Wesen leben. Sie sind Nachfahren der Kainstöchter, die während ihrer Schwangerschaft ein Verbot übertreten und unerlaubte Nahrung zu sich genommen haben. Es ist als verbürgtes Wissen vor allem Welt-Deutungsmuster, dem das gesamte mittelalterliche Bewusstsein folgt und das weder an neuzeitlichen Wissensbeständen gemessen noch mit heutigen empirischen Zugängen zur Welt kritisiert werden will.

Hesses Buch ist weit entfernt, irgendwelche Sinngebungen oder Ähnliches auch nur im Entferntesten anbieten zu können. Es ist noch nicht einmal spannend. Vielmehr stellt es eine kraus-hektische Abfolge von Absurditäten, Scheußlichkeiten und Grotesken dar, und sein Umfang ist aus kompositorischen Gründen jedenfalls kaum zu begründen. Die Sprachgestaltung folgt wohl der Absicht, heutige Jugendliche mit einem vermeintlich saloppen Jargon ansprechen zu wollen und diesen dann mit ebenso vermeintlich altertümlich-ehrerbietigen Redeweisen zu kontrastieren, derer sich die Figuren der Fantasiewelt bedienen.[7] Überdeutlich ist auch die Anlehnung an Michael Endes *Unendliche Geschichte*, in der Bastian ebenfalls gegen Ungetüme, wilde Kerle und gefährliche Hindernisse ankämpfen muss. Auch dort geht es um die Rettung einer Welt im Auftrag einer weiblichen Hauptfigur, der Held ist mit einem Schwert ausgestattet, das allein für ihn bestimmt ist, und er hat ein Doppel. Dennoch ist „Phantásien" mit seinen Mittelalter-Anleihen etwas ganz anderes (kontrovers: Binder 1985; 1986; Arnold 1985; 1986). Die unüberschaubare Zahl an fantastischen Figuren, die Ungeheuer, wilden Kerle, Drachen und Löwen sind nicht Zufallserscheinungen, sondern konstituieren eine Gesamtstruktur, in der Episoden ihren Sinn bekommen. Er wird verkörpert durch die Figur der „Kindlichen Kaiserin", die – selbst passiv – nur Gutes bewirken möchte, die dies jedoch nicht damit erreicht, dass sie Aufgaben verteilt, sondern *Chancen* gibt. Die Episoden des Romans spielen damit ein Programm thematisierter Konfliktlosigkeit als mögliche Handlungs-

[7] Dass die jugendlichen Protagonisten ständig Alkohol trinken, sei nur am Rande erwähnt.

maxime durch und werden damit zu viel mehr als zu simplen Kämpfen gegen das Böse zur Rettung des Guten: Sie verlangen in jedem Einzelfall eine Entscheidung, auch des Protagonisten, über den Sinn des Unternehmens, den Wert des Gegners und ein angemessenes Verhalten. Es handelt sich damit um eine Geschichte, in der nicht von vorneherein klar ist, was richtig, falsch, gut oder böse ist, sondern die in ihrer Handlungsführung deutlich macht, wie komplex eine Einschätzung darüber sein kann und muss.

5 Ist Fantasy neu gleich Fantasy alt?

Was sich in den „anderen Welten" der Fantasy-Bücher finden lässt, gehört im Wesentlichen den drei Bereichen an, die sich auch für das Fantastische in der mittelalterlichen Literatur haben ausmachen lassen (Haug 2003). Zum einen hat man es mit Erscheinungen zu tun, die mit Naturgesetzen unvereinbar sind. Menschen können die Bindung an die Zeit aufgeben und Reisen in die Vergangenheit unternehmen oder in die Zukunft blicken. Sie haben Kräfte, um Mauern zu durchdringen oder sie können fliegen. Leblose oder unbelebte Gegenstände wie Porträts oder Denkmäler bekommen Leben; oder aber es sind gerade *nicht* die Naturgesetze und deren Erkenntnis, die eine Lösung eines Problems ermöglichen, die Heilung des Gralkönigs etwa. Ferner gibt es Requisiten mit magischen Eigenschaften. Dazu gehören Kristalle, Amulette, Steine, Wasser oder andere Tränke, die ihre Zauberwirkung haben – und nicht zu vergessen: manchmal auch Schachfiguren. Schließlich bevölkern die Fantasy-Welt Wesen, die es so nicht gibt, allen voran den Drachen oder drachenähnliche Erscheinungen in allen möglichen Variationen. Den Fantasy-Autoren heutigen Datums steht ein Arsenal an Gegenständen und Figuren zur Verfügung, das in mittelalterlichen Texten von Meerfahrten über die höfischen Romane bis hin zur nachklassischen Artusliteratur in großer Zahl vorhanden ist. Es findet sich in der Reiseliteratur und im Heldenepos, in Chroniken, in der Bibelepik und in Romanen, von der Fabelliteratur und den nicht selten grotesken Geschehnissen in Kurzerzählungen einmal ganz abgesehen. Und der spätantike und im Mittelalter präsente *Physiologus* (Seel 1995), der neben dem Löwen, der Schlange und dem Pelikan ganz selbstverständlich auch das Einhorn beschreibt und *jedem* Tier seine allegorische Bedeutung zumisst, ist alles andere als mit einem heutigen naturwissenschaftlichen Werk zu vergleichen. Das Mittelalter kennt keine fantastische Literatur als Genre, und Fantastisches ist mitunter gerade dort zu finden, wo man es nicht vermuten würde. Dies hat zum einen mit historisch-semantischen Unterschieden zu tun: Die mittelhochdeutschen Begriffe *wunder* und *wunderlîch*, mit denen auf das referiert wird, was man an Wesen, Requisiten und naturgesetzlich Unmöglichem findet, sind „nicht von der subjektiven Komponente zu lösen, ja *wunder* und *wunderlîch* decken alles ab, was die mittelhochdeutschen Autoren als „erstaunenswert" bezeichnen wollen oder worüber sich jemand wundert." (Haug 2003, S. 160). Dazu kommt ferner, dass man nicht nur mit anderen Wissensbeständen, sondern auch mit einer anderen Wissenslogik zu rechnen hat. Dass der Fantasy heute ein anderer Status zukommt, hat damit zu tun. Die Chance, die den Büchern im Fantasy-Bereich zuerkannt wird (Haas 1993; Stenzel 1999; O'Keefe 2003), liegt darin, dass sie durch ihre Anderswelten, die sie entwerfen, Kindern und Jugendlichen eine Entlastung geben können, die andere Angebote mit ihrer manchmal allzu vordergründigen Problemlastigkeit, ihrem pädagogischen Aufklärungs- und Emanzipationsanspruch oder ihrer vermeintlich realistischen Anbindung an die Lebenswelt der Adressaten nicht leisten können, weil es dort erst gar nicht zu einem Dialog zwischen Buchinhalt und Leser kommen kann. Dies ist ein Potenzial, das aber auch verantwortet werden will.

Noch einmal zurück zu Harry Potter als Schachspieler: Das Schachspiel ist ein mythologisches Motiv von Irland bis Ägypten, das vielfach von der Literatur aufgegriffen wurde. Im Kontext der Artus-Gralszyklen der anglonormannischen und deutschen mittelalterlichen Überlieferung, von denen bereits mehrfach die Rede war, tritt beispielsweise der Artusritter gegen ein magisches Schachbrett an, gegen das er nur verlieren kann. Der Schachaufgabe kommt im Handlungsablauf ein symbolischer Stellenwert am Übergang in die Jenseitswelt zu, was als Referenz zu mythologischen Traditionen des Schachspiels gesehen werden kann (Haug 1989). Dem im Einzelnen nachzugehen, würde zu weit führen. Immerhin ist festzustellen, dass dies bei Harry Potter nicht so ist. Es gibt zwar auch einen Übergang in die Anderswelt, doch der erfolgt bekanntlich im Londoner Bahnhof Kings Cross auf Gleis 9¾ und nicht durch das Schachspiel: *Wizard chess was exactly like Muggle Chess.* Das Schachspiel ist – zumindest an dieser Stelle – weder symbolträchtig noch besonders erzählrelevant. Es ist nur einfach eine nette Idee.

Auch andere Motive werden aufgegriffen, die man aus mittelalterlichen Anderswelten kennt (Beahm 2005; Kronzek/Kronzek 2001): das weiße Einhorn etwa oder der verbotene Wald. Doch auch sie scheinen lediglich in einen neuen Kontext hineinkopiert. Weder wird das alte Motiv in seiner ursprünglichen Form und schon gar nicht Funktion bedacht, noch wird es erzählerisch genutzt. Vom Einhorn etwa heißt es in der Tradition und Rezeption des *Physiologus*, es lasse sich nur von einer Jungfrau fangen, was aber von den verräterischen Jägern schmählich ausgenutzt werde. Die mittelalterliche Bedeutung sieht hier eine Allegorie auf Christi Geburt und Verrat; das Einhorn im verbotenen Wald von Hogwarts könnte wohl auch durch ein anderes Tier ersetzt werden. Oder vielleicht doch nicht?

Harry, Ron und Hermione spielen noch einmal Schach: mit überlebensgroßen Figuren, denen sie sich selbst in den Rollen von Schachfiguren zugesellen müssen: Harry als *bishop*/Läufer, Hermione als *castle*/Turm, Ron als *knight*/

Springer. Die Szene findet sich gegen Ende des ersten Bandes, unmittelbar bevor Harry endgültig den Bereich betreten wird, in dem sich der Stein der Weisen findet – und sie spielen um ihr Leben. Also doch keine simple *story*? Es kommt darauf an, wie man sie liest – und lesen kann.

Literatur

Primärwerke

Barron, Thomas A.: Merlin. Wie alles begann – Merlin und die sieben Schritte zur Weisheit – Merlin und die Feuerproben – Merlin und der Zauberspiegel – Merlin und die Flügel der Freiheit. München: DTV 2003.

Carroll, Lewis: Alice' Adventures in Wonderland and Through the Looking Glass. Harmondsworth: Penguin 1970.

Crossley-Holland, Kevin: Artus. Der magische Spiegel. München: dtv 2003. Artus. Zwischen den Welten. München: dtv 2002. Artus. Im Schatten des Kreuzes. Stuttgart: Urachhaus 2004.

Ende, Michael: Die Unendliche Geschichte. Stuttgart: Thienemann 1979.

Freund, Peter: Laura und das Geheimnis von Aventerra. München: Ehrenwirth 2002.

Gottfried von Straßburg: Tristan. Nach dem Text von Friedrich Ranke. Hg. u. übs. v. Rüdiger Krohn. Stuttgart: Reclam 1984.

Hesse, Andreas D.: Schatten über Fraterna. Ein phantastischer Roman. Würzburg: Arena 1998. (3. Aufl. 2003)

Hohlbein, Wolfgang und Heike: Gralszauber. Eine fantastische Geschichte. Wien: Ueberreuter 2000.

Der Physiologus. Tiere und ihre Symbolik. Übertragen u. erläutert v. Otto Seel. Zürich: Artemis & Winkler 1995.

Rowling, Joanne K.: Harry Potter and the Philosopher's Stone. London: Bloomsbury 1997.

Schwindt, Peter: Gwydion: Der Weg nach Camelot. Ravensburger Buchverlag 2006.

Springer, Nancy: Ich, Morgan le Fay. Ein Camelot-Roman. Aus dem Amerikanischen von Stefanie Mierswa. München: dtv junior extra 2003 (Amerikanische Ausgabe: I am Morgan le Fay. A Tale from Camelot, New York: Penguin 2001).

Wolfram von Eschenbach: *Parzival.* Hg. u. übs. v. Wolfgang Spiewok. Stuttgart: Reclam 1981.

Sekundärliteratur

Arnold, Sabine: Unendliche Wissenschaft anstelle einer Schule der Phantasie. Einwände zu Alwin Binder: Michael Endes *Unendliche Geschichte* als „Schule der Phantasie". In: DD 16, 1985, H. 86, S. 585–598, DD 17, 1986, S. 443–447. Replik auf Arnold 1985: DD 17, 1986, S. 555.

Beahm, George W.; Fact, Fiction and Folklore in Harry Potter's World. An Unofficial Guide. Charlottesville V.A: Hampton Roads Publ. 2005.

Haas, Gerhard: Phantastik – die widerrufene Aufklärung? In: Lange, Günter/Steffens, Wilhelm (Hg.): Literarische und didaktische Aspekte der phantastischen Kinder- und Jugendliteratur. Würzburg 1993, S. 11–24.

Haug, Walter: Der Artusritter gegen das magische Schachbrett oder: Das Spiel, bei dem man immer verliert. In: Haug, Walter: Strukturen als Schlüssel zur Welt. Kleine Schriften zur Erzählliteratur des Mittelalters. Tübingen: Niemeyer 1989, S. 672–686.

Haug, Walter: Die komische Wende des Wunderbaren: arthurische Grotesken. In: Wolfzettel, Friedrich (Hg.): Das Wunderbare in der arthurischen Literatur. Probleme und Perspektiven. Tübingen: Niemeyer 2003, S. 159–174.

Kronzek, Allan Zola/Kronzek, Elizabeth: Das Zauberhandbuch. Die magische Welt der Joanne K. Rowling von A bis Z. München: Goldmann 2001.

Lacy, Norris J.: The New Arthurian Encyclopedia, Chicago u. a.: Garland 1991.

Lupack, Barbara Tepa (ed.): Adapting the Arthurian Legends for Children: Essays on Arthurian Juvenalia. New York, NY [u. a.]: Palgrave Macmillan 2004.

Mertens, Volker: Der Gral. Mythos und Literatur. Stuttgart: Reclam 2003.

Mertens, Volker/Müller, Ulrich (Hg.): Epische Stoffe des Mittelalters. Stuttgart: Kröner 1984.

O'Keefe, Deborah: Readers in Wonderland: The Liberating Worlds of Fantasy Fiction from Dorothy to Harry Potter. New York, NY [u. a.]: Continuum 2003.

Röcke, Werner: Schreckensort und Wunschwelt. Bilder von fremden Welten in der Erzählliteratur des Spätmittelalters. In: Der Deutschunterricht 44, 1992, H. 2, S. 32–48.

Stenzel, Gudrun: Faszination Fantasy – Realitätsflucht oder Spiel mit kreativem Potential. In: Beiträge Jugendliteratur und Medien 51 (N.F.) 1999, H. 3, S. 131–139.

Stratford, Neil: The Lewis Chessmen and the Enigma of the Hoard. London: The British Museum Press 1997.

Internetseiten

www.amazon.de (22.05.06).
www.bibliotheka-phantastika.de (22.05.2006).
www.freund-peter.de (20.02.2006).
www.lauraleander.de (20.02.2006).
www.nc.uk.net/ (23.02.2006).
www.wosu.org/fm/jfk/myth.php (30.01.2006).

RENATE BEYER-LANGE / GÜNTHER LANGE

„Bildung liegt nicht in den Gegenständen, Bildung ist der Prozess, durch den etwas Gestalt wird"

Ein Beitrag aus der 'Praxistheorie'

Liebe Kolleginnen und Kollegen (jetzige und künftige)!

Dass wir heute hier als Vortragende stehen, ist keine Selbstverständlichkeit. Denn wir kommen aus der Schulpraxis und sind keine Theoretiker, auch nicht im strengen Sinne Fachdidaktiker.

Viele Jahre der Erfahrung als Fortbildner im *Göttinger Zentrum für Deutschlehrerinnen und Deutschlehrer* bzw. als Ausbilder von Referendaren mögen uns aber vielleicht eine gewisse Berechtigung geben, für die „Neuen Wege zu und mit literarischen Texten", wie es der Titel dieser Ringvorlesung formuliert, einen kleinen Beitrag zu leisten.

Unterstützt werden wir von vier Schülerinnen und Schülern: Johanna und Ole (11. Jahrgangsstufe), Jessica und Johannes (12. Jahrgangsstufe), Schülerinnen und Schüler der *Geschwister-Scholl-Gesamtschule Göttingen*, die eigene Texte und Texte von Mitschülerinnen und Mitschülern vortragen bzw. inszenieren werden.

Der Kasseler Erziehungswissenschaftler Rudolf Messner hat dieses Zwischenfeld, aus dem wir kommen, einmal charakterisiert als **Praxistheorie.** Praxistheorie meint einen Primat der Praxis als Ort der Verwirklichung von Unterricht, dem die Theorie dient. Aus der Umkehrperspektive: Praxistheorie versteht sich als Teil einer Theoriebildung „vor Ort". Praxistheorie ist Könnenstheorie (vgl. Kesten 1990, S. 147ff.). Ein Zitat von Rudolf Messner kann unseren gedanklichen Ausgangspunkt veranschaulichen:

> Unterricht besitzt als menschliche Praxis einen durch Theorie nicht einholbaren Eigencharakter. Praxis kann durch Theorie weder total erfasst noch durch Planung völlig vorweggenommen werden – noch darf Praxis ihre spezifische Verantwortlichkeit an Unterrichtsmodelle abtreten. Zwar ist es Aufgabe der Didaktik, die vorfindbare Praxis des Unterrichts analytisch und sinnbestimmend zu reflektieren; Praxis bliebe ohne eine solche theoretische Durchdringung blind und orientierungslos. Andererseits ist Unterrichten ein verantwortliches Handeln, das in seiner Herkunft, in seinem Vollzug und seinem Entscheidungscharakter weit über eine bloß theoretische Aktivität hinausgeht. (Messner 1982, S. 19f.)

Unterricht als verantwortliches Handeln, das durch Theorie nicht einholbar ist, aber der Theorie bedarf, um verantwortlich sein zu können. Daran arbeiten wir im *Zentrum für Deutschlehrerinnen und Deutschlehrer* in Kooperation mit dem

Seminar für deutsche Philologie der Georg-August-Universität Göttingen. Wir verwenden das Workshop-Prinzip. Dieses Miteinander-Arbeiten ermöglicht erst eine Entwicklung von Praxistheorie als Könnenstheorie. Wir nehmen uns Zeit, arbeiten direkt an exemplarischen Lernarrangements, um im Gespräch miteinander und unter Zuhilfenahme von Theorie herauszufinden, welche Qualitäten die jeweilige Art des Unterrichtens haben kann.

Die Kenntnisnahme didaktischer Theorien allein eröffnet noch keinen Zugang zum Unterrichten. Das wird sich auch nach der Einführung von Modularisierungen in der Lehrerausbildung erneut erweisen. Unterrichten ist gemeinsames verantwortliches Handeln von Lehrperson und Schülerinnen und Schülern zugunsten von Weltaneignung und zugunsten des Erwerbs von Haltungen gegenüber sich selbst und der Welt. Literatur ist hierfür ein interessantes Lernfeld, Gegenstand und Medium zugleich.

Die gesamte geradezu explosionsartige Entwicklung neuer Lernformen für den Literaturunterricht, der dadurch zugleich immer auch Schreib- und Sprechunterricht ist, – seit einigen Jahren wird dafür der Doppelbegriff der „Handlungs- und Produktionsorientierung" verwendet – verstehen wir als eine große **Suchbewegung** auf ein neues Repertoire hin, das jungen Menschen im Unterricht mehr Experimentier- und Ausdrucksmöglichkeiten verschafft und das zu mehr Selbständigkeit und Verantwortung im Lernen herausfordert.

Neuerdings gibt es wieder Zweifel am handlungs- und produktionsorientierten Unterricht. Vermutlich werden in der Praxis zu oft bestimmte Methoden in der Hoffnung auf eine Art Selbstwirksamkeit eingesetzt – dann tritt der Unterricht auf der Stelle und Lernfortschritt wird verhindert.

Kein Konzept ist selbstwirksam. Es kommt darauf an, für den eigenen Unterricht Arrangements zu entwerfen, die dadurch lernintensiv wirken, dass bestimmte Methoden als **Lernwege** betrachtet und passgenau eingefügt werden. Das ist **Lehrkunst.** Und es ist schwierig und langwierig, das zu erlernen. Aber es lohnt sich!

Das noch immer vorherrschende Unterrichtsgespräch hingegen eröffnet nur für einen kleinen Teil der Lerngruppe Lernmöglichkeiten. Denn wer kann heute noch zuhören?! Und wie wenige sprechen dann eigentlich?! Wir benötigen vielfältige Möglichkeiten von Unterricht, in denen viele, wenn nicht alle Schülerinnen und Schüler aktiv beteiligt sind und ihre eigenen Zugänge zu den Gegenständen finden können.

Unsere **Modellvorstellung von Unterrichten** besteht darin, sich als kulturell gebildeter und bewusster Mensch professionell in ein dialogisches Verhältnis zu lernenden jungen Menschen zu setzen, für sie einfallsreich produktive Lernarrangements zu entwerfen und sie zu beraten und zu fördern bei ihren Bemühungen, in diesem Lernfeld sinnvolle und schöpferische Zugänge zur Welt zu gewinnen.

Demzufolge ist pädagogisches Handeln in der Schule einerseits Lehrkunst, um Kindern und Jugendlichen beim Erwerb von *Grundfähigkeiten* zu helfen, mit denen sie zukünftig ihr Leben bewältigen. Hierzu gehören Lesen und Schreiben weit über die Grundschule hinaus. Und die PISA-Recherchen haben gezeigt, dass wir hier mehr tun müssen als bisher.

Wir verstehen pädagogisches Handeln aber auch im umfassenden Sinne als *kulturelles Lehren und Lernen.* Es bedeutet letztlich eine mit Kindern und Jugendlichen immer neu zu vollziehende Verständigung über ein sinnvolles, für die Gegenwart und Zukunft vertretbares Leben. Darin steckt die eigentliche Herausforderung an die Eigentätigkeit der Heranwachsenden. Sie *selbst* sollen und müssen in ihrem Lernen sinnvolle Weltbezüge erwerben. Sie selbst werden Haltungen gegenüber ihrer Umwelt, ihren Mitmenschen und gegenüber sich selbst erproben und entwickeln müssen. Der Literaturunterricht sollte hierfür Raum, Impulse und Hilfen zur Verfügung stellen.

Kulturelles Lehren und Lernen

Wir haben für unseren Beitrag eine These Hartmut von Hentigs, des großen Altmeisters der Erziehungswissenschaften, gewählt: „*Bildung*", so sagt er, „*liegt nicht in den Gegenständen, Bildung ist der Prozess, durch den etwas Gestalt wird.*" (von Hentig 1996, S. 39) Hartmut von Hentig meint natürlich Bildung im umfassenden Sinn, aber in jedem Fall ist die literarische Bildung in diesem Bildungsbegriff eingeschlossen. Diesem möchten wir uns nun zuwenden.

Es ist hier nicht der Ort, grundsätzlich über das Bildungspotential von Literatur zu sprechen, wir wollen uns nur auf einige wenige, für junge Menschen vielleicht besonders relevante Aspekte beschränken:

Das Lesen von Literatur bedeutet, einen fundamentalen Zugang zur ästhetischen Dimension unserer Kultur zu finden. Dabei wird der Zwang der pragmatischen Dimension unseres Lebens (das sogenannte Realismus-Prinzip, das die meisten anderen Unterrichtsfächer in der Schule beschäftigt) gelockert oder vorübergehend außer Kraft gesetzt zugunsten eines **schöpferischen Weltverhältnisses**. Robert Musil nennt es „Möglichkeitssinn". Grundgedanke: Alles könnte auch anders sein als zur Zeit wahrgenommen und gedeutet. Der Möglichkeitssinn ist einer der stärksten Motoren unserer Kultur zur Veränderung. Dem lernenden Individuum ist er Impuls zum kreativen Weiterdenken, vielleicht auch zum Anders-Handeln. Das meinen wir u. a. mit dem Hineinstellen in eine schöpferische Tradition von Welterkenntnis.

Utopie, Simulation, Gesellschaftskritik – wie die Begriffe für das Bildungspotential von Literatur auch heißen mögen –, auf das lernende Individuum gewandt, geht es um die Weckung und Förderung des Möglichkeitssinns und – im Sinne kulturellen Lernens – um den Anschluss an unser kulturelles Gedächtnis.

Hier möge ein literarischer Text sprechen, ein Gedicht von Hilde Domin. Sie hat diesen Möglichkeitssinn in eine unvergleichlich schöne Metapher gefasst.

Das Gefieder der Sprache

Das Gefieder der Sprache streicheln
Worte sind Vögel
mit ihnen
davonfliegen. (Domin 1964, S. 39)

Wenn Literatur dieses Potential hat, so könnte man nun schlussfolgern, müsste sich dieses Potential doch durch die Lektüre vielleicht möglichst vieler, vielleicht möglichst repräsentativer Bücher entfalten. In der jüngsten Nummer der ZEIT (Nr. 4 vom 19.01.06 Dossier 'Lust auf Bildung') schreibt z. B. Ulrich Greiner:

> Die Welt der Literatur ist unendlich, aber jeder Eingang führt ins Zentrum. (...) Literarische Bildung entsteht durch das Lesen der Werke von selber. Und schnell wird man sehen: Es gibt nie nur eine einzige Wirklichkeit.

„Stoffpläne" vergangener bildungspolitischer Konzepte, die nie enden wollende „Kanon"-Diskussion – für die Ulrich Greiner sich besonders verantwortlich fühlt –, in gewisser Weise auch die PISA-Debatte ziehen diesen Schluss in unterschiedlicher, auch nicht unberechtigter Weise: Literarische Bildung erfolgt durch das Lesen von Literatur. Aber vermittelt die Kenntnis dieser literarischen „Gegenstände" Bildung, entfaltet das Wissen um Literatur auch schon die in ihr liegenden Potentiale?

Ein Blick auf die Geschichte unserer Bildungstradition wird diese Frage eher – so wie von Hentig – verneinen müssen. Wie aber dann?

Von Hentig ist der Ansicht, dass sich aus der Kanonisierung von Bildungsgütern keine tauglichen Antworten gewinnen lassen auf die Frage nach der Bestimmung von Bildung (weil sich erfahrungsgemäß die Mittel zur Herrschaft über den Bildungszweck aufspielen). Ein Beispiel ist das Phänomen der 'Kurzzeit-Kanonisierung' von Texten durch die Schulbehörde, um sie dann im Zentralabitur abprüfen zu können. Dies könnte dazu führen, dass die Kenntnis z. B. von Irmgard Keuns „Kunstseidenem Mädchen" und Schillers „Don Karlos" unter der Hand zum Bildungsziel wird.

Von Hentigs Bildungskriterien lauten ganz anders. Für ihn müsste Unterricht so angelegt sein, dass in der Persönlichkeitsentwicklung junger Menschen Sensibilisierungen entstehen:

- Abscheu vor und Abwehr von Unmenschlichkeit
- Wahrnehmung von Glück
- Fähigkeit und Willen, sich zu verständigen
- Bewusstsein von der Geschichtlichkeit der eigenen Existenz
- Wachheit für letzte Fragen
- Bereitschaft zu Selbstverantwortung und Verantwortung in der res publica

(v. Hentig 1996, S. 75)

Von Hentig übersetzt dabei den statischen Begriff von Bildung („Bildungsbesitz") in einen dynamischen, wenn er sagt: „*Bildung ist der Prozess, durch den etwas Gestalt wird*", und formuliert damit eine Definition mit „offenem Ausgang".

Das könnte heißen: Nicht der Gegenstand ist von zentraler Bedeutung, nicht das Ergebnis ist vorrangig, sondern ein **Prozess,** durch den hindurch ein Gegenstand im Kopf und Herz eines Menschen eine je eigene Gestalt und Bedeutung gewinnt. Dem möchten wir im Blick auf den Literaturunterricht ein wenig folgen.

Nach der kritischen Spiegelung unseres Deutschunterrichts durch empirische Aussagen von PISA hat erneut eine Reformdiskussion eingesetzt. Sie verläuft in den Schulen anders als in Politik und Schulverwaltung.

Die dort entstehenden institutionellen Steuerungs- und Organisationsphantasien bringen sogenannte 'Qualitätsoffensiven' hervor, die sich statt mit dem „Input" nun mit dem „Output" befassen, also mit dem, was für die Abprüfbarkeit relevant ist. Es besteht jedoch die Gefahr, dass der dadurch in den Vordergrund gerückte und durchaus notwendige sachlich-rationale Kern von Bildung verabsolutiert wird, während andere notwendige Bereiche von Bildung zurücktreten müssen.

Unbestritten ist, dass wir im Deutschunterricht verstärkt das Lernen und Einüben von Lesen und pragmatischem Textverstehen betreiben müssen, was der angelsächsische und der davon abgeleitete PISA-Begriff von „*Literacy*" beschreibt. Lesefähigkeit und pragmatisches Entnehmen von Informationen aus Texten sind fundamentale Bildungsfaktoren für junge Menschen in unserer vernetzten medialen Gesellschaft.

Geschichtsvergessen wäre jedoch, wenn das durch unseren eigenen Bildungsbegriff geprägte Vermitteln von „*Literalität*" in unseren Schulen in den Hintergrund träte. „Schreiben und Lesen" sind nämlich auch „elementare didaktische Formen der Individuierung und Personwerdung", wie Helmuth Feilke sagt (Feilke 2001, S. 35). Bettina Hurrelmann führt in ihrer kritischen Auseinandersetzung mit der PISA-Befragung dazu beispielhaft Folgendes aus:

> Beweggründe für das Lesen, Gefühle beim Lesen, das Gespräch über Gelesenes – solche motivationalen, emotionalen und interaktiven Dimensionen des Lesens als einer kulturellen Praxis des Umgangs mit einer schriftsprachlichen Symbolwelt bleiben weitgehend außen vor.
> In eine kulturelle Praxis einzuführen ist aber die Aufgabe des Sprach- und Literaturunterrichts. (Hurrelmann 2002, S. 7)

Für diese Aufgabe steht dem Deutschunterricht der letzten Jahre ein derartig großes Repertoire von Handlungs- und Lernformen zur Verfügung wie nie zuvor. Dieses ist aus zahllosen Experimenten eines produktiven und kreativen Umgangs mit Literatur und Sprache hervorgegangen, es wurde von einer breiten didaktischen Diskussion, von Workshops und Symposien begleitet und steht mittlerweile in einer Reihe von Publikationen für jeden greifbar zur Verfügung (s. Leseempfehlungen am Ende des Aufsatzes). Es scheint so, als könne man sich in der Didaktik des Faches auf den Begriff **kulturelles Lernen** verständigen, um den komplexen Anspruch zu beschreiben, in dem Bildung als Prozess und Gestaltwerdung verstanden wird.

Vier Grundelemente des Handlungsfeldes Literaturunterricht möchten wir gemeinsam mit den Schülerinnen und Schülern an Beispielen vorstellen:

1. Die Aneignung von Literatur über Eigentätigkeit und Inszenierung
2. Die Reflexion über das eigene kulturelle Tun
3. Feedback und Anschlusskommunikation als Lernfeld lebensweltlicher Beziehungsqualitäten
4. Leistungsnachweise und Beurteilungen als Selbstvergewisserung und Reflexion über den eigenen Lernfortschritt.

Die Aneignung von Literatur über Eigentätigkeit und Inszenierung

Das erste Praxis-Beispiel, das wir Ihnen nun vorstellen wollen, bezieht sich auf Hermann Hesses Roman *Unterm Rad* (Hesse 1906), den Roman einer Schülerkrise. Es handelt sich um die Freundschaft zwischen Hans Giebenrath, dem Protagonisten, und Hermann Heilner, dem unangepassten Mitschüler im Seminar Maulbronn, an dem die Elite des Landes Württemberg zu künftigen Theologen ausgebildet wird.

Hans, angepasst, aber ohne Ichstärke, hält dem Leistungs- und Erwartungsdruck seines Vaters und seiner Lehrer nicht Stand. Er gerät in eine Spirale des Versagens und entwickelt Depressionen, nachdem der bewunderte Freund sich dem schulischen Druck durch Flucht entzogen hat. Er verlässt krankheitsbedingt das Internat, kann keine neue Perspektive für sich entwickeln und verunglückt tödlich. Da er zuvor Abschiedsbriefe an seinen Freund und an seinen Vater geplant hat, liegt die Vermutung nahe, dass er absichtlich seinem Leben ein Ende gesetzt hat.

Mit diesen Abschiedsbriefen beschäftigt sich nun der Unterricht. Sie stellen rezeptionsästhetisch (da nur geplant) eine Leerstelle dar und können von dem Lesenden mit eigenen Vorstellungen gefüllt werden.

Der produktionsorientierte Unterricht nutzt insbesondere solche Leerstellen für Schreibanlässe. Die Aufgabe für die Schülerinnen und Schüler einer 10. Klasse leitete sich daher aus der folgenden Textvorgabe ab:

> In dieser Not und Verlassenheit trat dem kranken Knaben ein anderes Gespenst als trügerischer Tröster nahe und wurde ihm allmählich vertraut und notwendig. Das war der Gedanke an den Tod. Es war ja leicht, sich etwa eine Schießwaffe zu verschaffen oder irgendwo im Walde eine Seilschlinge anzubringen. Fast jeden Tag begleiteten ihn diese Vorstellungen auf seinen Gängen (...).
>
> Der Ast für den Strick war bestimmt und auf seine Stärke geprüft, keine Schwierigkeiten standen mehr im Wege; allmählich wurde auch, mit längeren Pausen, ein kurzer Brief an den Vater und ein sehr langer Brief an Hermann Heilner geschrieben, die man bei der Leiche finden sollte.

Diese beiden Briefe sollten von den Schülerinnen und Schülern verfasst werden, das bedeutet: Die Schreibenden müssen identifikatorisch in die Perspektive von Hans gehen, seine Lebenssituation erfassen, eine reflektierende Rückschau halten, wie es dazu kommen konnte, dass er – der einstmals so erfolgreiche Schüler, auf dem die Hoffnungen seiner Vaterstadt lagen – nun völlig gescheitert ist. Aber auch der jeweilige Adressat, also der Vater bzw. der Freund, und ihre Beziehung zu Hans müssen eine Rolle in diesem Abschiedsbrief spielen. Insgesamt eine adressatenorientierte Schreibaufgabe.

Hesses Roman wirkt auf die heutige Schülergeneration widerspenstig beim Lesen; er ist historisch in der Sprache und in der Lebenswelt der Figuren. Aber thematisch springt der Funke über. Der Roman ist einerseits sehr stark auf die Identifikation mit dem leidenden und scheiternden Hans Giebenrath angelegt, andererseits schafft er aber mit Hans' Freund Hermann eine Gegenkonstruktion, den nicht angepassten, aufsässigen, phantasievollen Rebellen, der durch sein Verhalten zeigt, dass man sein Schicksal nicht nur passiv erdulden, sondern auch aktiv gestalten kann.

Diese Polarität wird umgesetzt in den nächsten methodischen Unterrichtsschritt. Alle Hans-Briefe an den Freund Hermann werden eingesammelt und in der Klasse neu verteilt. Die Schülerinnen und Schüler haben nun den Auftrag, auf diese Briefe aus der Sicht des Adressaten, also aus der Sicht von Hermann, in einem fiktiven Brief zu reagieren. Perspektivenwechsel vom identifizierenden zum kritisch-distanzierten Blick auf die Situation von Hans.

Der so entstandene fiktive Briefwechsel zwischen den Freunden wird nun in einem dritten Schritt *inszeniert*. Wir benutzen diesen Begriff bewusst, weil **Inszenierung** einen spezifischen Umgang mit Literatur und ihrer Interpretation bedeutet. Unter Inszenieren verstehen wir: das Sichtbar- und Erfahrbarmachen ästhetischer Gegenstände. Es enthält den Aspekt des Beteiligtseins, der sinnlichen Anschauung, des kommunikativen Handelns mit Literatur und der Entfaltung ihrer ästhetischen Potentiale. So notwendig das Gespräch über Literatur und die darin praktizierte analytische Distanz ist, so sehr kommt daneben oft die Wirkkraft von Kunst zu kurz: der Klang der Sprache, die Imagination der Bilder, die Sichtbarmachung der Szenen, das Gespräch des Lesers *mit* dem Text. Bezogen auf unseren Briefwechsel heißt *Inszenierung:* Alle Schülerinnen und Schüler bekommen zunächst ihren Hans-Brief wieder zurück, haben aber auch ihren soeben verfassten Hermann-Brief in der Hand. Sie werden nun paarweise aufgerufen, um den jeweiligen Briefwechsel als Dialog vorzutragen.

Auch der Raum – oft genug im Unterrichtsgeschehen vernachlässigt – spielt hier eine Rolle. Die beiden Stühle für die Lesenden werden aus dem Klassenverbund herausgenommen und einander gegenüber, aber mit großer Entfernung aufgestellt. Wenn der Hans-Leser aufgerufen wird, sieht er als Verfasser erst in diesem Augenblick, wer ihm – aufgrund der zufällig erfolgten Verteilung – nun als Hermann antwortet, er ist also tatsächlich voller Erwartung und in Konzentration. Aus der fiktiven Aufgabe wird so auch eine reale Kommunikationssituation: Wie hat mich der andere verstanden, wie definiert er seine Beziehung zu mir, welches Deutungsangebot wird er mir für meine Not geben?

Nach der Lesung beider Briefe darf „Hans“ noch einmal spontan aus der Situation heraus auf Hermann antworten. Dann nimmt das nächste „Freundespaar“ die Plätze ein.

Einen solchen Briefwechsel stellen Ihnen nun Johanna und Ole vor. Johanna liest ihren „langen Brief“:

> Lieber Hermann,
>
> vielleicht fragst du dich, warum nur, warum hat er das getan? Oder du sagst dir, das musste ja so kommen. – Es ging nicht anders, ich konnte nicht mehr, die letzten Monate quäle ich mich schon. Seit fast einem Jahr bin ich nicht mehr im Kloster. Ich wurde immer schwächer in den Leistungen, habe überhaupt nicht mehr gelernt und oft an dich gedacht. Schließlich haben sie mich nach Hause geschickt. Doch hier ist es auch nicht besser, mein Vater beobachtet mich ängstlich, jeden Tag. Wir reden kaum, auch wenn er sich vielleicht Sorgen um mich macht. Ich glaube, er ist sehr enttäuscht.
>
> Warum konnte ich nicht so sein wie du? Du lebst jetzt wahrscheinlich glücklich mit deinem Schatz und tust was du willst. Du bist mein einziger wahrer Freund, es tut mir immer noch sehr leid, dass ich dich nicht beachtet habe, als du mich am meisten brauchtest. Ich war so ein Feigling. Die Repetenten, vor allem der Ephorus, wollten nicht, dass wir Freunde sind, aber das war uns egal, bis du gegangen bist.
>
> Ich hätte dich gerne noch einmal gesehen, aber der riesige Schmerz tief in mir drin, vom dem was mir alles in der Kindheit schon angetan wurde, lässt mir den Tod als einzige und beste Lösung für alle meine Probleme erscheinen.
>
> Ich war immer so ehrgeizig, streberhaft und schüchtern. Und du kannst so direkt sein, sagen, wenn dir etwas nicht passt, und du bist musikalisch und kannst so tolle Gedichte schreiben, außerdem bist du noch so klug. Ich wollte immer so sein wie du, du warst mein Vorbild.
>
> Ich hoffe, du wirst mich niemals vergessen und mich in guter Erinnerung behalten. Schließlich bist du der einzige, der mich versteht. Vielleicht verstehst du auch jetzt, warum ich mich umbringen werde. Ich wollte immer so einen Freund wie dich haben, bitte trauere nicht zu lange um mich. Ich will, dass du ein schöneres Leben führen wirst als ich das bis jetzt hatte.
>
> Ich bin immer noch ein Feigling! Leb wohl!
>
> Dein Hans

Ole liest seinen Antwortbrief:

> Ach Hans,
>
> wenn ich, wie du sagtest, wirklich dein Vorbild war, so hättest du auch merken müssen, dass ich niemals so schnell aufgebe.
>
> Ich bin sicher, dich zu verstehen, dass du viele Probleme und Schwierigkeiten hattest, doch glaube mir, ein anderer Ausweg als der deine wäre sicherlich möglich gewesen. Auch mir bedeutete unsere Freundschaft viel. Weil du sonst niemanden rangelassen hast, war ich etwas Besonderes. Und dennoch denke ich, dass du viel mehr

> du selbst hättest sein sollen, anstatt nach Idolen zu suchen. Jeder Mensch, du und ich eingeschlossen, hat Stärken und Schwächen und niemand sollte so verzweifeln, dass er keinen anderen Ausweg als den Tod mehr sieht!
>
> Die Erinnerung, Hans, die behalte ich mir, doch leider weilst du nun nicht mehr hier. Wie gerne würd' ich dir so vieles noch sagen. Du hast mir geholfen, dort nicht zu verzagen. Doch nun bist du weg und ich spüre die Leere.
>
> Ich hoffe, dass es dir gut geht da, wo du nun bist. Vergessen werde ich dich nie. So lebe wohl.
>
> Hermann Heilner

Wir können hier leider nur dies eine Beispiel zeigen, aber Sie können sich vielleicht vorstellen, welche Intensität und welche Vielfalt durch den ritualisierten Ablauf der Lesungen entsteht und wie das zu verhandelnde Problem eines jungen Menschen zwischen Anpassung und Rebellion hier eine „Gestalt" bekommt, die sich in der Simulation zur eigenen gedanklichen Positionsgewinnung entwickelt, zu einem Impuls werden kann für Persönlichkeitsbildung in einem sozialen Miteinander.

Der Fachdidaktiker Kaspar H. Spinner spricht, wenn er zur Reflexion über das Bildungspotential von Literatur anregt, von Fremdverstehen, Identitätsfindung und von der Auseinandersetzung mit ethischen Fragen.

Wir wenden uns einem weiteren Praxisbeispiel zu, den **Rollenbiografien**. Inszenierung soll hier eine spezifische Weise des Umgangs mit Literatur beleuchten.

Vielen wird inzwischen Ingo Schellers Methode des „Szenischen Spiels" bekannt sein, so dass wir uns hier auf einige wenige Stichpunkte beschränken können (vgl. Scheller 1998 und 2004). Ziel dieser Methode ist es, das sogenannte „Kopftheater", also die immer stattfindende Imagination beim Lesen von literarischen Texten zu veröffentlichen und damit kommunizierbar zu machen.

Imaginationsprozesse beziehen sich auf Inhalte, aber auch auf Raum, Zeit, Gegenstände, körperliche, gestische, mimische und sprachliche Handlungen und Interaktionen der Personen. Sie mit allen Sinnen auszuphantasieren und zu einem ganzheitlichen Lernprozess auszugestalten dienen viele verschiedene Aktionen des szenischen Spiels. Insbesondere die Interpretation von Dramen erfährt in dieser Methode eine ganz neue Qualität der Aneignung und Deutung.

Während moderne Dramen näher am Erfahrungshorizont der Schülerinnen und Schüler liegen, stellt sich bei historischen Texten das Problem der zeitlichen Distanz. Sozialgeschichtliche Einbindungen und die daraus resultierenden Mentalitäten lassen sich nicht ohne weiteres für moderne LeserInnen nachvollziehen.

Die *Einfühlung* in die handelnden Figuren über das Verfassen von sogenannten *Rollenbiografien* bietet eine lernintensive Möglichkeit der Annäherung an die Fremdheit von Epochen, Kulturen und sozialen Verhaltensweisen. Von großer Bedeutung sind dabei einerseits differenzierte Rollenvorgaben, die in biografischen und sozialen Hintergrundinformationen zum Lebenszusammenhang, zum

Alltag, zum Habitus zur Verfügung gestellt werden müssen.

Und andererseits helfen Leitfragen, die die Aufmerksamkeit der Schreibenden auf Lebensbereiche und innere Handlungen richten, die für das Verständnis der jeweiligen Figur wichtig sind: Fragen nach Alter, Beruf, Familie, Freundschaften, Liebe, kulturellen Aktivitäten, nach Selbst- und Fremdbildern, Problemen, Träumen, Lieblingstätigkeiten, möglicherweise auch nach dem Aussehen. Entscheidend ist, dass die so entstehenden Selbstbilder der Figuren, die auf diese Weise zu Personen werden, im sozialen Gefüge verortet werden und sich nicht nur phantasiegeleitet ahistorisch verselbständigen.

Einfühlung bedeutet auch hier zunächst Identifikation mit einer literarischen Gestalt. Die nötige Deutungsvielfalt entsteht dann im Unterrichtsprozess in der Befragung durch den Spielleiter, in der szenischen Reflexion und der szenischen Veränderung, die die TeilnehmerInnen durch Beobachter-Rollen und Spielerreflexion entwickeln. Auch die Doppelbesetzung von Rollen ermöglicht alternative Deutungen, wie Sie im folgenden Praxisbeispiel sehen werden.

Es geht um Schillers Drama *Kabale und Liebe*. Die Schülerinnen und Schüler haben jeweils eine Figur des Dramas übernommen, sozusagen „adoptiert". Sie sind für die Dauer der Besprechung für deren Perspektive verantwortlich und sie nähern sich dieser Figur über das Schreiben einer Rollenbiografie aus der Ich-Perspektive:

Johannes liest die von ihm verfasste *Rollenbiografie für Ferdinand von Walter* in Schillers *Kabale und Liebe*:

> Mein Name ist Ferdinand von Walter. Ich bin einundzwanzig Jahre alt und lebe im Palast meines Vaters, des Präsidenten von Walter.
>
> Ich bin 1,83 m groß und habe eine starke Statur. Gerne trage ich Kleidung, die meinen Körper zur Geltung bringt und den Kavalier in mir unterstreicht.
>
> Als Sohn des Präsidenten habe ich gegenüber dem Präsidenten nur geringe Erwartungen zu erfüllen, einzig bei einigen Terminen meines Vaters muss ich anwesend sein. Doch diese summieren sich auch schnell und so muss ich häufig von einem Termin in den nächsten wechseln. Das Verhältnis zu meinem Vater ist allerdings nicht so positiv, wie man es von einer Vater-Sohn-Beziehung erwartet. Ich habe Probleme damit, die Werte, die mir mein Vater vorgibt, zu akzeptieren. Die höchste Instanz, die für mich existiert, ist einzig die Liebe. Mit der Ständegesellschaft und somit der Trennung zwischen absolutistischem Adel und dem einfachen Bürgertum komme ich nicht zurecht und zweifele diese an.
>
> Aufgrund dieser total unterschiedlichen Auffassung von Werten sehe ich meinen Vater nicht als Autoritätsperson und kann mich seinen Wünschen und seiner Erziehung nicht beugen. Auch ergibt sich ein großes Problem für meinen Vater durch meine Liebe zu Luise, da diese schöne junge Frau aus einer Musikerfamilie kommt. Allerdings ist meine Liebe zu Luise so stark, dass sie durch nichts gefährdet werden kann.
>
> Man könnte sagen, dass ich aus meinen Gefühlen heraus sehr impulsiv und temperamentvoll handele. Ja, fast könnte man sogar behaupten, ich wäre „blind vor Liebe". Zwar bin ich mir durchaus über meinen Stand und meinen Reichtum bewusst, jedoch

> bin ich gerne dazu bereit, auf alles um der Liebe willen zu verzichten. Hier schließe ich mein Erbe mit ein.
>
> Manchmal könnte man mich als realitätsfern bezeichnen, da ich manche Dinge, die ich umsetzen möchte, nicht plane oder genügend überdenke. Viele meiner Handlungen sind dann stark emotional geprägt und ich sehe dann keinen rationalen Ausweg.
>
> Aber ich bin gebildet und belesen – über die Welt und ihre Ereignisse bin ich recht gut informiert.
>
> Ich stehe im Militärdienst. Hier wurde ich im zwölften Jahr Fähnrich und im zwanzigsten Jahr Major. Meine schnellen Beförderungen zeigen, dass mein Vater seine Hand im Spiel hatte. Sein Ziel ist es, mich möglichst schnell in die Nähe des Throns zu bringen. Dass ich oft meinen Verstand ausschalte und nur auf mein Herz höre, bereitet mir viele Schwierigkeiten. Hierdurch bin ich bei einigen Dingen sehr leichtgläubig und manchmal auch ein wenig egoistisch.
>
> Leider weiß ich nichts über meine Mutter zu berichten. Wahrscheinlich war sie eine von Vaters Maitressen. Manchmal wünschte ich, ich hätte die Möglichkeit sie kennen zu lernen, und stelle mir vor, wie es wäre, wenn sie und Vater zusammenlebten. Ich glaube, sie hätte einen sehr guten Einfluss auf ihn und könnte ihn dazu bringen, sich etwas menschlicher zu verhalten. So aber hängt mein Werdegang vom Willen meines Vaters ab.
>
> Nicht, dass ich meine Kindheit nicht genossen hätte – es war schön, im Schloss zu spielen. Aber in manchen Situationen hätte ich gerne eine Mutter gehabt, mit der ich über meine Angelegenheiten reden und die Dinge aus einem anderen als dem militärischen und feudalistischen Blickwinkel betrachten könnte.
>
> Ich stelle die Art und Weise, wie mein Vater an die Macht gekommen ist, in Frage. Da es sich hierbei mit großer Wahrscheinlichkeit um verbrecherische Tätigkeiten gehandelt haben muss, kann ich es nicht gut heißen, dass er nun diese Position des Präsidenten innehat. Nicht nur aus diesem Grund könnte man mich auch als Mann von Ehre bezeichnen. Ich stehe zu meinem Wort, wie es sich für einen Mann von Ehre gebührt.
>
> Ich bin zwar im Palast meines Vaters groß geworden, pflege jedoch zu den dort lebenden Menschen keinen besonderen Kontakt, bin zwar bei wichtigen Terminen anwesend, sage jedoch dort nur das Nötigste. Mein Traum ist es, mit Luise fortzugehen und an einem anderen Ort ein neues Leben zu beginnen.

Um zu verdeutlichen, wie die Lektüre des Schiller-Textes und das Sich-Einlassen auf eine seiner literarischen Figuren eine individuelle Gestalt annimmt, lese ich, wie angekündigt, zum Vergleich die ersten Sätze einer weiteren Rollenbiografie über Ferdinand von Walter, welche Michael verfasst hat:

> Es ist ein ungemütlicher Abend dort draußen vor dem Fenster. Der Wind fegt durch die Bäume und heult in den Gassen, während der beständige Regen das Erdreich aufweicht. Ja, ein ungemütlicher Abend, an dem ich beschlossen habe aufzuschreiben, was mich bewegt.
>
> Noch vor ein paar Stunden sah ich wieder eine Gruppe von Männern auf einem Karren, der sie zur Küste tragen wird, damit sie für die Briten in die Schlacht ziehen und blutige Siege für etwas erringen, das ihnen vollkommen fremd ist. Ein paar von ihnen erkannte ich wieder. Ich hatte sie geführt mit meinen vergleichsweise jungen Jahren, geführt in die Schlacht. Doch dies waren nur Übungen, in denen ich mein

> Geschick als Offizier unter Beweis zu stellen hatte. Diese Väter, Söhne und Brüder aber gehen nun fort mit der Angst vor dem Tod. Gehen fort im Namen der Loyalität unseres Herzogs zu Britannien. Gehen fort für Gold und Juwelen, die unser Herzog als Verkaufspreis kassiert.
>
> Was würde meine liebe Mutter nur dazu sagen, wenn sie wüsste, wie ihr Gatte diese Untaten geschehen lässt und sich sogar daran bereichert. Wäre sie doch nicht so früh von uns gegangen, vielleicht hätte sie meinen Vater zur Besinnung bringen und unser Volk vor der Habgier des Herzogs bewahren können. Aber sie gab ihr Leben, während sie mir meins schenkte. Doch wenn sie auch bei uns wäre, würde sie wohl ebenso wenig erreichen wie der Sohn. Ich kann mir übrigens gar nicht sicher sein, ob sie wirklich die warmherzige Person war, wie man mir glauben machen will. Schließlich ziemt es sich nicht, schlecht über die Toten zu reden, besonders nicht gegenüber dem eigenen Sohn. Und wäre sie wie mein Vater gewesen, so bin ich froh, dies nicht erleben zu müssen.
>
> Dass mein Vater dem Treiben des Herzogs nicht Einhalt gebietet, ist kaum verwunderlich. Was will man auch erwarten von einem Präsidenten, der durch solch unehrenhafte Weise zu seinem Ansehen gekommen ist. Erschlichen durch Korruption, durch Erpressung, durch Mord. Das Blut eines Menschen an den Händen sollte ihn bereits seines Lebens nicht mehr froh werden lassen, doch nichts dergleichen scheint ihn zu rühren. Fast täglich häufen sich die Opfer unter dem Volk, die seine Führung fordert – er aber vergnügt sich weiter auf Bällen mit Völlerei und Huren …

Michael inszeniert sozusagen die autobiografische Reflexion der ihm anvertrauten Person. Der Schluss seiner empathischen und atmosphärischen Studie lautet:

> Und so sitze ich nun da, an diesem ungemütlichen Abend, halte in den Händen die Verschriftlichung meines Seins und übereigne sie dem Feuer. Denn nicht auszudenken, was geschähe, wenn sie der Falsche läse.

Das nächste Praxisbeispiel nutzt wiederum eine Methode Szenischer Interpretation. Das Arrangement fordert, dass die Figuren aus ihrer jeweiligen Perspektive über das vorangegangene Geschehen nachdenken. In Schillers Drama „Kabale und Liebe“ bietet sich solch eine **innerszenische Reflexion** für alle Figuren nach der 2. Szene im 3. Aufzug an.

Nachdem im 1. Aufzug das Konfliktpotential vorgestellt ist: eine in der ständischen Gesellschaft inakzeptable ernsthafte Liebesbeziehung zwischen dem Adligen Ferdinand von Walter, Sohn des Präsidenten, und der Bürgerstochter Luise, Tochter des Stadtmusikanten Miller, resultiert daraus ein Konflikt mit den Eltern der Liebenden. Dieser verschärft sich im 2. Aufzug, insofern der bürgerliche Sekretär Wurm seine Hoffnung auf die bürgerliche Luise richtet und die adlige Lady Milford, Mätresse des Fürsten, ihre Hoffnung auf den adligen Ferdinand setzt. Jeder glaubt, nur noch mit Intrigen seine Interessen durchsetzen zu können. Das ist der Stand der Dinge nach der 2. Szene im 3. Aufzug.

Die Schülerinnen und Schüler haben den Auftrag, die Geschehnisse aus der Perspektive ihrer adoptierten Figur in einem **inneren Monolog** zu reflektieren, ausgerichtet auf deren Hoffnungen und Ängste.

Den inneren Monolog der Lady Milford wird jetzt Jessica vorlesen. Sie hat den Text selber verfasst.

> Ach, wie ist mir? Mein Herz rast, meine Knie sind weich, meine Ohren klingeln Ferdinand war da. Allmächtiger Gott, noch niemals sah ich ein so vollkommenes Geschöpf! Mit starken Schritten kam er in mein Gemach, die weichen Locken grob zerzaust, das Hemd wild und unordentlich in die Hose gesteckt. Aufgebracht sah er mir in die Augen und man könnte die Blitze kaum zählen, die aus den seinigen schossen. Ich war ihnen schutzlos ausgeliefert, konnte weder meine Glieder rühren noch meinen Blick von ihm losreißen.
>
> Erst recht nicht, als er mir sagte, dass er Luise, eine Bürgerliche, liebt! Dieses ... dieses ... Miststück! Diese Hexe! Sie hat ihn verzaubert! Hat ihm den Verstand weggehext und sich in sein Herz gestohlen. Mich hat sie dabei verdrängt! Ach was, sie hat ihm gar keine Chance gelassen, die Liebe zu mir in seinem Inneren aufblühen zu lassen. Diese ... Bürgerliche! Tochter eines Geigers! Pah! Dieses Pack – sie sind doch alle gleich: sagen nie das, was sie denken, sondern nur, was ihr Vorgesetzter hören will! Von dem sind sie jedoch nur Härte und Unbarmherzigkeit gewöhnt. Entweicht dem jedoch mal ein freundliches, herzliches Wort, so trauen sie ihren Ohren kaum.
>
> Was erwarten die von mir? Bin ich eine Maschine? Meint Luise, ich verkrafte diese Neuigkeit ohne Probleme? Meint sie, ich lasse ihr das durchgehen? Oh nein, meine Liebe! Das nicht! Nicht nach dem, was ich erleben musste! Regelmäßige Besuche des Herzogs bedeuten Sinnlichkeit auf Knopfdruck. Weiß sie, wie demütigend eine solche Handlung ist? Ist sie schon jemals dem gierigen Lustdämon eines Mannes begegnet?
>
> Um Himmels willen, die schöne Luise! Ihr ist es vergönnt, das weiße Unschuldskleid einem Jüngling zu schenken, den sie von ganzem Herzen liebt und begehrt! Ihr hat das Schicksal keinen Streich gespielt – womit verdient Luise Miller meinen Ferdinand? Den einzigen, der mein blutendes Herz heilen, der meine missbrauchte Seele retten kann!
>
> Allmächtiger Vater, was hat mir das Schicksal vorenthalten? Ein halbes Leben lang warte ich auf jemanden, der zu etwas fast Unmöglichem fähig ist: mich zu retten! Vor dem Untergang meiner Seele und meines Geistes. Die Rettung erscheint fast zum Greifen nah, da spielt mir mein Schicksal einen weiteren Streich und verweigert mir die unbedingte Liebe zu meinem Retter. Ich muss belohnt werden! War nicht ich es, die Dutzenden von Unschuldigen das Leben rettete? War nicht ich es, die so manchen Kerker sprengte? Und wer setzt Himmel und Hölle in Bewegung, um einem kleinen Kammerdiener seine vier Söhne wiederzugeben, die verkauft wurden, um in den Krieg zu ziehen? Ich muss belohnt werden – muss einen Ausgleich für mein vergangenes Leben erhalten. Ferdinand – deine Liebe wäre Entschädigung genug! Hätte ich deine Liebe sicher, ich würde alles noch einmal ertragen. Ach, was sage ich: ein Dutzend Mal, wenn ich nur sicher wüsste, dass ich am Ende deine Herzenswärme erhielte. Oh, wie stark ich leide! Mein Glück ist mit dem Namen „Luise" aus meines Liebsten Munde zerstört – ich bin verloren ...
>
> Aber kann ich mich denn ein weiteres Mal meinem schandvollen Schicksal ergeben? Nein! Diesmal nicht! Ich will seine Liebe! Ich will ihn! Koste es was es wolle! Ich bin bereit, alles zu geben. Luise, fürchte mich!

Lassen Sie uns auf den zuletzt gehörten Text von Jessica noch einen anderen, einen lernpsychologischen Blick werfen: Die szenische Reflexion je nach Perspektive der beteiligten Figuren bedeutet, dass die Schülerinnen und Schüler ein Dabei-Sein thematisieren, in dem ihr Denken und ihr Fühlen zum Ausdruck kommt. Was ist damit gewonnen gegenüber einer diskursiven Verhandlung der Dramenszene?

Der Gehirnforscher Manfred Spitzer beschreibt in seinem auch für uns Lehrer ungemein spannenden Buch „*Lernen. Gehirnforschung und die Schule des Lebens*“ an zahlreichen Experimenten, wie Lernen funktioniert. Dabei findet eine eigentlich alte Erkenntnis nun auch ihre neurobiologische Bestätigung: Lernen bedarf der emotionalen Komponente, des inneren Beteiligt-Seins, des Dabei-Seins (Spitzer 2002, S. 160). „Ganz allgemein“, so Spitzer, „lässt sich Folgendes festhalten: Was den Menschen umtreibt, sind nicht Fakten und Daten, sondern Gefühle, Geschichten und vor allem andere Menschen.“ (Ebd., S. 160)

Emotion und Kognition – oder: Gefühle und Denken – sind so eng miteinander verbunden, dass man das eine nicht untersuchen kann, ohne das andere in Betracht zu ziehen (ebd., S. 167). Wenn wir also nachhaltiges Lernen befördern wollen, dann sollten wir ein Lernangebot so gestalten, dass es mit positiven Emotionen verknüpft werden kann.

Die Reflexion über das eigene kulturelle Tun

Die vorigen beiden Praxisbeispiele bezogen sich auf Prozesse der *Aneignung* von Literatur. Im nächsten Beispiel soll es um eine andere Akzentsetzung gehen, ohne die Bildung weitgehend unbewusst verliefe.

Denn – so meinen wir – neben Aneignung sollte *Reflexion* über das eigene kulturelle Tun eine ebenso wichtige Rolle spielen. Je nach Blickrichtung wird sich das lernende Individuum dabei eher mit dem Nachdenken über das Schreiben oder über das Lesen oder über die mündliche Kommunikation beschäftigen, seinem kulturellen Werdegang nachspüren, Stärken und Schwächen seiner kulturellen Kompetenz bedenken, in jedem Fall aber seiner selbst gewahr werden.

Insbesondere in der Kursstufe scheint uns das Erstellen einer **Lesebiografie** von großer Bedeutung zu sein. Schülerinnen und Schüler denken über die Phasen ihrer Lesesozialisation nach, besinnen sich auf ihre Lieblingsbücher, beschreiben die Orte ihres Lesens, betrachten ihre Büchersammlung. Das sind nicht nur lustvolle Anlässe zum Schreiben, sondern auch ganz zentrale Reflexionen über die Teilhabe am kulturellen Leben und über die Verortung als Leserin/Leser in einer vielfältigen medialen Welt.

Im Austausch mit den Mitschülerinnen und Mitschülern über die lesebiografischen Texte entsteht eine spannende Anschlusskommunikation, in der man z. T. amüsiert, auch gerührt die Gemeinsamkeiten der eigenen Lesergeneration entdeckt: Benjamin Blümchen, die TKKG-Serien, Hanni und Nanni, die Bücher der Lindgren und vieles andere.

Eine *spezifische* Form der Anschlusskommunikation soll zusammen mit einem Beispiel lesebiografischer Reflexion vorgestellt werden: dem sogenannten **Feedback**.

Sie werden also zunächst einen lesebiografischen Text aus der Kursstufe hören, dann einige Feedbacks von Mitschülerinnen und Mitschülern zu diesem Text und dann noch einige unserer Überlegungen, was das Feedback leisten kann.

Jessica liest Miekes autobiografische Reflexion „Mein Lieblingsbuch – Mein Bücherregal“:

> Mein Lieblingsbuch
>
> Welches ist mein Lieblingsbuch? Eine nur schwer zu beantwortende Frage. Ich habe immer ein Buch, das mich besonders berührt, und damit auch immer ein „Lieblingsbuch“. Doch immer nur so lange, bis ich ein anderes finde, das mich fasziniert. Wobei ich das dann nicht zwangsläufig besser finde, nur anregend auf eine andere Weise. Das vorherige „Lieblingsbuch“ ist damit also nicht abgeschrieben, sondern wird von mir weiterhin als ein „Lieblingsbuch“ angesehen. Somit hat sich mit der Zeit eine Reihe von Büchern angesammelt, die ich ohne weiteres als „meine Lieblingsbücher“ benennen könnte. Mir fiel es jetzt auch schwer mich für ein Buch zu entscheiden. Dieses steht also für alle meine Bücher, die ich nicht nur gelesen, sondern die mich auch lange beschäftigt haben und mit denen mich ein bestimmtes Gefühl, bestimmte Bilder, bestimmte Situationen und eine bestimmte Zeit meines Lebens verbinden. Sie schwirren mir auch alle noch ab und an im Kopf umher.
>
> Das Buch von Fynn: „Hallo, Mister Gott, hier spricht Anna“ hat bei mir eine ganz besondere Faszination hervorgerufen. (...) Was mich an diesem Buch so fasziniert, dass ich so gebannt bin? Anna hat eine so schöne Ansicht des Lebens. Sie macht alles leicht und gibt für die schwierigsten Fragen die einfachsten und logischsten Antworten. Obwohl Anna oft von „Mister Gott“ redet, hat man nie das Gefühl ein christliches Lehrbuch vor sich zu haben. Sie erklärt Gott und die Religion so einfach und kindlich logisch, dass man ihr nur glauben kann. Zudem finde ich, dass gerade Menschen, die mit dem christlichen Glauben, wie er momentan praktiziert wird, nichts anfangen können, mit Annas Antworten besser klarkommen – obwohl sie im Grunde genau das verdeutlichen, was auch die Christen vermitteln möchten.
>
> Das andere, was mich an „Anna“ fasziniert, ist ihre Gabe, in den kleinsten Dingen die schönsten und aufregendsten Sachen zu sehen. Leider geht uns diese „Kunst“ immer mehr verloren, und nicht zuletzt diese Erzählung veranlasst mich immer wieder dazu, dass ich versuche mich auch an den kleinen Dingen zu erfreuen und Sonne und Regen nicht einfach als Wetter, sondern als etwas Wunderbares anzusehen. Ich verbinde mit „Hallo, Mister Gott, hier spricht Anna“ viele Gedanken und Gefühle, und ich kann die Kapitel wieder und wieder lesen und mich jedes Mal erneut daran erfreuen. Und der Pressestimme des *The Guardian*, die auf das Cover gedruckt ist, kann ich nur zustimmen: „Das ist ein himmlisches Buch, das zufällig auf die Erde gefallen ist.“
>
> Mein Bücherregal
>
> Ein Spiegel meiner absoluten Lieblingsbücher ist mein Bücherregal. Seit ich denken kann, steht dieses große, schlichte Holzregal in meinem Zimmer, in dem ich alles Mögliche verstaue. Und immer sind mindestens zwei Fächer für meine Bücher reserviert. Immer geordnet nach Sachbüchern, selbst gelesenen Büchern und allem

anderen, an dem ich hänge und das irgendwie einem Buchformat ähnelt. Schließlich stehen da auch noch Bücher, an denen ich hänge, ohne sie jemals gelesen zu haben.

Mein Bücherregal ist im Grunde ein Spiegel meiner Entwicklung. Mit ihr entwickelte sich auch der Inhalt meines Regals.

Oben standen immer die Bücher, die ich am liebsten las, weiter unten die, die ich nicht mochte, aber nicht wusste, wohin ich sie legen sollte. Nach und nach übergaben Pixi- und Bilderbücher Kinderbüchern den Platz; diese wiederum mussten neueren, „erwachseneren" Büchern, hauptsächlich Jugendromanen, weichen. Einige Bücher, u.a. mein erster Lieblings-Jugendroman „Die Dschungelkinder" von Marliese Arold, konnten bis heute ihren Ehrenplatz behaupten.

Auch heute ist mein Bücherregal, wenn auch dem Zusammenbruch nahe, immer noch ein Spiegel meiner selbst. Da reihen sich Sachbücher über Theater neben Bankauszügen, die sich wiederum an Shakespeares Liebessonette drängen. Auch meine in der Schule aufgezwungene Literatur steht in diesem Regal. Jedes Buch ist anders und mit jedem verbinde ich etwas. Wichtig ist mir, dass ich die Bücher, mit denen ich etwas verbinde, selber besitze, um sie immer griffbereit zu haben – und merkwürdigerweise vor allem, um sie mir in dieses Regal stellen zu können.

Immer mehr Bücher, seien es nun Sachbücher, Romane oder Gedicht-Sammlungen, fügen sich an, und ich muss mich, ähnlich wie bei immer neuen Erfahrungen, die ich mache, für die wichtigsten entscheiden und die anderen aussortieren. Weder die Erfahrungen noch die Bücher werden weggeworfen, sondern bekommen einfach eine andere Priorität, indem ich die „aussortierten" Erfahrungen anders bewerte und die aussortierten Bücher ein Fach weiter nach unten umlagere.

So ist mein Bücherregal, das im Grunde aus nur einem Fach besteht, immer mit mir und meinen Leseerfahrungen mitgewachsen und hat sich stetig mit mir verändert. Damit ist mein Bücherregal immer auch ein Spiegel meiner momentanen Leseerfahrungen und meiner allgemeinen Befindlichkeit.

Johanna und Ole lesen nun im Wechsel Feedbacks von Miekes Mitschülerinnen und Mitschülern. Das Schreibverfahren heißt Zettellawine: Die Kleingruppe sitzt gemeinsam an einem Tisch und die ausgedruckten autobiografischen Texte werden in einer bestimmten Richtung zum Lesen weitergegeben. Jede Leserin, jeder Leser eines jeweiligen Textes verfasst nach der sorgfältigen Lektüre auf einem angehängten leeren Blatt eine Würdigung und gibt weiter. Es entsteht dadurch eine kleine Feedback-Lawine für jede/jeden in der Gruppe.

Hier nun also Miekes Zettellawine:

Liebe Mieke,

ich finde, die beiden Reflexionen sind dir sehr gut gelungen, man bekommt einen tollen Eindruck über deine „Leseentwicklung".

Im ersten Text zeigst du sehr gut, warum du gerade dieses Buch als dein Lieblingsbuch ausgesucht hast, und ich habe wirklich Lust bekommen, es auch zu lesen.

Den zweiten Text finde ich besonders interessant. Es ist toll, wie sich dein Bücherregal mit dir weiterentwickelt hat und „erwachsen" geworden ist. Das Bücherregal als Spiegel der momentanen Lebenserfahrung ist eine wirklich interessante und seltene „Angewohnheit".

Im Ganzen sind dir beide Texte sehr gut gelungen.

Mit vielen Grüßen Silke

Liebe Mieke,

du hast es geschafft, mich für dein Lieblingsbuch zu begeistern, und es kann gut sein, dass ich es mir kaufe. Dir ist es gelungen, deine Gefühle und gleichzeitig den Inhalt des Romans zu beschreiben.

Dein Text über dein Bücherregal hat mir fast noch besser gefallen. Es ist toll, wie du deine Lese-Erlebnisse mit der Ordnung in deinem Bücherregal beschreibst.

Deine Anna

Liebe Mieke,

auch ich bin sehr beeindruckt von deinem Lieblingsbuch und deinem Bücherregal. Deine Texte lassen sich sehr flüssig lesen, du benutzt außerdem des Öfteren ausdrucksstarke Verben (wie „drängen" z. B.), das macht deine Erzählung richtig eindrucksvoll.

Bei deinem Bücherregal finde ich spannend, dass du dieses als Symbol für einen Lebensweg siehst und es dadurch eine ganz besondere Bedeutung gewinnt.

Auch mich hast du auf dein Lieblingsbuch neugierig gemacht und ich möchte „Hallo, Mister Gott, hier spricht Anna" wirklich gerne lesen.

Eine sehr gelungene Erfahrung.

Deine Kathrin

Feedback und Anschlusskommunikation als Lernfeld lebensweltlicher Beziehungsqualitäten

Feedback meint die Spiegelung durch andere. Das ist ein hoher Anspruch, denn es geht dabei nicht in erster Linie um Urteil, sondern in einer behutsamen Entwicklung: zunächst um aufmerksame Wahrnehmung eines fremden Textes, dann um kriteriengeleitete Rückmeldung der Stärken und erst zum Schluss um konstruktive Kritik und eventuell Verbesserungsvorschläge. Das ist ein Lernprozess, der den Schülerinnen und Schülern (aber auch der Lehrperson) viel Disziplin abverlangt, der zu tun hat mit Empathie-Erziehung und der belohnt wird durch Stärkung des Urteilsvermögens auf der Seite derjenigen, die ein Feedback formulieren, und langfristig mit einer Steigerung des Selbstvertrauens in die eigene Leistung, die von den Mitschülerinnen und Mitschülern – und nicht nur von Lehrerin oder Lehrer – ratifiziert wird.

Erst dann also handelt es sich um die Art von Spiegelung, die wir alle so notwendig brauchen, weil wir uns allein nicht zuverlässig wahrnehmen können, weil das Selbstbild des ergänzenden Fremdbilds bedarf, immer vorausgesetzt, dieses Fremdbild wird mit Ernsthaftigkeit und Verantwortungsbewusstsein gegeben.

Der Erziehungswissenschaftler Horst Rumpf führt in seinem Buch „Schullernen und die Bedrohung der Identität" folgendes aus:

> Die Menschen brauchen den anderen, um – sozusagen im Spiegel der Erwartungen und der Reaktionen des anderen – sich selbst wahrzunehmen, sich selbst bestätigt und ratifiziert zu sehen. Niemand kann sich selbst stabilisieren, ein kontinuierliches Ich aufbauen, wenn er nicht den Umriss dieses Ich in den Reaktionen und Erwartungen anderer vorgezeichnet sieht. (Rumpf 1976, S. 10)

Damit sind wir bei einem weiteren Aspekt, der uns für gelingende Bildung von zentraler Bedeutung erscheint: der sozialen Dimension. Feedback ist nämlich nicht nur funktional genutzte Einbeziehung der Schülerinnen und Schüler, sondern ein Lernfeld der sozialen Beziehungen. In einer Lerngruppe, in der eine Feedback-Kultur gedeiht – wie wir das nennen – stimmen auch die emotionalen Gruppenprozesse. Immer wieder entsteht im Verlaufe des Unterrichtsprozesses Gelegenheit für die Lernenden, ihren Mitschülerinnen und Mitschülern mündlich oder schriftlich Resonanz zu geben. *Achtsamkeit* entsteht als Gruppenklima, und Achtsamkeit ist *emotionale Intelligenz* (zur emotionalen Intelligenz vgl. Goleman 1995).

Portfolio – Leistungsnachweise und Beurteilungen als Selbstvergewisserung und Reflexion über den eigenen Lernfortschritt

Wir kommen zum Schluss. Unser Blick richtet sich auf ein Beispiel veränderter Leistungsfeststellung.

Seit einiger Zeit wird das *Portfolio* wiederentdeckt und weiterentwickelt als Ausweis eines Lern- und Kompetenzprofils, das in einer Mappe Zertifikate und andere direkte Leistungsvorlagen sammelt und geschlossen vorlegt, z. B. bei Bewerbungen.

Es gibt aber auch bereits andere Spielarten, die stärker auf *Reflexion* eines Lernprozesses setzen als auf dessen Out-put-Qualitäten. Solch ein Portfolio können Schülerinnen und Schüler z. B. am Ende ihrer Oberstufenzeit oder aber auch – etwa in der Sekundarstufe I – kontinuierlich den Unterricht begleitend führen. Ziel eines solchen Portfolios ist es, die eigenen Stärken und kulturellen Interessen (auch außerhalb von Unterricht) zu dokumentieren, zu kommentieren und zu reflektieren.

Johanna liest das Vorwort eines Portfolios aus der Sekundarstufe I:

> Liebe Leserin, lieber Leser,
>
> vor Ihnen liegt meine Portfolio-Mappe, in der ich alles sammele, was ich meiner Meinung nach gut gemacht habe und was mich auszeichnet. Sie soll einen Einblick verschaffen in das, was ich tue und was ich kann, was mir Spaß macht und was mir gefällt.
>
> Sie ist mein „kreatives Zeugnis“ und Begleiter meines Lebens. Genau wie ich wächst und gedeiht sie im Laufe der Zeit, wenn ich etwas dafür tue. Sie soll sagen, was ich nicht sagen kann, und doch ist sie nicht dafür bestimmt zu reden.
>
> Claudia

Ole liest Jokes Portfolio-Schlusswort am Ende der Jahrgangsstufe 10:

> Meine Erfahrungen mit dem ersten Portfolio
>
> Ich habe das Portfolio unbewusst so gestaltet, dass, wenn ich in ihm blättere, es mir vorkommt, als sähe ich mich in einem Spiegel wieder. Ich denke mir: Ja, das bin ich, und dabei durchfließt mich ein Gefühl – es mag wohl Stolz sein, der mich ergreift.
>
> In Stunden der Entkräftung und des Unvermögens habe ich in den Schrank gegriffen, um in den Spiegel meiner Stärken zu sehen. Immer wenn ich das tat, war es wie eine Art Entspannung, eine Findung zu mir selbst, als hätte ich vorher nicht mehr gewusst, wer ich bin, was ich kann. Die Welt, in der ich lebe, ist so hektisch und von Druck durchflossen, so dass mir oft keine Zeit bleibt, Getanes zu reflektieren. Oft bekomme ich dann so ein erstickendes Gefühl. Doch bevor dieses eintritt, hält mich ein schöner Gedanke, ein aufbauendes Ereignis am Leben. Ich finde dieses Portfolio zu schreiben unglaublich wichtig.

Es ist die spannendste Lektüre, die man sich vorstellen kann, und die Herstellung des Portfolios wird von den meisten Schülerinnen und Schülern zwar wegen des erheblichen Arbeitsaufwandes durchaus bestöhnt, aber im Ergebnis als ausgesprochen sinnstiftend angesehen. Die meisten Dokumente schulischer Arbeit werden wohl sang- und klanglos verschwinden, sie sind nach der Erteilung von Noten überflüssig geworden. Die Portfolios werden mit ziemlicher Gewissheit *nicht* weggeworfen.

Hier gewinnt Bildung „Gestalt“, hier werden Lernprozesse reflektiert, und hier erfahren die hervorgebrachten Gegenstände ihre eigentliche Wertschätzung. Wir glauben deshalb, dass ein Unterricht, der sich an von Hentigs Bildungsbegriff orientiert, nicht nur die Lernkultur verändern muss, sondern auch die Prüf- und Beurteilungsweisen.

Zum Schluss liest Johannes die letzte Seite aus dem vierzigseitigen Portfolio eines Abiturienten:

> Ein Blick nach vorn
>
> Es ist verblüffend, wie viel ein Schüler in nur zwei Jahren schaffen kann. Zu Beginn der Arbeit an diesem Portfolio hätte ich mir nie träumen lassen, wie viele unterschiedliche Texte ich in dieser Zeit produziert habe. Deshalb stellt diese Mappe nur einen Querschnitt durch meine Arbeiten in diesen zwei Jahren dar. Immer wieder aufs Neue fasziniert, fiel es mir ungeahnt schwer, eine Auswahl zu treffen. Und obwohl ich immer wieder Texte aussortierte und versuchte, mich auf eine repräsentative Auswahl zu beschränken, hat dieses Portfolio inzwischen beängstigende Ausmaße angenommen. (...)
>
> Betrachte ich nunmehr mein Werk, so lässt sich eine Entwicklung meiner Fähigkeiten, aber auch meiner Persönlichkeit beobachten. Diese hat sich beständig weiter geformt, ist stabiler und ausgereifter geworden. Rückblickend lässt sich diese Entwicklung aus den Texten teilweise herauslesen, trotzdem ist mein individueller Stil in jedem einzelnen unverkennbar. Etwas von mir steckt in jedem dieser Texte.
>
> Und das ist ein beruhigender Gedanke, schließlich zeigt es mir, dass ich in der Lage bin, bei gestellten Aufgaben immer noch ein Stück von mir selbst einzubringen. Damit habe ich wohl eine der wichtigsten Fähigkeiten für den Umgang mit Literatur er-

lernt: die Fähigkeit Texte mit eigenen Augen zu lesen und wirklich aus mir selbst heraus dazu zu schreiben. – Kann es etwas Wichtigeres geben? (Außer dem dafür benötigten Handwerkszeug und der Erkenntnis, dass man nie ausgelernt hat.)

Abschließend kann ich wohl nur feststellen, dass ich in diesen zwei Jahren die wichtigsten Grundfähigkeiten für einen weiteren Umgang mit Schrift und Sprache erlernt habe. Obwohl ich mir mit der Zeit immer mehr bewusst geworden bin, wie wenig ich eigentlich weiß, blicke ich jetzt optimistisch in die Zukunft. Und das ist ja immerhin auch etwas, oder?

Sören

Literatur

Vorbemerkung: Unsere erziehungswissenschaftlichen Überlegungen verdanken sich in erheblichem Maße dem Austausch mit Prof. Dr. Rudolf Messner, Kassel, sowie vielen seiner Publikationen.

Benutzte Literatur

Domin, Hilde: Hier. Frankfurt: S. Fischer 1964.

Feilke, Helmuth: Was ist und wie entsteht Literalität? In: Pädagogik 2001, H. 6, S. 34–38.

Fritzsche, Joachim et al.: Schreibwerkstatt. Geschichten und Gedichte: Schreibaufgaben, -übungen, -spiele. Stuttgart: Klett 1989, S. 116f. (Idee der Feedback-Verfahren)

Goleman, Daniel: Emotionale Intelligenz. Übers. v. Friedrich Griese. München, Wien: Hanser 1996.

von Hentig, Hartmut: Bildung. Ein Essay. Weinheim: Beltz Taschenbuch 1996.

Hesse, Hermann: Unterm Rad. Erzählung. Berlin: S. Fischer 1906.

Hurrelmann, Bettina: Leseleistung – Lesekompetenz. Folgerungen aus PISA, mit einem Plädoyer für ein didaktisches Konzept des Lesens als kultureller Praxis. In: Praxis Deutsch 2002, Heft 176, S. 6–18.

Kesten, Katrin (Berichterstatterin): „Eine Spannung, die sich nicht so einfach auflöst". Lehrkunstdidaktik im Gespräch zwischen Wolfgang Klafki, Rudolf Messner, Theodor Schulze und Hans Christoph Berg. In: Neue Sammlung 1990, H. 1, S. 147–155.

Messner, Rudolf: Unterricht. Ein Versuch, Unterrichtsgeschehen als Prozess der Konstitution von Inhalten zu verstehen. Kassel: Universität Gesamthochschule FB Erziehungswissenschaft/Humanwissenschaften 1982. Auch in: Lenzen, Dieter (Hg.): Enzyklopädie Erziehungswissenschaft Bd. 8. Stuttgart 1983, s. v. „Neuordnung des Unterrichts" S. 303ff.

Musil, Robert: Der Mann ohne Eigenschaften. Roman. Hamburg: Rowohlt 1952.

Rumpf, Horst: Schullernen und die Bedrohung der Identität. In: ders.: Unterricht und Identität. Perspektiven für ein humanes Lernen. München: Juventa 1976, S. 9–28.

Scheller, Ingo: Szenisches Spiel. Handbuch für die pädagogische Praxis. Berlin: Cornelsen Scriptor 1998.

Spinner, Kaspar H.: Kreativer Deutschunterricht. Identität, Imagination, Kognition. Seelze – Velber: Kallmeyer 2001.

Spitzer, Manfred: Lernen. Gehirnforschung und die Schule des Lebens. Heidelberg, Berlin: Spektrum Akademischer Verlag 2002.

Wintersteiner, Werner (Hg.): Portfolio. Themenheft von ide. Informationen zur Deutschdidaktik. Zeitschrift für den Deutschunterricht in Wissenschaft und Schule, Heft 1, 2002.

Empfohlene Literatur

Abraham, Ulf: Übergänge. Literatur, Sozialisation und literarisches Lernen. Opladen Wiesbaden: Westdeutscher Verlag 1998.

Lange, Günther: Lust am Projekt. Chancen kulturellen Lernens im Deutschunterricht. (Deutschdidaktik aktuell Bd. 5) Baltmannsweiler: Schneider 1999.

Lange, Günther: Zwischen Funkenflug und Fokus. Über das Suchen und Finden von Schreibaufgaben in offenen Lernsituationen. In: Praxis Deutsch 2001, H. 168, S. 36–43.

Liebnau, Ulrich: EigenSinn. Kreatives Schreiben – Anregungen und Methoden. Frankfurt: Diesterweg 1995.

Mann, Christine/Schröter, Erhart/Wangerin, Wolfgang: Selbsterfahrung durch Kunst. Methodik für die kreative Gruppenarbeit mit Literatur, Malerei und Musik. Weinheim, Basel: Beltz 1995.

Scheller, Ingo: Szenische Interpretation. Theorie und Praxis eines handlungs- und erfahrungsbezogenen Literaturunterrichts in Sekundarstufe I und II. Seelze – Velber: Kallmeyer 2004.

Wangerin, Wolfgang (Hg.): Musik und Bildende Kunst im Deutschunterricht (Diskussionsforum Deutsch Bd. 21) Baltmannsweiler: Schneider 2006.

Winter, Felix/von der Groeben, Annemarie/Lenzen, Klaus-Dieter (Hg.): Leistung sehen, fördern, werten. Neue Wege für die Schule. Bad Heilbrunn: Klinkhardt 2002.

Verzeichnis der Autorinnen und Autoren

Verzeichnis der Autorinnen und Autoren

Dr. **Renate Beyer-Lange** (Göttingen)
Renate Beyer-Lange ist Gymnasiallehrerin und Fachbereichsleiterin Deutsch an einer Kooperativen Gesamtschule sowie Mitglied des Leitungsteams des *Göttinger Zentrums für Deutschlehrerinnen und Deutschlehrer* an der Georg-August-Universität Göttingen, einer Lehrerfortbildungs-Initiative.

Prof. Dr. **Lothar Bredella** (Gießen)
Lothar Bredella (geb. 1936), Prof. em. für Didaktik der englischen Sprache und Literatur, war von 1984 bis 1987 Vorsitzender der Deutschen Gesellschaft für Amerikastudien, von 1991 bis 1993 Vorsitzender der Deutschen Gesellschaft für Fremdsprachenforschung und von 1994 bis 2001 Sprecher des Graduiertenkollegs „Didaktik des Fremdverstehens“. Schwerpunkte seiner Arbeit sind: Literaturtheorie und Literaturdidaktik, Didaktik des Fremdverstehens und die Entwicklung von Unterrichtsmethoden und Unterrichtsmaterialien.

Prof. Dr. **Christiane Fäcke** (Augsburg)
Christiane Fäcke ist seit November 2005 Ordinaria für Didaktik der Romanischen Sprachen und Literaturen an der Universität Augsburg. Nach Lehramtsstudium (Französisch, Evangelische Religion, Spanisch) und Referendariat war sie u. a. als wissenschaftliche Mitarbeiterin für Fachdidaktik Französisch an der TU Berlin, als Studienrätin in Heusenstamm, als Pädagogische Mitarbeiterin an der Universität Kassel sowie als Juniorprofessorin für Didaktik der romanischen Sprachen an der Georg-August-Universität Göttingen tätig. Ihre Forschungsschwerpunkte umfassen interkulturelles Lernen, Literaturdidaktik und Lehrwerkanalyse.

Prof. Dr. **Ruth Florack** (Göttingen)
Studium der Germanistik und Romanistik in Münster und Toulouse, DAAD-Lektorin an der Université de Rouen, Wissenschaftliche Mitarbeiterin und Assistentin am Institut für Literaturwissenschaft der Universität Stuttgart; Drittmittelprojekt der Volkswagen-Stiftung über nationale Wahrnehmungsmuster in der deutschen und französischen Literatur des 16.–19. Jahrhunderts; Prof. Dr. Robert Minder-Preis; 2004 Habilitation in Neuerer deutscher Literatur und Vergleichender Literaturwissenschaft; seit 2005 Professorin für Deutsche Philologie/ Neuere deutsche Literatur an der Universität Göttingen.

Prof. Dr. **Wolfgang Hallet** (Gießen)
Wolfgang Hallet ist Professor für Didaktik der englischen Sprache und Literatur am Institut für Anglistik der Justus-Liebig-Universität Gießen und Mitherausgeber der Zeitschrift *Der fremdsprachliche Unterricht Englisch*. Zu seinen Forschungsgebieten gehören die kulturwissenschaftliche Literatur- und Kulturdidaktik, der Bilinguale Sachfachunterricht sowie Literatur- und Texttheorien.

Prof. Dr. **Liesel Hermes** (Karlsruhe)
Liesel Hermes ist seit Oktober 2007 Rektorin der Pädagogischen Hochschule Karlsruhe. Vorher hatte sie elf Jahre lang den Lehrstuhl für Anglistik an der Universität Koblenz-Landau in Koblenz inne. Ihre Arbeitsschwerpunkte umfassen Literaturdidaktik, Fachdidaktik (insbesondere Lese- und Hörverstehen) sowie Hochschuldidaktik. Die zahlreichen Publikationen werden ergänzt durch die Mitarbeit bei der Entwicklung englischer Unterrichtsmaterialien und von Englischlehrwerken. Von 1996 bis 2004 war sie Redaktionsleiterin der Bundeszeitschrift des Fachverbandes Moderne Fremdsprachen, *Neusprachliche Mitteilungen aus Wissenschaft und Praxis*.

Prof. Dr. **Ina Karg** (Göttingen)
Ina Karg war lange Zeit Gymnasiallehrerin im Inland und im Auslandschuldienst. Sie wurde an der Universität Tübingen mit einer Arbeit zu Wolframs „Parzival" promoviert und habilitierte sich im Fach Didaktik der deutschen Sprache und Literatur an der Universität Bamberg. Derzeit hat sie eine einschlägige Professur an der Universität Göttingen inne. Ihre Arbeitsschwerpunkte sind: Literaturvermittlung insbesondere älterer Texte und deren Rezeption, Aufsatz und Schreiben, zukunftsfähige Konzepte muttersprachlichen Deutschunterrichts.

Prof. Dr. **Lutz Küster** (Berlin)
Lutz Küster, geb. 1953, Studium in Marburg, Rennes, Perpignan und Hamburg, 1. und 2. Staatsexamen in den Fächern Französisch und Spanisch, Tätigkeit als Studienrat von 1981 bis 1994, Promotion in Literaturwissenschaft (1987) und Habilitation im Bereich Fremdsprachendidaktik (2002) in Hamburg, hauptamtliche Lehrtätigkeiten an der Fachhochschule Würzburg, an den Universitäten Hamburg, Dresden und Bremen. Seit 2004 Professor für Didaktik der romanischen Sprachen und Literaturen an der Humboldt-Universität zu Berlin. Seine Forschungsschwerpunkte sind: Literatur- und Mediendidaktik, bildungstheoretische Perspektiven schulischen Fremdsprachenunterrichts.

Dr. **Günther Lange** (Göttingen)
Günther Lange war Gymnasiallehrer und Fachleiter für Deutsch an einem Studienseminar sowie Lehrbeauftragter für Erziehungswissenschaft an der Universität Gesamthochschule Kassel. Er arbeitet zurzeit am *Göttinger Zentrum*

für Deutschlehrerinnen und Deutschlehrer und nimmt einen Lehrauftrag für Fachdidaktik an der Georg-August-Universität Göttingen wahr.

PD Dr. **Heidi Rösch** (Berlin)
Heidi Rösch ist Privatdozentin für Deutschdidaktik, Deutsch als Zweit- und Fremdsprache und arbeitet seit vielen Jahren an der Technischen Universität Berlin. Sie war als Gastdozentin an einer chinesischen Universität und als Referentin in Italien, Frankreich, Österreich und Ägypten tätig. Ihre Arbeitsschwerpunkte sind: Migrationsliteratur, Interkulturelle (Kinder- und Jugend-)Literatur und ihre Didaktik sowie Interkulturelle Kompetenz als Aufgabe von Bildung und Erziehung in und außerhalb der Schule sowie Deutsch als Zweitsprache in der Perspektive auf alle Schulstufen und die Berufliche Bildung.

Prof. Dr. **Adelheid Schumann** (Siegen)
Nach Studium der Romanistik, Germanistik und Kunstgeschichte an den Universitäten Kiel, Tübingen und Rennes (Frankreich) und Promotion (1969) mit einer Arbeit zum dramatischen Werk von Max Frisch war Adelheid Schumann 1969–1971 DAAD-Lektorin an der Universität Strasbourg, 1971–1976 Assistentin am Romanischen Seminar der FU Berlin, 1976–2001 Akademische Oberrätin am Oberstufenkolleg an der Universität Bielefeld und ist seit 2001 Professorin für Didaktik der französischen und spanischen Sprache und Kultur an der Universität Siegen. Ihre Arbeits- und Forschungsschwerpunkte sind: Kulturwissenschaftliche Grundlagen der Fremdsprachendidaktik, Interkulturelle Kommunikation und Fremdwahrnehmung, Internationalisierung der Hochschule.

Prof. Dr. **Kaspar H. Spinner** (Augsburg)
Kaspar H. Spinner, Prof. em., geb. 1941 in Biel/Schweiz, Studium in Zürich und Berlin. Promotion und Diplom für das Höhere Lehramt. 1968–1972 Assistent an der Universität Genf, 1972–1979 (Assistenz)Professor an der Gesamthochschule Kassel, 1980–1988 Professor an der RWTH Aachen, 1988–2006 Inhaber des Lehrstuhls für Didaktik der Deutschen Sprache und Literatur an der Universität Augsburg.

Dr. **Wolfgang Wangerin** (Göttingen)
Wolfgang Wangerin lehrt Fachdidaktik Deutsch am Seminar für Deutsche Philologie der Georg-August-Universität Göttingen (Studiengang Lehramt an Gymnasien). Seine Arbeitsschwerpunkte sind: ästhetische Bildung im fächerübergreifenden Kontext (Schule und quartärer Bildungsbereich); Theorie und Praxis kreativer Unterrichtsverfahren; Theorie der Literaturdidaktik; Historische Jugendbuchforschung.